プリント形式のリアル過去問で本番の臨場感！

山形県

東海大学山形高等学校

2025年春受験用 解答集

本書は，実物をなるべくそのままに，プリント形式で年度ごとに収録しています。
問題用紙を教科別に分けて使うことができるので，本番さながらの演習ができます。

■ 収録内容

・解答集（この冊子です）

書籍ＩＤ番号，この問題集の使い方，最新年度実物データ，リアル過去問の活用，
解答例と解説，ご使用にあたってのお願い・ご注意，お問い合わせ

・2024（令和６）年度 ～ 2022（令和４）年度　学力検査問題

○は収録あり	年度	'24	'23	'22			
■ 問題　一般Ⅰ（学業奨学生）・一般Ⅱ		○	○	○			
■ 解答用紙		○	○	○			
■ 配点		○	○	○			
■ 英語リスニング原稿※		○	○	○			

解答はありますが
解説はありません

※リスニングの音声は収録していません
注）問題文等非掲載：2024年度一般Ⅱ国語の一，2023年度一般英語の3

問題文などの非掲載につきまして

著作権上の都合により，本書に収録している過去入試問題の本文や図表の一部を掲載しておりません。ご不便をおかけし，誠に申し訳ございません。

本文の一部を掲載できなかったことによる国語の演習不足を補うため，論説文および小説文の演習問題のダウンロード付録があります。弊社ウェブサイトから書籍ＩＤ番号を入力してご利用ください。

なお，問題の量，形式，難易度などの傾向が，実際の入試問題と一致しない場合があります。

■ 書籍ＩＤ番号

入試に役立つダウンロード付録や学校情報などを随時更新して掲載しています。

教英出版ウェブサイトの「ご購入者様のページ」画面で，書籍ＩＤ番号を入力してご利用ください。

書籍ＩＤ番号 104305

（有効期限：2025年9月30日まで）

【入試に役立つダウンロード付録】

「ラストチェックテスト（標準／ハイレベル）」

「高校合格への道」

■ この問題集の使い方

年度ごとにプリント形式で収録しています。針を外して教科ごとに分けて使用します。①片側，②中央のどちらかでとじてありますので，下図を参考に，問題用紙と解答用紙に分けて準備をしましょう（解答用紙がない場合もあります）。

針を外すときは，けがをしないように十分注意してください。また，針を外すと紛失しやすくなりますので気をつけましょう。

① 片側でとじてあるもの

針を外す　けがに注意

解答用紙

教科の番号

問題用紙

教科ごとに分ける。　紛失注意

② 中央でとじてあるもの

針を外す　けがに注意

解答用紙

教科の番号

問題用紙

教科ごとに分ける。　紛失注意

※教科数が上図と異なる場合があります。
解答用紙がない場合や，問題と一体になっている場合があります。
教科の番号は，教科ごとに分けるときの参考にしてください。

■ 最新年度 実物データ

実物をなるべくそのままに編集していますが，収録の都合上，実際の試験問題とは異なる場合があります。実物のサイズ，様式は右表で確認してください。

問題用紙	Ａ４冊子（二つ折り）
解答用紙	Ａ３片面プリント

リアル過去問の活用

~リアル過去問なら入試本番で力を発揮することができる~

本番を体験しよう！

問題用紙の形式（縦向き / 横向き），問題の配置や余白など，実物に近い紙面構成なので本番の臨場感が味わえます。まずはパラパラとめくって眺めてみてください。「これが志望校の入試問題なんだ！」と思えば入試に向けて気持ちが高まることでしょう。

入試を知ろう！

同じ教科の過去数年分の問題紙面を並べて，見比べてみましょう。

① 問題の量

毎年同じ大問数か，年によって違うのか，また全体の問題量はどのくらいか知っておきましょう。どのくらいのスピードで解けば時間内に終わるのか，大問ひとつにかけられる時間を計算してみましょう。

② 出題分野

よく出題されている分野とそうでない分野を見つけましょう。同じような問題が過去にも出題されていることに気がつくはずです。

③ 出題順序

得意な分野が毎年同じ大問番号で出題されていると分かれば，本番で取りこぼさないように先回りして解答することができるでしょう。

④ 解答方法

記述式か選択式か（マークシートか），見ておきましょう。記述式なら，単位まで書く必要があるかどうか，文字数はどのくらいかなど，細かいところまでチェックしておきましょう。計算過程を書く必要があるかどうかも重要です。

⑤ 問題の難易度

必ず正解したい基本問題，条件や指示の読み間違いといったケアレスミスに気をつけたい問題，後回しにしたほうがいい問題などをチェックしておきましょう。

問題を解こう！

志望校の入試傾向をつかんだら，問題を何度も解いていきましょう。ほかにも問題文の独特な言いまわしや，その学校独自の答え方を発見できることもあるでしょう。オリンピックや環境問題など，話題になった出来事を毎年出題する学校だと分かれば，日頃のニュースの見かたも変わってきます。

こうして志望校の入試傾向を知り対策を立てることこそが，過去問を解く最大の理由なのです。

実力を知ろう！

過去問を解くにあたって，得点はそれほど重要ではありません。大切なのは，志望校の過去問演習を通して，苦手な教科，苦手な分野を知ることです。苦手な教科，分野が分かったら，教科書や参考書に戻って重点的に学習する時間をつくりましょう。今の自分の実力を知れば，入試本番までの勉強の道すじが見えてきます。

試験に慣れよう！

入試では時間配分も重要です。本番で時間が足りなくなってあわてないように，リアル過去問で実戦演習をして，時間配分や出題パターンに慣れておきましょう。教科ごとに気持ちを切り替える練習もしておきましょう。

心を整えよう！

入試は誰でも緊張するものです。入試前日になったら，演習をやり尽くしたリアル過去問の表紙を眺めてみましょう。問題の内容を見る必要はもうありません。どんな形式だったかな？受験番号や氏名はどこに書くのかな？…ほんの少し見ておくだけでも，志望校の入試に向けて心の準備が整うことでしょう。

そして入試本番では，見慣れた問題紙面が緊張した心を落ち着かせてくれるはずです。

※まれに入試形式を変更する学校もありますが，条件はほかの受験生も同じです。心を整えてあせらずに問題に取りかかりましょう。

東海大学山形高等学校【一般Ⅰ】

《国　語》

一 問一．a．ゆうかい　b．だま　問二．イ　問三．世離れのした冷たさ
問四．Ⅰ．ほとんど一昨年のまま　Ⅱ．精神的に成長することができる　Ⅲ．励ましている言葉　問五．エ
問六．優しさに感謝の気持ち　問七．ア

二 問一．a．さそ　b．くし　問二．ウ　問三．「対面」を長引かせる手段だった　問四．カ
問五．Ⅰ．相手の顔を見つめる　Ⅱ．一定の距離を保って向き合う　Ⅲ．意味のあることを共有し合うコミュニケーションの道具　問六．人間は言葉にこだわることで、その場はやり過ごしてあとで考えるようになり、動物のように瞬時に直感で対峙し解決するという、人間本来の能力が落ちていくと考えている。　問七．ウ

三 問一．おもうよう　問二．B　問三．鳥の声が美しくなったこと。　問四．鳥に口を開かせて、落ちてきた肉を手に入れること。　問五．イ

四 問一．1．公　2．携　3．親睦　4．跳躍　5．脚光　問二．(1)エ　(2)ア

五 〈作文のポイント〉
・最初に自分の主張、立場を明確に決め、その内容に沿って書いていく。
・わかりやすい表現を心がける。自信のない表現や漢字は使わない。

さらにくわしい作文の書き方・作文例はこちら！→https://kyoei-syuppan.net/mobile/files/sakupo.html

《数　学》

1 1．(1)10　(2)$\frac{1}{5}$　(3)$2xy^2$　(4)$2\sqrt{2}$
2．$x^2-6x+9=2x+4$　$x^2-8x+5=0$　$x=\frac{-(-8)\pm\sqrt{(-8)^2-4\times1\times5}}{2\times1}$
$x=\frac{8\pm\sqrt{64-20}}{2}$　$x=\frac{8\pm\sqrt{44}}{2}$　$x=\frac{8\pm2\sqrt{11}}{2}$　$x=4\pm\sqrt{11}$　答…$x=4\pm\sqrt{11}$
3．120　4．キ　5．4

2 1．(1)−3　(2)6　2．ア　理由…アの確率は$\frac{1}{10}$で，イ，ウ，エのそれぞれの確率は全て$\frac{3}{10}$となるから。
3．(1)マーカーペン1本の定価をx円，ファイル1冊の定価をy円

$$\begin{cases}3x+2y=730\\ 3\left(1-\frac{30}{100}\right)x+2\left(1-\frac{10}{100}\right)y=603\end{cases}$$

(2)マーカーペン…90　ファイル…230
4．右図

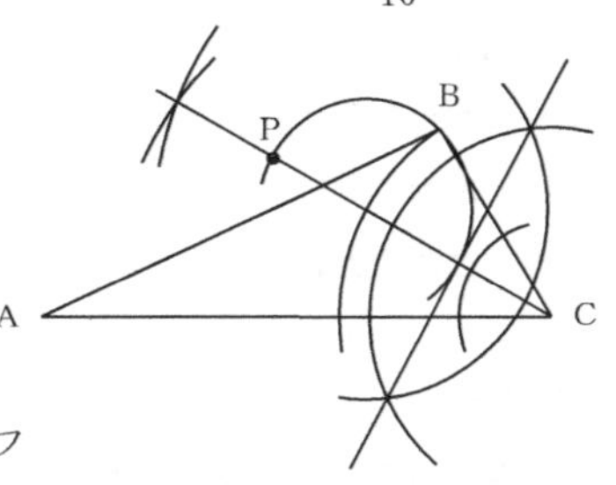

3 (1)30　(2)ア．20　イ．$5x-60$　ウ．30　エ．$-4x+120$／右グラフ
(3)3　$x=8,\ 16,\ 25$

4 1．△EFHと△DFEにおいて
仮定より ∠EFH＝∠DFE＝90°…①
△DFEにおいて ∠DFE＝90°より ∠FED＋∠FDE＝90°…②
AD//BCより ∠DEI＝∠BIE＝90°なので
∠FED＋∠FEH＝90°…③
②，③より ∠FEH＝∠FDE…④

①，④より，２組の角がそれぞれ等しいから △ＥＦＨ∽△ＤＦＥ

２．(1) 1　(2) $\frac{9}{16}$

《社　会》

1　１．記号…カ　経度０度の名前…本初子午線　　２．アマゾン川　　３．華人〔別解〕華僑　　４．エ
５．戦争を起こさないようにし，アメリカ合衆国などの大国に対抗する　　６．(1)ウ　(2)Ｃ

2　１．(1)エ　(2)南海トラフ　　２．機能を分散し，過密を解消する　　３．イ　　４．記号…ア　県名…岡山県
５．二毛作

3　１．(1)ウ　(2)聖武天皇　　２．(1)８世紀　(2)ウ　　３．(1)イ，オ　(2)御成敗式目〔別解〕貞永式目
４．キリスト教を布教しなかったから。

4　１．文明開化　　２．天皇が国民に与える形　　３．エ　　４．エ→イ→ウ→ア　　５．大政翼賛会
６．マスメディア　　７．イ

5　１．国事行為　　２．(1)差別　(2)ウ　(3)貧富の差を解消し，人間らしい生活を保障するため。　　３．日照権
４．ＰＫＯ

6　１．ウ　　２．ＰＯＳシステム　　３．労働基準法／労働組合法／労働関係調整法　　４．エ　　５．財政
６．担税者と納税者の異なる税金

《理　科》

1　１．胞子で増える。　　２．裸子植物　　３．ウ　　４．ａ．ひげ根　ｂ．側根　　５．右図

2　１．反応①ではヨウ素液を加えても変化がなく，反応②ではヨウ素液を加えたところ青紫色に変化したため，試験管Ａではデンプンが分解され，試験管Ｂではデンプンが残っていることが分かった。　　２．エ　　３．米／小麦 などから１つ　　４．食道→胃→小腸→大腸　　５．イ

3　１．火成岩　　２．(1)示準化石　(2)エ　(3)エ　　３．イ

4　１．季節…冬　理由…南北方向の等圧線が狭い間隔で並んでいるから。　　２．ア
３．偏西風　　４．右図

5　１．延性　　２．金属光沢　　３．ウ　　４．通す…鉄のフライパン，アルミ箔　通さない…ガラス板，輪ゴム
５．磁石につくか，つかないか。

6　１．酸素　　２．ウ　　３．２分　　４．使い捨てカイロを振る。　　５．化学エネルギー

7　１．ウ　　２．力がつり合っている。　　３．100　　４．右グラフ　　５．8.0

8　１．(1)イ　(2)電流の大きさがわからない　　２．20　　３．0.9　　４．15000

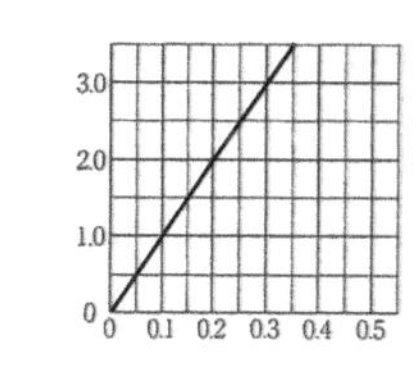

《英　語》

1　１．No.１．イ　No.２．ア　　２．(1)何かを検索する（下線部は調べるでもよい）　(2)持ち運び　(3)緊急〔別解〕非常
３．No.１．エ　No.２．ア　　４．My sister is too young to understand the story

2　１．(1)ask　(2)who　(3)of　　２．(1)エ　(2)ウ　　３．(1)X．イ　Y．エ　Z．カ　(2)X．エ　Y．カ　Z．ウ

3　１．X．China　Y．America　　２．Japan　　３．ウ，オ

4　１．将来プロのバスケットボール選手になるという夢。　　２．イ　　３．Ｃ
４．(1)They were going to buy a new cap (for Kevin).　(2)Yes, she did.　　５．ウ→イ→ア→オ→エ
６．Ⅰ．エ　Ⅱ．ウ

5　I like watching TV better.　It is because I like Japanese anime.　I'm a big fan of some anime.　To study about Japanese culture, watching Japanese anime is good for you.

《国　語》

一　問一．a．ふく　b．くっせつ　問二．エ　問三．本番前の最後の模試　問四．ア

問五．Ⅰ．バツの悪い　Ⅱ．我がままな甘え　Ⅲ．自分との食事の時間　問六．家族とのつながり　問七．ア

二　問一．a．ゆる　b．はんらん　問二．ア　問三．お椀をふせたような地形　問四．イ

問五．見える人は、目でとらえる多くの情報に意識を奪われ、脳の中のスペースが埋まっているということ。

問六．Ⅰ．目がとらえる情報　Ⅱ．見える人では持ち得ないような空間　Ⅲ．自分の進むべき方向　問七．ウ

三　問一．いえども　問二．A　問三．エ　問四．亀の背に乗っている　問五．イ

四　問一．1．革　2．秘　3．高騰　4．獲得　5．円滑　問二．⑴投票してもしなくても同じ　⑵ウ

五　〈作文のポイント〉

・最初に自分の主張、立場を明確に決め、その内容に沿って書いていく。

・わかりやすい表現を心がける。自信のない表現や漢字は使わない。

さらにくわしい作文の書き方・作文例はこちら！→https://kyoei-syuppan.net/mobile/files/sakupo.html

《数　学》

1　1．⑴−13　⑵$\frac{7}{3}$　⑶$-12a^3b$　⑷$\sqrt{6}-6$

2．$x^2-2x-15=2x^2+8x$　$x^2+10x+15=0$　$x=\frac{-10\pm\sqrt{10^2-4\times1\times15}}{2\times1}$　$x=\frac{-10\pm\sqrt{40}}{2}$

$x=\frac{-10\pm2\sqrt{10}}{2}$　$x=-5\pm\sqrt{10}$　答…$x=-5\pm\sqrt{10}$

3．13　4．ア．○　イ．3　ウ．31　エ．○　オ．23

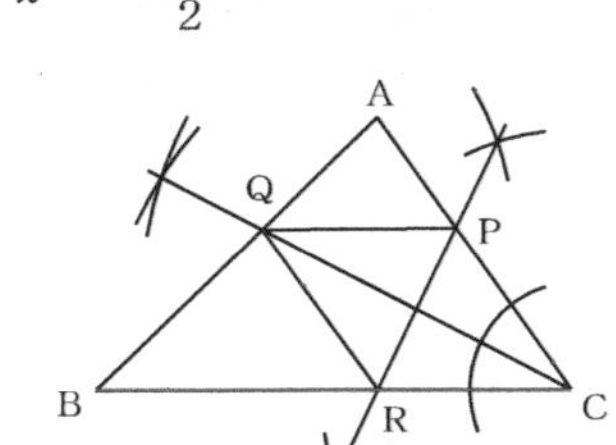

2　1．⑴$0\leqq y\leqq 8$　⑵AB…1　AC…4　2．$\frac{7}{18}$

3．⑴$\begin{cases}2x-y=8\\6x+3(x+y-2)=300\end{cases}$

⑵A班…22　C班…36　4．右図

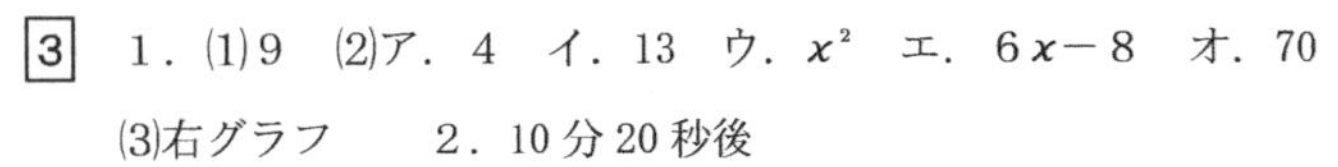

3　1．⑴9　⑵ア．4　イ．13　ウ．x^2　エ．$6x-8$　オ．70

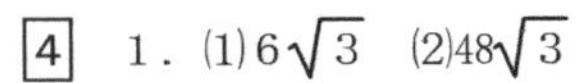

⑶右グラフ　2．10分20秒後

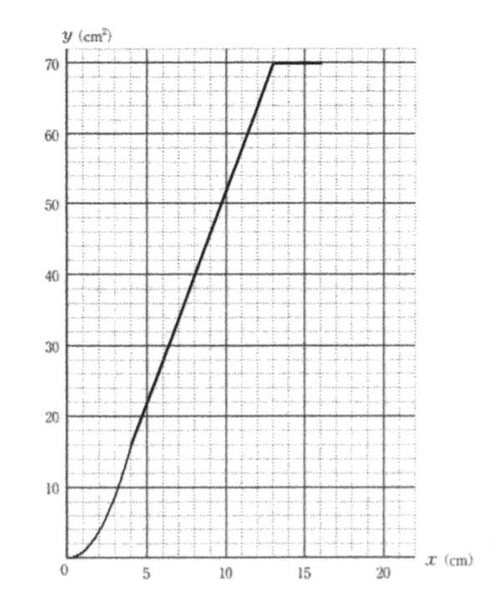

4　1．⑴$6\sqrt{3}$　⑵$48\sqrt{3}$

2．四角形ABCDは平行四辺形なので

AD＝BC，∠ABC＝∠ADG，∠DAF＝∠BCD

折り曲げたのだから

BC＝HD，∠ABC＝∠FDH，∠BCD＝∠DHG

よって

AD＝HD…①，∠ADG＝∠FDH…②，∠DAF＝∠DHG…③

ところで

∠ADG＝∠ADF＋∠FDG，∠FDH＝∠FDG＋∠HDG…④

②，④より ∠ADF＝∠HDG…⑤

①，③，⑤より，1組の辺とその両端の角がそれぞれ等しいから △ADF≡△HDG

《社　会》

1 　1．イ　2．ウ　3．NGO　4．ア　5．アグリビジネス　6．森林が少なく木材が得にくいため。
7．ウ

2 　1．ユーラシア　2．ア　3．Y．四国　Z．中国　4．ウ　5．価格の高い時に出荷時期をずらすため。
6．液状化(現象)　7．ア　8．エ

3 　1．(1)401，500　(2)イ　2．九州地方の警備　3．(1)エ　(2)楽市・楽座　4．(1)享保の改革　(2)ア

4 　1．ウ　2．ア　3．衆議院　4．護憲運動　5．南満州の線路を爆破した。　6．イ→ウ→ア→エ
7．冷戦〔別解〕冷たい戦争

5 　1．民主主義　2．条例　3．(1)イ　(2)リコール　4．(1)比例代表制　(2)小選挙区制と比べて，死票が少ない。

6 　1．クーリングオフ(制度)　2．ア　3．(1)ウ　(2)円高／ドル安／円高ドル安 のうち1つ　4．ウ

《理　科》

1 　1．ア　2．顔を動かす　3．(1)ウ　(2)④→②→⑤→①→③　4．少なくなる

2 　1．体循環　2．右心室　3．エ　4．(1)ウ　(2)アンモニア／二酸化炭素 などから1つ
5．アレルゲン／病原体 などから1つ

3 　1．ウ　2．ア　3．地面が急にやわらかくなる現象　4．a．断層　b．活断層

4 　1．自転　2．∠AON　3．イ　4．38.2°　5．ア

5 　1．試験管が割れるのを防ぐため　2．石灰水…白くにごる　化学式…CO_2　3．赤色　4．水

6 　1．電気エネルギー　2．電池　3．イ　4．ア　5．二次電池

7 　1．音源　2．振幅　3．170　4．0.29
5．ピストルの音が美優さんに伝わるまでに0.29秒かかっているため

8 　1．右グラフ　2．等速直線運動　3．43.4　4．エ　5．ア

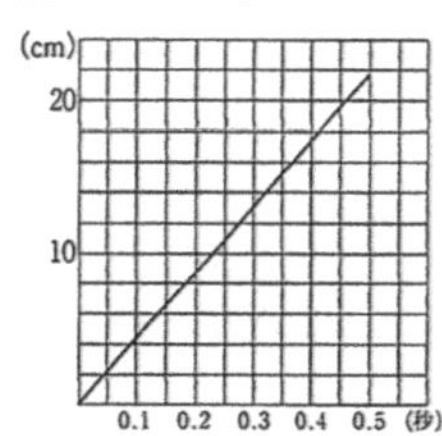

《英　語》

1 　1．No.1．ア　No.2．イ　2．ア．50　イ．オーストラリア　ウ．有名な場所　3．No.1．エ　No.2．イ
4．I have to go home early today

2 　1．(1)long　(2)made　(3)doctor　2．(1)イ　(2)エ　3．(1)X．ア　Y．エ　Z．カ
(2)X．イ　Y．オ　Z．カ

3 　1．X．韓国　Y．台湾　Z．アメリカ　2．コロナウイルス感染症のため，海外へ行くことが難しかったから。
3．イ，エ

4 　1．イ　2．母が仕事で，初めてのバレーボールの試合を見に来られなかったから。　3．D
4．(1)Because she thought that it would be a good chance to think about her future.　(2)She was taking care of many people.
5．オ→イ→エ→ア→ウ　6．Ⅰ．saw my mother's work　Ⅱ．to be a nurse

5 　If she is interested in hot spring, she should visit Zao Onsen.　It is popular among foreign people.　It is good for her health.
And she can enjoy beautiful natural scenery there.

《国　語》

一　問一．a．はいご　b．だま　問二．ア　問三．Ⅰ．真面目に練習に取り組んで欲しい　Ⅱ．落ち込ませてしまった　問四．エ　問五．Ⅰ．他人から嫌われたくない臆病な性格　Ⅱ．他人の痛みを考えることのできる強い人　問六．イ　問七．ウ

二　問一．a．たくわ　b．りんごく　問二．エ　問三．イ　問四．Ⅰ．長生きをする　Ⅱ．経験と知恵　Ⅲ．年寄りを大切にする集団　問五．ア　問六．テクノロジーだけでなく価値観もめまぐるしく変化しており、私たちが人生の中で学んだ経験は、時代が変わると意味をなさないことが多くなる点。　問七．ウ

三　問一．ういういしく　問二．A，B　問三．問ふは礼なり　問四．エ　問五．Ⅰ．相手を見下した不用意な　Ⅱ．自分の軽はずみな

四　問一．1．泥　2．和　3．恩恵　4．均衡　5．混乱　問二．ウ

五　〈作文のポイント〉

・最初に自分の主張、立場を明確に決め、その内容に沿って書いていく。

・わかりやすい表現を心がける。自信のない表現や漢字は使わない。

さらにくわしい作文の書き方・作文例はこちら！→https://kyoei-syuppan.net/mobile/files/sakupo.html

《数　学》

1　1．(1) -2　(2) $\frac{19}{15}$　(3) $-6x^3y^2+12xy^5$　(4) $3\sqrt{2}$

2．$4x^2+10x-2x-5=3x-4$　$4x^2+5x-1=0$　$x=\frac{-5\pm\sqrt{5^2-4\times4\times(-1)}}{2\times4}=\frac{-5\pm\sqrt{25+16}}{8}=\frac{-5\pm\sqrt{41}}{8}$　答…$x=\frac{-5\pm\sqrt{41}}{8}$　3．$\frac{17}{27}$　4．ア，ウ　5．エ

2　1．(1) $\frac{1}{2}$　(2)（6，9）　2．右図

3．(1)割引をされる前の子どもの入場料をx円，割引をされる前の大人の入場料をy円とすると

$$\begin{cases} 5x+2y=6400 \\ 0.7x\times10+3y=9200 \end{cases}$$

(2)800

4．n，n＋2，n＋4，n＋6と表すことができる。

よって２ずつ増える４つの自然数の和は，n＋n＋2＋n＋4＋n＋6＝4n＋12＝4（n＋3）

nは自然数なので，n＋3は自然数だから4（n＋3）は４の倍数である。

3　(1)4　(2)ア．3　イ．x^2　ウ．$-3x+24$／右グラフ　(3) $\frac{19}{3}$

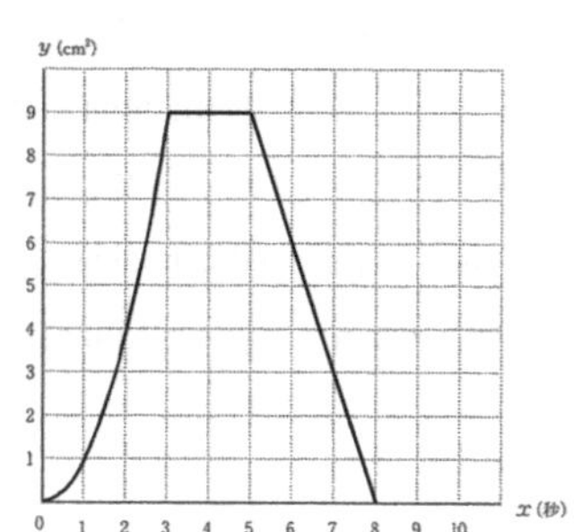

4　1．△BDGと△HECにおいて

AC//DFより同位角は等しいので

∠BGD＝∠HCE…①　∠BDG＝∠DAE…②

同様に錯角は等しいので　∠HEC＝∠HFG…③

また，条件より　∠DAE＝∠HFG…④

②，③，④より，∠ＨＥＣ＝∠ＢＤＧ…⑤

①と⑤より２組の角がそれぞれ等しいので △ＢＤＧ∽△ＨＥＣ　２．⑴３：２　⑵$\frac{15}{4}$

《社　会》

1　１．大西洋　２．Ｄ　３．経済特区　４．エ　５．農産物名…オリーブ　特徴…夏に乾燥するため，乾燥に強い農産物を生産している　６．多国籍企業　７．ア

2　１．島の名前…沖ノ鳥島　記号…イ　２．ウ　３．エコツーリズム　４．冬に雪が降り農業ができないため副業として発展した　５．イ　６．輸入される農作物よりも，安心で安全なものを提供するため　７．ア

3　１．⑴ウ　⑵有能な人物を役人に登用する冠位十二階　２．エ　３．⑴種子島　⑵南蛮貿易
４．⑴徳川家光　⑵オランダ

4　１．自由民権運動　２．ウ→イ→エ→ア　３．イ　４．軍人出身者主導の内閣が多くなり，政党政治がとだえた　５．⑴エ　⑵安保闘争

5　１．イ　２．死票　３．政党交付金　４．国政調査権　５．より多くの民意を国会に反映することができるため　６．⑴エ　⑵裁判員制度

6　１．⑴寡占価格　⑵需要曲線　２．⑴ウ　⑵経営者より弱い立場にあたる労働者が，対等の立場で労働条件を交渉するため　３．⑴ア　⑵インフレーション〔別解〕インフレ　⑶日本銀行は国債を金融機関から買い，世の中の出回る通貨量を増やすことで，景気を回復させる

《理　科》

1　１．⑴イ　⑵規則正しく輪状に並んでいる。　２．気泡が入ることで細胞が見えにくくなるため。
３．孔辺細胞　４．裏側は水に触れているため，効率よく蒸散させるため葉の表側に多い。

2　１．消化　２．ウ　３．⑴表面積が大きくなるため効率よく養分を吸収できること。　⑵毛細血管　４．ア

3　１．太平洋プレート　２．イ　３．708　４．ウ　５．液状化現象

4　１．エ　２．風向風速計　３．⑴Ｂ．湿度　理由…雨が降ると湿度が上がるため。　⑵エ　⑶19，９

5　１．ア　２．＋極…$2H^+ + 2e^- \rightarrow H_2$　－極…$Zn \rightarrow Zn^{2+} + 2e^-$　３．うすい硫酸　４．電解液の濃度を高くする。

6　１．酸化銅…還元　炭素…酸化　２．$2CuO + C \rightarrow 2Cu + CO_2$　３．石灰水　４．エ

7　１．右図　２．Ｇ　３．エ　４．磁界　５．南極

8　１．10.4　２．30　３．⑴ウ　⑵浮力　⑶小さくなる

《英　語》

1　１．№１．ウ　№２．エ　２．⑴ウ　⑵イ　⑶ア　３．№１．ウ　№２．ア
４．this comic is the best because the story is very exciting

2　１．⑴wash　⑵zoo　⑶Which　２．⑴イ　⑵ウ　３．⑴Ｘ．イ　Ｙ．ア　Ｚ．カ　⑵Ｘ．ウ　Ｙ．エ　Ｚ．ア

3　１．Ｘ．日本　Ｙ．韓国　Ｚ．シンガポール　２．キャンプ場でテントを張ったり，火をおこしたり，料理をしたり，使ったものを片付けること。　３．ア，エ

4　１．ア　２．Ｄ　３．ボランティアの人々によってきれいにされ，守られている
４．⑴There are about 200 people.　⑵Yes, he does.　５．オ→ウ→ア→エ→イ　６．Ⅰ．How long did it
Ⅱ．for me to protect

5　I recommend Hirosaki Park.　You can see very beautiful cherry blossoms in Hirosaki Park.　In addition, you can eat delicious fish near Hirosaki Park.　Please go there if you like.

2023 解答例 令和５年度　東海大学山形高等学校【一般】

《国　語》

一　問一．a．とうめい　b．はな　問二．ウ　問三．Ⅰ．去年の遠足のときに恭介だけが注意された　Ⅱ．もうじき卒業する　問四．イ　問五．Ⅰ．卒業　Ⅱ．自分や周囲の環境が変わること　問六．ア　問七．エ

二　問一．a．ただよ　b．もうまく　問二．イ　問三．ウ　問四．イ　問五．Ⅰ．常識が通じるという錯覚　Ⅱ．違いを認めて素直に受け入れる　問六．宇宙から見える地球が、青と緑、白を中心とした天体として見えるだろうという予想から、神の視点に近づき、地球は青いというように明確になった。　問七．エ　問八．ア

三　問一．うちかおりて　問二．A，B　問三．イ　問四．Ⅰ．わざとならぬ匂ひ　Ⅱ．忍びたるけはひ　問五．すぐに家に入らず、月見をする

四　問一．1．膝　2．含　3．便乗　4．汽笛　5．享受　問二．エ

五　〈作文のポイント〉

・最初に自分の主張、立場を明確に決め、その内容に沿って書いていく。

・わかりやすい表現を心がける。自信のない表現や漢字は使わない。

さらにくわしい作文の書き方・作文例はこちら！→https://kyoei-syuppan.net/mobile/files/sakupo.html

《数　学》

1　1．(1)2　(2)$-\frac{11}{12}$　(3)a b　(4)$14-3\sqrt{5}$

2．$4x^2-4x-3=2x^2-x$　$2x^2-3x-3=0$　$x=\frac{-(-3)\pm\sqrt{(-3)^2-4\times2\times(-3)}}{2\times2}=\frac{3\pm\sqrt{33}}{4}$

答…$x=\frac{3\pm\sqrt{33}}{4}$

3．$\frac{1}{5}$　4．ア．36　イ．5.4　ウ．○　エ．○　オ．10

2　1．(1)$\frac{1}{4}$　(2)12　(3)$y=-4x+12$　2．右図

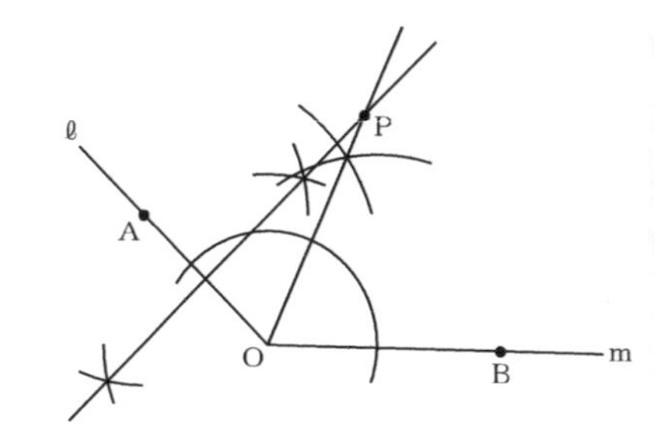

3．(1)$\begin{cases} x+y=100 \\ 1350x+560y=103400 \end{cases}$

〔別解〕$750x+600x+560(100-x)=103400$

(2)大人…60　子ども…40　4．(1)①41　②43　(2)③6　④2　⑤3

3　1．2　2．ア．$3x^2$　イ．3　ウ．$-3x+18$　エ．4　オ．$-9x+36$

3．右グラフ　4．3

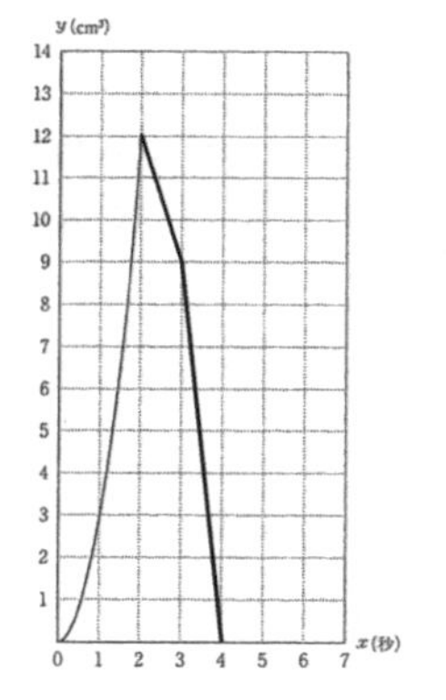

4　1．90　2．$4\sqrt{3}$

3．△ABCと△AEBにおいて

半円に対する円周角より ∠ACB＝90°…①

円の接線は接点を通る半径に垂直より ∠ABE＝90°…②

①，②より ∠ACB＝∠ABE…③

∠BACと∠EABは共通な角より ∠BAC＝∠EAB…④

③，④より，２組の角がそれぞれ等しいので △ABC∽△AEB

《社　会》

[1] 1．ユーラシア大陸　2．D　3．(1)アルプス＝ヒマラヤ　(2)エ　4．モノカルチャー経済
5．ヒンドゥー教では，牛を神聖な生き物としているため　6．イ　7．ウ

[2] 1．排他的経済水域　2．中国地方　3．番号…②　府県名…山梨県　4．やませ　5．扇状地
6．イ　7．火山が多い

[3] 1．(1)大化の改新　(2)エ　2．(1)藤原道長　(2)宋　3．管領　4．(1)イ　(2)裁判や刑の基準を定めた公事方御定書

[4] 1．エ　2．女性が政治に参加すること　3．大正デモクラシー　4．ア→ウ→イ→エ
5．(1)高度経済成長　(2)ア

[5] 1．イ　2．フランス　3．臣民の権利　4．社会権　5．(1)エ　(2)国の政治の決定権は国民が持ち，政治は国民の意思に基づいて行われるという原理　(3)集団的自衛権

[6] 1．(1)エ　(2)イ　(3)マイナンバー　2．(1)所得が多い人ほど税金の割合が高く，税金を納めたあとの所得の格差を小さくするための制度　(2)ア　3．(1)ＳＤＧｓ　(2)ウ

《理　科》

[1] 1．ウ　2．ウ　3．減数分裂　4．7　5．両親から遺伝子を受けつぐ点

[2] 1．試験管内に二酸化炭素があるかないか　2．光合成によりCO_2を吸収したか確認するため
3．(1)エ　(2)変わらない　4．オオカナダモは呼吸をしているため二酸化炭素の量は増えた

[3] 1．ウ　2．マグマが地下深くで長い時間かけて冷えてできるため　3．斑晶　4．ウ
5．決まった方向に割れる

[4] 1．凝結　2．ア　3．(1)75　(2)ア　(3)ふくみきれなくなった水蒸気が，水滴となって出てくる量

[5] 1．発生した気体を石灰水に入れる　2．CO_2　3．エ　4．0.4　5．E

[6] 1．a．アルミニウム　b．銅　2．ウ　3．塩酸の濃度を高くする　4．$2H^+ + 2e^- \rightarrow H_2$

[7] 1．右図　2．針がふり切れて正しく測定できないことを防ぐため
3．50　4．右図　5．75

[8] 1．150　2．0.5　3．0.8　4．変わらない　5．8

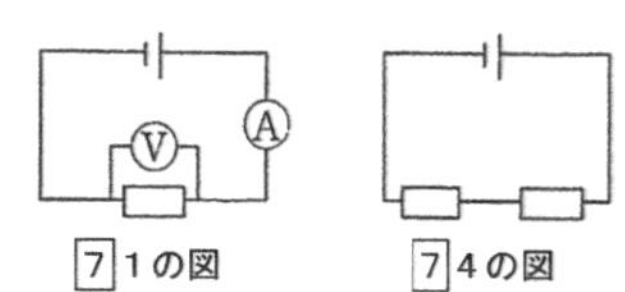

[7] 1の図　[7] 4の図

《英　語》

[1] 1．No.1．イ　No.2．ア　2．ア．テニスをするために　イ．10　ウ．高校生　3．No.1．イ　No.2．エ
4．it is difficult to choose a present

[2] 1．(1)bed　(2)which　(3)makes　2．(1)ウ　(2)ウ　3．(1)X．エ　Y．カ　Z．オ
(2)X．カ　Y．ア　Z．オ

[3] 1．X．29　Y．9　2．イ　3．ア，ウ

[4] 1．エマがいつも熊のぬいぐるみと寝ていたということ。(下線部はキャシーでもよい)　2．エ　3．B
4．(1)Because they were too busy to have enough time to go to the post office.　(2)Yes, he did.
5．ウ→オ→ア→エ→イ　6．Ⅰ．ウ　Ⅱ．ア

[5] I will start to study for the test tomorrow. The English test next week sounds difficult, so I have to study a lot. I'm going to start with English words. I'm not good at remembering English words.

東海大学山形高等学校【学業奨学生】

《国　語》

一　問一．ａ．せつけん　ｂ．ぶあつ　問二．ウ　問三．イ　問四．Ⅰ．染めの作業も自分でやってみたい　Ⅱ．間違いが起きたとき、即座に対応できる決断力　問五．エ　問六．ア　問七．Ⅰ．家業の織物制作に携わる者として認め、信頼してくれる　Ⅱ．美しい命の糸は続いていくんだ

二　問一．ａ．せいすい　ｂ．こ　問二．ウ　問三．言葉の、脚光を浴びたりすることのない、地味な存在であるという特徴。　問四．イ　問五．ア　問六．⑴Ⅰ．具体的で感覚的な意味　Ⅱ．独特の風合い　⑵ア
問七．母国語の歴史を知ることで、その将来を考え、そこでつむぎ出された文化そのものを大事にし、後世に伝えていく精神を培うという、文化をつむぎ出すために欠かせないもの。

三　問一．もちいる　問二．Ｂ　問三．病気の時は藤のこぶを煎じてお飲みなさい、という僧の教え。
問四．Ⅰ．病気を治す　Ⅱ．効果がある　問五．ウ

四　問一．１．額　２．承　３．整頓　４．体裁　５．円熟　問二．エ

五　<作文のポイント>
・最初に自分の主張、立場を明確に決め、その内容に沿って書いていく。
・わかりやすい表現を心がける。自信のない表現や漢字は使わない。
さらにくわしい作文の書き方・作文例はこちら！→

https://kyoei-syuppan.net/mobile/files/sakupo.html

《数　学》

1　１．⑴4　⑵1　⑶$-\frac{4}{3}a^2b^3$　⑷$6\sqrt{3}-2$　２．$x^2-x=10-2x$　$x^2+x-10=0$

$x=\frac{-1\pm\sqrt{1^2-4\times1\times(-10)}}{2\times1}=\frac{-1\pm\sqrt{1+40}}{2}=\frac{-1\pm\sqrt{41}}{2}$　答…$x=\frac{-1\pm\sqrt{41}}{2}$

３．⑴$\frac{3}{8}$　⑵$\frac{9}{16}$　４．56π　５．表より20分未満の人が18人いるから

2　１．⑴$\frac{1}{4}$　⑵$\sqrt{2}$　２．⑴①$n+1$　②$n+7$　③$n+8$　⑵7
３．⑴昨年度運動部に所属していた男子の人数をx人，昨年度運動部に所属していた女子の人数をy人とする。

$$\begin{cases} x+y=125\times\frac{116}{100} \\ \frac{110}{100}x+\frac{64}{100}y=125 \end{cases}$$

⑵男子の人数…77　女子の人数…48
４．右図

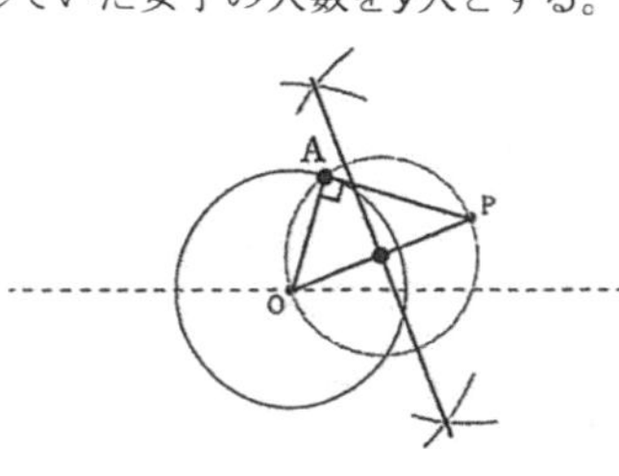

3　１．3　２．ア．$3x$　イ．19　ウ．$-x+19$　右下グラフ
３．7

4　１．62
２．△ＡＣＥと△ＢＦＥにおいて，
∠ＢＥＦは，直径に対する円周角より90°
したがって，∠ＡＥＣ＝180°－90°＝90°
よって，∠ＢＥＦ＝∠ＡＥＣ…①
∠ＤＡＥと∠ＥＢＤは，弧ＤＥに対する円周角より等しい

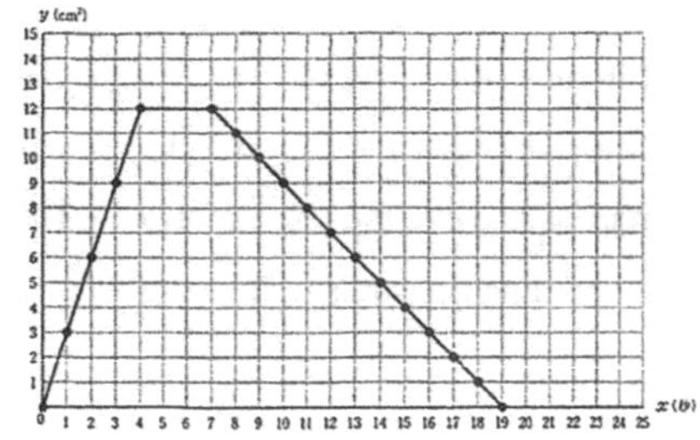

∠ＤＡＥ＝∠ＣＡＥと∠ＥＢＤ＝∠ＦＢＥより，∠ＣＡＥ＝∠ＦＢＥ…②

また，題意より，ＥＡ＝ＥＢ…③

①，②，③より，１組の辺とその両端の角がそれぞれ等しいので，△ＡＣＥ≡△ＢＦＥ

《社　会》

1　１．Ｄ　２．ＯＰＥＣ　３．アルプス山脈　４．住居の生活の熱で永久凍土が溶けないようにするため。　５．⑴パンパ　⑵イ　６．ウ

2　１．東経 135 度　２．平野の名前…濃尾平野　説明文…エ　３．イ　４．東海工業地域　５．年少人口が減少し，老年人口が増加した。　６．火山灰の広がるシラス台地が広がり，水持ちが悪いため。　７．イ

3　１．⑴エ　⑵貝塚　２．小野妹子　３．南蛮貿易　４．⑴武家諸法度　⑵参勤交代を軽減する代わりに，米を納めさせる　５．ウ

4　１．秩父事件　２．原敬　３．ウ　４．ニューディール政策　５．イ　６．日本が戦争に巻き込まれる危険性があること。

5　１．国の政治の決定権を国民が持ち，政治は国民の意思に基づいて行われる。　２．ウ　３．期日前投票〔別解〕不在者投票　４．イ　５．全体の奉仕者　６．イ　７．Ｘ．起訴　Ｙ．警察

6　１．⑴エ　⑵製造物責任法〔別解〕ＰＬ法　２．⑴証券取引所　⑵労働基準法　３．⑴イ　⑵公共投資を増加させ，税金を減少させて景気を回復する。

《理　科》

1　１．きき手でアームをもち，もう一方の手を鏡台の下にそえる。　２．ア〔別解〕ウ　３．ア　４．接眼レンズ…15　対物レンズ…10　５．対物レンズを 20 倍に変えた。

2　１．栄養　２．ウ　３．クローン　４．⑴４種類　⑵遺伝子の組み合わせによって，親とは違う品種ができるため。

3　１．地震／豪雨 などから１つ　２．火山噴出物　３．ウ　４．斑状組織　５．火山灰が風で飛ばされるため。

4　１．⑴エ　⑵温度が高く，湿度が低いとき。　２．⑴記号…Ｂ　理由…水は蒸発するとき熱を奪うから。　⑵75

5　１．ろうとの先端の長い方をビーカーの壁にくっつけていないので，ろうとを回して壁に長い方をつける。　２．⑴塩の中の塩化ナトリウム以外の不純物を取り除くため。　⑵ア　３．エ　４．溶解度

6　１．⑴ア　⑵エ　⑶$Mg \rightarrow Mg^{2+} + 2e^-$　２．Mg　３．亜鉛がイオンになり，電子を放出。その電子を水溶液中の銅イオンが受け取り，銅になり析出する。

7　１．音の速さよりも光の速さがはやいため。　２．340　３．5780　４．ア　５．音の高さを高くする。

8　１．Ａ，Ｅ　２．1.07　３．平均をとることにより，誤差を少なくするため。　４．右図　５．空気抵抗があり，おもりの速さが変わるため。

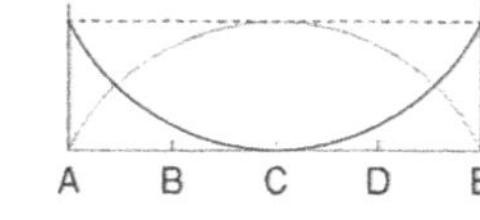

《英　語》

1　1．No.1．ア　No.2．エ　2．(1)イ　(2)ウ　(3)ア　3．No.1．ウ　No.2．ア
4．because trains usually arrive on time

2　1．(1)birthday　(2)for　(3)How／often　2．(1)ア　(2)エ　3．(1)X．イ　Y．オ　Z．ウ
(2)X．エ　Y．カ　Z．ウ

3　1．X．おにぎり1つ　Y．276　Z．食べ残し〔別解〕買いすぎ　2．買い物に行く前に，家にある食べ物を点検すること。　3．イ，エ

4　1．イ　2．自分が，祖父や祖母と同じくらい果物について知っていると考えたこと。　3．C
4．(1)She often cooks cakes.　(2)Yes, he does.　5．イ→オ→エ→ウ→ア　6．Ⅰ．How long have you
Ⅱ．to experience and learn

5　I like tofu.　It's very delicious for me.　And it's also very healthy.　I want to cook tofu dishes for you if you visit Japan.

2022 解答例 令和4年度　東海大学山形高等学校【一般】

《国　語》

一　問一．a．げんてん　b．きず　　問二．ウ　　問三．ア　　問四．笑顔になって、おいしいと喜んでくれる　問五．エ　　問六．今の時代の中で、新しい形に編みなおしていくこと　　問七．イ　　問八．Ⅰ．電話の向こうからは、物音ひとつしない　Ⅱ．ツーツーと同じリズムが、無機質に響いていた

二　問一．a．きわ　b．こよう　　問二．イ　　問三．エ　　問四．社会に根付　　問五．現代社会における課題の、相互に関連し、急速に影響しあって増幅するという特徴。　　問六．ア　　問七．Ⅰ．総合的に考えて　Ⅱ．連鎖的に　　問八．創発の性格をもつ問題を、創発の性格をもつ方法で解決しようとする、これまでにない効果を上げる可能性を秘めた、世界で初めての革新的な取り組み。

三　問一．そうなく　　問二．D　　問三．ア　　問四．Ⅰ．宮殿を建てる　Ⅱ．塚が壊された　　問五．ウ

四　問一．1．眉　2．預　3．宣伝　4．贈呈　5．抑揚　　問二．ウ

五　〈作文のポイント〉

・最初に自分の主張、立場を明確に決め、その内容に沿って書いていく。

・わかりやすい表現を心がける。自信のない表現や漢字は使わない。

さらにくわしい作文の書き方・作文例はこちら！→

https://kyoei-syuppan.net/mobile/files/sakupo.html

《数　学》

1　1．(1)3　(2)-4　(3)$-2a$　(4)$4-\sqrt{2}$

2．$9x-12=x^2+2$　$x^2-9x+14=0$　$(x-2)(x-7)=0$　$x=2,\ 7$　答…$x=2,\ 7$

3．3　　4．$2\sqrt{34}$　　5．(1)20　(2)$\frac{2}{5}$

2　1．(1)2　(2)(4，32)　(3)(0，16)　　2．右図　　3．(1)$\frac{1}{5}y$

(2)$\begin{cases} x+y=76 \\ 2\times\frac{1}{2}x+3\times\frac{1}{5}y=64 \end{cases}$　　(3)6　　4．47.2

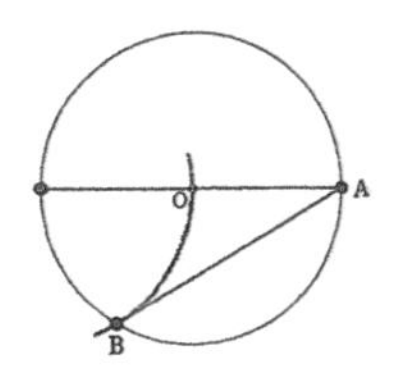

3　1．1　　2．ア．8　イ．$\frac{1}{4}x^2$　ウ．$4x-16$　右グラフ

3．9，$\frac{27}{2}$

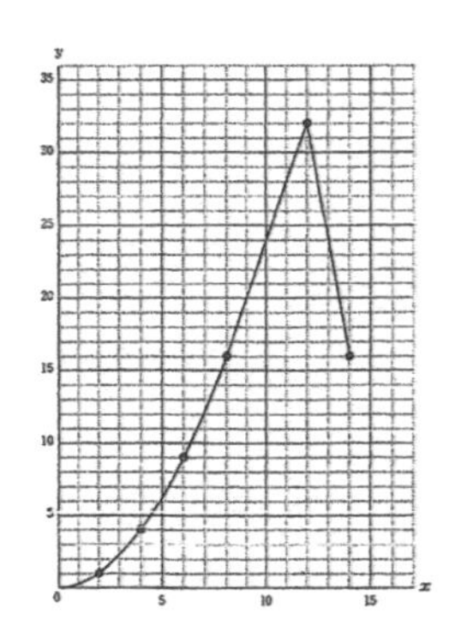

4　1．5：3　　2．25：4　　3．2　　4．4：1：3

《社　会》

1　1．C　　2．環太平洋造山帯　　3．ウ　　4．関税をなくし，貿易が活発に行われるようにするため。

5．ア　　6．レアメタル　　7．イ

2　1．ウ　　2．イ　　3．(1)ア　(2)季節風〔別解〕モンスーン　　4．ア　　5．合成洗剤を使わない運動を行った。

6．さとうきび　　7．ウ

3　1．(1)日宋貿易　(2)ア　　2．(1)元寇　(2)御家人の借金を帳消しにし，所領の売買や質入れを禁止すること。

3．⑴書院造(り)　⑵上杉謙信　　4．⑴鉄砲　⑵ウ

4　1．岩倉使節団　　2．外国人が日本で犯罪を犯しても，日本の法律ではなく，出身国の法律で裁かれるというもの。
3．イ　　4．帝国主義　　5．小村寿太郎　　6．イ　　7．毛沢東　　8．ウ

5　1．エ　　2．社会権　　3．ア　　4．イ　　5．ウ　　6．X．控訴　Y．上告　　7．地域の住民の意思に基づいて運営され，行政は地方公共団体によって行われる。

6　1．⑴資本主義経済　⑵エ　　2．⑴独占禁止法　⑵ア　　3．⑴エ　⑵国債〔別解〕公債　⑶一般の銀行に貸し出しや預金の受け入れを行う役割。

《理　科》

1　1．ウ　　2．4.0　　3．イ　　4．反射　　5．熱い物にさわったとき。

2　1．遺伝　　2．対立形質　　3．イ　　4．ウ　　5．茶色…15　黒色…5

3　1．名称…黒点　理由…周りより温度が低いから。　　2．ウ　　3．衛星　　4．ウ

4　1．エ　　2．冷たい空気は密度が大きいため。　　3．前線面　　4．イ　　5．ウ

5　1．ウ　　2．マグネシウムを入れると水素が発生する。　　3．電離　　4．森林がかれる。
5．右図

Na^+ Cl^- Na^+ Cl^- H_2O H_2O

5 5の図

6　1．ア　　2．金属光沢　　3．マグネシウム＋酸素→酸化マグネシウム
4．磁石を近づける。　　5．7：2

7　1．9.0　　2．18　　3．右図　　4．大きく見えた。　　5．ウ

8　1．右図　　2．1　　3．5.0　　4．20　　5．1.0

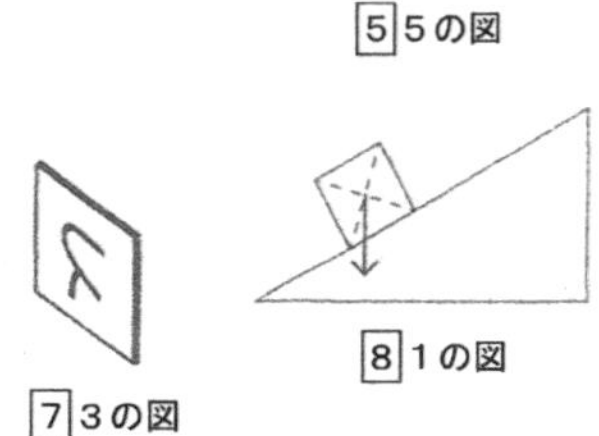

7 3の図

8 1の図

《英　語》

1　1．No.1．エ　No.2．ウ　　2．ア．駅　イ．8　ウ．昼食　　3．No.1．ウ　No.2．ウ
4．because it takes a long time to walk

2　1．⑴color　⑵second　⑶such　　2．⑴ウ　⑵イ　　3．⑴X．エ　Y．イ　Z．ア
⑵X．カ　Y．ウ　Z．ア

3　1．A．太った　B．控えるように　C．収入　　2．グラフ2の5つの項目に関連して仕事をしている人々
3．エ，オ

4　1．ウ　　2．B　　3．X．けが　Y．試合に出〔別解〕試合でプレーし
4．⑴He found a birthday present to his mother from his older sister.　⑵No, he didn't.
5．エ→ウ→ア→オ→イ　　6．Ⅰ．エ　Ⅱ．ウ

5　I will sing English songs for her.　It's because we can sing together.　I think singing songs together makes us feel happy. We will make friends with each other.

■ ご使用にあたってのお願い・ご注意

（1）問題文等の非掲載

著作権上の都合により，問題文や図表などの一部を掲載できない場合があります。

誠に申し訳ございませんが，ご了承くださいますようお願いいたします。

（2）過去問における時事性

過去問題集は，学習指導要領の改訂や社会状況の変化，新たな発見などにより，現在とは異なる表記や解説になっている場合があります。過去問の特性上，出題当時のままで出版していますので，あらかじめご了承ください。

（3）配点

学校等から配点が公表されている場合は，記載しています。公表されていない場合は，記載していません。

独自の予想配点は，出題者の意図と異なる場合があり，お客様が学習するうえで誤った判断をしてしまう恐れがあるため記載していません。

（4）無断複製等の禁止

購入された個人のお客様が，ご家庭でご自身またはご家族の学習のためにコピーをすることは可能ですが，それ以外の目的でコピー，スキャン，転載（ブログ，ＳＮＳなどでの公開を含みます）などをすることは法律により禁止されています。学校や学習塾などで，児童生徒のためにコピーをして使用することも法律により禁止されています。

ご不明な点や，違法な疑いのある行為を確認された場合は，弊社までご連絡ください。

（5）けがに注意

この問題集は針を外して使用します。針を外すときは，けがをしないように注意してください。また，表紙カバーや問題用紙の端で手指を傷つけないように十分注意してください。

（6）正誤

制作には万全を期しておりますが，万が一誤りなどがございましたら，弊社までご連絡ください。

なお，誤りが判明した場合は，弊社ウェブサイトの「ご購入者様のページ」に掲載しておりますので，そちらもご確認ください。

■ お問い合わせ

解答例，解説，印刷，製本など，問題集発行におけるすべての責任は弊社にあります。

ご不明な点がございましたら，弊社ウェブサイトの「お問い合わせ」フォームよりご連絡ください。迅速に対応いたしますが，営業日の都合で回答に数日を要する場合があります。

ご入力いただいたメールアドレス宛に自動返信メールをお送りしています。自動返信メールが届かない場合は，「よくある質問」の「メールの問い合わせに対し返信がありません。」の項目をご確認ください。

また弊社営業日（平日）は，午前９時から午後５時まで，電話でのお問い合わせも受け付けています。

2025 春

株式会社教英出版
〒422-8054　静岡県静岡市駿河区南安倍３丁目 12-28
TEL　054-288-2131　　FAX　054-288-2133
URL　https://kyoei-syuppan.net/
MAIL siteform@kyoei-syuppan.net

教英出版　2025年春受験用　高校入試問題集

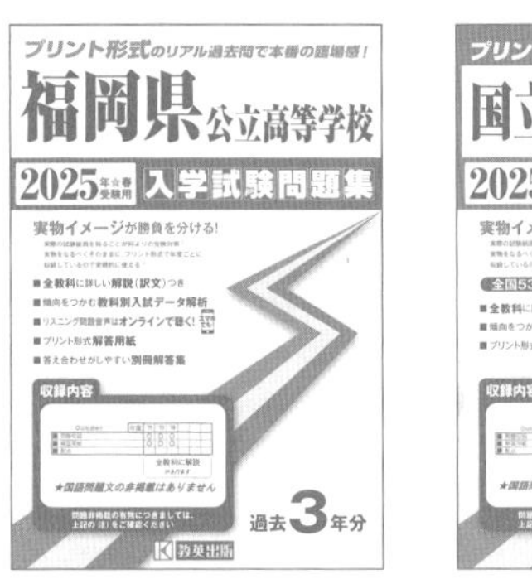

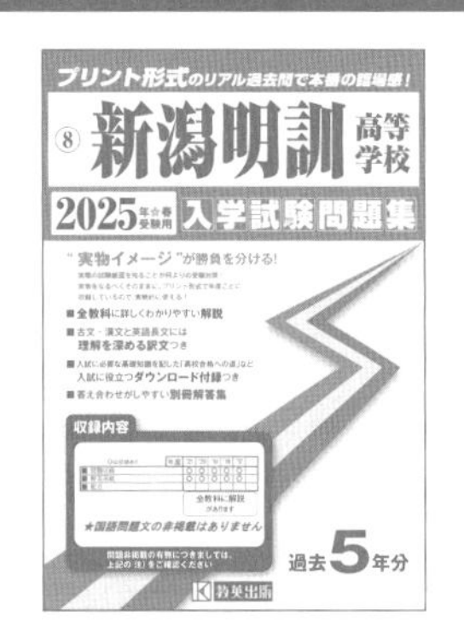

公立高等学校問題集

北海道公立高等学校
青森県公立高等学校
宮城県公立高等学校
秋田県公立高等学校
山形県公立高等学校
福島県公立高等学校
茨城県公立高等学校
埼玉県公立高等学校
千葉県公立高等学校
東京都立高等学校
神奈川県公立高等学校
新潟県公立高等学校
富山県公立高等学校
石川県公立高等学校
長野県公立高等学校
岐阜県公立高等学校
静岡県公立高等学校
愛知県公立高等学校
三重県公立高等学校(前期選抜)
三重県公立高等学校(後期選抜)
京都府公立高等学校(前期選抜)
京都府公立高等学校(中期選抜)
大阪府公立高等学校
兵庫県公立高等学校
島根県公立高等学校
岡山県公立高等学校
広島県公立高等学校
山口県公立高等学校
香川県公立高等学校
愛媛県公立高等学校
福岡県公立高等学校
佐賀県公立高等学校
長崎県公立高等学校
熊本県公立高等学校
大分県公立高等学校
宮崎県公立高等学校
鹿児島県公立高等学校
沖縄県公立高等学校

公立高 教科別8年分問題集

(2024年～2017年)

北海道(国·社·数·理·英)
宮城県(国·社·数·理·英)
山形県(国·社·数·理·英)
新潟県(国·社·数·理·英)
富山県(国·社·数·理·英)
長野県(国·社·数·理·英)
岐阜県(国·社·数·理·英)
静岡県(国·社·数·理·英)
愛知県(国·社·数·理·英)
兵庫県(国·社·数·理·英)
岡山県(国·社·数·理·英)
広島県(国·社·数·理·英)
山口県(国·社·数·理·英)
福岡県(国·社·数·理·英)

国立高等専門学校 最新5年分問題集

(2024年～2020年·全国共通)

対象の高等専門学校

釧路工業·旭川工業·
苫小牧工業·函館工業·
八戸工業·一関工業·仙台·
秋田工業·鶴岡工業·福島工業·
茨城工業·小山工業·群馬工業·
木更津工業·東京工業·
長岡工業·富山·石川工業·
福井工業·長野工業·岐阜工業·
沼津工業·豊田工業·鈴鹿工業·
鳥羽商船·舞鶴工業·
大阪府立大学工業·明石工業·
神戸市立工業·奈良工業·
和歌山工業·米子工業·
松江工業·津山工業·呉工業·
広島商船·徳山工業·宇部工業·
大島商船·阿南工業·香川·
新居浜工業·弓削商船·
高知工業·北九州工業·
久留米工業·有明工業·
佐世保工業·熊本·大分工業·
都城工業·鹿児島工業·
沖縄工業

高専 教科別10年分問題集

もっと過去問シリーズ

教科別
数学·理科·英語
(2019年～2010年)

学校別問題集

北海道

①札幌北斗高等学校
②北星学園大学附属高等学校
③東海大学付属札幌高等学校
④立命館慶祥高等学校
⑤北海高等学校
⑥北見藤高等学校
⑦札幌光星高等学校
⑧函館ラ・サール高等学校
⑨札幌大谷高等学校
⑩北海道科学大学高等学校
⑪遺愛女子高等学校
⑫札幌龍谷学園高等学校
⑬札幌日本大学高等学校
⑭札幌第一高等学校
⑮旭川実業高等学校
⑯北海学園札幌高等学校

青森県

①八戸工業大学第二高等学校

宮城県

①聖和学園高等学校(A日程)
②聖和学園高等学校(B日程)
③東北学院高等学校(A日程)
④東北学院高等学校(B日程)
⑤仙台大学附属明成高等学校
⑥仙台城南高等学校
⑦東北学院榴ケ岡高等学校
⑧古川学園高等学校
⑨仙台育英学園高等学校(A日程)
⑩仙台育英学園高等学校(B日程)
⑪聖ウルスラ学院英智高等学校
⑫宮城学院高等学校
⑬東北生活文化大学高等学校
⑭東北高等学校
⑮常盤木学園高等学校
⑯仙台白百合学園高等学校
⑰尚絅学院高等学校(A日程)
⑱尚絅学院高等学校(B日程)

山形県

①日本大学山形高等学校
②惺山高等学校
③東北文教大学山形城北高等学校
④東海大学山形高等学校
⑤山形学院高等学校

福島県

①日本大学東北高等学校

新潟県

①中越高等学校
②新潟第一高等学校
③東京学館新潟高等学校
④日本文理高等学校
⑤新潟青陵高等学校
⑥帝京長岡高等学校
⑦北越高等学校
⑧新潟明訓高等学校

富山県

①高岡第一高等学校
②富山第一高等学校

石川県

①金沢高等学校
②金沢学院大学附属高等学校
③遊学館高等学校
④星稜高等学校
⑤鵬学園高等学校

山梨県

①駿台甲府高等学校
②山梨学院高等学校(特進)
③山梨学院高等学校(進学)
④山梨英和高等学校

岐阜県

①鶯谷高等学校
②富田高等学校
③岐阜東高等学校
④岐阜聖徳学園高等学校
⑤大垣日本大学高等学校
⑥美濃加茂高等学校
⑦済美高等学校

静岡県

①御殿場西高等学校
②知徳高等学校
③日本大学三島高等学校
④沼津中央高等学校
⑤飛龍高等学校
⑥桐陽高等学校
⑦加藤学園高等学校
⑧加藤学園暁秀高等学校
⑨誠恵高等学校
⑩星陵高等学校
⑪静岡県富士見高等学校
⑫清水国際高等学校
⑬静岡サレジオ高等学校
⑭東海大学付属静岡翔洋高等学校
⑮静岡大成高等学校
⑯静岡英和女学院高等学校
⑰城南静岡高等学校
⑱静岡女子高等学校
⑲常葉大学附属常葉高等学校
　常葉大学附属橘高等学校
　常葉大学附属菊川高等学校
⑳静岡北高等学校
㉑静岡学園高等学校
㉒焼津高等学校
㉓藤枝明誠高等学校
㉔静清高等学校
㉕磐田東高等学校
㉖浜松学院高等学校
㉗浜松修学舎高等学校
㉘浜松開誠館高等学校
㉙浜松学芸高等学校
㉚浜松聖星高等学校
㉛浜松日体高等学校
㉜聖隷クリストファー高等学校
㉝浜松啓陽高等学校
㉞オイスカ浜松国際高等学校

愛知県

①[国立]愛知教育大学附属高等学校
②愛知高等学校
③名古屋経済大学市邨高等学校
④名古屋経済大学高蔵高等学校
⑤名古屋大谷高等学校
⑥享栄高等学校
⑦椙山女学園高等学校
⑧大同大学大同高等学校
⑨日本福祉大学付属高等学校
⑩中京大学附属中京高等学校
⑪至学館高等学校
⑫東海高等学校
⑬名古屋たちばな高等学校
⑭東邦高等学校
⑮名古屋高等学校
⑯名古屋工業高等学校
⑰名古屋葵大学高等学校
　(名古屋女子大学高等学校)
⑱中部大学第一高等学校
⑲桜花学園高等学校
⑳愛知工業大学名電高等学校
㉑愛知みずほ大学瑞穂高等学校
㉒名城大学附属高等学校
㉓修文学院高等学校
㉔愛知啓成高等学校
㉕聖カピタニオ女子高等学校
㉖滝高等学校
㉗中部大学春日丘高等学校
㉘清林館高等学校
㉙愛知黎明高等学校
㉚岡崎城西高等学校
㉛人間環境大学附属岡崎高等学校
㉜桜丘高等学校

㉝光ヶ丘女子高等学校
㉞藤ノ花女子高等学校
㉟栄徳高等学校
㊱同朋高等学校
㊲星城高等学校
㊳安城学園高等学校
㊴愛知産業大学三河高等学校
㊵大成高等学校
㊶豊田大谷高等学校
㊷東海学園高等学校
㊸名古屋国際高等学校
㊹啓明学館高等学校
㊺聖霊高等学校
㊻誠信高等学校
㊼誉高等学校
㊽杜若高等学校
㊾菊華高等学校
㊿豊川高等学校

三重県

①暁高等学校(3年制)
②暁高等学校(6年制)
③海星高等学校
④四日市メリノール学院高等学校
⑤鈴鹿高等学校
⑥高田高等学校
⑦三重高等学校
⑧皇學館高等学校
⑨伊勢学園高等学校
⑩津田学園高等学校

滋賀県

①近江高等学校

大阪府

①上宮高等学校
②大阪高等学校
③興國高等学校
④清風高等学校
⑤早稲田大阪高等学校
(早稲田摂陵高等学校)
⑥大商学園高等学校
⑦浪速高等学校
⑧大阪夕陽丘学園高等学校
⑨大阪成蹊女子高等学校
⑩四天王寺高等学校
⑪梅花高等学校
⑫追手門学院高等学校
⑬大阪学院大学高等学校
⑭大阪学芸高等学校
⑮常翔学園高等学校
⑯大阪桐蔭高等学校
⑰関西大倉高等学校
⑱近畿大学附属高等学校
⑲金光大阪高等学校
⑳星翔高等学校
㉑阪南大学高等学校
㉒箕面自由学園高等学校
㉓桃山学院高等学校
㉔関西大学北陽高等学校

兵庫県

①雲雀丘学園高等学校
②園田学園高等学校
③関西学院高等部
④灘高等学校
⑤神戸龍谷高等学校
⑥神戸第一高等学校
⑦神港学園高等学校
⑧神戸学院大学附属高等学校
⑨神戸弘陵学園高等学校
⑩彩星工科高等学校
⑪神戸野田高等学校
⑫滝川高等学校
⑬須磨学園高等学校
⑭神戸星城高等学校
⑮啓明学院高等学校
⑯神戸国際大学附属高等学校
⑰滝川第二高等学校
⑱三田松聖高等学校
⑲姫路女学院高等学校
⑳東洋大学附属姫路高等学校
㉑日ノ本学園高等学校
㉒市川高等学校
㉓近畿大学附属豊岡高等学校
㉔夙川高等学校
㉕仁川学院高等学校
㉖育英高等学校

奈良県

①西大和学園高等学校

岡山県

①[県立]岡山朝日高等学校
②清心女子高等学校
③就実高等学校
(特別進学コース〈ハイグレード・アドバンス〉)
④就実高等学校
(特別進学チャレンジコース・総合進学コース)
⑤岡山白陵高等学校
⑥山陽学園高等学校
⑦関西高等学校
⑧おかやま山陽高等学校
⑨岡山商科大学附属高等学校
⑩倉敷高等学校
⑪岡山学芸館高等学校(1期1日目)
⑫岡山学芸館高等学校(1期2日目)
⑬倉敷翠松高等学校
⑭岡山理科大学附属高等学校
⑮創志学園高等学校
⑯明誠学院高等学校
⑰岡山龍谷高等学校

広島県

①[国立]広島大学附属高等学校
②[国立]広島大学附属福山高等学校
③修道高等学校
④崇徳高等学校
⑤広島修道大学ひろしま協創高等学校
⑥比治山女子高等学校
⑦呉港高等学校
⑧清水ヶ丘高等学校
⑨盈進高等学校
⑩尾道高等学校
⑪如水館高等学校
⑫広島新庄高等学校
⑬広島文教大学附属高等学校
⑭銀河学院高等学校
⑮安田女子高等学校
⑯山陽高等学校
⑰広島工業大学高等学校
⑱広陵高等学校
⑲近畿大学附属広島高等学校福山校
⑳武田高等学校
㉑広島県瀬戸内高等学校(特別進学)
㉒広島県瀬戸内高等学校(一般)
㉓広島国際学院高等学校
㉔近畿大学附属広島高等学校東広島校
㉕広島桜が丘高等学校

山口県

①高水高等学校
②野田学園高等学校
③宇部フロンティア大学付属香川高等学校
(普通科〈特進・進学コース〉)
④宇部フロンティア大学付属香川高等学校
(生活デザイン・食物調理・保育科)
⑤宇部鴻城高等学校

徳島県

①徳島文理高等学校

香川県

①香川誠陵高等学校
②大手前高松高等学校

愛媛県

①愛光高等学校
②済美高等学校
③FC今治高等学校
④新田高等学校
⑤聖カタリナ学園高等学校

福岡県

①福岡大学附属若葉高等学校
②精華女子高等学校(専願試験)
③精華女子高等学校(前期試験)
④西南学院高等学校
⑤筑紫女学園高等学校
⑥中村学園女子高等学校(専願入試)
⑦中村学園女子高等学校(前期入試)
⑧博多女子高等学校
⑨博多高等学校
⑩東福岡高等学校
⑪福岡大学附属大濠高等学校
⑫自由ケ丘高等学校
⑬常磐高等学校
⑭東筑紫学園高等学校
⑮敬愛高等学校
⑯久留米大学附設高等学校
⑰久留米信愛高等学校
⑱福岡海星女子学院高等学校
⑲誠修高等学校
⑳筑陽学園高等学校(専願入試)
㉑筑陽学園高等学校(前期入試)
㉒真颯館高等学校
㉓筑紫台高等学校
㉔純真高等学校
㉕福岡舞鶴高等学校
㉖折尾愛真高等学校
㉗九州国際大学付属高等学校
㉘祐誠高等学校
㉙西日本短期大学附属高等学校
㉚東海大学付属福岡高等学校
㉛慶成高等学校
㉜高稜高等学校
㉝中村学園三陽高等学校
㉞柳川高等学校
㉟沖学園高等学校
㊱福岡常葉高等学校
㊲九州産業大学付属九州高等学校
㊳近畿大学附属福岡高等学校
㊴大牟田高等学校
㊵久留米学園高等学校
㊶福岡工業大学附属城東高等学校
(専願入試)
㊷福岡工業大学附属城東高等学校
(前期入試)
㊸八女学院高等学校
㊹星琳高等学校
㊺九州産業大学付属九州産業高等学校
㊻福岡雙葉高等学校

佐賀県

①龍谷高等学校
②佐賀学園高等学校
③佐賀女子短期大学付属佐賀女子高等学校
④弘学館高等学校
⑤東明館高等学校
⑥佐賀清和高等学校
⑦早稲田佐賀高等学校

長崎県

①海星高等学校(奨学生試験)
②海星高等学校(一般入試)
③活水高等学校
④純心女子高等学校
⑤長崎南山高等学校
⑥長崎日本大学高等学校(特別入試)
⑦長崎日本大学高等学校(一次入試)
⑧青雲高等学校
⑨向陽高等学校
⑩創成館高等学校
⑪鎮西学院高等学校

熊本県

①真和高等学校
②九州学院高等学校
(奨学生・専願生)
③九州学院高等学校
(一般生)
④ルーテル学院高等学校
(専願入試・奨学入試)
⑤ルーテル学院高等学校
(一般入試)
⑥熊本信愛女学院高等学校
⑦熊本学園大学付属高等学校
(奨学生試験・専願生試験)
⑧熊本学園大学付属高等学校
(一般生試験)
⑨熊本中央高等学校
⑩尚絅高等学校
⑪文徳高等学校
⑫熊本マリスト学園高等学校
⑬慶誠高等学校

大分県

①大分高等学校

宮崎県

①鵬翔高等学校
②宮崎日本大学高等学校
③宮崎学園高等学校
④日向学院高等学校
⑤宮崎第一高等学校
(文理科)
⑥宮崎第一高等学校
(普通科・国際マルチメディア科・電気科)

鹿児島県

①鹿児島高等学校
②鹿児島実業高等学校
③樟南高等学校
④れいめい高等学校
⑤ラ・サール高等学校

新刊
もっと過去問シリーズ

愛知県

愛知高等学校
7年分(数学・英語)
中京大学附属中京高等学校
7年分(数学・英語)
東海高等学校
7年分(数学・英語)
名古屋高等学校
7年分(数学・英語)
愛知工業大学名電高等学校
7年分(数学・英語)
名城大学附属高等学校
7年分(数学・英語)
滝高等学校
7年分(数学・英語)

※もっと過去問シリーズは入学試験の実施教科に関わらず、数学と英語のみの収録となります。

教英出版
〒422-8054
静岡県静岡市駿河区南安倍3丁目12-28
TEL 054-288-2131
FAX 054-288-2133
詳しくは教英出版で検索
教英出版 検索
URL https://kyoei-syuppan.net/

2024年度
東海大学山形高等学校
一般入学試験Ⅱ問題

国　語

（　9：00　～　9：50　）

注　意

1 「開始」の合図があるまで，開いてはいけません。

2 問題用紙は，７ページまであります。

3 解答用紙は，問題用紙の中にはさんであります。

4 「開始」の合図があったら，まず，解答用紙を取り出し，受験番号を書きなさい。次に，問題用紙のページ数を確認し，不備があればすぐに手を挙げなさい。

5 答えは，すべて解答用紙に書きなさい。

6 「終了」の合図で，すぐに鉛筆（シャープペンシルを含む）をおき，解答用紙を開いて裏返しにしなさい。

K 教英出版

一

次の文章を読んで、あとの問いに答えなさい。

お詫び
著作権上の都合により、文章は掲載しておりません。
ご不便をおかけし、誠に申し訳ございません。
教英出版

問一 ═══部a、b漢字の読み方を、ひらがなで書きなさい。

問二 〰〰部「鶏肉」と熟語の構成が同じものを、次のア～オから一つ選び、記号で答えなさい

ア 温暖　イ 着席　ウ 古今　エ 悪夢　オ 腹痛

問三 ――部1「その味さえも分からない」のはなぜですか。その理由を、次のような形で説明したとき、［　］に入る適切な言葉を、本文中から九字で抜き出して書きなさい。

> 自信があった［　　　　］の結果が、散々な順位であり、ひどいショックを受け、目の前が暗くなったような気がしたから。

問四 ……部AからBまでの本文から「父さん」はどのような人物であると読み取れますか。最も適切なものを次のア～エから一つ選び、記号で答えなさい。

ア 家族とのかけがえのない時間を、大切にしたいと考える人物。
イ 会話を何よりも大事なものとし、他者との交流を重んじる人物。
ウ バランスの取れた食事をとり、健康に過ごしたいと考える人物。
エ 食事の作法や礼儀を守り、命のありがたさに感謝している人物。

問五 ――部2とあるが、これは「正樹」のどのような様子を表していますか。次のような形で説明したとき、［Ⅰ］に入る適切な言葉を、本文中から五字で抜き出して書き、［Ⅱ］に入る適切な言葉を、本文中から七字で抜き出して書きなさい。また、［Ⅲ］に入る適切な言葉を、十字以内で書きなさい。

心の中では[Ⅰ]気持ちがありながらも、受験前の緊張や焦り（あせり）から、家族に対して苛立ちの感情をぶつけてしまった「正樹」は、自らの発言に後悔する一方、受験生だから大目に見て欲しいという[Ⅱ]を持っていた。しかし、「父親」からの言葉により、家族は[Ⅲ]を大切にしていると知り、自身の行動に関して、自己嫌悪を引きずっている。

問六　――部3の「正樹」の心情について、国語の授業で次のような話し合いが行われました。[　]に入る適切な言葉を、本文中の言葉を使って十字以内で書きなさい。

恵さん　「正樹」は家族に対して罪悪感を抱いているね。夕食時の自分の発言を後悔している気持ちが読み取れるよ。

泉さん　その日の夜に、「姉ちゃん」から料理を作ってもらっているね。怒っていると思っていた「姉ちゃん」が、いつも通りの振る舞いをしていることに、安心感を抱いているようだね。

恵さん　なるほど、だから家族と距離を置いていた「正樹」は、[　]を感じて、温かい気持ちになったんだね。

問七　本文の表現の工夫とその効果を説明したものとして最も適切なものを、次のア～エから一つ選び、記号で答えなさい。

ア　食事についての会話を通して、「正樹」の心情を巧みに表現している。

イ　五感に訴える表現を通して、「正樹」の個性を詳細に描写している。

ウ　色彩を使った説明を通して、周囲の様子を幻想的に演出している。

エ　擬音語を多く用いることで、周囲の状況を具体的に説明している。

〈歩祐作『半熟卵のエンジン』による。一部省略がある。〉

お詫び
著作権上の都合により、文章は掲載しておりません。
ご不便をおかけし、誠に申し訳ございません。
教英出版

二 次の文章を読んで、あとの問いに答えなさい。

1見えない人が「見て」いる空間と、見える人が目でとらえている空間。それがどのように違うのかは、一緒に時間を過ごす中で、ふとした瞬間に明らかになるものです。

私と木下さんはまず大岡山駅の改札で待ち合わせて、交差点をわたってすぐの大学正門を抜け、私の研究室がある西9号館に向かって歩きはじめました。その途中、一五メートルほどのa緩やかな坂道を下っていたときです。木下さんが言いました。「大岡山はやっぱり山で、いまその斜面をおりているんですね」。

私はそれを聞いて、かなりびっくりしてしまいました。なぜなら木下さんが、そこを「山の斜面」だと言ったからです。毎日のようにそこを行き来していましたが、私にとってはそれはただの「坂道」でしかありませんでした。

確かに言われてみれば、木下さんの言う通り、大岡山の南半分は駅の改札を「頂上」とするお椀をふせたような地形をしており、西9号館はその「ふもと」に位置しています。その頂上からふもとに向かう斜面を、私たちは下っていました。

けれども、見える人にとって、そのような*俯瞰的で三次元的なイメージを持つことはきわめて難しいことです。坂道の両側には、サークル勧誘の立て看板が立ち並んでいます。学校だから、知った顔とすれ違うかもしれません。前方には、混雑した学食の入り口が見えます。目に飛び込んでくるさまざまな情報が、見える人の意識を奪っていくのです。あるいはそれらをすべてシャットアウトしてスマホの画面に視線を落とすか。そこを通る通行人には、自分がどんな地形のどのあたりを歩いているかなんて、想像する余裕はありません。

そう、私たちはまさに「通行人」なのだとそのとき思いました。「通るべき場所」として定められ、方向性を持つ「道」に、いわばベルトコンベアのように運ばれている存在。それに比べて、まるでスキーヤーのように広い平面の上に自分で線を引く木下さんのイメージは、より開放的なものに思えます。

物理的には同じ場所に立っていたのだとしても、その場所に与える意味次第では全く異なる経験をしていることになる。それが、木下さんの一言が私に与

〈伊藤亜紗『目の見えない人は世界をどう見ているのか』光文社新書による。一部省略がある。〉

〔注〕

＊ 俯瞰＝ 高いところから広く見渡すこと。

問一 ═══部a、bの漢字の読み方を、ひらがなで書きなさい。

問二 〰〰部の品詞として最も適切なものを、次のア～エから一つ選び、記号で答えなさい。

ア 連体詞　イ 副詞　ウ 接続詞　エ 助動詞

問三 ――部1を次のような形で説明したとき、[　　]に入る適切な言葉を、本文中から十一字で抜き出して書きなさい。

> 私にとっては、大岡山駅という出発点と、西9号館という目的地をつなぐ道順の一部でしかない坂道を、木下さんは、[　　]という俯瞰的で三次元的なイメージで捉えている。

問四 ――部2を次のような形で二つにまとめたとき、[Ⅰ]、[Ⅱ]に入る言葉の組み合わせとして最も適切なものを、あとのア～カから一つ選び、記号で答えなさい。

> ○ 見える人は、[Ⅰ]を把握しながら、ずっと先まで続く道をベルトコンベアのように運ばれていく。
> ○ 見えない人は、[Ⅱ]を把握しながら、スキーヤーのように広い平面のうえにイメージ上の道を作り上げていく。

えた驚きでした。人は、物理的な空間を歩きながら、実は脳内に作り上げたイメージの中を歩いている。私と木下さんは、同じ坂道を並んで下りながら、実は2全く違う世界を歩いていたわけです。

全盲の木下さんがそのとき手にしていた「情報」は、私に比べればきわめて少ないものでした。少ないどころか、たぶん二つの情報しかなかったはずです。つまり「大岡山という地名」と「足で感じる傾き」の二つです。しかし情報が少ないからこそ、それを解釈することによって、見える人では持ち得ないような空間が、頭の中に作り出されました。

木下さんはそのことについてこう語っています。「たぶん脳の中にはスペースがありますよね。見える人だと、そこがスーパーや通る人だとかで埋まっているんだけど、ぼくらの場合はそこが空いていて、見える人のようには使っていない。でもそのスペースを何とか使おうとして、情報と情報を結びつけていくので、そういったイメージができてくるんでしょうね。さっきなら、足で感じる『斜面を下っている』という情報しかないので、これはどういうことだ？と考えていくわけです。だから、見えない人はある意味で余裕があるのかもしれないね。見えると、坂だ、ということで気が奪われちゃうんでしょうね。きっと、まわりの風景、空が青いだとか、スカイツリーが見えるとか、そういうので忙しいわけだよね」。

まさに情報の少なさが特有の意味を生み出している実例です。都市で生活していると、目がとらえる情報の多くは、人工的なものです。大型スクリーンに映し出されるアイドルの顔、新商品を宣伝する看板、電車の中吊り広告……。見られるために設(しつら)えられたもの、本当は自分にはあまり関係のない＝「意味」を持たないかもしれない、純粋な「情報」もたくさんあふれています。視覚的な注意をさらっていくめまぐるしい情報の洪水。確かに見える人の頭の中には、木下さんの言う3「脳の中のスペース」がほとんどありません。

それに比べて見えない人は、こうした洪水とは無縁です。もちろん音や匂いも都市にはb氾濫していますが、それでも木下さんに言わせれば「脳の中に余裕がある」。さきほど、見えない人は4道から自由なのではないか、と述べました。この「道」は、物理的な道、つまりコンクリートや土を固めて作られた文字通りの道であると同時に、比喩的な道でもあります。つまり、「こっちにおいで」と人の進むべき方向を示すもの、という意味です。

ア　Ⅰ　道の幅や向き　　Ⅱ　音の種類
イ　Ⅰ　道の幅や向き　　Ⅱ　限定された範囲
ウ　Ⅰ　限定された範囲　　Ⅱ　道の幅や向き
エ　Ⅰ　限定された範囲　　Ⅱ　広い範囲
オ　Ⅰ　広い範囲　　Ⅱ　道の幅や向き
カ　Ⅰ　広い範囲　　Ⅱ　音の種類

問五　――部3とは、どういうことですか。次の三つの言葉を使って、五十字以内で書きなさい。なお、三つの言葉はどのような順序で使ってもかまいません。

見える人　　情報　　脳の中のスペース

問六　――部4とあるが、筆者は「道から自由」であることについて、どのように考えていますか。次のような形で説明したとき、Ⅰに入る適切な言葉を、本文中から八字で抜き出して書き、Ⅱに入る適切な言葉を、本文中から十六字で抜き出して書きなさい。また、Ⅲに入る適切な言葉を、本文中の言葉を使って、十字以内で書きなさい。

> 目の見えない人は、物理的な道において、［Ⅰ］の刺激を受けないことで道の指示を意識せず、［Ⅱ］のイメージを持つということである。また、比喩的な道においては、目で認識できる情報にとらわれないことで、［Ⅲ］を見失わずに済むということである。

問七　本文の特徴について説明したものとして最も適切なものを、次の**ア**～**エ**から一つ選び、記号で答えなさい。

ア　冒頭で問題提起することで、論の展開や筆者の主張を明確にしている。
イ　起承転結の段落構成により、独自の視点で分析した内容を伝えている。
ウ　実際の会話を取り入れ、そこから得られた自身の考えを示している。
エ　比喩表現や擬人法を用いることで、文章全体を読みやすくしている。

三　次の文章を読んで、あとの問いに答えなさい。

＊禅師尊き像を造らむが為に、京に上り財を売る。（都に上り私財を売った）既に金と丹とのごとき物を買得て、（金や絵の具などを買い取り）＊難波の津に還り到る。時に海の辺の人大なる亀四つを売る。（海辺の人が四匹の大亀を売っていた）禅師人に勧へて買ひて A放たしむ。（人に頼んで亀を買ってもらって放してやった）すなはち人の舟を借り、童子二人を率て共に乗りて海を渡る。（童子二人を連れて一緒に乗って海を渡った）日暮れ夜深けて舟人欲を起こし、＊備前の骨嶋の辺に行到りて、童子等を取りて海の中に B投げ入る。（つかまえて海の中に投げ込んだ）然うして後に禅師に告げて云はく 1「速に海に入るべし」といふ。（早く海に入れ）師教化ふといへども賊なほ許さず。（教えさとしたが賊は聞き入れなかった）ここに願を発して海の中に入る。（仏に祈って）水腰に及ぶ時に（腰まで水につかった時）2石を以ちて脚に当つ。（石が足に当たった）其の暁に見れば、亀負へり。（亀に背負われているのであった）其の＊備中の浦にして、海の辺に其の亀を三頷きて去る。（その亀は三度頭を下げて去って行った）是れ放てる亀の恩を報ゆるかと疑う。（おそらく放してやった亀が恩を報いたのであろう）時に賊等六人、是の寺に金と丹とを C売る。禅師後に出でて見れば、賊等忙然しくして退進を D知らず。（禅師を見て恐れて困り果てた）禅師憐愍びて刑罰を加へず。（あわれんで罰を与えなかった）仏を造り塔をかざり、供養し終りぬ。

〈『日本霊異記』による〉

〔注〕
＊禅師＝　朝鮮半島にあった百済生まれの僧侶。弘済禅師。
＊難波の津＝　今の大阪市付近にあった港。
＊備前＝　今の岡山県東南部。　＊備中＝　今の岡山県西部。

問一　～～～部「いへども」を現代かなづかいに直し、すべてひらがなで書きなさい。

問二　═══部A～Dの中から、主語が「禅師」であるものを一つ選び、記号で答えなさい。

問三　───部1「速に海に入るべし」について、この説明として最も適切なものを、次のア～エから一つ選び、記号で答えなさい。

ア　禅師より先に海の中に逃げた童子の、禅師を逃がすための言葉。
イ　たまたま舟に乗り合わせた人々の、禅師を避難させるための言葉。
ウ　身の危険を察知した禅師の、賊となった舟人から逃げるための言葉。
エ　賊となった舟人の、自ら禅師を海に投げ込むことを避けるための言葉。

問四　───部2「石を以ちて脚に当つ」について、「石が足に当たった」とは、実際には「禅師」がどのような状況であったということですか。次のような形で説明したとき、□に入る適切な言葉を、十字以内で現代語で書きなさい。

禅師が□状況。

問五　本文中から読み取れる教訓として最も適切なものを、次のア～エから一つ選び、記号で答えなさい。

ア　禅師が亀を助けたために無事に仏像を造ることができたように、良い行いには良い報いが現れる。
イ　禅師が施した恩によって亀が海中で禅師を助けたように、自分の行いに応じた報いが現れる。
ウ　禅師から受けた恩を亀が返したように、受けた恩への感謝を忘れないことが仏道を信じる心につながる。
エ　亀に姿を変えた仏の加護によって禅師が旅を無事に終えたように、日頃から仏道を信じる心が大切だ。

四

次の問いに答えなさい。

問一　次の1～5の＝＝部のカタカナの部分を、漢字で書きなさい。なお、楷書で丁寧に書くこと。

1　カワの財布を買う。

2　強さを内にヒめる。

3　野菜の価格がコウトウする。

4　賞品をカクトクする。

5　仕事がエンカツに進む。

問二　佐藤さんは、総合的な学習の時間に、衆議院議員総選挙の投票率の推移について調べ、「レポート」にまとめました。次は、そのレポートの内容と〔資料1〕〔資料2〕です。これらを読んで、あとの(1)、(2)の問いに答えなさい。

> 選挙の投票率を下げているのは、圧倒的に10歳代・20歳代の若者層である。そのために、この世代の投票率を上げる方策が必要だ。この層は、選挙や政治に対し興味がないとも言われており、そうした人たちは、「　Ｉ　」とか「選挙で政治は良くならない」などと冷めた考え方をしており、そもそも「選挙に関心がない」という人もそれに含まれるかもしれない。
>
> そうした若者層を選挙に導くには、各政党や候補者についての情報を与えて、投票に役立ててもらうのがよいだろう。その意味では、彼らも日常接していることが多い［　Ⅱ　］を活用することが、一つの方策となるだろう。

【資料１】

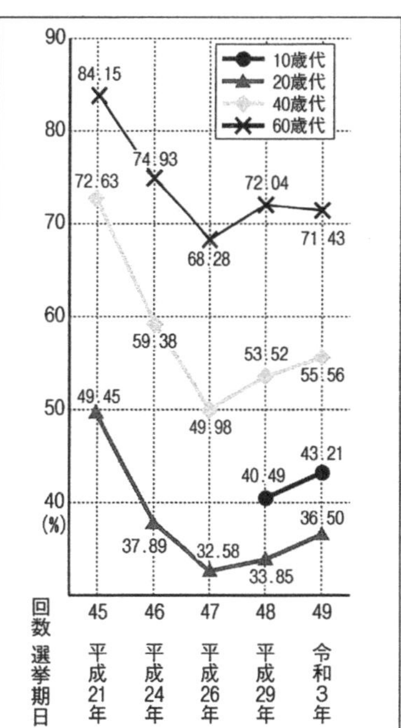

【資料２】

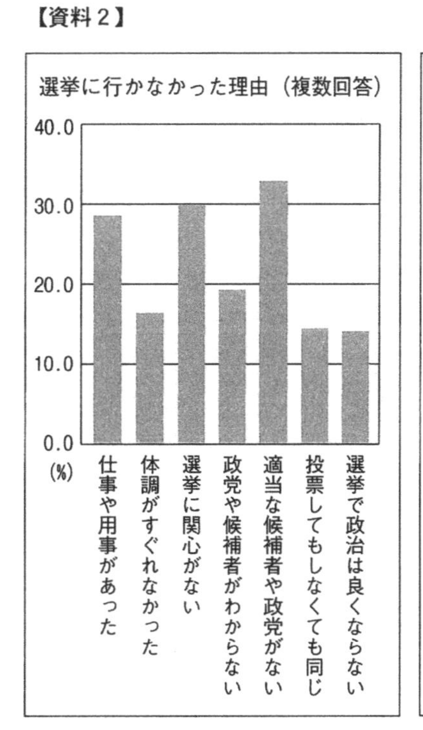

（公益財団法人明るい選挙推進協会　令和４年調査による）

(1)　［　Ｉ　］に入る最も適切な言葉を、〔資料2〕の項目から選び、抜き出して書きなさい。

(2)　［　Ⅱ　］に入る最も適切なものを、次のア～エから一つ選び、記号で答えなさい。

ア　テレビ　　**イ**　ポスター

ウ　インターネット　　**エ**　公報

試験問題は、次のページに続きます。

五

次のA、Bは、偉人たちが残した挨拶(あいさつ)に関する名言・格言です。

これらの名言・格言を読み、**「挨拶の重要性」**という題で、まとまりのある二段落構成の文章を書きなさい。第一段落には、AとBの名言・格言それぞれについて、どのようなことが読み取れるか、書きなさい。それをふまえ、第二段落には、あなたの考えを、自身の体験や見聞きしたことを含めて書きなさい。

ただし、あとの**《注意》**に従うこと。

A　真実と愛をもって挨拶すれば、最も困難な問題も解決する。

ガンジー

B　人と人との距離は、心の挨拶で縮められる。

アインシュタイン

《注意》

◇「題名」は書かないこと。
◇二段落構成とすること。
◇二〇〇字以上、二四〇字以内で書くこと。
◇文字は、正しく、整えて書くこと。

2024年度

東海大学山形高等学校
一般入学試験Ⅰ問題
〔学業奨学生認定〕

国　語

（ 9：00 ～ 9：50 ）

注　意

1 「開始」の合図があるまで，開いてはいけません。

2 問題用紙は，7ページまであります。

3 解答用紙は，問題用紙の中にはさんであります。

4 「開始」の合図があったら，まず，解答用紙を取り出し，受験番号を書きなさい。次に，問題用紙のページ数を確認し，不備があればすぐに手を挙げなさい。

5 答えは，すべて解答用紙に書きなさい。

6 「終了」の合図で，すぐに鉛筆（シャープペンシルを含む）をおき，解答用紙を開いて裏返しにしなさい。

一　次の文章を読んで、あとの問いに答えなさい。

じゃあ、と言って握手を求めてきた。岬はその手をそっと握ったが、思いがけない冷たさに躰が慄えた。寒さのせいではなく、世離れのした冷たさだった。

「雪で冷えたんだ」

訊ねもしないのに、言い訳をする。岬は心情を見透かされたようで、1いっそう戸惑った。

「……きみ、どこへ行くの」

「療養所へ戻るのさ。……ほんとう言うとね、ぼくは一昨年の夏以来、肺が悪くって療養所で暮らしてた。骨がa融解する病気だから、躰もなかなか大きくならなくって、背丈も目方もほとんど一昨年のままだ。静養すればよくなると言われたけど、退院できないうちに二年が過ぎた。皆に逢いたくなって、夏の終わりにこっそり施設を抜けだして来たんだよ。だけど、医師がじきじきに迎えに来てしまったから、もう帰らないとね。二、三日で戻るつもりだったのに、つい長居した」

「だけど、……きみはあれでよかったの。皆、まめ彦だなんて呼んで」

「もともと、そう呼ばれてたんだよ。二年前だって小柄だった。愛称みたいなものさ。みんな口は悪いけど、いろんな意味で励ましてくれてるんだよ。ただ、ぼくがこんな姿なのを認めたくないんだ。……たぶん。ぼくだって、誰か友だちが予想もしなかった姿であらわれたら、戸惑うと思う」

「笛は、どうやって取り戻したんだい。北浦くんが、それは上水所の湖で失くしたって」

「きみに貰った檸檬水の瓶で新しく拵えたんだよ」

「下手な嘘だね」

賢彦は笑みを返しただけで、反論はせずにべつのことを口にした。

「刈谷先生が言ってた、2あれはよかったな。小さな成虫になるって話。そういう生き方もあるよ。逆に、羽化するはずの幼虫が、脱皮をしてさらに大きな幼虫になってしまう場合もあるんだけどね。皆、同じ分泌液の作用だ。Aあっちゃんに借りた本に書いてあった。彼、いつも家の傍まで来て、ぼくが知らないでいるときもb黙ってずっとそこにいたんだ。後に、必ず本か何かが置いてある。ことばを交わさなくたって、ぼくにはそれで充分さ—

問一　==部a、bの漢字の読み方を、ひらがなで書きなさい。

問二　〰〰部「静養」と熟語の構成が同じものを、次のア～オから一つ選び、記号で答えなさい。

ア　停止　イ　熱唱　ウ　往復　エ　骨折　オ　握手

問三　——部1「いっそう戸惑った」のはなぜですか。その理由を、次のような形で説明したとき、[　]に入る適切な言葉を、本文中から九字で抜き出して書きなさい。

> 賢彦の手の[　]に驚いたが、その岬の心情を見透かしていたかのように、賢彦が言い訳をしたから。

問四　——部2とあるが、このときの「賢彦」の心情を、次のような形で説明したとき、[Ⅰ]に入る適切な言葉を、本文中から十字で抜き出して書き、[Ⅱ]に入る適切な言葉を、十五字以内で書きなさい。また、[Ⅲ]に入る適切な言葉を、本文中の言葉を使って十字以内で書きなさい。

> 身長が[Ⅰ]である自分にとって、刈谷先生の「小さな成虫」の話は、身体的な成長が遅くとも、[Ⅱ]という意味で、今の自分の境遇と重なり、「まめ彦」というあだ名も[Ⅲ]として受け入れている。

問五　……部AからBまでの本文から、「北浦（あっちゃん）」はどのような人物であると読み取れますか。最も適切なものを、次のア～エから一つ選び、記号で答えなさい。

「……あっちゃん」

賢彦が口にした名が誰のものか、岬にはわからない。だが、見当で北浦のことだと察した。B彼らの互いのようすが、岬にそう思わせるのだ。賢彦は歩きはじめていた。岬は駅に向かう町道の途中まで送って出たが、賢彦はこの先はひとりで行くと言いはった。その後で、手にしていた鞄(かばん)を探りはじめた。

「……そうだ。忘れるところだった。きみに本を渡さなくちゃいけない」

賢彦が取りだしたのは、『さまよえる湖』である。

「これ、次はきみの番だろう。先生に返すのを頼まれてくれるかな。ぼくは今夜急に発(た)つことになってあすは学校へ行かれない。そのことも伝えてほしい」

いつもの快活な声での依頼だったが、岬はいくぶんためらった。本をどうやって刈谷に返せばいいのか、そのあてがない。あの学校へもう一度行けるとは思えなかった。だが、賢彦の強引さに負けて、今度も受け取ってしまった。

「……面白かったかい」

「ほんとう言うとね、読む時間がなかったんだ。残念だけど」

「……だったら、持って行けばいいのに。後で郵便で送り返せば、先生は叱(しか)らないと思うよ」

「いいんだ。きみだって予約してるし、ほかにも読みたい生徒はいるはずだからね」

賢彦は雪の降りしきる中を歩いてゆく。彼の小さな躰が闇の中でさらに小さくなって遠のいた。岬はあわてて家へ引き返し、茹(ゆ)で栗と父が拵えた里芋飯(さといもめし)を包んで賢彦を追いかけた。地面は二十センチほどの雪に埋もれ、賢彦の小さな後ろ姿も全体がうっすらと白かった。濃紺の服に雪が降りかかっている。

「白水(しろみず)くん」

岬は少年を呼びとめて、包みを差しだした。

「少しだけど、夜行の中で食べるといいよ」

包みにはまだ温(ぬく)もりがあった。賢彦は、その温もりを確かめるように包みへ頬(ほお)をすりよせている。

「……温かい」

「ほんの少しで申し訳ないけど」

「3いいんだ。ありがとう」

〈長野まゆみ『天然理科少年』KADOKAWAによる。一部修正がある。〉

ア 「賢彦」を知るために、隅々まで調べようとする好奇心旺盛な人物。
イ 「賢彦」を励ますために、気遣いの言葉をかけ続ける真面目な人物。
ウ 「賢彦」を心配するあまり、自宅まで様子をうかがう神経質な人物。
エ 「賢彦」を気にかけながらも、遠くから見守ろうとする優しい人物。

問六 ――部3の「賢彦」の心情について、国語の授業で次のような話し合いが行われました。□に入る適切な言葉を、十字以内で書きなさい。

花さん 「賢彦」は療養所を抜け出して、友だちに会いに来ていた。だから、雪が降りしきる中、遠くへと旅立つ「賢彦」の姿から、寂しさや悲しさが伝わってくるんだね。

翼さん その後、「賢彦」は「岬」から、列車の中で食べるようにと、茹で栗と里芋飯を渡されているよ。包みに頬をすりよせて、温かそうにしている場面が印象的だね。

花さん 以上を踏まえると、「賢彦」は「岬」の□を感じていることが読み取れるね。だから、「ありがとう」の言葉が出てきたんだろう。

問七 本文の表現の工夫とその効果を説明したものとして最も適切なものを、次のア～エから一つ選び、記号で答えなさい。

ア 真冬の夜の情景を表現することで、幻想的な雰囲気を演出している。
イ 形が豊富な植物を描写することで、大自然の豊かさを形容している。
ウ 直喩や隠喩を用いることで、複雑な登場人物の心情を表現している。
エ 多彩な色彩を用いることで、微妙な登場人物の心情を象徴している。

二 次の文章を読んで、あとの問いに答えなさい。

ゴリラの世界から戻ると、1それまで当たり前だと思っていた人間の暮らしが、当たり前のことではなく見えてきます。その一つが言葉です。

ゴリラの世界に長らくいて自分が言葉をしゃべらなくなっていることに気づいたとき、言葉というのは、もともと意味のあるものではなく、ひょっとしたら「対面」を長引かせる手段だったのかもしれないと思いました。

動物たちは、さまざまな方法で心を一つにします。チンパンジーは、「フーホーフーホー」という遠距離コミュニケーションに使うパントフートという声を出したり、抱き合ったりして興奮を分かち合います。ゴリラは、近くで同じものを食べていて楽しい気分になるとハミングで同調し合います。ゴリラはお腹が大きいので、休んでいるときにはお腹をくっつけ合ってじっとしていることも多いのですが、これも心を一つにする方法です。そのとき、目があってもお互いに平気です。覗(のぞ)き込み行動もそうです。でも、見つめ合っているのはせいぜい数十秒で、1分に及ぶことはありません。この間に相手の心に入り込んで、自分と相手の心を合わせ、a誘ったりケンカを仲裁したり、何かを思いとどまらせたりする。相手をコントロールして、勝手な動きをさせない方法なのでしょう。

2このように、ゴリラやチンパンジーは一体化して関係性をつくります。人間も、親子の間では、赤ちゃんが泣いているとき、お母さんはなんとかしようと、赤ちゃんの顔を見ながら身体を揺すったりしますね。赤ちゃんも、お母さんの顔をじっと見つめ、包み込まれている安心感で泣き止む。人間にとっては、顔と顔を合わせるこの行為が一体化です。これによって不安や喜びや楽しさが伝わります。「自分は一人ではない」「つながっている」という感覚を得られるのがその効果です。

ただ、人間の場合、親子以外でこうした一体化ができるのは、通常、恋人同士など特別な関係に限られます。人間は、ゴリラやチンパンジーのように一体化することはせず、少し離れて3互いの自立性を保つ道を選びました。こうして、安易に一体化するのを避けた過程で生まれたのが、一定の距離を保って向き合うという状態です。言葉を交わすだけなら対面する必要はないのに人は対面します。でも、対面したまま黙ってじっと見つめ合っていたら気味が悪い。帰国後のぼくが気味悪がられたように。この状態を持続するために生まれたの

〔注〕
＊ 担保＝ 保証すること。
＊ フィクション＝ 想像によって作り上げられた架空の物語。
＊ 対峙＝ 対立する者同士が、にらみ合ったままじっと動かずにいること。

問一 ══部a、bの漢字の読み方を、ひらがなで書きなさい。

問二 〰〰部「ひょっとしたら」の品詞として最も適切なものを、次の**ア**〜**エ**から一つ選び、記号で答えなさい。

ア 助動詞　**イ** 接続詞　**ウ** 副詞　**エ** 連体詞

問三 ──部1を、次のような形で説明したとき、[　]に入る適切な言葉を、本文中から十五字以内で抜き出して書きなさい。

> 言葉を当然のように使っている人間の暮らしから離れることで、言葉が[　]ということが見えてきたということ。

問四 ──部2の指し示す内容を、次のような形でまとめたとき、[Ⅰ]、[Ⅱ]に入る言葉の組み合わせとして最も適切なものを、あとの**ア**〜**カ**から一つ選び、記号で答えなさい。

> ○ [Ⅰ]ために、興奮を分かち合ったり、同調し合ったりすること。
> ○ [Ⅱ]ために、見つめ合い、相手の心に入り込むこと。

ア Ⅰ 勝手な行動をさせない　Ⅱ コミュニケーションをとる
イ Ⅰ 勝手な行動をさせない　Ⅱ ケンカを仲裁する
ウ Ⅰ 喜びを分かち合う　Ⅱ 相手をコントロールする
エ Ⅰ 喜びを分かち合う　Ⅱ ケンカを仲裁する
オ Ⅰ 心を一つにする　Ⅱ コミュニケーションをとる
カ Ⅰ 心を一つにする　Ⅱ 相手をコントロールする

が言葉なのではないでしょうか。最初は、意味のある音声ではなかったかもしれません。しかし、やがて意味のあることを共有し合うコミュニケーションの道具になりました。人間は、言葉を話し始めたことで、距離を保ってつながれるようになったともいえるわけです。

動物との出会いでは、受け入れられるか拒否されるかのどちらかです。人間が距離を置いて話ができるのは、言葉がどっちつかずの状況を担保*できるからです。情報を共有しているという安心感があるから、拒否もしないし受け入れもしない状況が保てる。その中途の状況を保ちながら、人間は言葉を**b駆使**し、いろいろな人と付き合い、「好き」とか「嫌い」とか「どちらでもないが貴重」といったさまざまな社会的な関係をつくることができるのです。

ぼくたち人間は、進化の過程で言葉を得たことで、距離を保ってつながれるようになるとともに、身体を使わず、時間と空間を超え、いろいろな人とつながることができるようになりました。

言葉はポータブルなものです。重さがないので、どこにでも持ち運びができる。言葉を使うことで、過去に起こったことを、まるで目の前で起こっているかのように解説することができるし、目の前で起きていることを、別の場所、もしくは今ではない時間に再現することもできます。自分が行ったことのない場所で起こったことを、あたかも行ったかのように再現して伝えることもできます。4言葉を得た人間はフィクションを生み出しました。死を考えられるようになったのも言葉を得たためです。死者と対話できるという幻想も生まれました。

一方、言葉をもたない動物は、その場で瞬時に直観で対峙*（たいじ）し、解決します。それ以外のオプションをもちません。人間も本来、同じ能力をもっていたはずですが、言葉の力が大きくなるにつれ、その力が減退しました。たとえば、その場はやり過ごして、あとで考えるといった状況では、言葉が力をもちます。あのときあの人はこう言ったけど、本当はどうだったのだろう、こんな情報を流しているけど、裏では何を考えているのか、ひょっとしたらとんでもないことを目論（もくろ）んでいるのではないか、などと言葉にこだわってしまう。これは、言葉による幻想、フィクションに侵されている証拠です。フィクションが前面に出てくれば、動物のように生の感情のぶつかり合いを通じて瞬時に何らかの解決策を見出す、という人間本来の能力が落ちていきます。

〈山極寿一『スマホを捨てたい子どもたち』による。一部省略がある。〉

問五 ―――部3とあるが、筆者は、「互いの自立性を保つ道」について、どのように考えていますか。次のような形で説明したとき、［Ⅰ］に入る適切な言葉を、本文中の言葉を使って、十字以内で書きなさい。また、［Ⅱ］に入る適切な言葉を、本文中から十三字で抜き出して書き、［Ⅲ］に入る適切な言葉を、本文中から二十五字で抜き出して書きなさい。

> 人間にとっての一体化である［Ⅰ］行為は、親子や恋人同士など特別な関係に限られるため、ゴリラやチンパンジーのように安易に一体化するのを避け、［Ⅱ］ために、黙って見つめ合うのではなく、言葉という［Ⅲ］を使い始めたことで、距離がありながらも意思疎通（そつう）がはかられるようになった。

問六 ―――部4とあるが、筆者は、人間が「フィクションを生み出し」たことについて、どのように考えていますか。次の三つの言葉を使って、八十字以内で書きなさい。なお、三つの言葉はどのような順序で使ってもかまいません。

言葉　解決　能力

問七 本文の内容について説明したものとして最も適切なものを、次の**ア**～**エ**から一つ選び、記号で答えなさい。

ア 動物の話題を例として取り上げることで、人類全体と動物たちとの共通点をわかりやすく説明している。
イ 動物同士の関わり方を具体的に示すことで、我々人類も互いの関わり方を見直すべきだと強調している。
ウ 人間が言葉を得たことによって生み出した力の裏には、失われた力も存在するということを伝えている。
エ 人間が互いを理解するためには、言葉を使うことによる直接の対話こそが大切であると訴えている。

三　次の文章を読んで、あとの問いに答えなさい。

ある時、狐（きつね）、＊餌食（えじき）を求めかねて（見つけられず）、ここかしこさまよふ処（ところ）に、烏（からす）、肉（ししむら）を咥（くわ）へて木の上にＡ居（を）れり。狐、心に思ふやう、「我、この肉を取らまほしく（横取りしたい）」覚えて（と考えて）、烏の居ける木の本（もと）にＢ立ち寄り、「いかに御辺（ごへん）（もしもしあなた様）。御身は万（よろづ）の鳥の中に、すぐれて美しく見えさせおはします（見えていらっしゃいます）。然（しか）りといへども、少し事足り給（たま）はぬ事（不足していらっしゃる事）は、御声の鼻声にこそ侍（はべ）れ（であることです）。但（ただ）し、この程１世上（せじゃう）に申せしは（近頃　世間でうわさ申し上げていることは）、『御声も事の外（ほか）（とりわけ）、能（よ）く渡らせ給ふ（よくなられた）』など申してこそ候（さうら）へ（おります）。あはれ、２一節（ひとふし）聞かまほしうこそ侍れ（一声聞きたく存じます）」と申しければ、烏、この義を、実（げ）にとや（本当にその通りだと了解したのか）Ｃ心得て、「さらば、声を出さん（声を出そう）」と、口をＤ開（はだ）けける隙（ひま）に、終（つひ）に肉を落しぬ（落としてしまった）。狐、これを取りて逃げ去りぬ（逃げ去った）。

〈『伊曾保物語』による〉

〔注〕
＊餌食＝鳥獣のえさとなる生き物。

問一　〰〰部「思ふやう」を現代かなづかいに直し、すべてひらがなで書きなさい。

問二　‖‖部Ａ～Ｄの中から、主語が「狐」であるものを一つ選び、記号で答えなさい。

問三　――部１「世上に申せしは」について、ここでの「うわさ」の内容はどういうことですか。現代語で十五字以内で書きなさい。

問四　――部２「一節聞かまほしうこそ侍れ」について、この狐の発言の真意はどのようなことですか。現代語で二十五字以内で書きなさい。

問五　本文から読み取れる教訓として最も適切なものを、次のア～エから一つ選び、記号で答えなさい。

ア　相手の特に優れた点を積極的に肯定すると、自分に素晴らしい幸運がもたらされる可能性が高い。

イ　他人に褒（ほ）められてもすぐにひとりで得意にならず、その真意をじっくりと見極めることが必要である。

ウ　相手の欠点を面と向かって直接的に指摘することは、相手の誇りを傷つけてしまう恐れがある。

エ　他人の油断に乗じて自分の利を図る行為は、自分に災いとして返ってくるので注意する。

四

次の問いに答えなさい。

問一 次の1～5の＝＝＝部のカタカナの部分を、漢字で書きなさい。なお、楷書で丁寧に書くこと。

1 オオヤケの施設を利用する。
2 手をタズサえる。
3 友達とシンボクを深める。
4 高くチョウヤクする。
5 キャッコウを浴びる。

問二 次の話し合いの様子は、中学校の生徒会長の西山さんが他の生徒会役員とボランティア活動について話し合った時の様子の一部であり、**〔資料1〕**、**〔資料2〕**は全校生徒に実施したアンケートの結果です。これらを読んで、あとの(1)、(2)の問いに答えなさい。

〔話し合いの様子〕

西山さん はじめに、全校生徒に実施したアンケートの結果を見てみよう。まず**〔資料1〕**で、［ ① ］がわかるよね。

田中さん **〔資料2〕**を見ると、ボランティア活動に参加した理由は、「社会の役に立ちたいから」が一番多く、その次に、「自分の成長につながると考えたから」になっているね。

西山さん 友人にボランティア活動に参加しない理由を聞いてみたところ、「部活動で忙しいので参加する時間がないから」、「何をすればよいのかわからないから」、「自分にできるかどうか自信がないから」と言っていたよ。

三浦さん でも、「ボランティア活動に参加したい」と話す友人も意外と多く、参加する意思はかなりあるんじゃないかな。

工藤さん 以上の話し合いから考えると、もしかして、ボランティア活動は［ ② ］と考えているかも知れないね。

ボランティア活動に参加したことがあるか

	人数
ある	124
ない	452

（全校生徒576人が回答）

〔資料1〕

ボランティア活動に参加した理由

理由	人数
社会の役に立ちたいから	39
自分の成長につながると考えたから	32
友人に誘われたから	25
楽しそうだと思ったから	22
その他	6

（「参加したことがある」と回答した124人が回答）

〔資料2〕

(1) 〔話し合いの様子〕の中の［ ① ］に入る言葉として、最も適切なものを、次の**ア**～**エ**から一つ選び、記号で答えなさい。

ア ボランティア活動に参加したことのある人の数は、全校生徒の大部分にまで増加していること
イ ボランティア活動に参加したことのある人の数は、参加したことのない人の数とほぼ同数であること
ウ ボランティア活動に参加したことのない人の数は、参加したことのある人の数より少ないこと
エ ボランティア活動に参加したことのない人の数は、全校生徒の多くを占めていること

(2) 〔話し合いの様子〕の中の、［ ② ］に入る言葉として、最も適切なものを、次の**ア**～**エ**から一つ選び、記号で答えなさい。

ア 特別なこと　**イ** 身近なこと
ウ 素敵なこと　**エ** 簡単なこと

試験問題は、次のページに続きます。

五

次のA、Bは、偉人たちが残した、努力することに関する名言・格言です。

これらの名言・格言を読み、**「努力することの大切さ」**という題で、まとまりのある二段落構成の文章を書きなさい。第一段落には、AとBの名言・格言それぞれについて、どのようなことが読み取れるか、書きなさい。それをふまえ、第二段落には、あなたの考えを、自身の体験や見聞きしたことを含めて書きなさい。

ただし、あとの**《注意》**に従うこと。

A　目標へ到達しようと努力することによってのみ、人生が意味あるものとなる。
アリストテレス

B　たとえ小さな斧（おの）でも、数百度これを打てば堅い樫（かし）の木も切り倒せる。
シェイクスピア

《注意》

◇　「題名」は書かないこと。
◇　二段落構成とすること。
◇　二〇〇字以上、二四〇字以内で書くこと。
◇　文字は、正しく、整えて書くこと。

2024年度

東海大学山形高等学校
一般入学試験Ⅰ問題
〔学業奨学生認定〕

数　学

（　10：05　～　10：55　）

注　　意

1　「開始」の合図があるまで，開いてはいけません。

2　問題用紙は，7ページまであります。

3　解答用紙は，問題用紙の中にはさんであります。

4　「開始」の合図があったら，まず，解答用紙を取り出し，受験番号を書きなさい。次に，問題用紙のページ数を確認し，不備があればすぐに手を挙げなさい。

5　答えは，すべて解答用紙に書きなさい。

6　「終了」の合図で，すぐに鉛筆（シャープペンシルを含む）をおき，解答用紙を開いて裏返しにしなさい。

1 次の問いに答えなさい。

1　次の式を計算しなさい。

(1)　$2-(-4)-1+5$

(2)　$\left(-\frac{1}{4}+\frac{2}{5}\right)\times\frac{4}{3}$

(3)　$18xy\times x^2y\div(-3x)^2$

(4)　$\sqrt{10}\times\sqrt{5}-\frac{6}{\sqrt{2}}$

2　2次方程式 $(x-3)^2=2x+4$ を解きなさい。解き方も書くこと。

3　$x=8$, $y=5$ のとき，x^2y-xy^2 の値を求めなさい。

4　下の図はT高校1年1組の30人に対しておこなわれた，英語と数学のテストの点数の結果を，それぞれ箱ひげ図に表したものである。あとの①～③のそれぞれについて，これらの箱ひげ図から読み取れることとして正しいものを○，正しくないものを×としたとき，○と×の組み合せとして適切なものを，あとのア～クから1つ選び，記号で答えなさい。

図

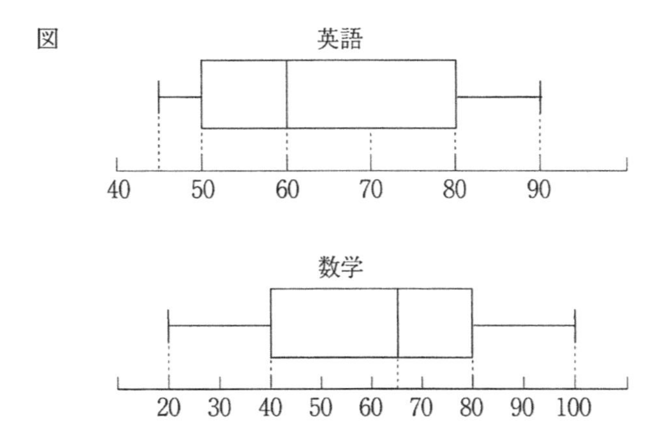

①　四分位範囲は，英語のほうが，数学より大きい。
②　英語のテストには，得点が60点だった生徒がかならずいる。
③　数学のテストには，得点が40点だった生徒がかならずいる。

	ア	イ	ウ	エ	オ	カ	キ	ク
①	○	○	○	○	×	×	×	×
②	○	○	×	×	○	○	×	×
③	○	×	○	×	○	×	○	×

5　下の図は底面の半径が6cm，高さが7cmの円柱状の水そうである。この水そうがいっぱいになるまで水を入れたあと，半径が3cmの鉄球を3個入れた結果，水があふれでてきた。その後，鉄球を3個取りだしたときの，水そうに残った水の高さを求めなさい。ただし，円周率はπとする。

図

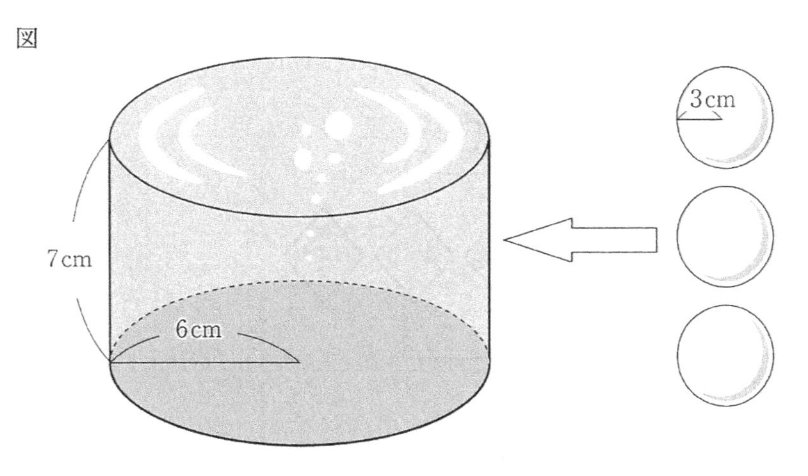

2　次の問いに答えなさい。

1　図のように，y 軸上にある点Aと関数 $y=-\frac{1}{3}x^2$ のグラフ上に3点B，C，Dがある。点Aと点B，また点Cと点Dの y 座標はそれぞれ等しく，点Cの x 座標は3である。四角形ＡＢＣＤが平行四辺形になるとき，次の問いに答えなさい。

図

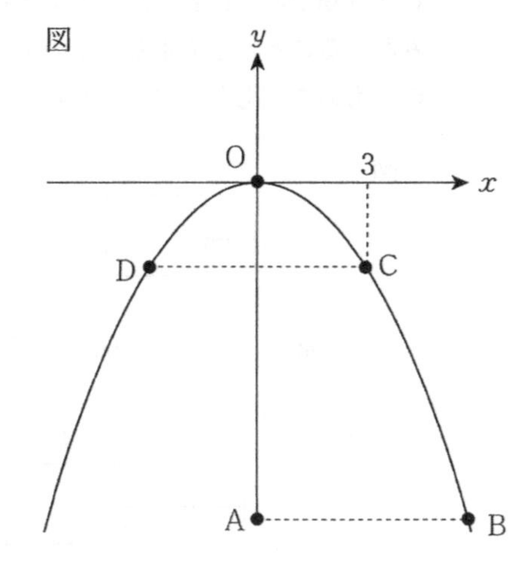

(1)　点Cの y 座標を求めなさい。

(2)　平行四辺形ＡＢＣＤの面積は，△ＯＤＣの面積の何倍か求めなさい。

2　箱の中に当たりが2枚，はずれが3枚のくじが入っており，ここからたかしさんとみくさんが1枚ずつくじを引く。まず，たかしさんがくじを引き，引いたくじを箱に戻さずに，続けてみくさんがくじを引いた。

このとき，起こることがらについて述べた文ア～エの中で，最も起こりにくいことがらを1つ選び，記号で答えなさい。また，選んだ理由を<u>確率を使って</u>説明しなさい。

ただし，どのくじが引かれることも同様に確からしいものとする。

ア　たかしさんが当たりを引き，みくさんも当たりを引いた
イ　たかしさんが当たりを引き，みくさんははずれを引いた
ウ　たかしさんがはずれを引き，みくさんは当たりを引いた
エ　たかしさんがはずれを引き，みくさんもはずれを引いた

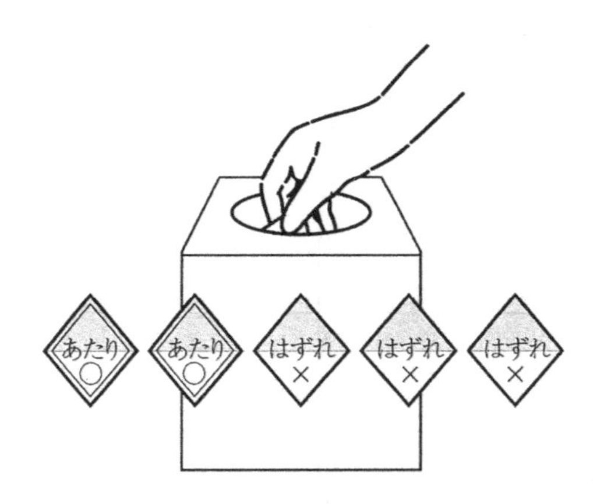

3　次の問題について，あとの問いに答えなさい。

［問題］

大売り出しセール	
えんぴつ，ボールペン，マーカーペン	30%引き
はがき，ふうとう，ふせん	20%引き
その他の商品	10%引き

ある文具店は夏に大売り出しセールをおこない，左の広告のように商品が割引きされます。ひかるさんは，マーカーペン3本とファイル2冊を買いました。定価どおりだと代金の合計は730円ですが，割引き後の代金の合計は603円になりました。このときマーカーペン1本とファイル1冊の定価を求めなさい。

(1)　この問題を解くのに，方程式を利用することが考えられる。文字で表す数量を単位をつけて示し，問題にふくまれる数量の関係から，1次方程式または連立方程式のいずれかをつくりなさい。

(2)　マーカーペン1本とファイル1冊の定価をそれぞれ求めなさい。

4　図のような，三角形ＡＢＣがある。下の【条件】の①，②をともにみたす点Ｐを，定規とコンパスを使って作図しなさい。

ただし，作図に使った線は残しておくこと。

【条件】

①　点Ｐは，∠ＡＣＢを二等分する直線上にある。

②　$CP=\frac{3}{2}BC$である。

図

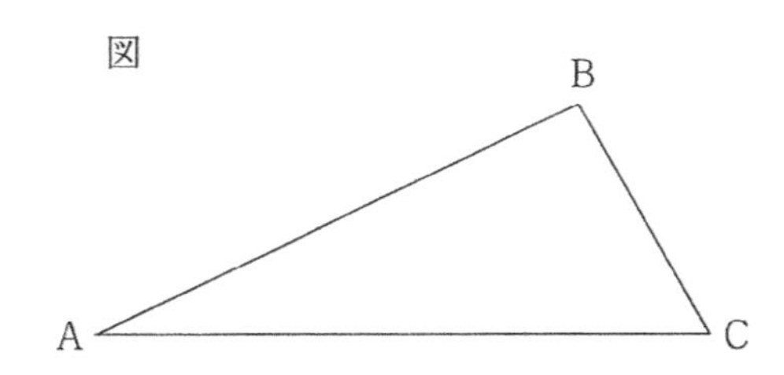

3 学校のグラウンドに西側から東側までの距離が60mの直線コースをつくり，Ａさんと Ｂさんは準備運動として，軽めの運動をすることにした。最初，図1のようにＡさんはコースの西側，Ｂさんはコースの東側からそれぞれ同時に反対方向へ向かって走り始め，Ａさんは3m/秒の一定の速さで，Ｂさんは2m/秒の一定の速さでジョギングをおこなった。その後，Ａさんはコースの東側へ到着してからすぐに方向を変え，図2のように6m/秒の一定の速さで走りながらコースの西側へと向かった。2人はコースの西側へ到着したら走るのをやめるものとする。

最初にＡさんが走り始めてから，x秒後のＡさんとＢさんの2人の間の距離をymとする。このとき，あとの問に答えなさい。

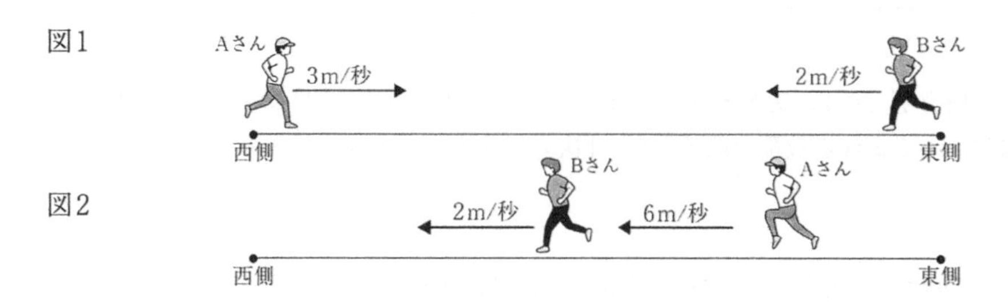

(1) Ａさんが走り始めてから6秒後のＡさんとＢさんの2人の間の距離を求めなさい。

(2) 表は，Ａさんが走り出して，再びコースの西側へ到着するまでのxとyの関係を式に表したものである。［ア］～［エ］にあてはまる数または式を，それぞれ書きなさい。

また，このときのxとyの関係を表すグラフを，図3にかきなさい。

表

xの変域	式
$0 \leqq x \leqq 12$	$y = -5x + 60$
$12 \leqq x \leqq$ ［ア］	$y =$ ［イ］
［ア］$\leqq x \leqq$ ［ウ］	$y =$ ［エ］

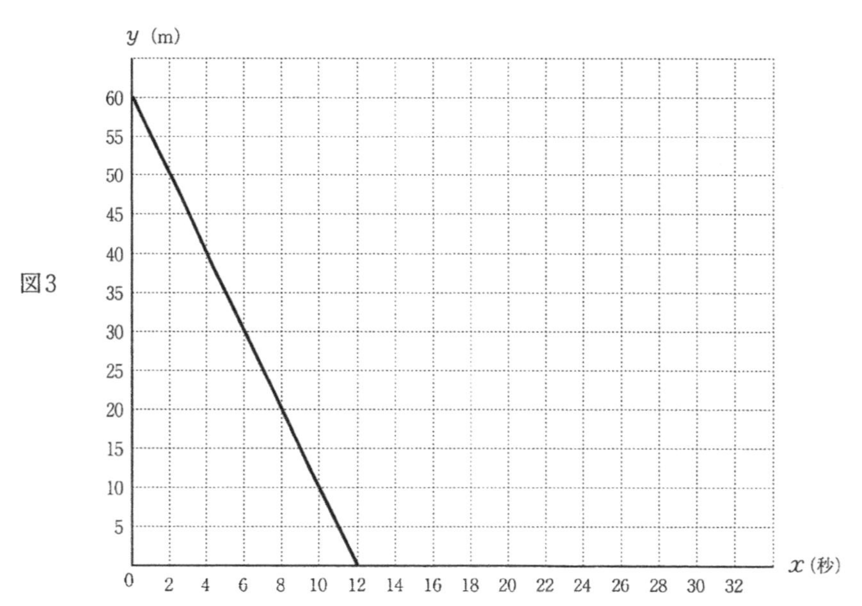

(3)　Ａさんと Ｂさんの２人の間の距離が20ｍとなるのは全部で何回あるか。また，そのときのxの値を全て求めなさい。

4 図のような平行四辺形ＡＢＣＤがある。対角線ＢＤの垂直二等分線と，辺ＡＤ，対角線ＢＤ，辺ＢＣとの交点をそれぞれＥ，Ｆ，Ｇとする。また，点Ｅから辺ＢＣへ引いた垂線と対角線ＢＤ，辺ＢＣとの交点をそれぞれＨ，Ｉとする。このとき，あとの問いに答えなさい。

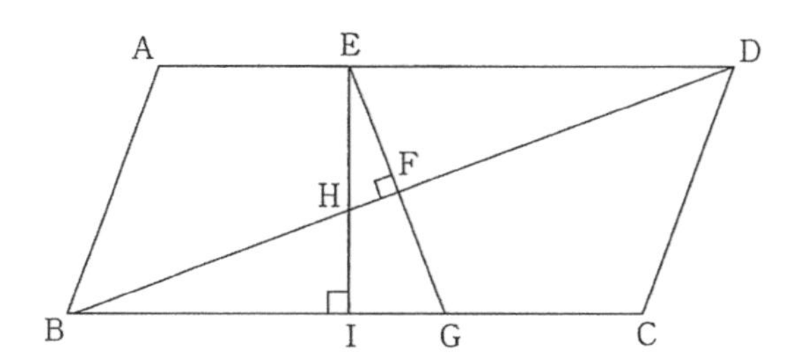

1　△ＥＦＨ∽△ＤＦＥであることを証明しなさい。

2　ＤＦ＝9cm，ＥＦ＝3cm であるとき，次の問いに答えなさい。

(1)　ＨＦの長さを求めなさい。

(2)　△ＥＩＧの面積は△ＢＩＨの面積の何倍か求めなさい。

2024年度

東海大学山形高等学校
一般入学試験Ⅰ問題
〔学業奨学生認定〕

社　会

（　11：10　～　12：00　）

注　　意

1　「開始」の合図があるまで，開いてはいけません。

2　問題用紙は，7ページまであります。

3　解答用紙は，問題用紙の中にはさんであります。

4　「開始」の合図があったら，まず，解答用紙を取り出し，受験番号を書きなさい。次に，問題用紙のページ数を確認し，不備があればすぐに手を挙げなさい。

5　答えは，すべて解答用紙に書きなさい。

6　「終了」の合図で，すぐに鉛筆（シャープペンシルを含む）をおき，解答用紙を開いて裏返しにしなさい。

1 蓮さんは，世界の国々を調べる授業で，略地図中のA国～D国や日本に関連することについて，地図や資料を使って調べました。あとの問いに答えなさい。

【略地図】

1　略地図中のA国～D国のうち，経度0度の経線が通っている国の組み合わせとして最も適切なものを，次のア～カから一つ選び，記号で答えなさい。また，経度0度の線を何というか，**漢字5字**で書きなさい。

ア　A国とB国　　イ　A国とC国　　ウ　A国とD国
エ　B国とC国　　オ　B国とD国　　カ　C国とD国

2　略地図中のA国を流れる，資料Ⅰのような密林が生育する流域面積が世界最大の川を何というか，書きなさい。

【資料Ⅰ】

3　資料Ⅱは，蓮さんがB国の民族構成を調べて，グラフに表したものです。B国には，中国から移り住み，経済の分野で活躍している人々が多くいますが，このような人々を何というか，書きなさい。

【資料Ⅱ】　B国の民族構成

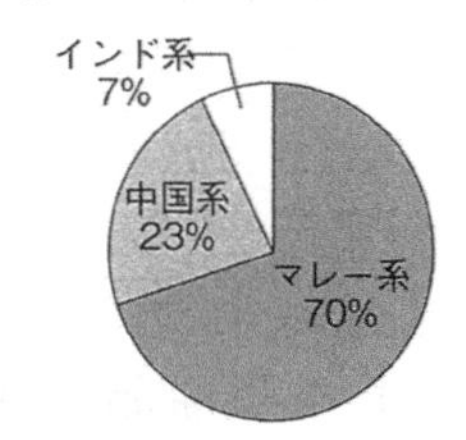

（外務省ホームページより作成）

4　資料Ⅲは，カカオ豆の主な生産国を表しています。C国は，カカオ豆の生産がさかんな国です。生産されたカカオ豆は，世界中に輸出されていますが，これらの貿易において，フェアトレードという取り組みが世界で広まっています。次は，蓮さんがフェアトレードについてまとめたものです。[　X　]，[　Y　]にあてはまる言葉の組み合わせとして最も適切なものを，あとのア～エから一つ選び，記号で答えなさい。

【資料Ⅲ】
カカオ豆の生産（千t）

コートジボワール	2,200
C国	822
インドネシア	728
A国	302
エクアドル	302
世界計	5,580

（『日本国勢図会　2023/24』から作成）

> フェアトレードとは，[　X　]な価格で取引を行うことで，[　Y　]の生活と自立を支えようとする取り組みである。

ア　X　安価　Y　消費者　　イ　X　安価　Y　生産者
ウ　X　適正　Y　消費者　　エ　X　適正　Y　生産者

5　蓮さんは，D国が2020年にヨーロッパ連合を離脱したことに興味を持ち，ヨーロッパ連合が結成された経緯について調べました。次は，蓮さんが，調べたことをまとめたものの一部です。[　Z　]にあてはまる言葉を，**アメリカ合衆国**，**戦争**という二つの語を用いて書きなさい。

> ヨーロッパでは，かつて領土や資源をめぐり国同士が争ってきたり，二度の世界大戦で大きな被害にあったことや，面積や人口規模が小さい国が多いことなどから，[　Z　]ために団結する必要が生じ，そうしたなかでヨーロッパ連合が結成された。

6　資料Ⅳは，略地図中のA国～D国の人口などについてまとめたものです。ア～エは，A国～D国のいずれかです。資料Ⅳを見て，次の問いに答えなさい。

(1)　D国にあたるものを，ア～エから一つ選び，記号で答えなさい。

(2)　A国～D国の1人当たりの国民総所得を比較したとき，1人当たりの国民総所得が最も低い国はどれか，国の記号A～Dで答えなさい。

【資料Ⅳ】

	人口（万人）	産業別人口（%）			国民総所得（億ドル）
		第一次	第二次	第三次	
ア	3,283.3	40.0	18.7	41.3	708
イ	21,432.6	9.5	20.2	70.3	14,103
ウ	6,728.1	1.0	18.2	80.8	27,232
エ	3,357.4	10.0	27.8	62.3	3,302

（二宮書店『データブック・オブ・ザ・ワールド　2023年版』などから作成）

2

環奈さんは，日本について学習する授業で，自然災害や各地について調べました。資料Ⅰと資料Ⅱは，そのときまとめたものです。あとの問いに答えなさい。

【環奈さんのまとめ】

資料Ⅰ　日本に自然災害が多い理由
- （　①　）造山帯に位置し，地震や火山が多い。
- 急峻な地形で，河川は短く急流である。
- 夏の（　②　）の影響や，梅雨や台風により大雨をもたらす。

資料Ⅱ　自然災害への備え
- 近い将来に発生が予測されている（　③　）を震源とする巨大地震に備え，揺れに強い構造にしたり，堤防を造る。
- ハザードマップなどを通して，ふだんから身近な地域でおこりうる災害を知っておく。

【略地図】

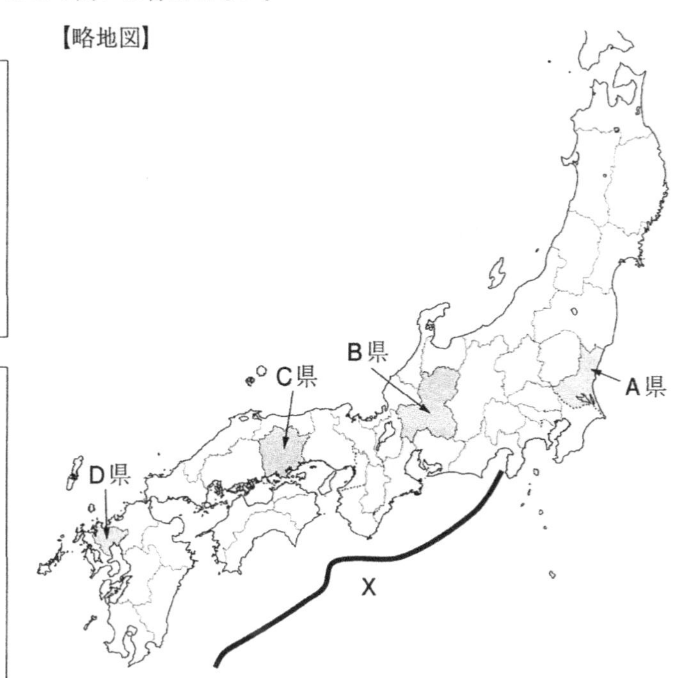

1　環奈さんのまとめについて，次の問いに答えなさい。

(1)　（　①　），（　②　）にあてはまる言葉の組み合わせとして最も適切なものを，次のア～エから一つ選び，記号で答えなさい。

ア　①　アルプス＝ヒマラヤ　②　偏西風　　イ　①　アルプス＝ヒマラヤ　②　季節風

ウ　①　環太平洋　②　偏西風　　エ　①　環太平洋　②　季節風

(2)　（　③　）は，【略地図】のXにあたるものです。あてはまる言葉を書きなさい。

2　A県では，1970年代に，筑波研究学園都市の建設がすすめられました。つぎは環奈さんが調べたことをまとめたものの一部です。［　Y　］にあてはまる言葉を，**機能**，**過密**という二つの語を用いて書きなさい。

筑波研究学園都市は，東京から国の研究機関や教育機関を移転したり新設して，研究・教育の拠点とすることを目指すとともに，東京の［　Y　］ことを目指して建設された。

3　環奈さんは，B県について調べたときに，B県の南部に３本の川が接近して流れている場所があることを知り，地形図を入手しました。地形図中の「長良川大橋」は，地図上でおよそ２cmです。実際の長さは，およそ何ｍか，最も適切なものを，次のア～エから一つ選び，記号で答えなさい。

ア　250m　　イ　500m

ウ　750m　　エ　1000m

【地形図】

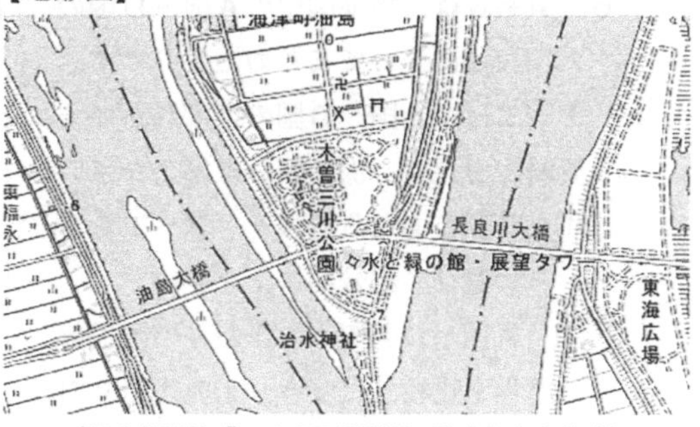

（国土地理院「1：25000地形図　弥富」から作成）

4　環奈さんは，C県には臨海部に工業地域が発達していることに興味を持ち，調べてみました。資料Ⅲは，製造品出荷額等の割合を示したもので，ア～エはA県～D県のいずれかです。C県にあてはまるものを，ア～エから一つ選び，記号で答えなさい。また，この県名も書きなさい。

【資料Ⅲ】

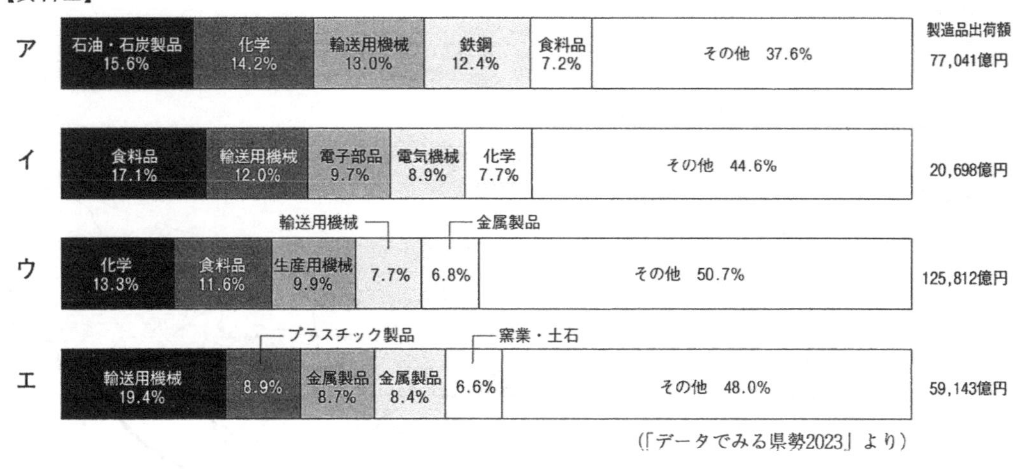

（「データでみる県勢2023」より）

5　D県では，冬でも温暖な気候を利用して，稲作が終わった後の水田で，小麦や大麦などの作物の栽培がおこなわれています。この栽培方法を何というか，書きなさい。

3 祐希さんは，さまざまな時代のわが国の政治の展開や社会の様子について調べ，表にまとめました。あとの問いに答えなさい。

【表】

	時　期	ま　と　め
A	奈良時代	天皇や貴族による，はなやかな文化が栄えた。中国からもたらされた，国際的な文化の影響が強く，最も栄えた当時の元号から［　X　］文化と呼ばれた。
B	平安時代	794年に都を平安京へ移した。藤原氏が摂関政治をおこない，藤原道長と，頼通の頃に全盛期を迎えた。
C	鎌倉時代	源頼朝の死後，北条氏が幕府の実権を握った。北条泰時は，御家人の権利や義務などの武士の慣習をまとめた。
D	江戸時代	江戸時代前半に，幕府が貿易を統制するようになり，スペインとポルトガルの来航は禁止された。

1　Aについて，次の問いに答えなさい。

(1)［　X　］にあてはまる当時の元号を，次の**ア**～**エ**から一つ選び，記号で答えなさい。

ア　和銅　　**イ**　大化　　**ウ**　天平　　**エ**　大宝

(2) 下線部に関連して，この文化が最も栄えた当時の天皇はだれか，書きなさい。

2　Bについて，次の問いに答えなさい。

(1) 下線部について，794年は何世紀か，書きなさい。

(2) 平安時代につくられた文化財を，次の**ア**～**エ**から一つ選び，記号で答えなさい。

ア

イ

ウ

エ

3　Cについて，次の問いに答えなさい。

(1) この時代のできごととして適切なものを，次の**ア**～**カ**から二つ選び，記号で答えなさい。

ア　紫式部によって，源氏物語が作られた。

イ　二度にわたり元軍が日本を襲った。

ウ　大輪田泊を修復し，日宋貿易が盛んにおこなわれた。

エ　一向宗の信徒が中心となって一向一揆がおこった。

オ　平家物語が琵琶法師によって語られた。

カ　奥州藤原氏が東北地方を統一した。

(2) 下線部について，この武家法を何というか，書きなさい。

4　Dの下線部について，資料は，長崎港につくられた島です。このあと幕府は，オランダと中国のみに，貿易を許しました。オランダと中国のみに貿易を認めた理由を書きなさい。

【資料】

4 次の略年表や資料は，近現代のわが国の社会の動きについて調べ，まとめたものです。あとの問いに答えなさい。

【略年表】

年	で　き　ご　と
1872	学制が発布される ……………………………①
1889	大日本帝国憲法が発布される …………………②
1894	領事裁判権の廃止に成功する …………………③
1902……	日英同盟が結ばれる
A ↕	
1938……	国家総動員法を定める ………………………④
1953　B ↕	テレビ放送が開始される ……………………⑤
1956……	日本の国際連合への加盟が実現する

1　略年表中の①について，明治維新によって欧米の文化や生活様式が取り入れられ，急速に進んだ近代化の風潮を何というか，**漢字４字**で書きなさい。

【資料Ⅰ】

2　略年表中の②について，資料Ⅰは，大日本帝国憲法の発布の様子です。この憲法はどのような形で発布されたか，**天皇，国民**という二つの語を用いて書きなさい。

3　略年表中の③について，資料Ⅱは，当時の外務大臣です。この人物はだれか，次の**ア**～**エ**から一つ選び，記号で答えなさい。

ア　小村寿太郎　　　**イ**　黒田清隆
ウ　中江兆民　　　　**エ**　陸奥宗光

【資料Ⅱ】

4　次の**ア**～**エ**は，略年表中の**A**の時期のできごとです。**ア**～**エ**を，おこった年の古い順に並べ替え，記号で答えなさい。

ア　国際連盟の脱退を通告する　　**イ**　関税自主権が回復する
ウ　普通選挙が実現する　　　　　**エ**　日露戦争がおこる

5　略年表中の④の後に，政党は，軍部に対する抵抗をやめて解散し，戦争に協力するための組織に合流していきました。この組織名を書きなさい。

6　略年表中の⑤について，文化の大衆化がすすむにつれて発達した，不特定多数の人々に大量の情報を一度に送ることができる，情報の伝達手段を何というか，書きなさい。

7　略年表中の**B**の時期に，わが国でおこったできごとを，次の**ア**～**エ**から一つ選び，記号で答えなさい。

ア　東京オリンピックが開かれる　　**イ**　サンフランシスコ平和条約が結ばれる
ウ　満州事変が起こる　　　　　　　**エ**　関東大震災が起こる

5 秀太さんは，日本国憲法の特色について調べ，資料を作成しました。資料は，授業で発表をしたときの一部です。あとの問いに答えなさい。

【資料Ⅰ】

	日本国憲法
天皇	ⓐ日本国・日本国民統合の象徴
人権	ⓑ基本的人権の尊重　　ⓒ新しい人権
軍隊	戦争の放棄　　ⓓ戦力の不保持　　交戦権の否認

1　下線部ⓐについて，天皇が内閣の助言と承認によって国のために行う行為を何というか，書きなさい。

2　下線部ⓑについて，次の問いに答えなさい。

(1)　下の文章は，日本国憲法第14条の条文です。［　X　］にあてはまる語を書きなさい。

> すべて国民は，法の下に平等であって，人種，信条，性別，社会的身分又は門地により，政治的，経済的又は社会的関係において，［　X　］されない。

(2)　基本的人権における社会権についての説明として適切なものを，次の**ア**～**エ**から一つ選び，記号で答えなさい。

ア　健康で文化的な最低限度の生活を営む権利を有する，という幸福追求権を定めている。

イ　男女共同参画社会基本法が定められ，教育を受ける権利が保障されている。

ウ　国民は勤労の権利を有し，労働基本権も保障されている。

エ　個人の尊厳と両性の本質的平等が，あらゆる面で尊重される。

(3)　社会権が保障された理由を，**貧富の差**という語を用いて書きなさい。

3　下線部ⓒについて，資料Ⅱの建物は，周囲の建物に配慮してこのような造りになっています。このような建物の造りは，環境権に含まれる何という権利に配慮したものか，書きなさい。

【資料Ⅱ】

4　下線部ⓓについて，日本は軍隊を持たない代わりに国を防衛するため自衛隊を組織しています。資料Ⅲは，近年の自衛隊が行った国際貢献の様子です。このような国際連合の平和維持活動の略称を何というか，**アルファベット3字**で書きなさい。

【資料Ⅲ】

6 はるきくんは，公民分野の授業で学習した内容の中で，「わたしたちの暮らしと経済」について調べました。資料は，そのときまとめたものです。あとの問いに答えなさい。

【資料】

テーマ	消費生活と企業の活動	国民生活と福祉
まとめ	商品が①消費者に届くまでを流通といい，経費を節約するため合理化が図られています。②商品の価格の決定は消費者の買おうとする需要量と生産者の売ろうとする供給量の関係で変化します。 日本の経済は，グローバル化の進展により国際競争が激化してきている影響で③労働者の環境も変化してきています。 私たちは現在と将来の収入を見通して計画性を持った④消費生活を行うことが必要です。	国や地方公共団体が収入を得て，それを支出する経済活動のことを［　a　］といいます。［　a　］を行うには，あらかじめ予算を立て，その予算に従って収入と支出が行われなければなりません。 社会保障や国民の福祉が政府などの仕事になるにつれて［　a　］規模は拡大してきました。少子高齢化が進展し医療費や年金給付額が増加するのに対し，労働力人口は減るため［　a　］赤字は増えるばかりです。 景気の調節をするのも政府の役割ですが，今もう一度，⑤税制や社会保障について見直す必要があると思います。

1　下線部①について，製造物責任法の説明として，適切なものを次の**ア**～**エ**から一つ選び，記号で答えなさい。

ア　社会生活の中で市民相互の関係を規律する基本法です。

イ　市場での公正かつ自由な競争を促進し，事業者が自主的な判断で自由に活動できるようにすることを目的とする法律です。

ウ　製品の欠陥によって損害を被ったことを証明すれば，被害者が製造者などに対して損害賠償を求めることができる法律です。

エ　消費者の権利や自立の支援などの基本理念を定めた法律です。

2　下線部②について，コンビニエンスストアやスーパーマーケットで利用されている，バーコードをスキャナーで読み取り，商品ごとの売り上げ情報を収集・分析するシステムを何というか，書きなさい。

3　下線部③について，労働者の権利を認め，保障している労働三法を全て書きなさい。

4　下線部④について，近年環境ラベルが使用されています。パソコンなどのオフィス機器について，稼働時，スリープ・オフ時の消費電力に関する基準を満たす商品につけられるマークはどれか，下の**ア**～**エ**から一つ選び，記号で答えなさい。

ア

イ

ウ

エ

5　資料中の［　a　］にあてはまる言葉を書きなさい。

6　下線部⑤について，消費税などの間接税とはどのような税か，書きなさい。

2024年度
東海大学山形高等学校
一般入学試験Ⅰ問題
〔学業奨学生認定〕
理　　科

（ 12：40 ～ 13：30 ）

注　　意

1 「開始」の合図があるまで，開いてはいけません。

2 問題用紙は，9ページまであります。

3 解答用紙は，問題用紙の中にはさんであります。

4 「開始」の合図があったら，まず，解答用紙を取り出し，受験番号を書きなさい。
次に，問題用紙のページ数を確認し，不備があればすぐに手を挙げなさい。

5 答えは，すべて解答用紙に書きなさい。

6 「終了」の合図で，すぐに鉛筆（シャープペンシルを含む）をおき，解答用紙を開いて裏返しにしなさい。

1　尊瑠さんは，さまざまな植物について観察し，それぞれの植物の分類について図鑑などで調べた。図１は調べた植物の一部を模式的に表し，図２は尊瑠さんが分類したものである。あとの問いに答えなさい。

図１

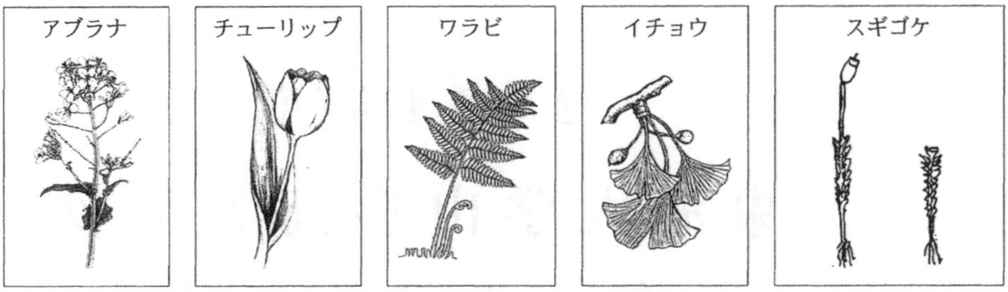

アブラナ　チューリップ　ワラビ　イチョウ　スギゴケ

図２

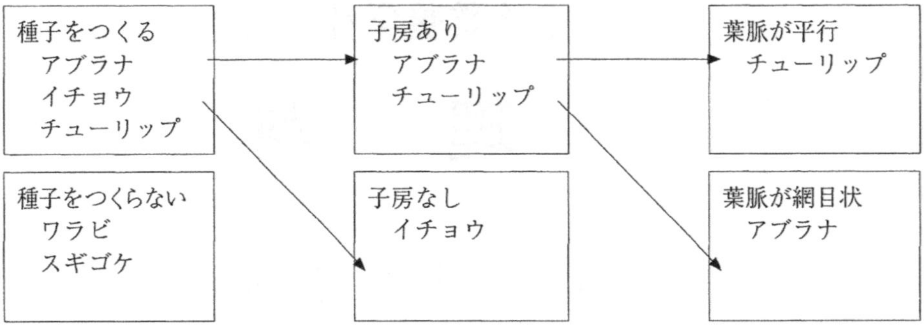

種子をつくる
　アブラナ
　イチョウ
　チューリップ

種子をつくらない
　ワラビ
　スギゴケ

子房あり
　アブラナ
　チューリップ

子房なし
　イチョウ

葉脈が平行
　チューリップ

葉脈が網目状
　アブラナ

1　種子をつくらないワラビやスギゴケはどうやって仲間を増やすか，簡潔に書きなさい。

2　種子をつくる植物を種子植物という。イチョウのように子房がない仲間を何というか，書きなさい。

3　２の中で葉脈が平行なものを単子葉類という。次のａ～ｄの５つの植物の中で，チューリップと同じ単子葉類の組み合わせとして適切なものを，次の**ア**～**エ**から一つ選び，記号で答えなさい。

ａ　モミジ　　ｂ　ヒマワリ　　ｃ　トウモロコシ　　ｄ　イネ　　ｅ　アサガオ

ア　ａとｃ　　**イ**　ｂとｃ　　**ウ**　ｃとｄ　　**エ**　ｂとｄ

4　次は，種子植物の根について尊瑠さんがまとめたノートの一部である。［　ａ　］・［　ｂ　］にあてはまる語は何か，書きなさい。

> 尊瑠さんのノート
> 　被子植物は，子葉が１枚の単子葉類と子葉が２枚の双子葉類に分けられる。単子葉類と双子葉類では異なり，単子葉類の根はたくさんの細い［　ａ　］をもち，双子葉類の根は太い主根とそこからのびる［　ｂ　］からなる。

5　アブラナのような双子葉類の根の様子を，その特徴がわかるようにかきなさい。

2 美岬さんは，だ液がデンプンを分解する実験から，食べた食物がどのように分解されていくのかについて関心をもち，食物に含まれる栄養素とヒトの消化酵素についてまとめた。次は実験の手順をまとめたものである。あとの問いに答えなさい。

【実験】

① うすめただ液10cm³にデンプン溶液を加えた試験管Aと，水10cm³にデンプン溶液を加えた試験管Bを用意して，約40℃の湯で8分間温めた。

② 試験管Aを半分取り分けて試験管Cをつくり，試験管Bを半分取り分けて試験管Dをつくった。

③ 試験管Aと試験管Bにヨウ素液を入れ，反応を確認した。

④ 試験管Cと試験管Dにベネジクト液を入れて加熱し，反応を確認した。

（結果）

	試験管A	試験管B	試験管C	試験管D
ヨウ素液	反応①	反応②		
ベネジクト液			反応③	反応④

1 実験の結果，反応①と反応②からわかることは何か，デンプンの有無，ヨウ素液を加えた時の色に着目して簡潔に書きなさい。

2 次は，実験の結果，反応③と反応④からわかったことをまとめたものである。［ a ］～［ c ］にあてはまる語の組み合わせとして適切なものを，次の**ア**～**エ**から一つ選び，記号で答えなさい。

反応③で，［ a ］の沈殿が生じるので［ b ］などの糖が生じていることがわかる。反応④では［ c ］しないので，デンプンがそのまま残っており，［ b ］などの糖が生じていない。

ア a 赤褐色 b ショ糖 c 発色
イ a 青紫色 b 麦芽糖 c 発色
ウ a 青紫色 b ショ糖 c 沈殿
エ a 赤褐色 b 麦芽糖 c 沈殿

次は，食物と消化の関係をまとめたものである。

	主な食物	主なはたらき
炭水化物	――――	エネルギーのもとになるもの
タンパク質	肉　とうふ	からだをつくるもの
脂　　肪	オリーブオイル　バター	エネルギーのもとになるもの
無　機　物	牛乳に含まれるカルシウムやレバーに含まれる鉄など	骨や血液の成分となる。また体の調子を整える。

消化管は，口から肛門までの１本の管でつながっている。

デンプンはだ液に含まれるアミラーゼという消化酵素により，糖などに分解される。また，タンパク質は胃液に含まれる［ x ］やすい液中のトリプシンなどのはたらきにより，［ y ］に分解され，脂肪は胆汁やすい液中の［ z ］のはたらきにより脂肪酸とモノグリセリドに分解される。

3　炭水化物を多く含む食物は何か，書きなさい。

4　次の消化器官を，口から順に書きなさい。

　小腸　　大腸　　食道　　胃

5　［ x ］～［ z ］にあてはまる語の組み合わせとして適切なものを，次の**ア**～**エ**から一つ選び，記号で答えなさい。

ア　x　リパーゼ　　y　アミノ酸　　z　ペプシン
イ　x　ペプシン　　y　アミノ酸　　z　リパーゼ
ウ　x　ペプシン　　y　グルコース　　z　リパーゼ
エ　x　リパーゼ　　y　グルコース　　z　ペプシン

3 図1は，ある地域において標高が異なる地点A～Cでボーリング調査を行い，地表から深さ50mまでの地層を柱状図として表したものである。また，地層に含まれていた化石を柱状図の右に示した。あとの問いに答えなさい。ただし，この地域では地層の断層はないものとする。

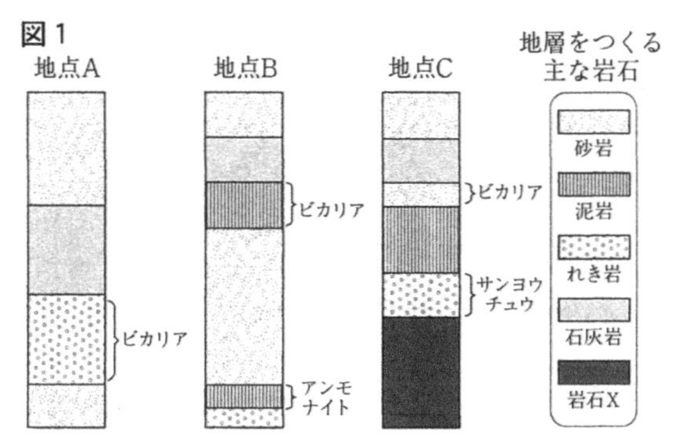

1 岩石Xはマグマが冷えて固まったものであり，玄武岩やはんれい岩を含む。岩石Xは何か，書きなさい。

2 次は，図1でみられた化石についてまとめたものである。あとの問いに答えなさい。

> 地層の堆積した年代を決めるのに役立つ化石を［ a ］といい，［ b ］範囲に住んでいて，［ c ］期間に生存して絶滅した生物の化石である。地点Aでビカリアの化石を含む層を層Ⅰ，地点Bでアンモナイトの化石を含む層を層Ⅱ，地点Cでサンヨウチュウの化石を含む層を層Ⅲとすると，それぞれの地層が形成された順序は古い方から層［ d ］，層［ e ］，層［ f ］と考えられる。

(1) ［ a ］にあてはまる語は何か，書きなさい。

(2) ［ b ］・［ c ］にあてはまる言葉の組み合わせとして適切なものを，次のア～エから一つ選び，記号で答えなさい。

ア b狭い c長　**イ** b狭い c一定　**ウ** b広い c長　**エ** b広い c一定

(3) ［ d ］～［ f ］にあてはまるローマ数字の組み合わせとして適切なものを，次のア～エから一つ選び，記号で答えなさい。

ア dⅠ eⅡ fⅢ　**イ** dⅠ eⅢ fⅡ
ウ dⅢ eⅠ fⅡ　**エ** dⅢ eⅡ fⅠ

3 図2は，ビカリアが生存していた時代の地形を模式的に表したものである。地点①～③と図1の地点A～Cの組み合わせとして適切なものを，次のア～エから一つ選び，記号で答えなさい。

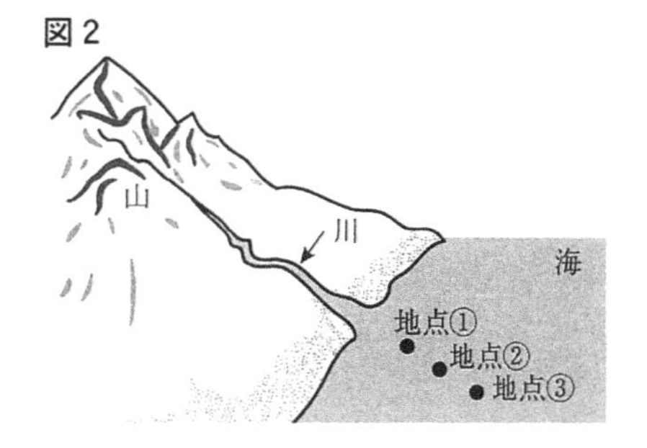

ア ① A ② B ③ C
イ ① A ② C ③ B
ウ ① B ② A ③ C
エ ① B ② C ③ A

4 次は，日本付近で見られるある季節の代表的な天気図である。あとの問いに答えなさい。

図

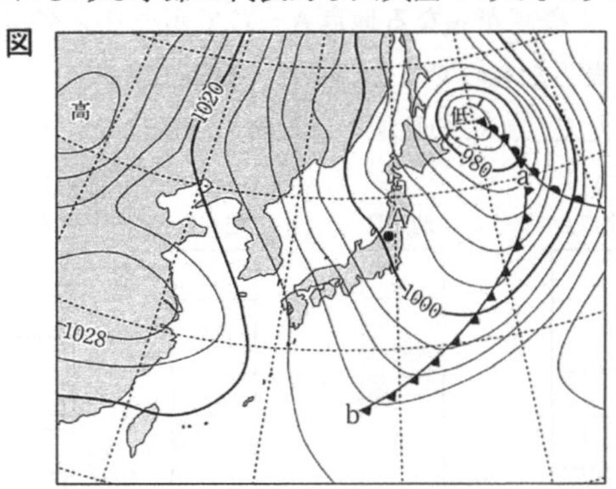

1　この天気図は，どの季節のものか。また，そのように判断した理由を簡潔に書きなさい。

2　図のａ～ｂの前線付近で生じる雲として適切なものを，次の**ア**～**エ**から一つ選び，記号で答えなさい。

ア　積乱雲　　**イ**　高層雲　　**ウ**　巻雲　　**エ**　乱層雲

3　日本付近の天気は西から変わりやすい。これは日本列島周辺の上空に吹いている風のためである。この風を何というか，書きなさい。

4　Ａ地点の天気はくもり，風向は北西，風力は５であった。Ａ地点の天候，風向，風力を天気記号でかきなさい。

5 次は，葵さんと先生の対話である。あとの問いに答えなさい。

先生：身近なところに様々な金属が使用されていますね。
葵：この間，晩御飯を作る手伝いをしていたのですが，フライパンはすごく熱くなっているのに，持ち手のプラスチックの部分は触っても全然熱くなかったです。
先生：それは，ものの素材によって熱の伝わりやすさが違うからだよ。ちなみに熱だけでなく，電気の伝わりやすさも違うんだよ。
葵：そうなんですね。
先生：ガラス板，鉄のフライパン，輪ゴム，アルミ箔を電気を通すもの，通さないものに分類してみよう。

1　金属の性質のうち，引っ張ると細く伸びる性質を何というか，漢字で書きなさい。

2　金属をみがくとかがやいた。この金属特有のかがやきを何というか，書きなさい。

3　次のうち，金属の元素記号を表しているものの組み合わせとして適切なものを，次の**ア**～**エ**から一つ選び，記号で答えなさい。

ア　Fe，H　　**イ**　Ag，N　　**ウ**　Cu，Zn　　**エ**　Cl，S

4　ガラス板，鉄のフライパン，輪ゴム，アルミ箔について電気を通すもの，通さないものに分類し，書きなさい。

5　次は，金属をある性質によりAグループとBグループに分類した表である。どのような性質で分類したものか，簡潔に書きなさい。

表

A	B
金 銀 銅 アルミニウム	鉄

6 翔真さんは，冬の寒い時期に使い捨てカイロを使っていた時に，袋に入れた状態では何も起こらないが，袋から出すとしだいに温かくなることに気づき，使い捨てカイロがあたたまるまでの時間を調べた。表は使い捨てカイロを袋から出し，時間と温度の関係を調べてまとめたものである。あとの問いに答えなさい。

表

時間〔分〕	0	1	2	3	4	5	6	7	8	9	10	11
温度〔℃〕	28.0	61.2	56.3	69.2	70.2	70.5	70.6	70.2	69.9	70.6	70.3	70.2

1　使い捨てカイロが温かくなるには，カイロに入っている材料（鉄粉，活性炭など）の他に何が必要か，名称を書きなさい。

2　実験の結果をグラフに表したものとして適切なものを，次の**ア**～**エ**から一つ選び，記号で答えなさい。

ア

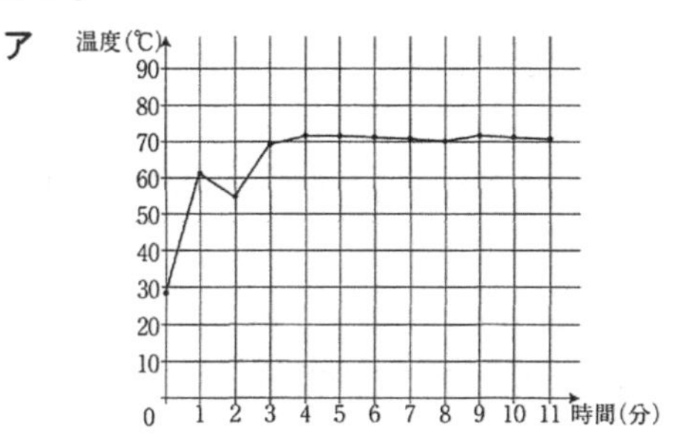

イ

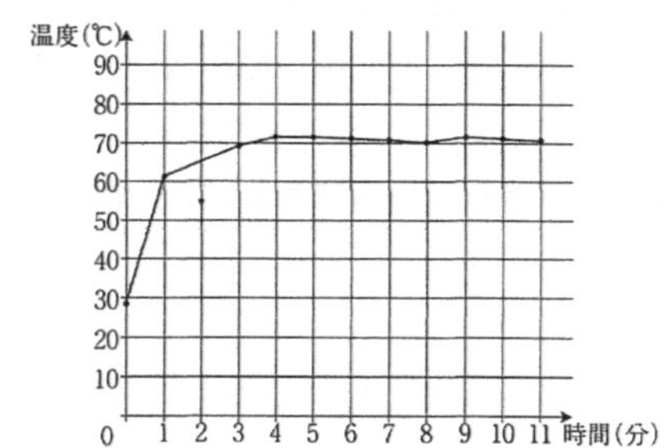

ウ

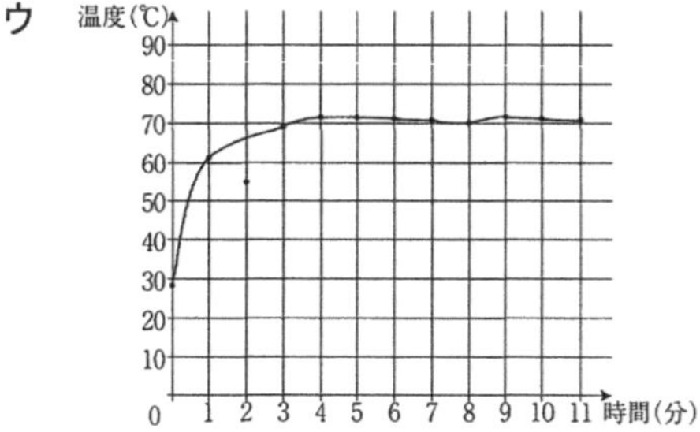

エ

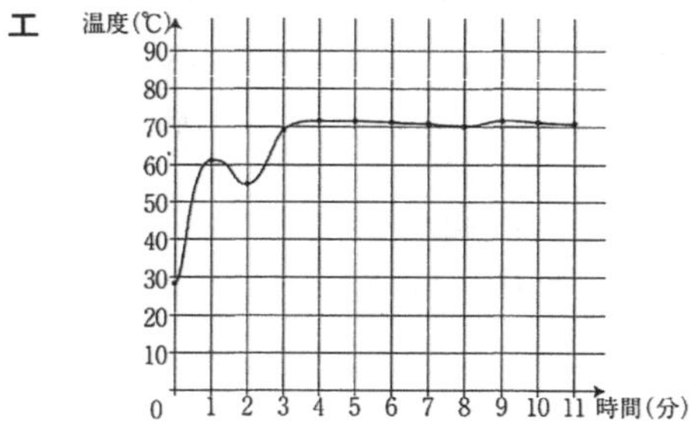

3　実験の結果をグラフにしたところ，測定した値に間違いが1つあることに気づいた。それは何分のときか，書きなさい。

4　使い捨てカイロを，より早くあたためるためにはどうすればよいか，簡潔に書きなさい。

5　使い捨てカイロの熱は，物質がもつ何エネルギーをとり出したものか，書きなさい。

7 力のはたらきとばねののびについて調べるために，ばねや糸を用いて実験１，２を行った。あとの問いに答えなさい。ただし，ばねののびは，ばねを引く力の大きさに比例するものとし，糸はのび縮みせず，質量と体積は無視できるものとする。また，質量100 gの物体にはたらく重力の大きさを１Nとする。

【実験１】

図１のように，ばねAに１個10 gのおもりをつるし，おもりが静止した後，ばねＡののびを測定した。図２は，おもりの数を１個ずつ増やしていき，得られた結果をもとにグラフにまとめたものである。

図１

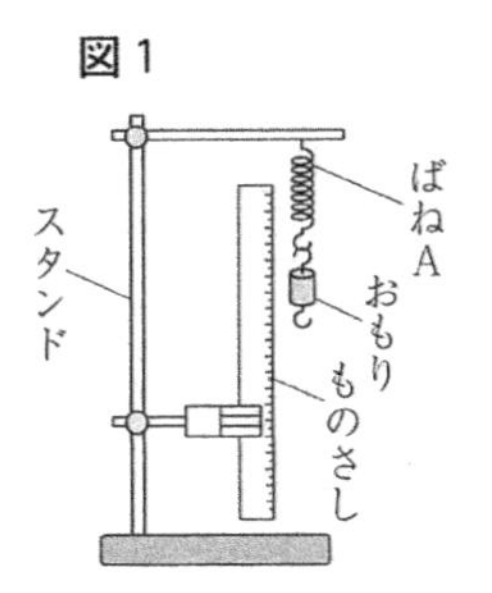

図２

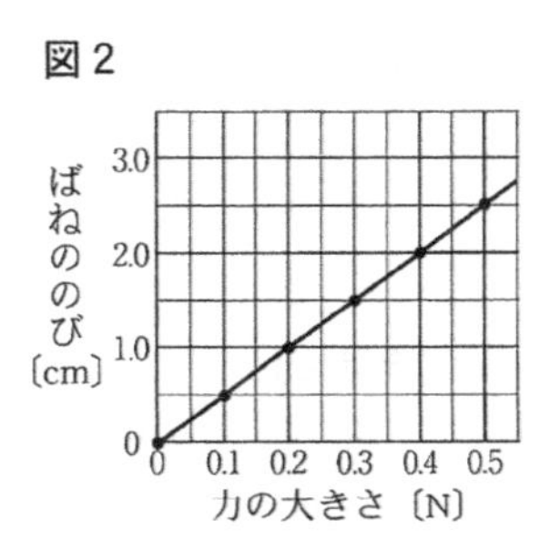

【実験２】

ばねＡをばねＢに変えて，実験１と同じ実験を行った。ばねＢののびは，ばねＡののびに比べて２倍となった。

1　実験１で，おもりをつるすとばねがのびたのは，力のどのようなはたらきによるものか，次の**ア**～**エ**から一つ選び，記号で答えなさい。

ア　物体を支えたり持ち上げたりする
イ　物体の状態を変化させる
ウ　物体を変形させる
エ　物体の質量を変える

2　図３は，実験１においておもりにはたらく力とばねにはたらく力の一部を表したものである。図中のア，イの矢印はそれぞれ，ばねがおもりを引く力，おもりにはたらく重力を示している。アとイの２つの力の関係を何というか，書きなさい。

図３

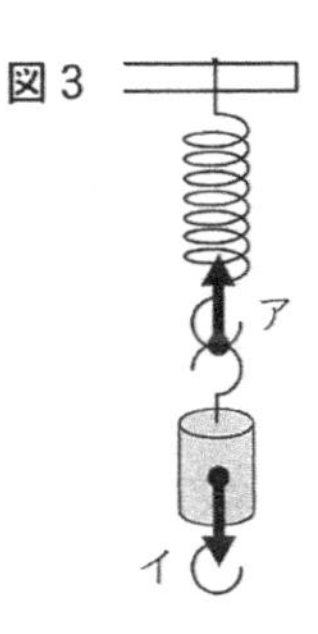

3　実験１で使ったばねＡに物体Xをつるすと，ばねののびが5.0cmになった。物体Xの質量は何ｇか，求めなさい。

4　実験２で得られた結果をグラフにかきなさい。

5　ばねＢに実験１で用いたおもりを８個つるしたとき，ばねＢののびは何cmになるか，求めなさい。

8 電熱線に加わる電圧と流れる電流について調べるために，図のように電熱線Ｐと電熱線Ｑをつないだ装置を用いて，次の実験を行った。あとの問いに答えなさい。

【実験１】

図のスイッチ①だけを入れて電圧計と電流計の示す値を調べた。表１は，その結果をまとめたものである。

表１

電圧〔V〕	0	1.0	2.0	3.0	4.0
電流〔mA〕	0	25	50	75	100

【実験２】

図のスイッチ①とスイッチ②を入れ，電圧計と電流計の示す値を調べた。表２は，その結果をまとめたものである。

表２

電圧〔V〕	0	1.0	2.0	3.0	4.0
電流〔mA〕	0	75	150	225	300

図

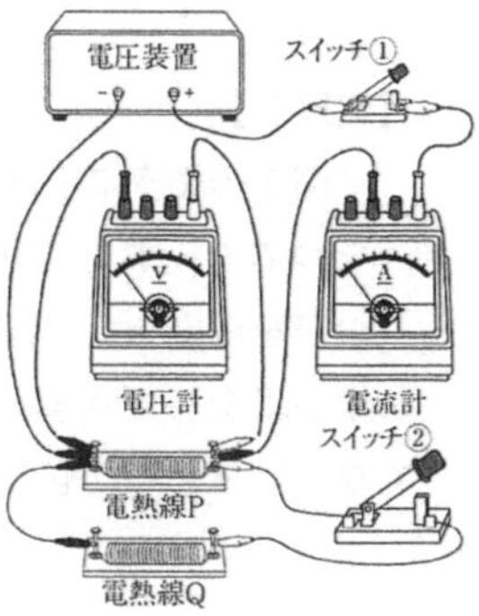

1　次は，実験中の瞬さんと芽依さんの対話である。あとの問いに答えなさい。

瞬：電流計と電圧計は，回路の中でつなぐ場所が決まっていたね。電圧計ははかろうとする場所に対して［　a　］につなぐのだったかな。
芽依：そうだね。電流計は回路に［　b　］につなぐといいね。
瞬：これでよし。導線をつないで，早速電源を入れてみよう。
芽依：ちょっと待って。電流計の導線を入れる－端子の場所が間違っているよ。［　c　］から，はじめに５Ａの－端子につながないといけないよ。
瞬：確かにそうだね。導線を入れ替えたから，実験を始めよう。

(1)　［　a　］・［　b　］にあてはまる語として正しい組み合わせを，次の**ア**～**エ**から一つ選び，記号で答えなさい。

ア　a　直列　b　直列　　**イ**　a　並列　b　直列
ウ　a　直列　b　並列　　**エ**　a　並列　b　並列

(2)　［　c　］には５Ａの－端子につながなければならない理由が入る。［　c　］にあてはまる言葉を書きなさい。

2　電熱線Ｑの抵抗は何Ωか，求めなさい。

3　実験２において，電圧計の値を6.0Ｖにしたときの，電熱線Ｐで消費する電力は何Ｗか，求めなさい。

4　消費される電力に興味をもった瞬さんは，電熱線Ｐがドライヤーに使われていることと，家庭用電源は一般的に100Ｖであることを知った。このドライヤーを１分使用したときの電力量は何Ｊか，求めなさい。

2024年度
東海大学山形高等学校
一般入学試験Ⅰ問題
〔学業奨学生認定〕
英　語

（　13：45　～　14：35　）

注　　意

1　「開始」の合図があるまで，開いてはいけません。

2　最初に，放送によるテストがあります。

3　問題用紙は，７ページまであります。

4　解答用紙は，問題用紙の中にはさんであります。

5　「開始」の合図があったら，まず，解答用紙を取り出し，受験番号を書きなさい。次に，問題用紙のページ数を確認し，不備があればすぐに手を挙げなさい。

6　答えは，すべて解答用紙に書きなさい。

7　「終了」の合図で，すぐに鉛筆（シャープペンシルを含む）をおき，解答用紙を開いて裏返しにしなさい。

1 これはリスニングテストです。放送の指示に従って答えなさい。

※音声は収録しておりません

1

2

〈2人の議論のメモ〉

ジョーン	学校への携帯電話の持ち込みに賛成している。なぜなら，(　　1　　) 時に便利だから。
マキ	みんなタブレットを持っているので携帯電話は必要ないと思っている。しかし，ジョーンの「携帯電話は (　　2　　) がしやすく，(　　3　　) 時に電話がかけられる。」という意見に対しては，理解を示している。

3　放送の指示に従って答えなさい。

No. 1　ア　Room 303.
　　　イ　Room 304.
　　　ウ　Room 305.
　　　エ　Room 306.

No. 2　ア　Maki did.
　　　イ　John did.
　　　ウ　Maki and John did.
　　　エ　Nobody did.

4　放送の指示に従って答えなさい。答えは，解答用紙に書きなさい。

（メモ用）

（　　　）のところの英語を聞き取り，書きなさい。

Maki : How about this book?

John : (　　　　　　　　　　　　　　　　　　).

2 次の問いに答えなさい。

1　次の対話文（　　）の中に入る最も適する英語を，それぞれ1語ずつ書きなさい。（　　）内に書き出しが与えられているものは，その書き出しに続けて書きなさい。

(1) *Ann* : May I (　　　) you a favor?
Naoya : Sure, I'm happy to help you.

(2) *Girl* : Who is the girl (w　　　) is standing over there?
Boy : She is my classmate, Makiko. She is very kind.

(3) *Jim* : Why do you want more people to use a *furoshiki*?
Risa : If you use *furoshiki* instead (　　　) plastic bags, it will be good for the environment.

2　次の対話文の（　　）の中に入る最も適切なものを，あとの**ア**～**エ**からそれぞれ一つずつ選び，記号で答えなさい。

(1) *Girl* : Excuse me. I think this is my seat.
Boy : Really? What's your seat number?
Girl : It's 22, and this seat is 22.
Boy : Oh! Sorry. (　　　　　　　　　　) I will move.

ア　Please find a seat in the next train.
イ　Your seat is behind my seat.
ウ　Let's find your seat together.
エ　My seat is in front of yours.

(2) *James* : Shall we go to see the movie tomorrow?
Mei : Sorry, I have to do my homework.
James : I have already finished the homework. So, (　　　　　　　　　　).
Mei : That will be a big help. Thank you.

ア　we are going to see the movie tomorrow
イ　this homework is too difficult to do
ウ　I can help you with your homework
エ　I like watching movies

3　次の英文について，あとの**ア**～**カ**の語句を並びかえて正しい英文を完成させ，（ X ），（ Y ），（ Z ）に当てはまる語を，それぞれ記号で答えなさい。

(1) Do (　　) (　　) (X) (Y) (　　) (Z)?

ア party　イ when　ウ you　エ the　オ know　カ is

(2) It (　　) (X) (Y) (　　) (Z) (　　) the question.

ア answer　イ us　ウ to　エ important　オ is　カ for

John : I think it is OK to bring a cell phone to school, because it's useful when we are searching for something.

Maki : I see what you mean, but I don't think so. We all have tablets, so we don't need cell phones.

John : You may be right, but a cell phone is easier to carry. And we can make a phone call in an emergency.

Maki : That's true.　　（間10秒）

繰り返します。（間３秒）

これで，２の問題を終わり，３の問題に移ります。問題用紙２ページの３を見てください。（間２秒）

これから，マキ（Maki）とジョーン（John）の対話文を読みます。そのあと，二つの質問をします。それぞれの質問の答えとして最もふさわしいものを，ア，イ，ウ，エの中から一つずつ選び，記号で答えなさい。英文は２回読みます。（間２秒）

では，始めます。（間２秒）

Maki : Did you know that the classroom for today's history class has changed? We usually take classes in Room 304, but it is changed to 306.

John : Oh, I see. Room 306. Thank you Maki.

Maki : John, what is the class after history?

John : Math.

Maki : Have you done your math homework yet?

John : Homework? No, I haven't. Did you, Maki?

Maki : Of course, I did.　　（間３秒）

Questions：No. 1　Where is today's history class?　　（間８秒）

No. 2　Who finished the math homework?　　（間８秒）

繰り返します。（間３秒）

これで，３の問題を終わり，４の問題に移ります。問題用紙２ページの４を見てください。（間２秒）

これから，英語による対話文を２回読みます。（　　　）のところの英文を聞き取り，書きなさい。（間２秒）

では，始めます。（間２秒）

Maki : How about this book?

John : My sister is too young to understand the story.　　（間15秒）

繰り返します。（間２秒）

これでリスニングテストを終わります。次の問題に移ってください。

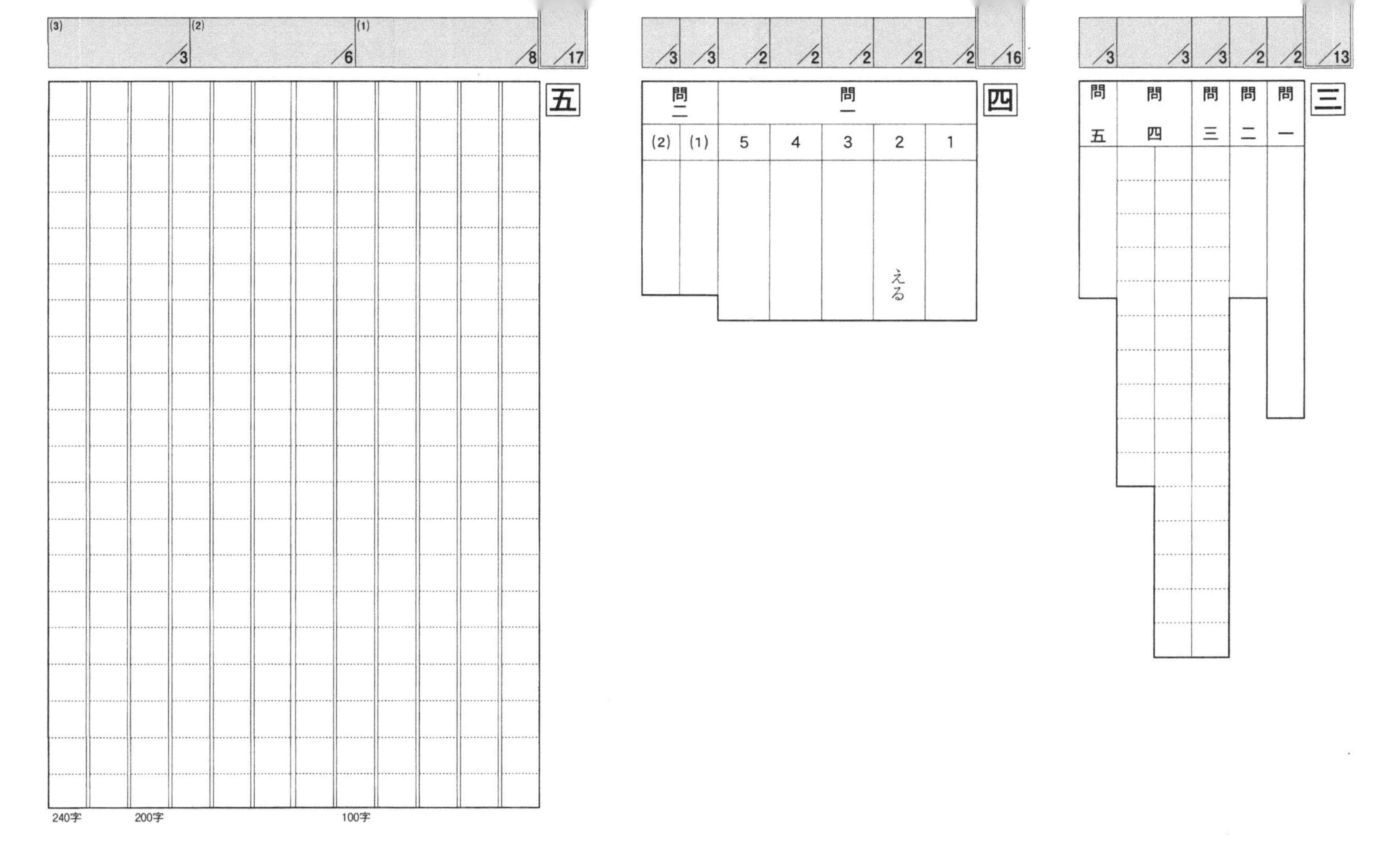
五
(1) ／8
(2) ／6
(3) ／3
／17
240字
200字
100字
四
問一
1
2
える
3
4
5
問二
(1)
(2)
／2
／3
／16
三
問一
問二
問三
問四
問五
／2
／3
／13

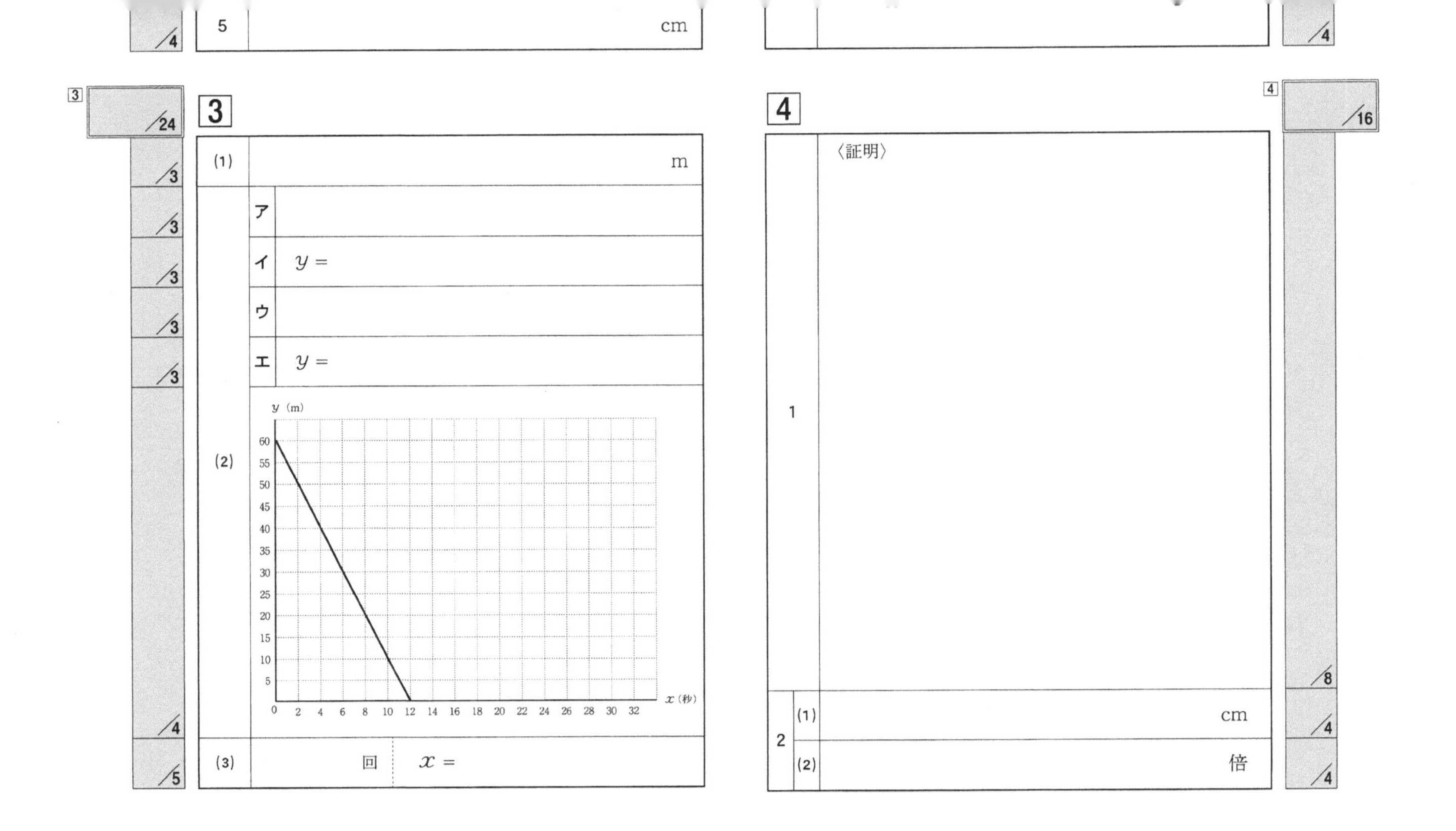
5
cm
3
/24
(1)
m
(2)
ア
イ
$y=$
ウ
エ
$y=$
y (m)
x (秒)
(3)
回
$x=$
4
/16
1
〈証明〉
/8
2
(1)
cm
(2)
倍

点		
/3	1	
/3	2	
/2	3	
/3	4	→ → →
/2	5	
/2	6	
/2	7	

5 /15

5

点			
/2	1		
/2	2	(1)	
/2		(2)	
/3		(3)	
/3	3		
/3	4		

		点
1		/1
2		/2
3		/2
		/2
		/2
4		/2
5		/2
6		/2

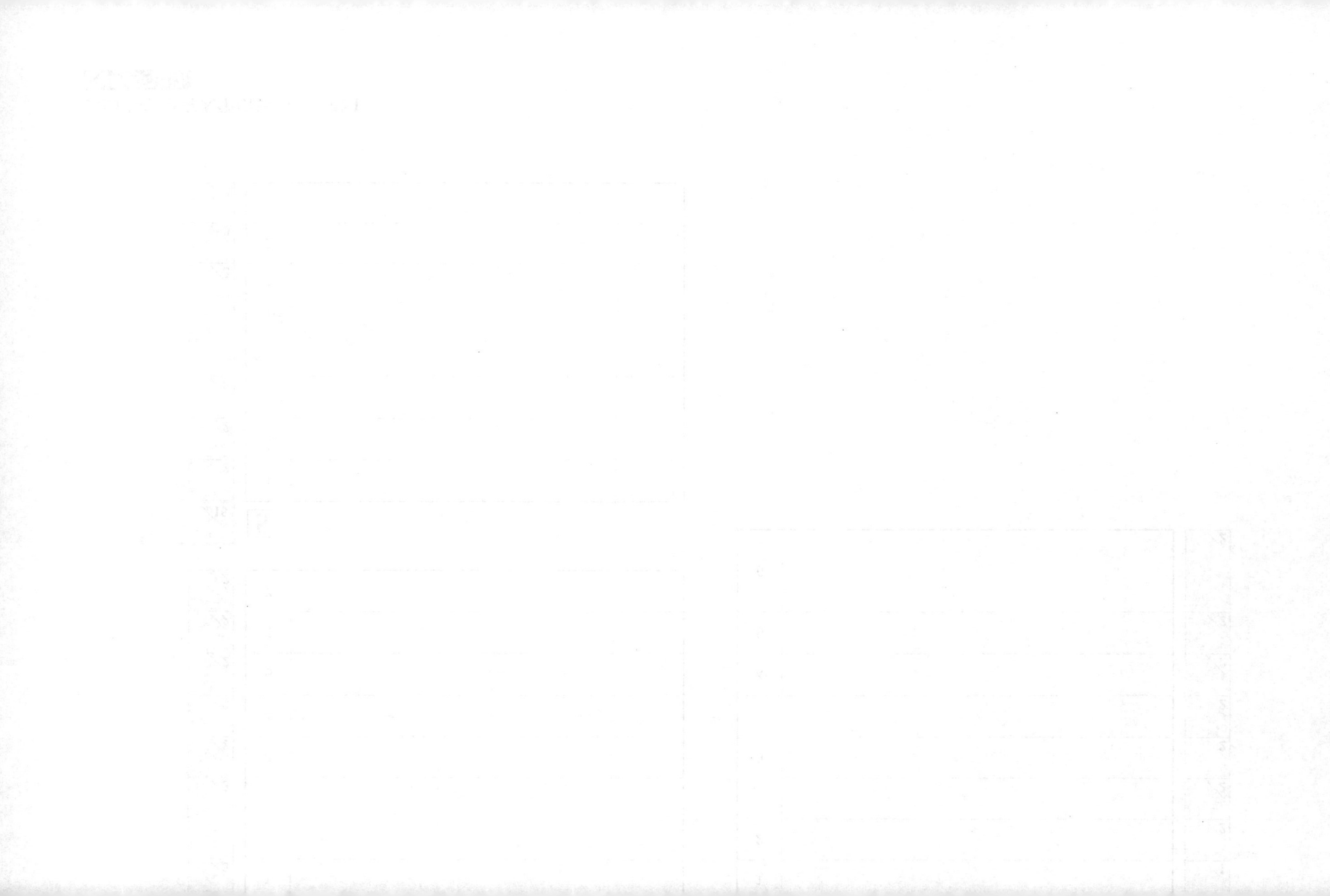

5 ／12

5

			得点
1			／2
2			／2
3			／2
4	通す		／3
	通さない		
5			／3

6 ／13

6

		得点
1		／2
2		／2
3		／3
4		／3
5		／3

7 ／12

7

		得点
1		／2
2		／3
3	g	／2
4	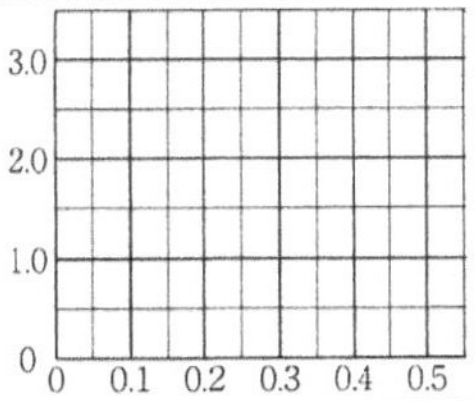	／3
5	cm	／2

8 ／13

8

			得点
1	(1)		／2
	(2)		／3
2		Ω	／2
3		W	／3
4		J	／3

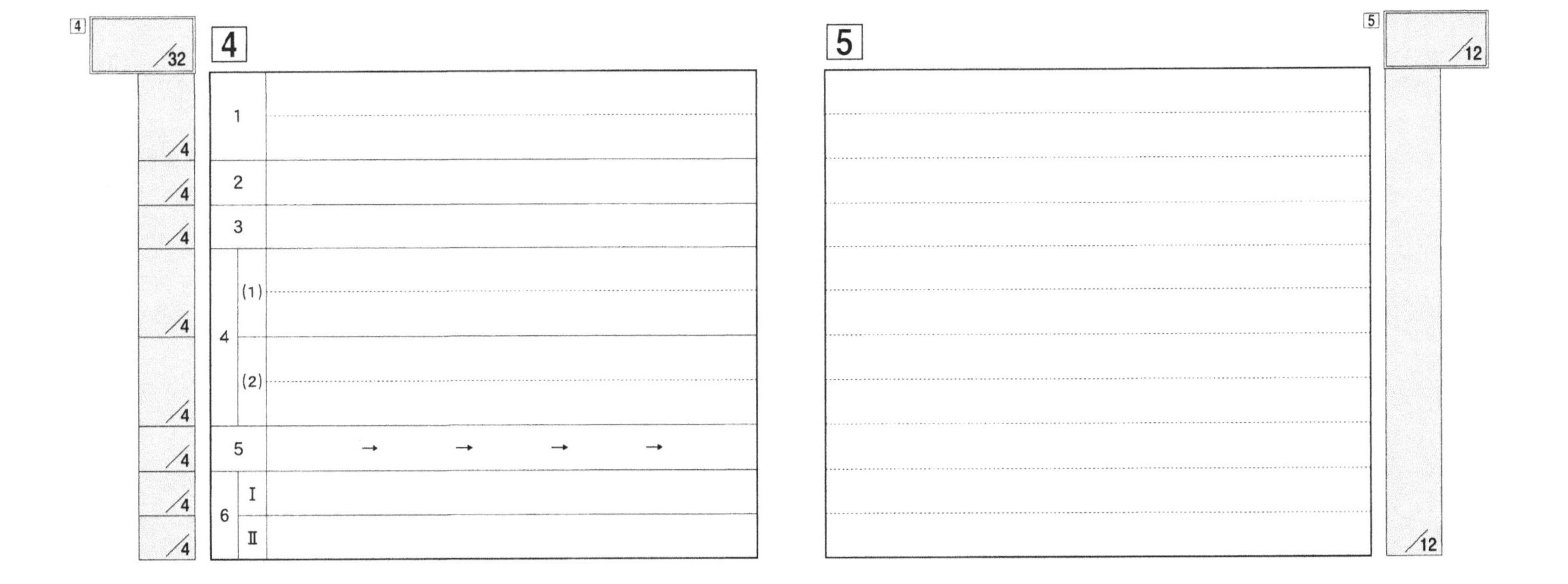
4
/32
1
2
3
4
(1)
(2)
5
→ → → →
6
I
II
/4
5
/12

※100点満点

2024年度　英語解答用紙　一般入学試験Ⅰ
〔学業奨学生認定〕

受験番号		総得点	

の欄には何も記入しないこと。

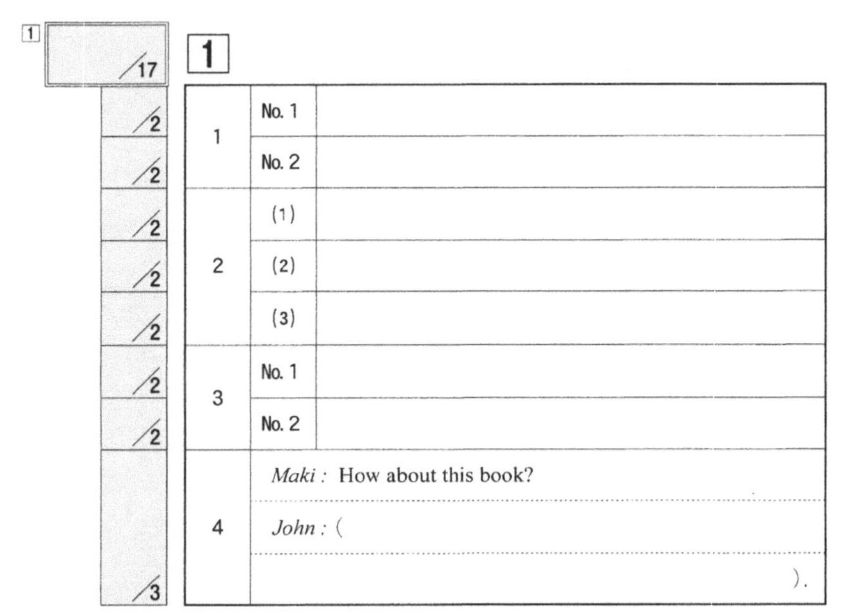

1　　/17

1	No. 1		/2
	No. 2		/2
2	(1)		/2
	(2)		/2
	(3)		/2
3	No. 1		/2
	No. 2		/2
4	*Maki :* How about this book? *John :* ( ).		/3

2　　/19

1	(1)				/3
	(2)				/3
	(3)				/3
2	(1)				/2
	(2)				/2
3	(1)	X	Y	Z	/3
	(2)	X	Y	Z	/3

3　　/20

1	X		/4
	Y		/4
2			/4
3			/4
			/4

【解答

※100点満点

2024年度　理科解答用紙 一般入学試験Ⅰ
〔学業奨学生認定〕

受験番号	

総得点	

□ の欄には何も記入しないこと。

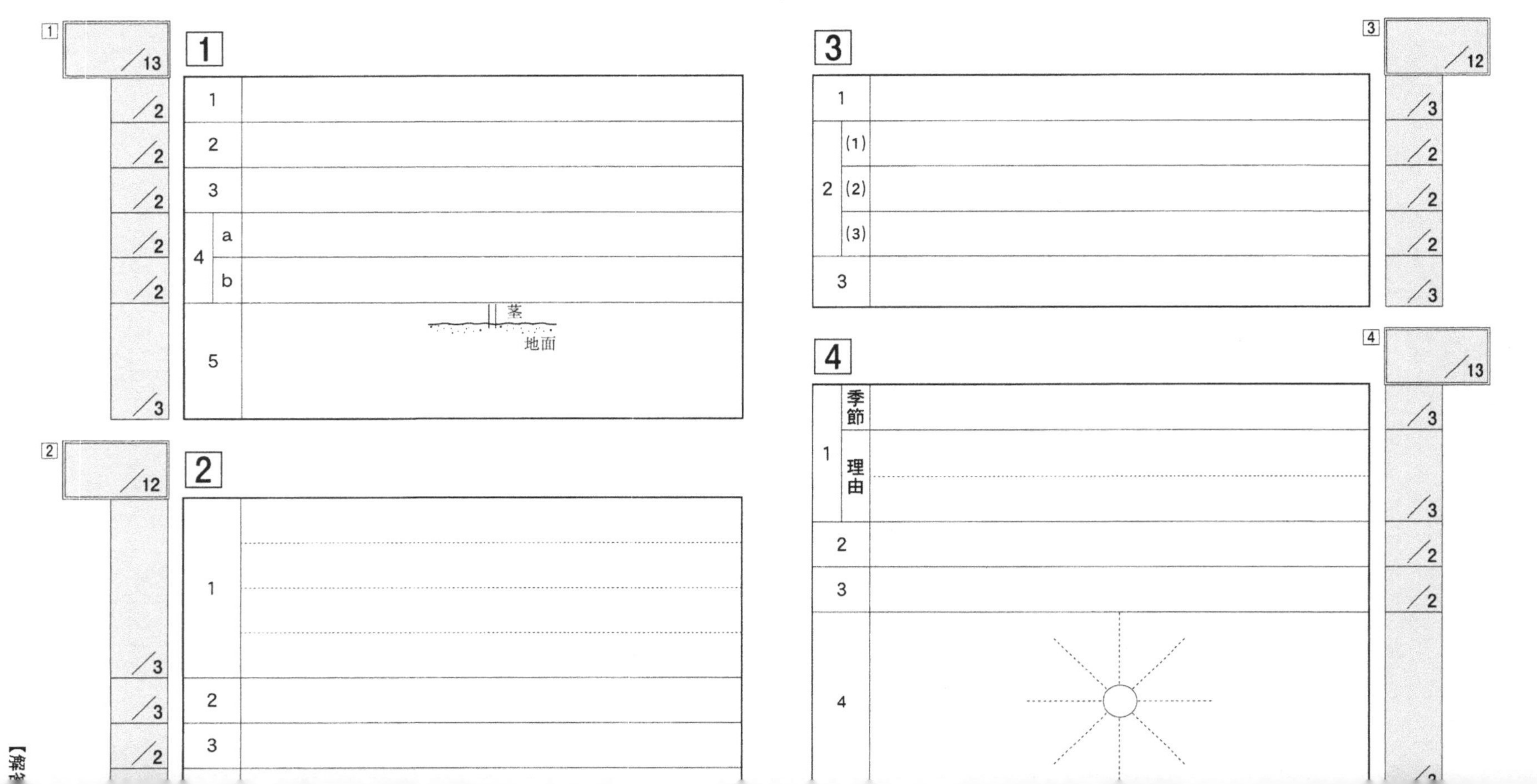

1 ／13

1

1			／2
2			／2
3			／2
4	a		／2
	b		／2
5			／3

2 ／12

2

1		／3
2		／3
3		／2

3 ／12

3

1			／3
2	(1)		／2
	(2)		／2
	(3)		／2
3			／3

4 ／13

4

1	季節		／3
	理由		／3
2			／2
3			／2
4			

※100点満点

2024年度　社会解答用紙 一般入学試験Ⅰ
〔学業奨学生認定〕

受験番号	

総得点	

の欄には何も記入しないこと。

1
/18

1	記号		/2
	経度0度の名前		/2
2			/2
3			/2
4			/2
5			/3
6	(1)		/2
	(2)		/3

2
/17

1	(1)		/2
	(2)		/3
2			/3
3			/2
4	記号		/2
	県名		/2
5			/3

3
/18

1	(1)		/2
	(2)		/3
2	(1)		/2
	(2)		/2
3	(1)		/3
	(2)		/3
4			

【解

※100点満点

2024年度　数学解答用紙　一般入学試験Ⅰ
〔学業奨学生認定〕

受験番号	

総得点	

の欄には何も記入しないこと。

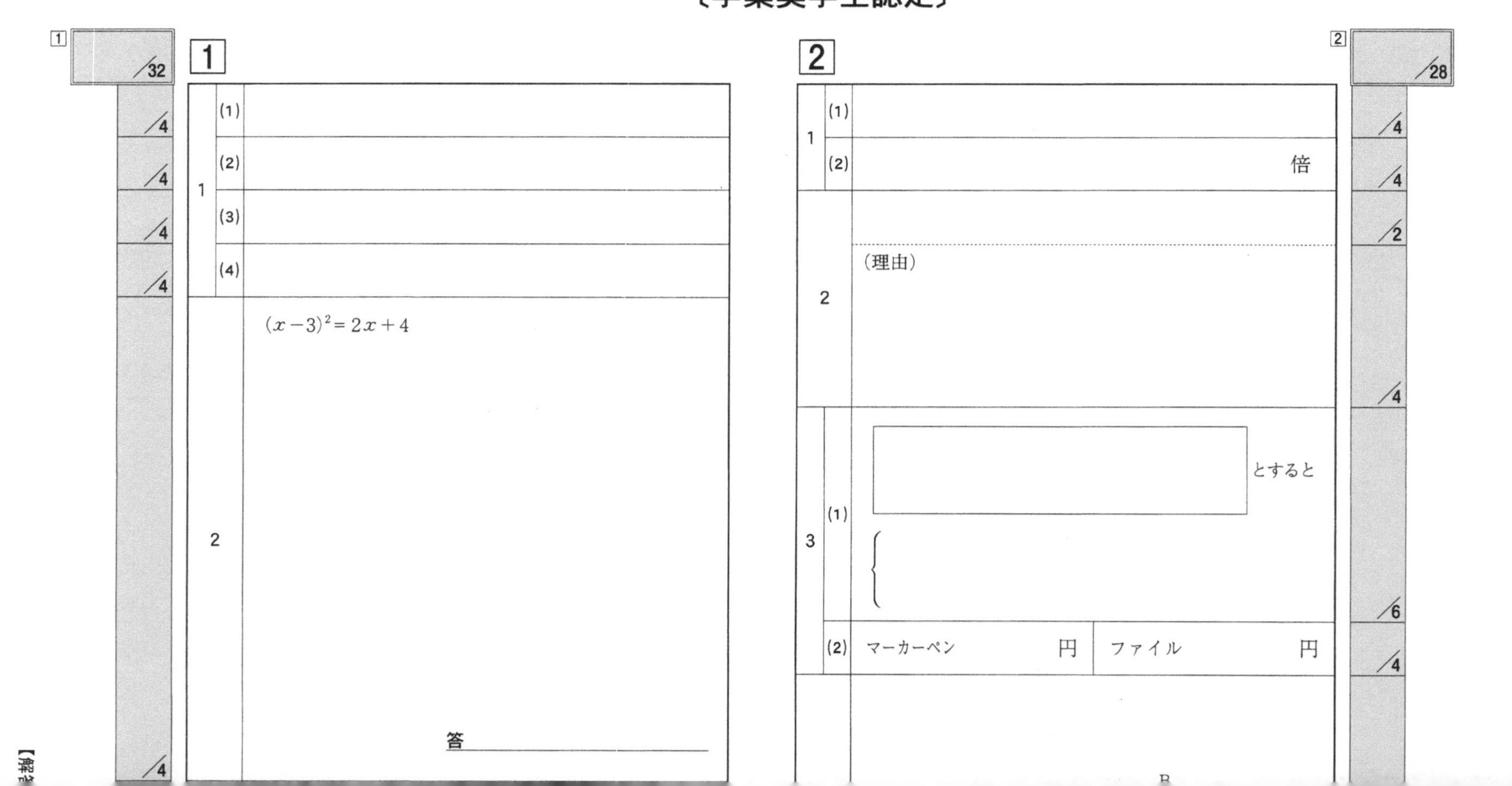

1
/32
/4
/4
/4
/4
/4
1
1
(1)
(2)
(3)
(4)
2
$(x-3)^2=2x+4$
答
2
/28
/4
/4
/2
/4
/6
/4
2
1
(1)
(2)
倍
2
(理由)
3
(1)
とすると
(2)
マーカーペン
円
ファイル
円

※100点満点

2024年度　国語解答用紙　一般入学試験Ⅰ
〔学業奨学生認定〕

受験番号	

総得点	

の欄には何も記入しないこと。

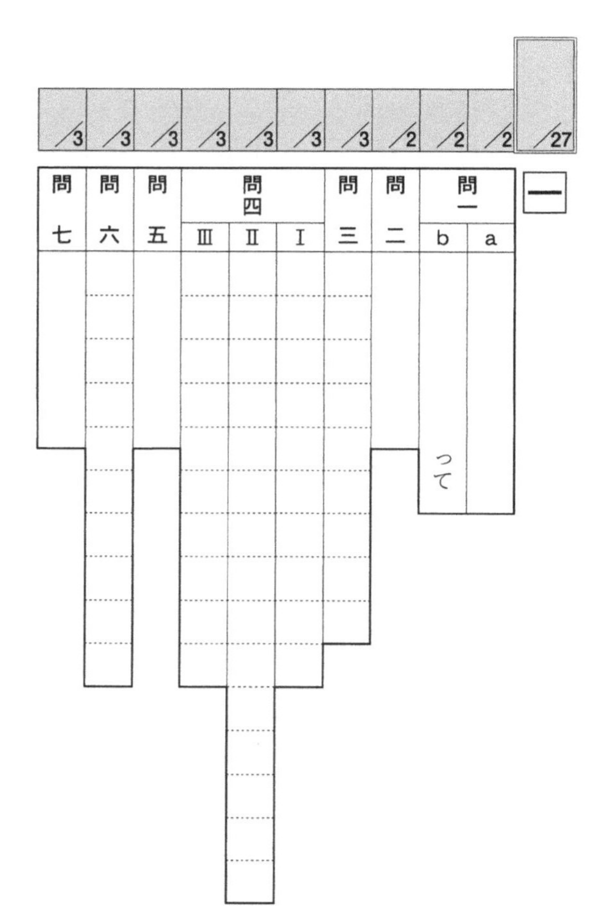

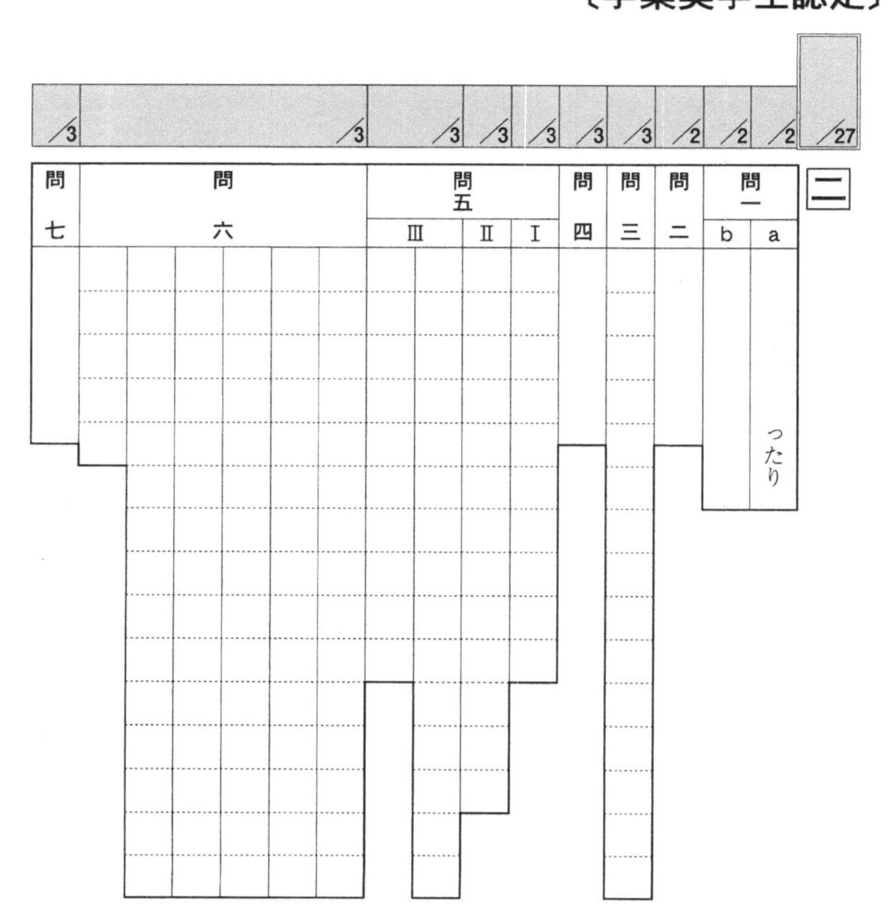

【解答

※音声は収録しておりません

英語リスニングテスト台本

ただいまから，リスニングテストを行います。問題は１，２，３，４の四つです。聞いている間にメモをとってもかまいません。(間３秒)

それでは１の問題から始めます。問題用紙１ページの１を見てください。(間５秒)

これからNo. 1とNo. 2それぞれ英文を読みます。そのあと，英語で質問します。その質問の答えとして最もふさわしいものを，ア，イ，ウ，エの中から一つずつ選び，記号で答えなさい。英文は２回読みます。(間２秒)

では，始めます。(間２秒)

No. 1

John : It's fine now. We can go swimming in the sea.

Maki : It said it will be rainy this afternoon on TV.

John : Really? Well then, let's go tomorrow.　　(間２秒)

Question : What will the weather be like in the afternoon?　　(間３秒)

繰り返します。(間２秒)

No. 2

Maki : What is her name? She is so cute.

John : This is Lucy. She likes high places and climbing trees.

Maki : She looks good at jumping.　　(間２秒)

Question : What are they talking about?　　(間３秒)

繰り返します。(間２秒)

これで，１の問題を終わり，２の問題に移ります。問題用紙１ページの２を見てください。(間２秒)

最初に，〈２人の議論のメモ〉をよく見てください。(間５秒)

これから，ジョーンと (John) とマキ (Maki) の対話文を読みます。これを聞いて，〈２人の議論のメモ〉の１，２，３に，それぞれあてはまるものを，日本語で答えなさい。英文は２回読みます。(間２秒)

では，始めます。(間２秒)

3 中学生の美菜（Mina）さんは，プラスチック問題について，２つのグラフ（graph）を見ながら留学生のトムさん（Tom）さんと対話をしています。グラフと対話について，あとの問いに答えなさい。

Tom : These days, we often see environmental problems on news or the Internet.
Mina : That's true. What kind of environmental problems are you interested in?
Tom : I am interested in the problem of plastic. We use a lot of plastics every day, like water bottles and shopping bags. Unfortunately, some people throw them away everywhere. After that, plastic waste goes into the river and the sea. A lot of sea animals eat the plastics.
Mina : That's a big problem! How much plastic waste do people throw away?
Tom : Look at ①these two graphs. Graph 1 shows how much plastic waste four countries produced in 2010. Graph 2 shows how much plastic waste each person in each country produced in 2010. China produced the most amount of* plastic waste. America is the second. It is said that about 8 million tons* of plastic waste is going to the sea every year.
Mina : It is the same amount of the plastic waste which（ ② ）produced as a country!
Tom : Wow!
Mina : In India, people produced the least* amount of plastic waste not only as a country but also per person*. I want to know why.
Tom : Sorry, I don't know the reason, either. However, if we stop using plastic bags, we can make a small difference. It is just a small step*, but if all of us take small steps, we will take a big step. Our world will be better for all people and animals.

（注）amount of～　～の量　　million ton(s)　（数）百万トン　　least　littleの最上級
per person　一人あたり　　step　一歩

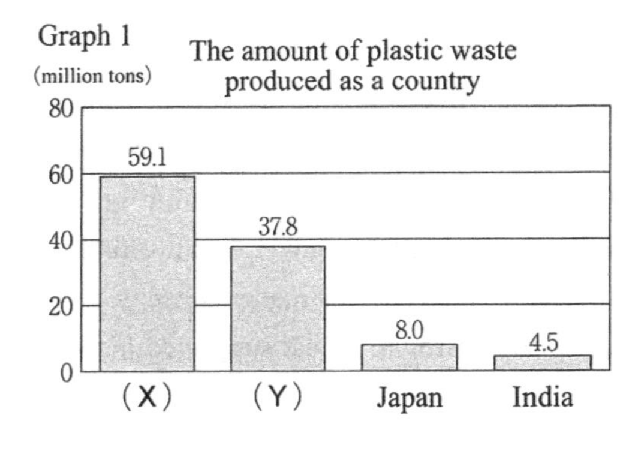

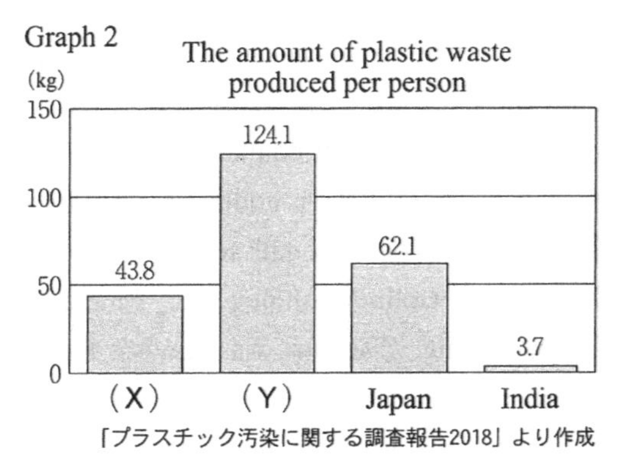

「プラスチック汚染に関する調査報告2018」より作成

1　会話の下線部①について，会話の内容から判断しGraph1,2の（　X　），（　Y　）に当てはまる国名を本文中から見つけ，英語で答えなさい。

2　会話の内容から判断して，（　②　）にあてはまる適当な英語を，１語で答えなさい。

3　２人の会話の内容として，適当なものを，**ア**～**オ**から２つ選び答えなさい。
ア　People have stopped throwing plastic away.
イ　America produced the most plastic waste not only as a country but also as a person.
ウ　Plastic waste is bad for sea animals.
エ　Some animals produce the plastics in the sea.
オ　Taking small steps to make the environment better is important.

4 カナダ出身のサラ（Sarah）さんは，ホームステイで山形に滞在中の中学生３年生です。次の英文は，サラさんが「親切な行動」というテーマについて書いた作文です。これを読んで，あとの問いに答えなさい。

I have a brother in Canada. His name is Kevin* and he is now 11years old. He is only an elementary school student, but he is taller than I. I sometimes ask him to take things in high places. He always plays basketball with his friends. He wants to be a professional basketball player in the future. Our father and mother are going to help ①<u>his dream</u>. I think so too. Maybe he has a good skill for playing basketball. Also, he is very nice to other people. I can remember his kindness.

In September last year, I went shopping with Kevin. We were going to buy a new cap for Kevin. After we left our house, suddenly it began to rain a lot. Many people opened their umbrellas. They walked carefully because the road was slippery*. It was dangerous for me to walk alone, so ②<u>I held Kevin's arm</u>. Then, we found that an elderly woman was sitting near a convenience store. We ran to her and said, "Are you all right? Can we help you?" "Oh, no problem. I'm just resting a little," she answered. But she seemed really tired. （ A ） She had an umbrella and a large bag. The bag looked so heavy. Kevin said to me, "Sarah, I want to help her. Is there anything we can do?" （ B ） I agreed with him, "You're right, Kevin. Let's help her." He asked her again, "We can not leave you here. Please let us help you." She replied with joy*, "Oh, thank you very much! You're so kind that I feel really happy." When we heard this, soon Kevin went into the convenience store. （ C ） When he passed it to her, she thanked us again with tears*. We helped her stand up. I walked besides her with an umbrella and Kevin held her large bag. He also walked near the road to protect us from a splash*. （ D ）

On the way to her house, we talked about a lot of things. The woman's name was Mrs. Brown, and she liked watching sports very much. "Especially, I like watching basketball games. Do you like basketball?" "Of course! I love it!" Kevin got excited and answered. I found she was happy to hear that. Mrs. Brown nodded many times and took his hand. "I'm really glad to see you, Kevin, Sarah. It is not easy to talk to people who you see for the first time, I think. And it is more difficult to help them. Both of you have very kind and warm hearts." Her words made us happy. Then I found another thing. The start was Kevin's feeling to help Mrs. Brown. I just supported his actions. His kindness helped not only her but also me.

At last, we arrived at her house. She said, "Wait a minute*. Also I want to do something for others." She went into the house and invited us. "Please accept these." At the entrance*, she passed two caps. A logo of the basketball team was on the cap. When Kevin saw the cap, he shouted with surprise. "I'm really happy to receive this cap and your kindness! Thank you, Mrs. Brown! I can enjoy basketball better from now." We said goodbye to her and left her house. I looked at Kevin's face. He seemed satisfied with his nice experience.

From that day, Kevin has played basketball harder. Mrs. Brown often comes to watch his game. They are still good friends now. I think that kindness can change us in many ways.

（注）Kevin ケビン（サラの弟の名前）　slippery 滑りやすい　joy 喜び　tear(s) 涙
splash 水はね　wait a minute ちょっと待って　entrance 玄関

1　下線部①とは，どんな夢ですか。日本語で答えなさい。

2　下線部②に関して，サラさんの気持ちに最も近いものはどれですか。次の**ア**～**エ**から一つ選び，記号で答えなさい。

ア　買い物に行くことができて，嬉しく思う気持ち。
イ　自分が転んでしまうかもしれないと心配する気持ち。
ウ　天気予報を見ずに出かけた弟に対して感じる不満の気持ち。
エ　コンビニでひと休みすることができて，安心した気持ち。

3　次の英文を，本文の流れに合うように入れるとすれば，どこに入れるのが最も適切ですか。（　A　）～（　D　）から一つ選び，記号で答えなさい。

He came back with a bottle of tea in his hand.

4　本文に即して，次の問いに英語で答えなさい。

(1)　What were Sarah and Kevin going to buy?
(2)　Did Mrs. Brown like basketball?

5　次の英文**ア**～**オ**は，それぞれ本文の内容の一部です。**ア**～**オ**を，本文の流れに会うように並べかえ，記号で答えなさい。

ア　Kevin and Sarah found an elderly woman sitting on the street.
イ　It started to rain.
ウ　Kevin and Sarah left their home to go shopping.
エ　Mrs. Brown watched Kevin's basketball game.
オ　Mrs. Brown passed caps to Sarah and Kevin.

6　サラさんは，この作文を校内で発表しました。以下は，発表を聞いた英語の中井先生（Mr. Nakai）がサラさんと交わした対話の一部です。文脈に合うように，対話の［　Ⅰ　］，［　Ⅱ　］に入る最も適切な英語をあとの**ア**～**エ**からそれぞれ一つずつ選び，記号で答えなさい。

Mr.Nakai : Your speech was great. ［　Ⅰ　］
Sarah : For five years. He practices hard every day.
Mr.Nakai : Yeah, you learned many things from your experience. Mrs. Brown is a teacher for you.
Sarah : Yes, I received a very important message from her.
Mr.Nakai : What is it?
Sarah : "［　Ⅱ　］" I will never forget this message.

［　Ⅰ　］
ア　How many basketballs does Kevin have?
イ　How old is Kevin?
ウ　How much was the cap?
エ　How long has Kevin played basketball?

［　Ⅱ　］
ア　Kind people are always happy.
イ　We should look for kind people.
ウ　Kindness can help people change.
エ　It is easy to be kind to others.

5 アメリカからの交換留学生として，以前あなたの中学校に通学していたジム（Jim）さんから以下のようなメールが届きました。あなたがジムさんに返信するとしたら，どのようなことを書きますか。「返信メール」の [　　　　] に入る英文を，まとまりのある内容になるように，**4文以上**で書きなさい。

ジムさんからのメール

Hi, ○○○○.　How are you?

In our school, we are going to study about Japanese culture.

Especially, we are interested in books and TV programs in Japan.

I have a question.　Which do you like better, reading books or watching TV?

And why?

Please give me your answer.

返信メール

Hi, Jim.　Thank you for your e-mail.

I will answer your question.

[　　　　　　　　　　　　　　　　　　]

I hope my answer will help you.

See you.　　○○○○

（注）メールの中の，○○○○のところにはあなたの名前が入る。

2024年度
東海大学山形高等学校
一般入学試験Ⅱ問題

数　学

（　10：05　～　10：55　）

注　意

1 「開始」の合図があるまで，開いてはいけません。

2 問題用紙は，７ページまであります。

3 解答用紙は，問題用紙の中にはさんであります。

4 「開始」の合図があったら，まず，解答用紙を取り出し，受験番号を書きなさい。次に，問題用紙のページ数を確認し，不備があればすぐに手を挙げなさい。

5 答えは，すべて解答用紙に書きなさい。

6 「終了」の合図で，すぐに鉛筆（シャープペンシルを含む）をおき，解答用紙を開いて裏返しにしなさい。

1 次の問いに答えなさい。

1　次の式を計算しなさい。

(1)　$-2+(-3-8)$

(2)　$\left(\frac{1}{3}+\frac{3}{4}-\frac{1}{2}\right)\div\frac{1}{4}$

(3)　$-18a^3b^2\div 6a^2b\times(-2a)^2$

(4)　$(\sqrt{6}+3)(\sqrt{6}-4)+\sqrt{24}$

2　2次方程式 $(x-5)(x+3)=2x(x+4)$ を解きなさい。

3　$x=3\sqrt{2}$，$y=\sqrt{5}$ のとき，$(x+y)(x-y)$ の値を求めなさい。

4　下の図は，データＡとデータＢの分布のようすを，それぞれはこひげ図に表したものである。あとの問いに答えなさい。

図

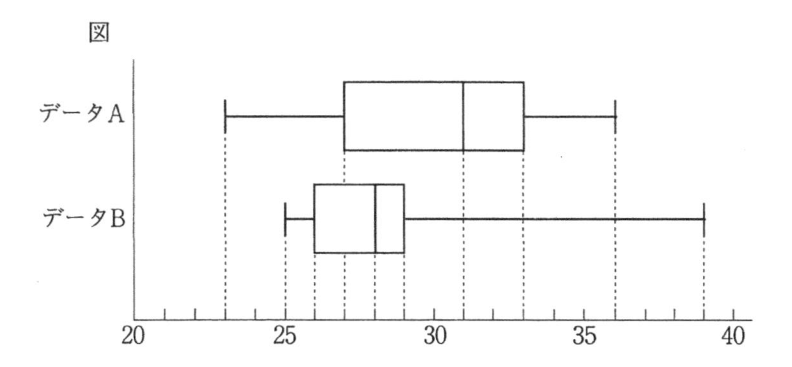

次のア～オの文章は，はこひげ図から読み取れることを説明したものである。下線部分の値が正しい場合は○を，誤っている場合は正しい値を答えなさい。

ア　Ａのデータの範囲は<u>13</u>である。
イ　Ｂの四分位範囲は<u>14</u>である。
ウ　Ａの第2四分位は<u>33</u>である。
エ　Ｂの第3四分位は<u>29</u>である。
オ　Ａの最小値は<u>27</u>である。

2 次の問いに答えなさい。

1　右の図において，①は$y=2x^2$のグラフ，②は$y=\dfrac{8}{x}$ $(x>0)$ のグラフである。

①のグラフ上に点Aがあり，そのx座標は正の値である。②のグラフ上に点B，Cがあり，点Bのx座標は1である。また，点Aのy座標と点Bのy座標が等しく，点Aのx座標と点Cのx座標が等しい。このとき，次の問いに答えなさい。

図

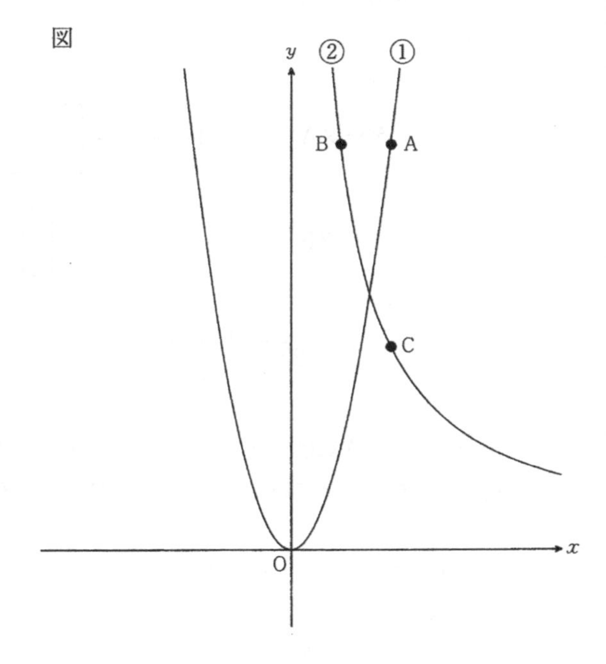

(1)　関数$y=2x^2$についてxの変域が$-1\leqq x\leqq 2$のときのyの変域を求めなさい。

(2)　線分ABの長さと線分ACの長さをそれぞれ求めなさい。

2　△ABCの頂点をA→B→C→A→B→……と移動する点Pがある。いま，2つのさいころを同時に投げ，出た目の数の小さい方の数だけ点Pを移動させる。ただし，さいころの出た目の数が同じときは点Pは動かさない。2つのさいころを1回だけ投げたとき，頂点Aにあった点Pが頂点Bに到達する確率を求めなさい。

ただし，さいころは，どの目が出ることも同様に確からしいものとする。

図

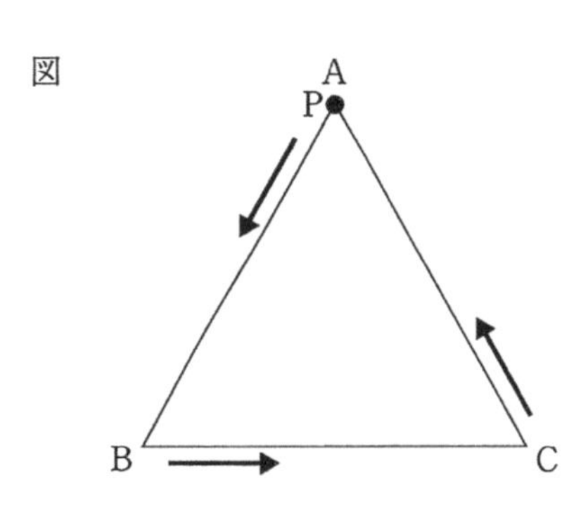

3　次の問題について，あとの問いに答えなさい。

［問題］
ある高校の2年生福祉の授業で，福祉施設に折り紙をプレゼントすることになった。そこで，3つの班に分かれて作業をすることにしたところ，A班とB班は同じ人数に分かれ，C班はA班とB班の人数の合計より8人少なかった。
折り紙は，鶴と花の2種類に決めた。A班は1人につき鶴を6個，B班とC班は1人につき花を3個作ることにした。ところが作業を行う日に，花を作る生徒が2人休んでしまい，その分の花の折り紙が少なくなってしまった。作業が終って鶴と花の折り紙を数えたところ，全部合わせて300個であった。このとき，A班とC班の人数をそれぞれ求めなさい。

(1)　この問題を解くのに，方程式を利用することが考えられる。A班の人数をx人，C班の人数をy人として，連立方程式をつくりなさい。

(2)　A班とC班の人数をそれぞれ求めなさい。

4　下の図で線分AC上に点P，線分AB上に点Q，線分BC上に点Rがあるように，ひし形CPQRを，定規とコンパスを使って作図しなさい。
ただし，作図に使った線は残しておくこと。

図

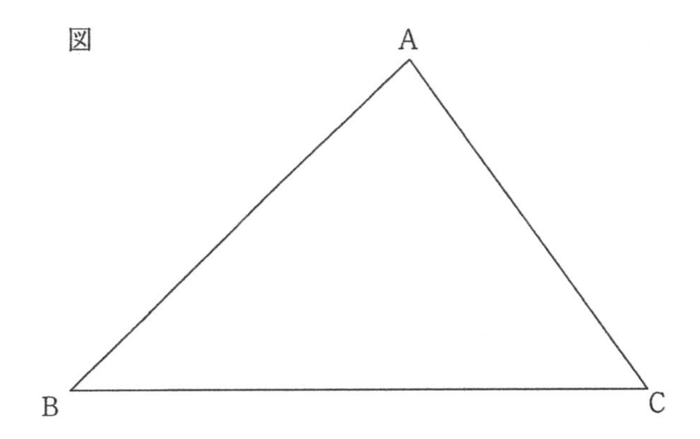

3 図1のように№1～3の部品がある。№1の部品は縦の長さが3cmで横の長さが6cmの長方形，№2の部品は縦の長さが8cmで横の長さが12cmの長方形，№3の部品は三辺の長さが8cm，$4\sqrt{2}$ cm，$4\sqrt{2}$ cmの直角二等辺三角形である。それぞれの部品はたくさんあり，同じ番号の部品をいくつも使うことができ，また，部品は縦横の向きを変えて使うこともできる。

図1

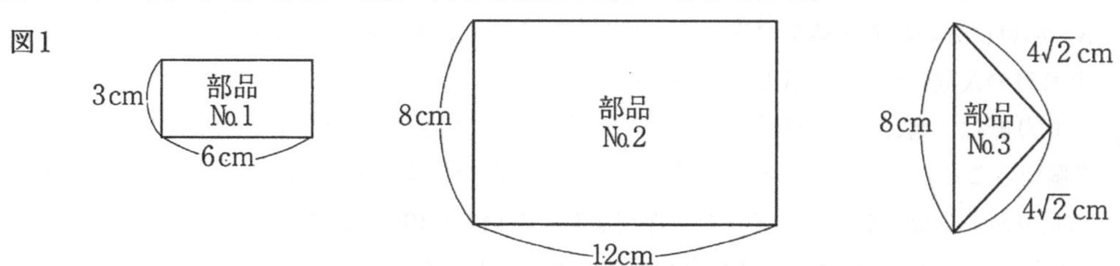

これら№1～3の部品を用いて，図2のように，重なりや隙間がないようにつなぎ合わせて，図形Ⅰと図Ⅱを作った。

図2

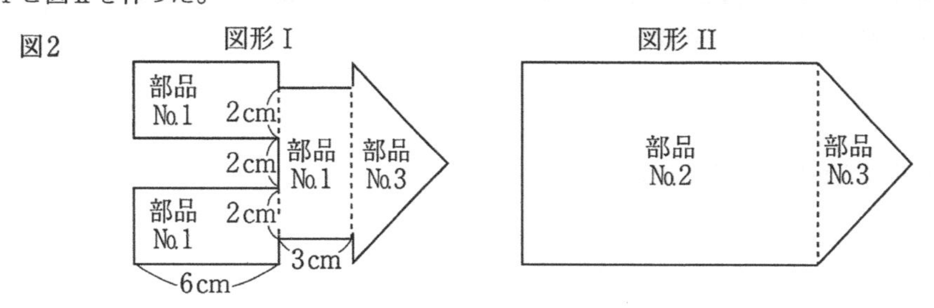

図3のように，図形Ⅰの頂点A，B，Cと図形Ⅱの頂点E，Fが直線ℓ上にあるように，また，図形Ⅰの頂点Pが図形Ⅱの辺DE上にあるように2つの図形を置いた。

図3

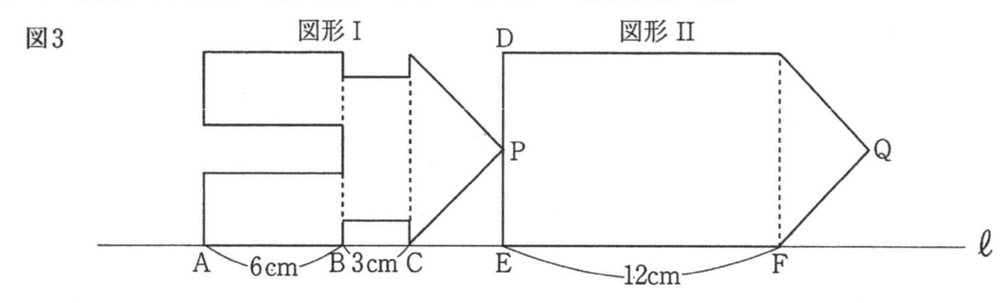

いま，図4のように，図3の状態から始めて，毎分1cmの速さで直線ℓにそって矢印の方向に図形Ⅰが移動していく。図形Ⅰが動き始めてからx分後の図形Ⅰと図形Ⅱが重なっている部分の面積をy cm²とする。このとき，それぞれの問いに答えなさい。

図4

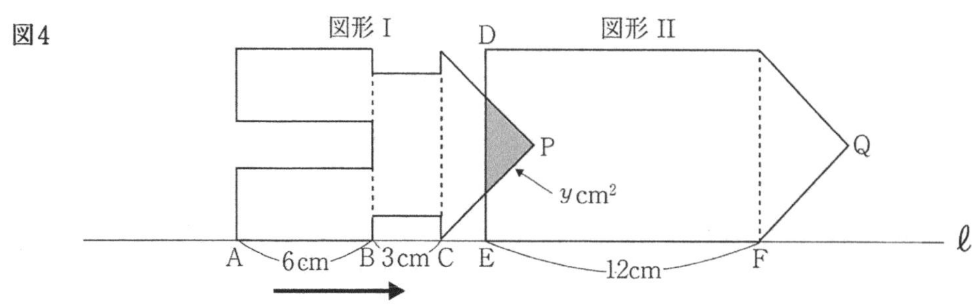

1　頂点Pが頂点Qと同じ位置に来るまで移動したときのxとyの関係の一部を表に書き出したところ表1のようになった。次の問いに答えなさい。

(1)　$x=3$のときのyの値を求めなさい。

表1

x	0	$\cdots$	7	$\cdots$	16
y	0	$\cdots$	34	$\cdots$	70

(2)　表2は，頂点Pが頂点Qと同じ位置に来るまで移動したときのxとyの関係を式に表したものである。［ア］～［オ］にあてはまる数または式を，それぞれ書きなさい。

表2

xの変域	式
$0 \leqq x \leqq$［ア］	$y=$［ウ］
［ア］$\leqq x \leqq 7$	$y=6x-8$
$7 \leqq x \leqq$［イ］	$y=$［エ］
［イ］$\leqq x \leqq 16$	$y=$［オ］

(3)　表2にまとめたxとyの関係を表すグラフを，図5に書きなさい。

図5

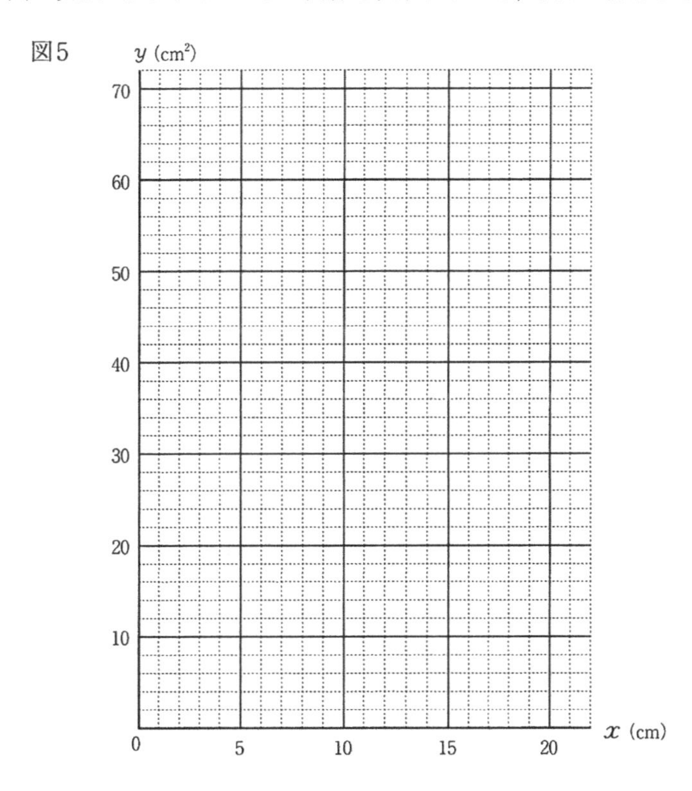

2　yの値が，(1)で求めたyの値の6倍になるのは，図形Ⅰが動き始めてから何分何秒後かを求めなさい。

4 ＡＢ＝12cm，ＡＤ＝8cm，∠ＢＡＤ＝60°の平行四辺形ＡＢＣＤがある。

1　図1のように点Ｂから線分ＡＤに引いた垂線と線分ＡＤとの交点をＥとするとき，次の問いに応えなさい。

図1

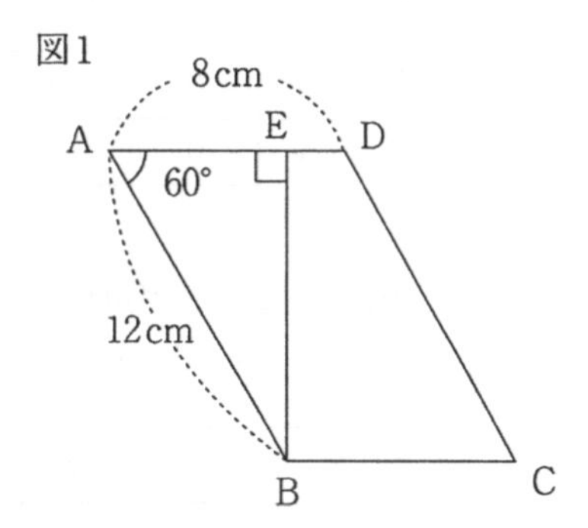

(1)　線分ＢＥの長さを求めなさい。

(2)　平行四辺形ＡＢＣＤの面積を求めなさい。

2　図2のように平行四辺形ＡＢＣＤを頂点Ｂが頂点Ｄに重なるように折り曲げた。折り目の両端の点をそれぞれＦ，Ｇとし，頂点Ｃが移動した点をＨとする。このとき，△ＡＤＦ≡△ＨＤＧであることを証明しなさい。

図2

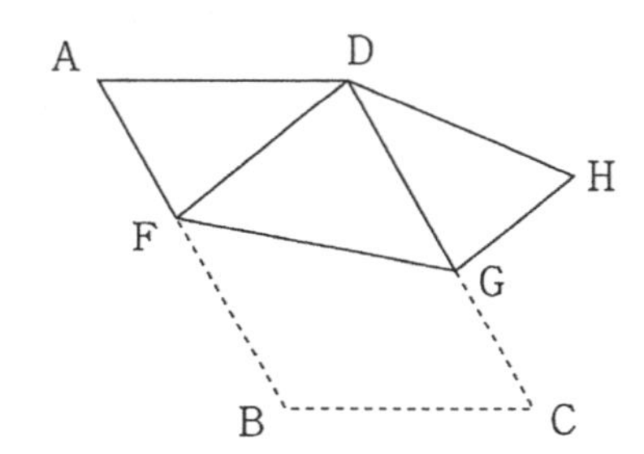

2024年度
東海大学山形高等学校
一般入学試験Ⅱ問題

社　会

（　11：10　～　12：00　）

注　意

1　「開始」の合図があるまで，開いてはいけません。

2　問題用紙は，７ページまであります。

3　解答用紙は，問題用紙の中にはさんであります。

4　「開始」の合図があったら，まず，解答用紙を取り出し，受験番号を書きなさい。
次に，問題用紙のページ数を確認し，不備があればすぐに手を挙げなさい。

5　答えは，すべて解答用紙に書きなさい。

6　「終了」の合図で，すぐに鉛筆（シャープペンシルを含む）をおき，解答用紙を
開いて裏返しにしなさい。

1 亮さんは，世界の国々を調べる授業で，略地図中の**A**国～**D**国と日本について，地図や資料を使って調べました。あとの問いに答えなさい。

【略地図】

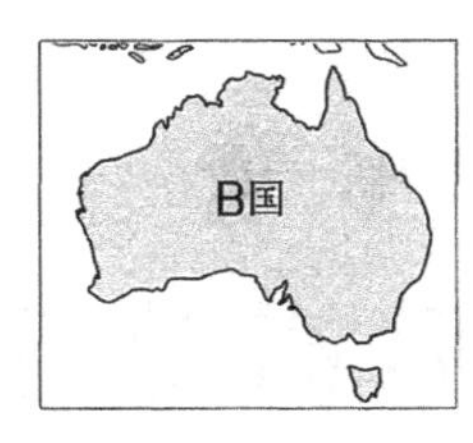

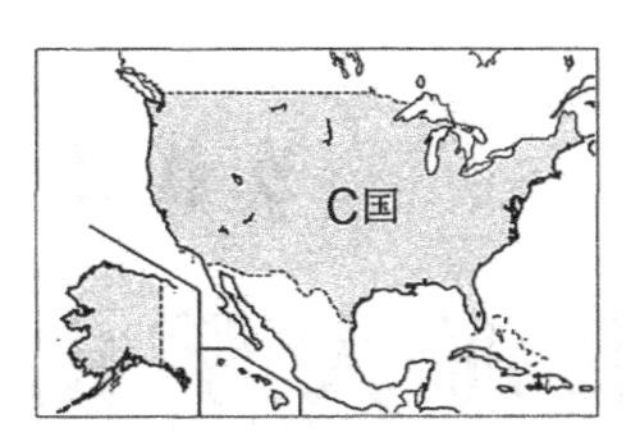

1　略地図中の**A**国～**D**国のうち，大西洋に面している国の組み合わせを，次の**ア**～**カ**から一つ選び，記号で答えなさい。

ア　**A**国と**B**国　　**イ**　**A**国と**C**国　　**ウ**　**A**国と**D**国
エ　**B**国と**C**国　　**オ**　**B**国と**D**国　　**カ**　**C**国と**D**国

2　**A**国～**D**国が属しているそれぞれの州の説明として**適切でないもの**を，次の**ア**～**エ**から一つ選び，記号で答えなさい。

ア　**A**国が属している州は，人口の増加に対して主食の生産が追いつかない国が多く，食料不足が発生している国がみられる。

イ　**B**国が属している州は，かつてヨーロッパの国々の植民地だった地域があり，建物や教会など，そのなごりがみられる。

ウ　**C**国が属している州は，アルプス＝ヒマラヤ造山帯に属する山脈がみられ，標高4000m をこえる高い山や，火山がみられる。

エ　**D**国が属している州は，世界でいちばん人口が集中しており，季節風の影響で湿潤な地域では，稲作が盛んである。

3　**A**国は，産油国で，原油は重要な輸出品となっていますが，経済的には不安定で，貧困にも苦しんでいます。そのような課題を抱える地域に対し，政府とともに，保健・医療活動や道路整備，人材の育成などの生活向上に向けての支援を行っている，利益を目的としない組織のことを何というか，**アルファベットの略称**で書きなさい。

4　亮さんは，日本と**A**国～**D**国との関係について興味を持ち，調べてみました。資料Ⅰは，日本が**A**国～**D**国から輸入しているものをまとめたものです。**ア**～**エ**は，**A**国～**D**国のいずれかです。**B**国にあてはまるものを，**ア**～**エ**から一つ選び，記号で答えなさい。

【資料Ⅰ】　(2020年)

	日本の主な輸入品と割合（%）
ア	石炭（32.7），液化天然ガス（26.8），鉄鉱石（18.8），銅鉱（4.5）
イ	機械類(22.7)，医薬品(9.7)，液化石油ガス(5.6)，液化天然ガス(5.3)
ウ	原油(91.7)，石油製品(3.7)，有機化合物(1.5)，アルミニウム(1.2)
エ	液化天然ガス(69.1)，アルミニウム(18.2)，ごま(9.7)，銅くず(2.0)

（『日本国勢図会　2023/24』などから作成）

5　亮さんは，**C**国の農業が大規模で，農産物の生産量が世界有数であり，また資料Ⅱのように，多くの農産物を輸出していることに興味をもち，**C**国の農業について調べてみました。あとの文は，亮さんが調べてまとめたことの一部です。［ X ］にあてはまる言葉を書きなさい。

【資料Ⅱ】世界の主な農産物の輸出量に占める割合

小麦	ロシア 18.8%	C国 13.2	カナダ 13.2	フランス 10.0	ウクライナ 9.1	その他 35.7
とうもろこし	C国 26.9%	アルゼンチン 19.1	ブラジル 17.9	ウクライナ 14.5	その他 21.6	
大豆	ブラジル 47.9%	C国 37.2	その他 14.9			
綿花	C国 41.4%	ブラジル 23.0	インド 10.5	その他 25.1		

【亮さんのまとめ】

C国には，気象や作付けの情報提供，農作物の種子の開発，農産物の流通から販売など，農業に関連することを専門に扱う［ X ］を行っている企業があり，その中でも穀物メジャーは主に穀物を扱う巨大企業で，世界の穀物の流通に大きな影響を与えている。

6　D国には，資料Ⅲのような日干しれんがを利用した家がみられます。その理由を，資料Ⅳを参考にして書きなさい。

【資料Ⅲ】

【資料Ⅳ】

(2020年)

	国土面積 (万 km²)	森林面積の占める割合 (%)
A国	92.4	23.9
B国	769.2	17.4
C国	983.4	33.9
D国	220.7	0.5

(二宮書店『データブック・オブ・ザ・ワールド　2023年版』から作成)

7　資料Ⅴは，亮さんがA国～D国の人口などについて調べてまとめたものです。ア～エは，A国～D国のいずれかです。C国にあてはまるものを，ア～エから一つ選び，記号で答えなさい。

【資料Ⅴ】

	人口 (千人)	人口密度 (人／km²)	人口増加率 (%)	産業別人口（%）		
				第一次	第二次	第三次
ア	35,950	16	1.6	3.2	22.9	73.9
イ	213,401	231	2.5	35.8	12.4	51.8
ウ	336,998	34	1.0	1.7	19.4	78.8
エ	44,492	5	1.3	2.8	19.2	78.0

(二宮書店『データブック・オブ・ザ・ワールド　2023年版』から作成)

2　美桜さんは，日本について学習する授業で，地方区分や各地について調べました。資料はそのときまとめたものの一部です。あとの問いに答えなさい。

【美桜さんのまとめ】

- 日本は，［ X ］大陸の東に位置し，太平洋の北西部に位置している。
- 日本の地域の特色によって，①七つの地方区分がよく用いられる。
- 日本の気候は，②六つの気候区に分けることができる。

【略地図】

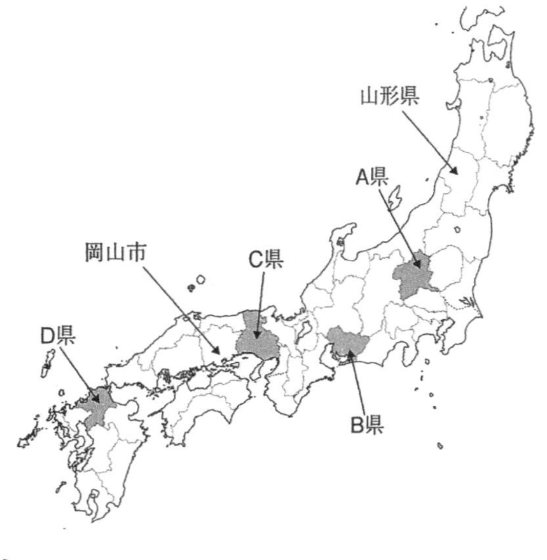

1　［ X ］にあてはまる言葉を書きなさい。

2　下線部①について，略地図中のA県～D県と地方名との組合せとして，**適切ではないもの**を，次のア～エから一つ選び，記号で答えなさい。

ア　A県＝東北地方　　イ　B県＝中部地方
ウ　C県＝近畿地方　　エ　D県＝九州地方

3　下線部②について，雨温図は，岡山市のもので，瀬戸内の気候の特色をあらわしています。次は，瀬戸内の気候の特色をまとめたものです。[Y]と[Z]にあてはまる言葉を書きなさい。

> 瀬戸内は，夏の季節風が[Y]山地に，冬の季節風が[Z]山地にさえぎられるため，一年通して温暖で，降水量の少ない気候となる。

【雨温図】

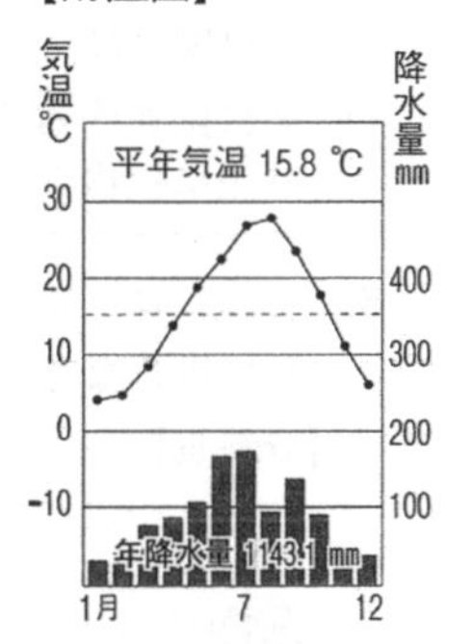

4　A県には，自動車関連工場が多く，そこでは多くの日系人も働いています。その日系人の最も多い出身国としてあてはまる国を，次の**ア**～**エ**から一つ選び，記号で答えなさい。

ア　中国　　**イ**　アメリカ　　**ウ**　ブラジル　　**エ**　フィリピン

5　資料Ⅰは，B県の半島部でみられる菊の栽培の様子で，温室の中で，電灯を照らして日照時間を延ばしています。このような栽培方法が行われている理由を，**価格**，**出荷時期**の二つの語を用いて書きなさい。

【資料Ⅰ】

6　資料Ⅱは，1995年に発生した地震によってC県でみられた被害の一部です。この被害は，地震の揺れによって水と砂を多く含む地面の表面に，一時的に水が噴き出してしまう現象によるものです。この現象を何というか，書きなさい。

【資料Ⅱ】

7　美桜さんは，近年，日本を訪れる外国人が多いことに興味をもち，調べたところ，空港によって出身国に違いがあることがわかりました。資料Ⅲは，日本の主な国際空港の国籍別入国者数の割合を表しています。**ア**～**エ**は，新千歳空港，成田国際空港，関西国際空港，D県の国際空港のいずれかです。D県の国際空港にあてはまるものを，**ア**～**エ**から一つ選び，記号で答えなさい。

【資料Ⅲ】

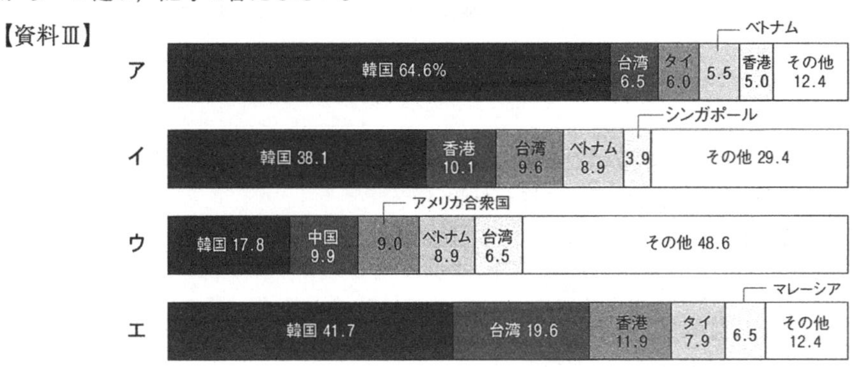

（「出入国在留管理庁資料」より作成）

8　資料Ⅳは，略地図中の山形県とA県～D県の人口などについてまとめたものです。**ア**～**エ**は，A県～D県のいずれかです。B県にあてはまるものを，**ア**～**エ**から一つ選び，記号で答えなさい。

【資料Ⅳ】

	人　口 （万人）	県庁所在地の人口 （万人）	昼間人口比率 （%）	65歳以上人口割合 （%）
ア	538	151.7	95.3	29.1
イ	503	156.8	100.0	28.1
ウ	188	33.3	100.0	31.0
エ	727	229.3	101.3	25.9
山形県	105	24.2	99.7	34.3

（『データでみる県勢　2023年版』などから作成）

3 雄太さんは，さまざまな時代のわが国の政治の歴史の展開や社会の様子について調べ，表にまとめました。あとの問いに答えなさい。

【表】

	時　期	ま　と　め
A	5世紀	戦乱の多い中国や朝鮮半島から倭国に移住してきた人たちを［X］と呼び，土器や鉄器，漢字など，生活に役立つ技術を伝えた。
B	8世紀	都が平城京に移され，様々な税制度が整備された。租・調・庸に加え，兵役や労役は農民への負担が重く，年齢をいつわることや，逃亡する家族も出てきた。
C	16世紀	尾張の小さな戦国大名であった織田信長は，敵対する勢力を破り，全国統一をおし進め，安土城を拠点にし，次々と政策をうち出した。
D	18世紀	江戸幕府の財政は，金銀の産出量の減少や，災害などによって悪化した。8代将軍となった徳川吉宗は，質素倹約をかかげ，財政の立て直しに取り組んだ。

1　Aについて，次の問いに答えなさい。

(1)　下線部について，西暦で表すと何年から何年までか，書きなさい。

(2)　［X］にあてはまる，移住してきた人たちを何というか，次のア～エから一つ選び，記号で答えなさい。

ア　南蛮人　　イ　渡来人　　ウ　蝦夷　　エ　遣隋使

2　Bの下線部ついて，資料は，農民が課せられた兵役の厳しさを詠んだ，防人の歌です。防人の仕事はどんな内容か，書きなさい。

【資料】

唐衣(からころも)　裾(すそ)に取りつき　泣く子らを
置(お)きてぞ来(き)ぬや　母(おも)なしにして

3　Cについて，次の問いに答えなさい。

(1)　次のア～エの文化財は，それぞれ，鎌倉文化，室町文化，桃山文化，元禄文化のいずれかの文化の時期につくられたものです。ア～エのうち，16世紀につくられた文化財を一つ選び，記号で答えなさい。

ア

イ

ウ

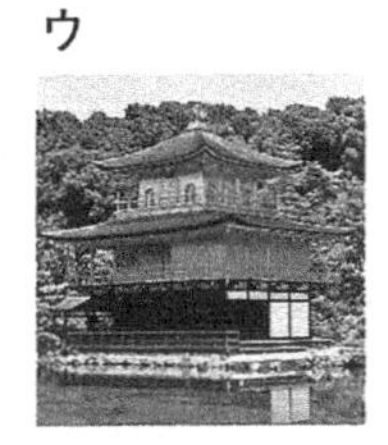

エ

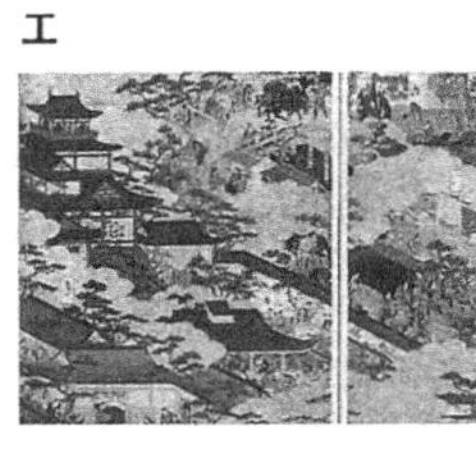

(2)　下線部について，織田信長がうち出した，座の廃止と市場での税を免除し，商工業を活発にさせた政策を何というか，書きなさい。

4　Dについて，次の問いに答えなさい。

(1)　下線部について，徳川吉宗の政治改革を何というか，書きなさい。

(2)　18世紀のできごととして，適切なものを，次のア～エから一つ選び，記号で答えなさい。

ア　公事方御定書が制定される　　イ　徳政令を要求した正長の土一揆がおこる

ウ　参勤交代が制度化される　　エ　関ヶ原の戦いがおこる

4 次の略年表や資料は，近現代のわが国の動きについて調べ，まとめたものです。あとの問いに答えなさい。

【略年表】

年	で　き　ご　と
1868……	五箇条の御誓文が発布される
1874 A	［ X ］らが民撰議院設立建白書を政府に提出する
1885……	内閣制度ができる
1890	第一回帝国議会がひらかれる……………………………①
1912	桂太郎内閣が成立する……………………………………②
1931……	満州事変がおこる…………………………………………③
B	
1970……	大阪で日本万博が開催される
1989……	消費税３％が導入される…………………………………④

（A：1868～1885の期間，B：1931～1970の期間）

1　略年表中の［ X ］には，民撰議院設立建白書を提出した人物の一人であり，武力ではなく，言論によって政府を批判した人物名が入ります。この人物はだれか，次の**ア**～**エ**から一つ選び，記号で答えなさい。

ア　中江兆民　　**イ**　大久保利通　　**ウ**　板垣退助　　**エ**　福沢諭吉

2　略年表中の**A**の時期に，わが国でおこったできごとを，次の**ア**～**エ**から一つ選び，記号で答えなさい。

ア　岩倉使節団が出発する　　**イ**　領事裁判権の廃止に成功する

ウ　大日本帝国憲法が発布される　　**エ**　八幡製鉄所が操業を開始する

3　略年表中の①に関連して，次の文は，帝国議会についてまとめたものの一部です。適切なまとめになるように，［ Y ］にあてはまる語句を書きなさい。

> 帝国議会は，貴族院と［ Y ］の二院制がとられていた。当時の有権者は，裕福な地主や都市に住む人々に限られていた。それでも，1890年に行われた第１回［ Y ］総選挙では，自由民権運動の流れをくむ政党である民党が多くの議席を獲得した。

4　略年表中の②について，桂太郎内閣が，陸軍や藩閥に支持されて成立した状況に対して，憲法の精神にもとづく政治を守り，民衆の考えを反映していくための運動を何というか，**漢字４字**で書きなさい。

5　略年表中の③について，資料は，満州でおきたある事件について調べているリットン調査団です。この事件には，日本の軍隊が大きく関わりました。日本の軍隊が何をしたのか，資料に描かれているものを参考にして書きなさい。

【資料】

6　次の**ア**～**エ**は，略年表中の**B**の時期のできごとです。**ア**～**エ**を，おこった年の古い順に並べ替え，記号で答えなさい。

ア　サンフランシスコ平和条約が結ばれる　　**イ**　国家総動員法を定める

ウ　日本国憲法が発布される　　**エ**　東京オリンピックが開かれる

7　略年表中の④と同じ年に，ドイツでは「ベルリンの壁」が崩壊しました。「ベルリンの壁」は，資本主義諸国と社会主義諸国との対立の象徴でしたが，この対立を何というか，書きなさい。

5 信広さんは，地方自治と政治参加について文章でまとめました。下の文章は，そのときまとめたものの一部です。あとの問いに答えなさい。

> 地方自治とは，住民の意志で自分たちの住んでいる地域の政治に取り組むということである。このため，地方自治は「 X の学校」と呼ばれている。ⓐ地方公共団体は，地域住民の生活に結びついたさまざまな仕事をしており，住民には，ⓑ直接請求権が保障されている。また，さまざまなⓒ政治参加の方法がある。

1 X について，あてはまる言葉を書きなさい。

2 下線部ⓐについて，地方公共団体独自の法のことを何というか，**漢字2字**で書きなさい。

3 下線部ⓑについて，次の問いに答えなさい。

(1) 資料Ⅰは，直接請求権についてまとめたものです。 ① ～ ② にあてはまる言葉の組み合わせとして適切なものを，あとの**ア**～**エ**から一つ選び，記号で答えなさい。

【資料Ⅰ】

請求の種類	必要な署名数	請求先
監査請求	有権者の ① 以上	監査委員
議会の解散	有権者の ② 以上	選挙管理委員会
③首長・議員の解職	有権者の３分の１以上	選挙管理委員会

ア ① ３分の１ ② 50分の１
イ ① 50分の１ ② ３分の１
ウ ① ３分の２ ② 20分の１
エ ① 20分の１ ② ３分の２

(2) 資料Ⅰの下線部③について，このことを何というか，**カタカナ**で書きなさい。

4 下線部ⓒについて，資料Ⅱを見て，次の問いに答えなさい。

(1) 資料Ⅱのような得票数に応じて政党の議席数を決める選挙制度を何というか，書きなさい。

(2) 資料Ⅱの選挙制度の長所を，**小選挙区制**という語を用いて，書きなさい。

【資料Ⅱ】

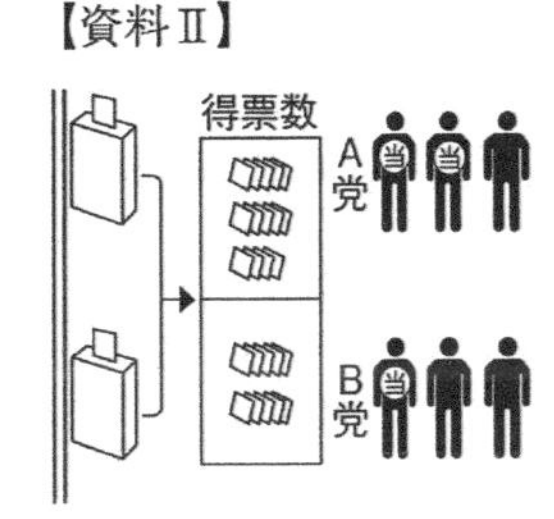

6 みち子さんは先生から公民の課題研究テーマを次のように提示されました。テーマカードを見て，あとの問いに答えなさい。

テーマカード

A	B	C	D
消費者の権利を守るために	私たちの生活と財政	グローバル経済と為替相場	景気と金融政策

1　Aについて，消費者を保護する仕組みとして訪問販売や電話勧誘などで商品を購入した場合に，購入後８日以内であれば，消費者側から無条件で契約を解除できる制度を何というか，書きなさい。

2　Bについて，相続税は次の表のどこにあてはまるか，**ア**～**エ**から一つ選び，記号で答えなさい。

	直接税	間接税
国　税	**ア**	**イ**
道府県税	**ウ**	**エ**

3　Cについて，次の問いに答えなさい。

(1)　海外旅行をする場合に為替レートによって影響を受ける場合があります。図Ⅰの**a**～**d**にあてはまる語の組み合わせとして適切なものを，次の**ア**～**エ**から一つ選び，記号で答えなさい。

ア　a　1,400　　b　95,000　　c　800　　d　142,000
イ　a　1,600　　b　97,000　　c　900　　d　143,000
ウ　a　1,500　　b　96,000　　c　1,000　　d　144,000
エ　a　1,800　　b　98,000　　c　1,100　　d　146,000

【図Ⅰ】

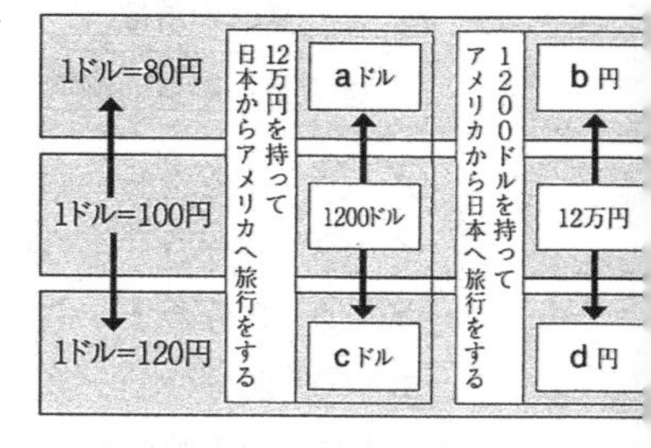

(2)　１ドル＝100円が１ドル＝80円になったことを何というか，書きなさい。

4　Dについて，次の文は，日本銀行の金融政策について述べたものです。空欄［　e　］，［　f　］，［　g　］にあてはまる語の組み合わせとして適切なものを，あとの**ア**～**エ**から一つ選び，記号で答えなさい。

> 不景気のとき，日本銀行は，一般の銀行から［　e　］などを買い取り，代金を支払います。一般の銀行は貸し出せるお金が［　f　］，積極的に貸し出そうと，貸し出すときの金利を［　g　］ます。すると企業はお金を借りやすくなり，生産が活発になって，景気は回復します。

ア　e　株式　　f　減り　　c　上げ
イ　e　株式　　f　増え　　c　下げ
ウ　e　国債　　f　増え　　c　下げ
エ　e　国債　　f　減り　　c　上げ

2024年度
東海大学山形高等学校
一般入学試験Ⅱ問題

理　　科

（　12：40　～　13：30　）

注　　意

1　「開始」の合図があるまで，開いてはいけません。

2　問題用紙は，９ページまであります。

3　解答用紙は，問題用紙の中にはさんであります。

4　「開始」の合図があったら，まず，解答用紙を取り出し，受験番号を書きなさい。
次に，問題用紙のページ数を確認し，不備があればすぐに手を挙げなさい。

5　答えは，すべて解答用紙に書きなさい。

6　「終了」の合図で，すぐに鉛筆（シャープペンシルを含む）をおき，解答用紙を
開いて裏返しにしなさい。

1

優花さんは，ある週末に近くの公園で身近な植物を観察した。観察した植物の特徴をノートに書き，スケッチした。次は，優花さんが公園で観察した植物のスケッチと，優花さんと妹の春佳さんの対話である。あとの問いに答えなさい。

図

優花：今日，公園でたくさんの植物を観察してきたわ。この植物を仲間分けするとどんな分け方ができるかな？

春佳：黄色か，そうじゃないか。

優花：黄色？あ！花のことね。［ a ］は花をつけない植物なのよ。

春佳：植物って，花が咲いて種ができるんじゃないの？

優花：花が咲いて種ができる植物の仲間は［ b ］といって，そうじゃない植物もあるんだよ。

春佳：じゃあ，花を咲かせない［ a ］はどうやって仲間を増やすの？

優花：［ c ］で増えるんだけど，春佳ちゃん，ツクシってわかるでしょ？
ツクシは［ a ］の［ c ］をつくる部分なのよ。

春佳：ツクシって［ a ］なのね。田舎のおばあちゃんのところで食べたのはツクシよね。

優花：仲間の増やし方でいえば，［ a ］とワラビは同じ仲間になるんだよ。

1　二人の対話について，［ a ］～［ c ］にあてはまる語の組み合わせとして適切なものはどれか，次の**ア**～**エ**から一つ選び，記号で答えなさい。

ア　a　スギナ　　b　種子植物　　c　胞子
イ　a　スギナ　　b　裸子植物　　c　種子
ウ　a　アブラナ　b　被子植物　　c　果実
エ　a　タンポポ　b　種子植物　　c　綿毛

2　ルーペで観察するとき，動かせない対象物にピントを合わせるにはどうすればよいか，書きなさい。

3　別の日に優花さんは，自宅近くの池の水を採取して，プレパラートを作成し，顕微鏡で観察した。次の①～⑤は，顕微鏡の操作である。あとの問いに答えなさい。

①　[x]見ながら，プレパラートと対物レンズをできるだけ[y]る。

②　反射鏡を調節し，視野全体が明るくなるようにする。

③　接眼レンズをのぞいて，プレパラートと対物レンズを[z]るように調節ねじを動かし，ピントを合わせる。

④　対物レンズをいちばん低倍率のものにする。

⑤　ステージにプレパラートを設置する。

(1)　[x]～[z]にあてはまる語の組み合わせとして適切なものはどれか，次の**ア**～**エ**から一つ選び，記号で答えなさい。

ア　x　横から　　y　遠ざけ　　z　近づけ

イ　x　接眼レンズを　　y　近づけ　　z　遠ざけ

ウ　x　横から　　y　近づけ　　z　遠ざけ

エ　x　接眼レンズを　　y　遠ざけ　　z　近づけ

(2)　①～⑤を観察の手順に合わせて，正しい順に並べなさい。

4　顕微鏡でタマネギの表皮細胞を観察した。対物レンズを低倍率のものから高倍率のものにかえたとき，視野の中に見える細胞の数はどうなるか，書きなさい。

2 彩香さんは，科学博物館で見た人体模型に興味をもち，教科書で血液とそのはたらきについて復習した。表は，ヒトの血液の主な成分についてまとめたものである。あとの問いに答えなさい。

表

成分	形	はたらき
赤血球	中央がくぼんだ円盤形	酸素を運ぶ
白血球	球形のものが多い 状況により変形するものがある	体内に侵入した異物を分解する
血小板	赤血球や白血球より小さく不規則な形	出血した血液を固める
血しょう	液体	養分や不要な物質を運ぶ

1 心臓から送り出された血液は，全身をめぐり心臓に戻ってくるルートと肺をまわり心臓に戻ってくるルートがある。全身をめぐる循環を何というか，書きなさい。

2 心臓から肺に向けて血液を送り出すのは，心臓の何という部屋か，書きなさい。

3 次の［ a ］・［ b ］にあてはまる語の組み合わせとして適切なものはどれか，次の**ア**～**エ**から一つ選び，記号で答えなさい

> 肺に送られた血液は，肺胞内に［ a ］を出して［ b ］を受け取っている。

ア a フロン　b 酸素
イ a 酸素　b 二酸化炭素
ウ a 二酸化炭素　b フロン
エ a 二酸化炭素　b 酸素

4 次は，血液から組織にしみだした細胞間を満たす液体の中で行われる物質のやりとりを示している。あとの問いに答えなさい。

> 赤血球が運んできた［ x ］は，組織の細胞にわたされる。細胞からは，［ y ］が血液中の［ z ］に溶けて回収される。また，小腸などで吸収された養分は，［ x ］と同じように細胞へ届けられ，不要物は［ z ］へ回収される。

(1) ［ x ］～［ z ］にあてはまる語の組み合わせとして適切なものはどれか，次の**ア**～**エ**から一つ選び，記号で答えなさい。

ア x 酸素　y 二酸化炭素　z 白血球
イ x 二酸化炭素　y 無機塩類　z 赤血球
ウ x 酸素　y 二酸化炭素　z 血しょう
エ x 無機塩類　y 二酸化炭素　z 血しょう

(2) 不要物として考えられるものは何か，書きなさい。

5 表の白血球のはたらきにある体内に侵入した異物として考えられるものは何か，書きなさい。

3 春香さんは，自身が暮らしている山形県には，今後どのような地震による被害が想定されるのか疑問をもち，山形県のホームページを調べた。さらに，地震についてもまとめた。あとの問いに答えなさい。

1　地球の表面は，プレートとよばれる厚さ100kmほどの岩盤でおおわれている。日本列島付近には，４つのプレートが集まっている。日本付近のプレートの境とプレートの動きを表した模式図として適切なものはどれか，次の**ア**～**エ**から一つ選び，記号で答えなさい。

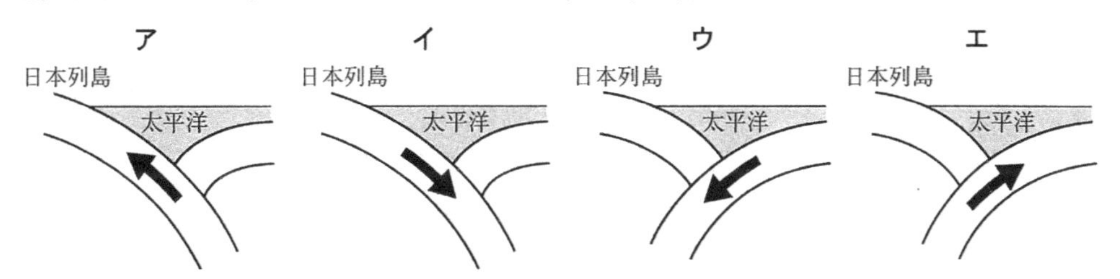

2　今後，発生するといわれている南海トラフにおける地震が最大クラスの地震の場合，山形県内の最大震度は，一部地域では震度７になると予想されている。震度７のゆれの大きさを表しているものはどれか，次の**ア**～**エ**から一つ選び，記号で答えなさい。

ア　立っていることができず，はわないと動くことができない。固定していない家具のほとんどが移動したりたおれたりし，飛ぶこともある。

イ　大半の人が，ものにつかまらないと歩くことが難しいなど，行動に支障を感じる。固定していない家具がたおれることもある。

ウ　大半の人が，恐怖を覚え，ものにつかまりたいと感じる。固定していない家具が移動したりすることがあり，不安定なものはたおれることがある。

エ　屋内にいる人のほとんどがゆれを感じる。ねむっている人の大半は目を覚ます。

3　２のゆれ以外に，庄内平野の広い範囲で，液状化現象の発生も予測されている。液状化現象とはどのような現象か，簡潔に書きなさい。

4　プレートが関係する地震のほかに，内陸型地震がある。次は，内陸型地震について述べたものである。［ a ］・［ b ］にあてはまる語をそれぞれ書きなさい。

> 地下の浅いところで大地震が起こり，大地がずれると，地表に［ a ］が残る。この［ a ］は，その後も繰り返しずれが生じることが多く，再度ずれる可能性のあるものを［ b ］と呼ぶ。［ b ］のずれによって起こる地震を内陸型地震という。

4 和樹さんは，札幌，山形，那覇の３地点における夏至の日の太陽の南中時刻，南中高度を国立天文台のホームページで調べ，表にまとめた。あとの問いに答えなさい。

表

地点	南中時刻	南中高度
札幌	11時34分	70.4°
山形	11時40分	75.2°
那覇	12時31分	87.2°

1　３地点で，太陽の南中時刻が異なっているのは地球のある運動が原因である。地球のこの運動を何というか，書きなさい。

2　図は，山形で観測される日の出から日の入りまでの太陽の通り道を模式的に示したものである。夏至の日の南中高度を表すものを，次の例を参考に答えなさい。（例∠ ABC）

図

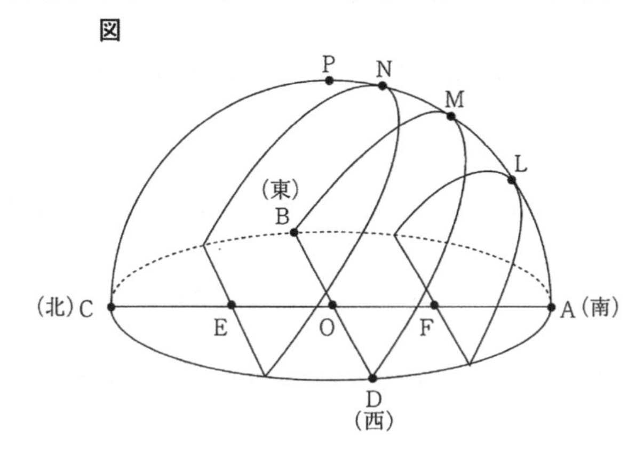

3　夏至の日の明け方に，西の空で観測される星座は何か，次の**ア**～**エ**から一つ選び，記号で答えなさい。

ア　しし座　　**イ**　さそり座　　**ウ**　おうし座　　**エ**　みずがめ座

4　地球の地軸は，公転面に対して垂直な方向から23.4°傾いている。山形の緯度は北緯何度になるか，求めなさい。

5　３地点における夏至の日の昼の長さの関係を表すものはどれか，次の**ア**～**エ**から一つ選び，記号で答えなさい。

ア　札幌＞山形＞那覇　　**イ**　札幌＞那覇＞山形　　**ウ**　山形＞札幌＞那覇

エ　那覇＞山形＞札幌

5 佳さんは，炭酸水素ナトリウムを加熱する実験を行った。あとの問いに答えなさい。

【実験】

① 炭酸水素ナトリウムの粉末を試験管に入れる。
② 試験管をスタンドに取りつけ，ガスバーナーで熱する。
③ 発生した気体を石灰水に通す。

図

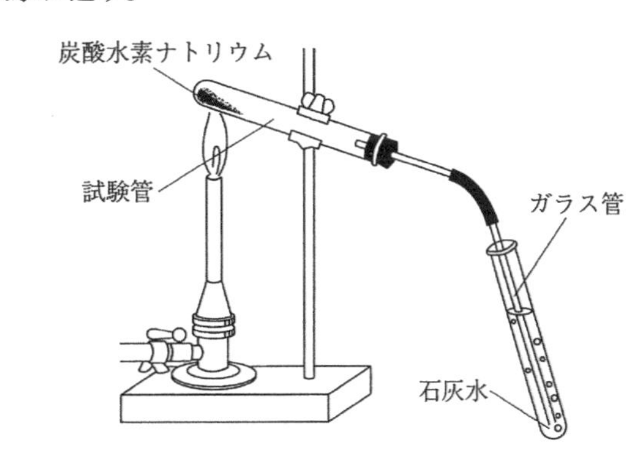

1 試験管をスタンドに取りつける際は，図のように試験管の口を下に向けて取りつけなければならない。その理由を簡潔に書きなさい。

2 発生した気体を石灰水に通すと，石灰水はどうなるか，書きなさい。また，そのようになった原因となる気体は何か，化学式で書きなさい。

3 加熱した試験管からゴム栓をはずし，試験管の口に付着した液体に，青色の塩化コバルト紙をつけると何色に変化するか，書きなさい。

4 次は，この実験の反応を表した式である。［　　　］にあてはまる物質の名称は何か，書きなさい。

炭酸水素ナトリウム → 炭酸ナトリウム ＋ ［　　　］ ＋ 二酸化炭素

6 桃子さんは，化学変化を利用して電流を取り出す実験を行った。図は実験の様子を模式的に示したものである。あとの問いに答えなさい。

【実験】

① うすい塩酸に亜鉛板と銅板を入れる。

② プロペラをつけたモーターに接続する。

図

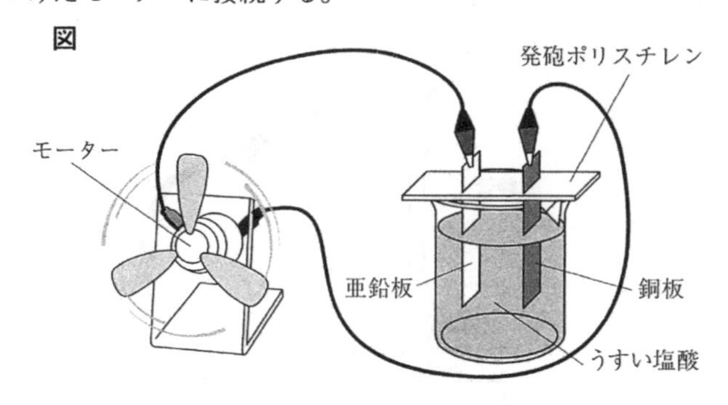

1 図の装置では，化学変化を利用して，化学エネルギーを何エネルギーに変換しているか，書きなさい。

2 図のように化学変化を利用して電流を取り出す装置を何というか，書きなさい。

3 次は，図の装置に電流が流れる仕組みを説明したものである。［ a ］・［ b ］にあてはまる語の組み合わせとして適切なものはどれか，次の**ア**～**エ**から一つ選び，記号で答えなさい。

> うすい塩酸の中で，亜鉛板は［ a ］イオンになって溶け出す。この時，電極に残された［ b ］は，導線を通ってもう一方の金属板に移動する。

ア a陽 b陽子　**イ** a陽 b電子　**ウ** a陰 b陽子　**エ** a陰 b電子

4 うすい塩酸の代わりに，別の物質を使う場合，モーターが回転するものはどれか，次の**ア**～**エ**から一つ選び，記号で答えなさい。

ア 食塩水　**イ** 砂糖水　**ウ** エタノール　**エ** 蒸留水

5 実験で作ったものは充電ができない。これに対して，充電してくり返し使えるものを何というか，書きなさい。

7 友菜さんと美優さんは，グラウンドで和也さんの100m走のタイムを計測した。スタートラインの真横でスターターの友菜さんがピストルを鳴らし，ゴールラインの真横で計測者の美優さんがストップウォッチでタイムをはかった。次は，友菜さんと美優さんの対話である。あとの問いに答えなさい。ただし，音の伝わる速さは340m/sとし，風の影響を受けないものとする。

美優：すごいね。和也さんのタイムは13.50秒だったよ。
友菜：美優さんは，ストップウォッチのボタンをいつ押したの？
美優：ピストルの音を聞いたと同時にボタンを押して，ゴールした瞬間にボタンを押してストップさせたよ。
友菜：その方法だと，和也さんがスタートしてからゴールするまでに実際にかかった時間を正しく測定できないよ。

図

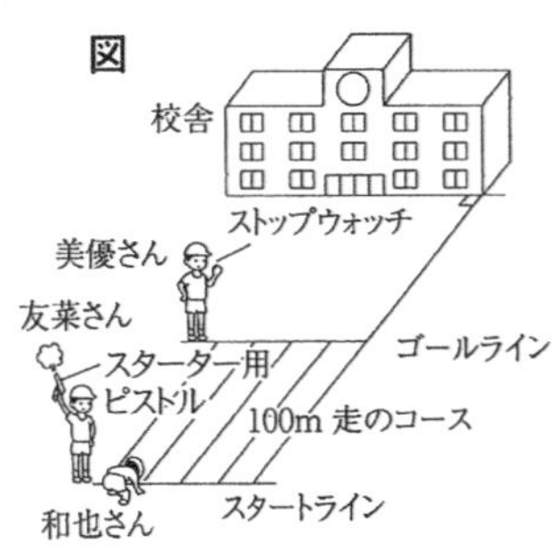

1　ピストルのように，音を発しているものを何というか，書きなさい。

2　音の大きさは何に由来しているか，書きなさい。

3　友菜さんがピストルを鳴らしたところ，1秒後にピストルの音が校舎に反射して返ってきた。ピストルを鳴らした地点から校舎までの距離は何mか，求めなさい。

4　友菜さんが鳴らしたピストルの音を美優さんが最初に聞いたのは，友菜さんがピストルを鳴らしてから何秒後か。答えは，小数第3位を四捨五入して小数第2位まで求めなさい。

5　対話中の下線部について，正しく測定できなかった理由は何か，簡潔に書きなさい。

8 台車と記録タイマーを用いて，次の実験を行った。あとの問いに答えなさい。ただし，a→b 間，c→d 間は摩擦はないものとする。

【実験1】

図1のように，なめらかな水平面で台車を手で押して，その運動を1秒間に50打点を打つことができる記録タイマーを用いて調べた。台車が点aの位置に来たときに手をはなした。

図1

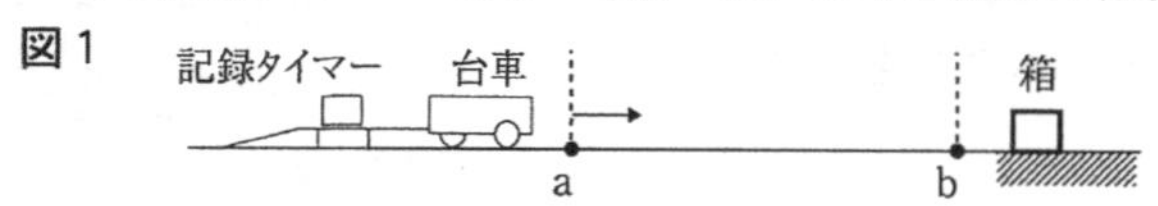

［結果1］

台車は，まっすぐ進んで点bを通過したのち，摩擦のある水平面に置かれた箱に衝突して止まった。図2は，台車から手をはなしてから0.5秒間の台車の運動を記録したテープを，0.1秒ごとに切り離して左から順にならべたものである。テープの上の数値はテープの長さ〔cm〕を表している。

図2

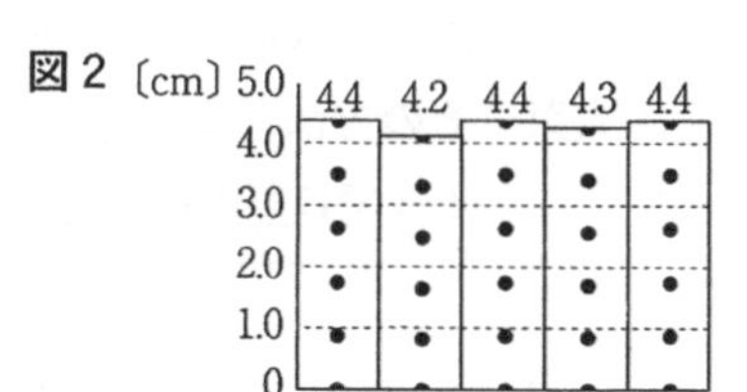

【実験2】

図3のように，なめらかな斜面とそれに続くなめらかな水平面がある。斜面上の点cに台車を静止させ，静かに手をはなした。

［結果2］

台車は斜面に沿って下向きに走りはじめ，水平面上の点dを通過していった。

図3

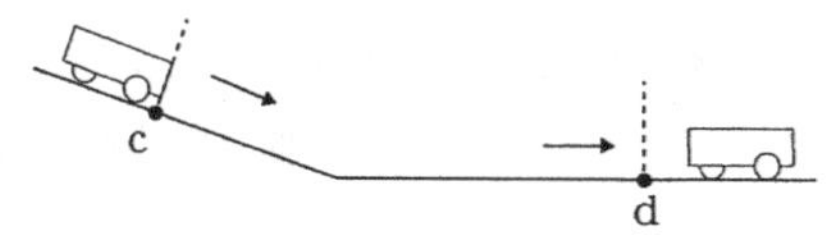

1　実験1において，台車から手をはなしてからの時間と，台車の移動距離との関係を表すグラフを解答欄に書きなさい。

2　実験1のような台車の運動を何というか，書きなさい。

3　実験1において，台車から手をはなしてから0.5秒間の平均の速さは何 cm/s か，求めなさい。

4　実験1において，台車が箱に衝突したとき箱が少し動いた。これは，台車のもっていたエネルギーによるものである。このエネルギーについて述べた文として最も適切なものはどれか，次の**ア**～**エ**から一つ選び，記号で答えなさい。

ア　このエネルギーを位置エネルギーといい，物体の速さには関係ない。
イ　このエネルギーを位置エネルギーといい，物体の速さが速いほど大きい。
ウ　このエネルギーを運動エネルギーといい，物体の速さには関係ない。
エ　このエネルギーを運動エネルギーといい，物体の速さが速いほど大きい。

5　実験2において，台車が点cから点dまで移動したときの時間と速さの関係を表したグラフとして最も適切なものはどれか，次の**ア**～**エ**から一つ選び，記号で答えなさい。

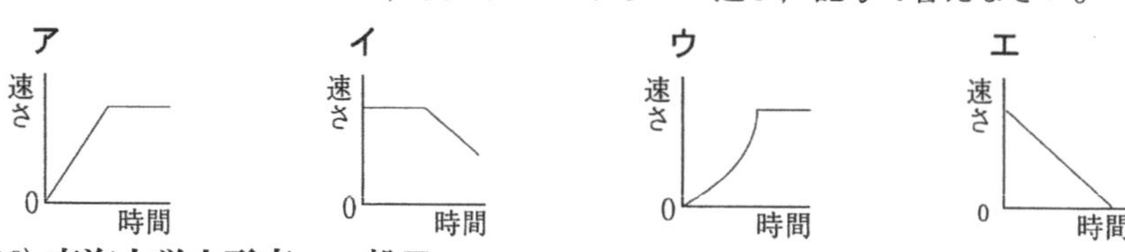

2024年度
東海大学山形高等学校
一般入学試験Ⅱ問題

英　語

（　13：45　～　14：35　）

注　　意

1　「開始」の合図があるまで，開いてはいけません。

2　最初に，放送によるテストがあります。

3　問題用紙は，７ページまであります。

4　解答用紙は，問題用紙の中にはさんであります。

5　「開始」の合図があったら，まず，解答用紙を取り出し，受験番号を書きなさい。
　次に，問題用紙のページ数を確認し，不備があればすぐに手を挙げなさい。

6　答えは，すべて解答用紙に書きなさい。

7　「終了」の合図で，すぐに鉛筆（シャープペンシルを含む）をおき，解答用紙を
　開いて裏返しにしなさい。

1　これはリスニングテストです。放送の指示に従って答えなさい。

※音声は収録しておりません

1

No. 1

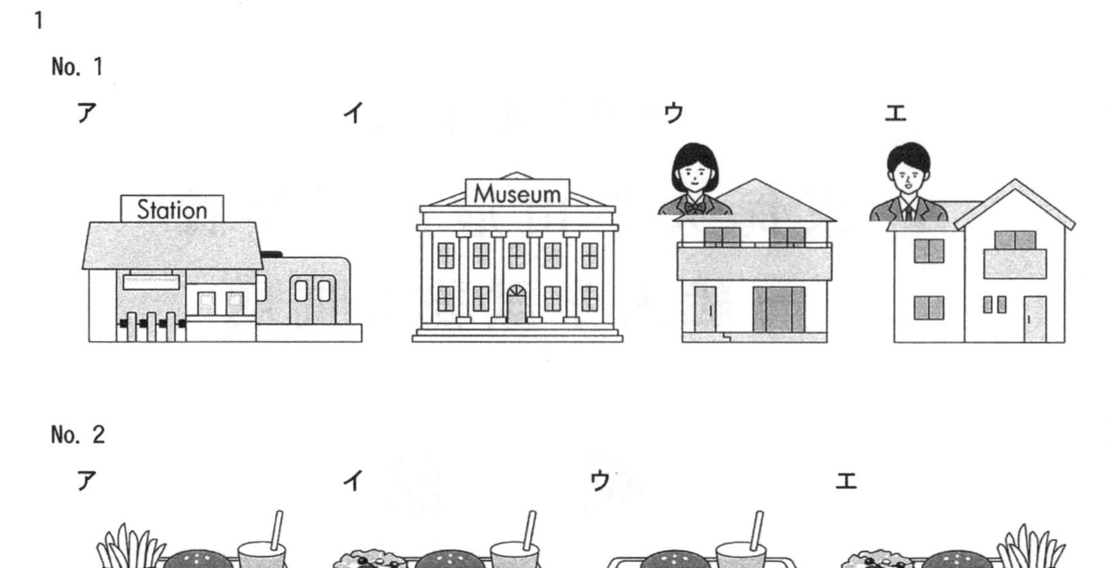

No. 2

ア　　イ　　ウ　　エ

2　放送の指示に従って答えなさい。

〈亜紀(あき)さんのメモ〉

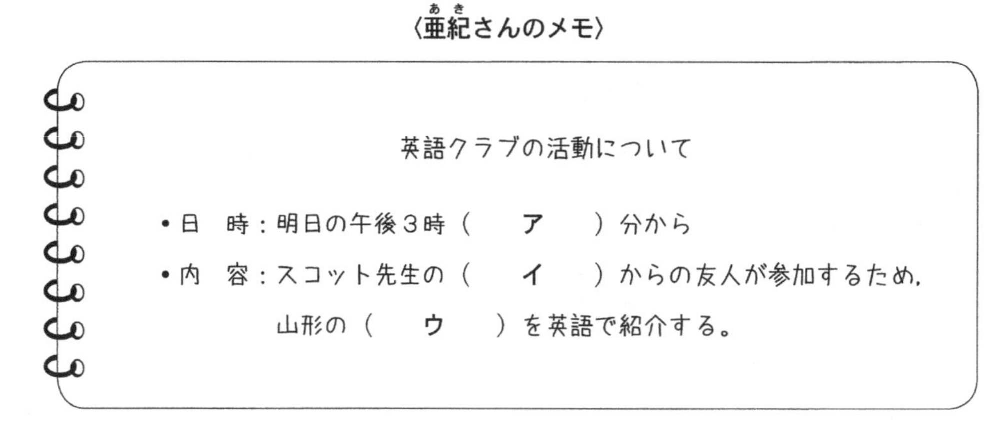

英語クラブの活動について

・日　時：明日の午後３時（　ア　）分から

・内　容：スコット先生の（　イ　）からの友人が参加するため，
　　　　山形の（　ウ　）を英語で紹介する。

3

No. 1
ア For one day.
イ For two days.
ウ For six days.
エ For seven days.

No. 2
ア Because she was able to visit the garden with Lucy.
イ Because she got a flower as a present from her husband sixty years ago.
ウ Because Lucy found the flower in the garden.
エ Because Lucy visited her to introduce the flower in Japan.

4 放送の指示に従って答えなさい。答えは，解答用紙に書きなさい。

（メモ用）

（　　）のところの英語を聞き取り，書きなさい。

Suzan : Why don't we go to the library and study math for the test?

Fred : Sorry, but I can't.（　　　　　　　　　　　　　　　　　　　）.

2 次の問いに答えなさい。

1　次の対話文の（　　　）の中に最も適する英語を，それぞれ１語ずつ書きなさい。

⑴ *Akira :* Look at this picture. This is Daisuke, my best friend.
Lucy : How（　　　）have you known him?
Akira : For six years. He is very kind.

⑵ *Peter :* What are you eating? It looks very delicious!
Shinji : Oh, this is Onigiri. It's（　　　）of rice.

⑶ *Sakura :* I have been sick since yesterday. I have a headache, too.
Kevin : That's too bad. You should go to see a（　　　）.

2　次の対話文の（　　　）の中に最も適するものを，あとの**ア**～**エ**からそれぞれ一つずつ選び，記号で答えなさい。

⑴ *A traveler :* Excuse me. Could you tell me how to get to Tokyo Sky Tree?
Keiko : Take the Ginza Line to Asakusa, and change trains there.
A traveler :（　　　　　　　　　　　　）
Keiko : Three stops.

ア　How many people are there?
イ　How many stops are there from here?
ウ　How long does it take from here?
エ　How often do you go there?

⑵ *Meg :* Hello, Mrs. Tanaka. This is Meg. May I speak to Erika, please?
Mrs. Tanaka : I'm sorry, she is out. Do you want her to call you back?
Meg : No, it's OK.（　　　　　　　　　　　　）
Mrs. Tanaka : Sure.

ア　But can I try it?
イ　But can I eat something?
ウ　But can I open the window?
エ　But can I leave a message?

3　次の対話文の下線部について，あとの**ア**～**カ**の語句を並べかえて正しい英文を完成させ，（ X ），（ Y ），（ Z ）にあてはまる語句を，それぞれ記号で書きなさい。ただし，文頭の語も小文字にしてある。

⑴ *Cathy :* I am going back to Canada this spring to see my family.
Jun : That's good. （　　）（ X ）（　　）（ Y ）（　　）（ Z ） home town?

ア　language　**イ**　in　**ウ**　what　**エ**　spoken　**オ**　is　**カ**　your

⑵ *Eri :* Do you （　　）（ X ）（　　）（ Y ）（　　）（ Z ）?
Bob : Thank you. You are very kind.

ア　that　**イ**　me　**ウ**　to　**エ**　want　**オ**　open　**カ**　door

Scot : I'm going to go to my English Club tomorrow. Some of my friends from Australia will come and join it. Let's have fun with them.

Aki : I'm excited! What time will we start? And what do we have to prepare?

Scot : I think we can start at three fifty after school. I want you to introduce a famous place in Yamagata in English.

Aki : OK. I'm looking forward to it.　　（間10秒）

くりかえします。（間３秒）

これで，**2**の問題を終わり，**3**の問題に移ります。問題用紙２ページの**3**を見て下さい。（間２秒）

これから，留学生のルーシー（Lucy）が夏休みの出来事について話をします。そのあと，クエスチョンズと言って二つの質問をします。それぞれの質問の答えとして最も適切なものを，**ア**，**イ**，**ウ**，**エ**の中から一つずつ選び，記号で答えなさい。英文は２回読みます。（間２秒）

では，始めます。（間２秒）

This summer, I visited my grandmother in Canada. I stayed at her house for a week. On the second day, my grandmother took me to a very beautiful garden. It was full of various flowers I saw for the first time. My grandmother showed me one of them and said it was a good memory with her husband, my grandfather. He gave her the flowers as a present when they got married sixty years ago. My grandmother still remembers it. She looked so happy when she was talking about it.（間２秒）

Questions : No. 1　How long did Lucy stay in Canada?　　（間８秒）

No. 2　Why did Lucy's grandmother have a good memory with the flower?　　（間８秒）

くりかえします。（間２秒）

これで，**3**の問題を終わり，**4**の問題に移ります。問題用紙２ページの**4**を見て下さい。（間２秒）

これから英語による対話文を２回読みます。（　　　）のところの英文を聞き取り，書きなさい。（間２秒）

では，始めます。（間２秒）

Suzan : Why don't we go to the library and study math for the test?

Fred : Sorry, but I can't. I have to go home early today.　　（間15秒）

くりかえします。（間２秒）

これで，リスニングテストを終わります。次の問題に移ってください。

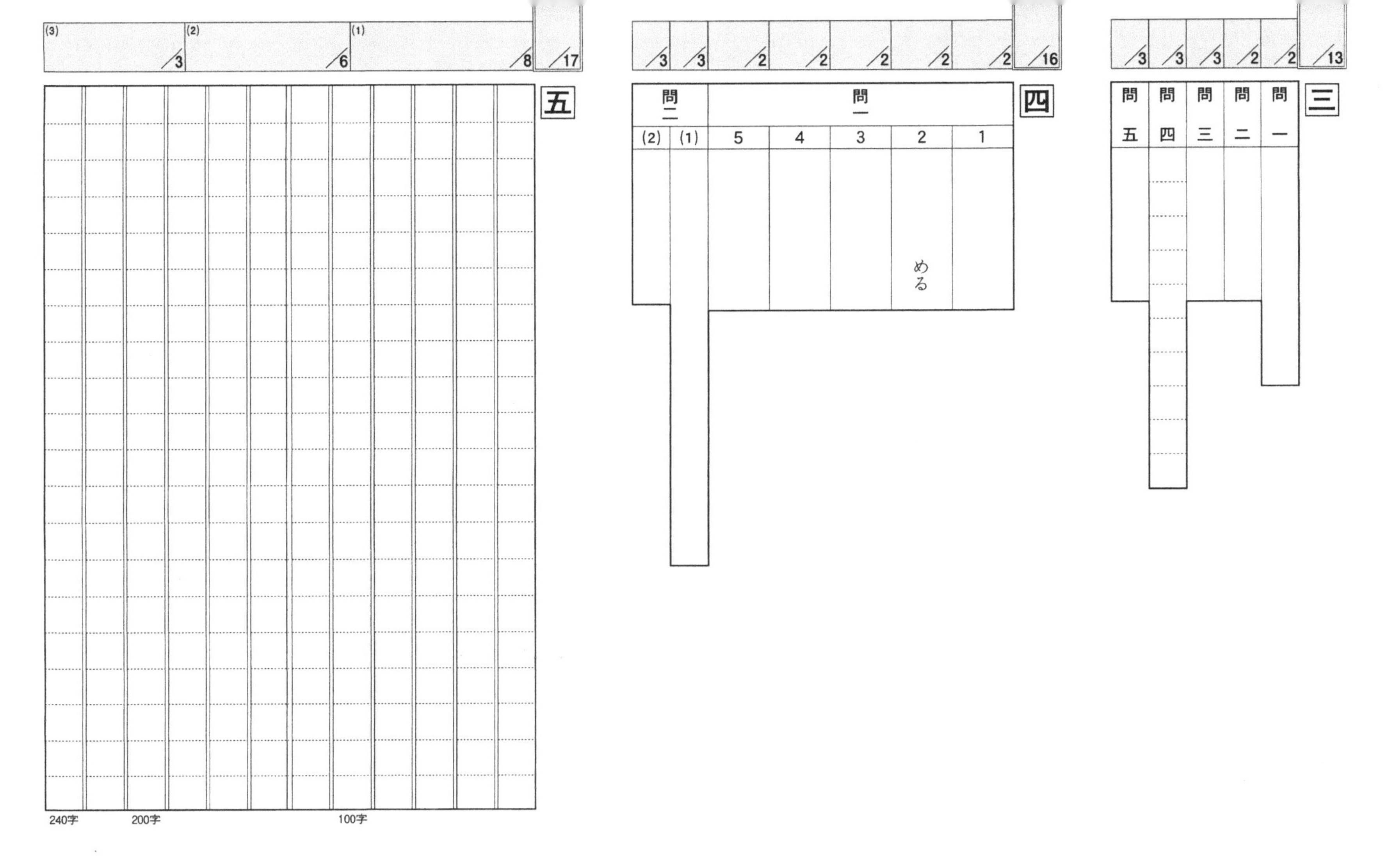

五
(1) ／8
(2) ／6
(3) ／3
／17
100字
200字
240字
四
問一
1
2
めて
3
4
5
問二
(1)
(2)
／2
／2
／2
／2
／2
／3
／3
／16
三
問一
問二
問三
問四
問五
／2
／2
／3
／3
／3
／13

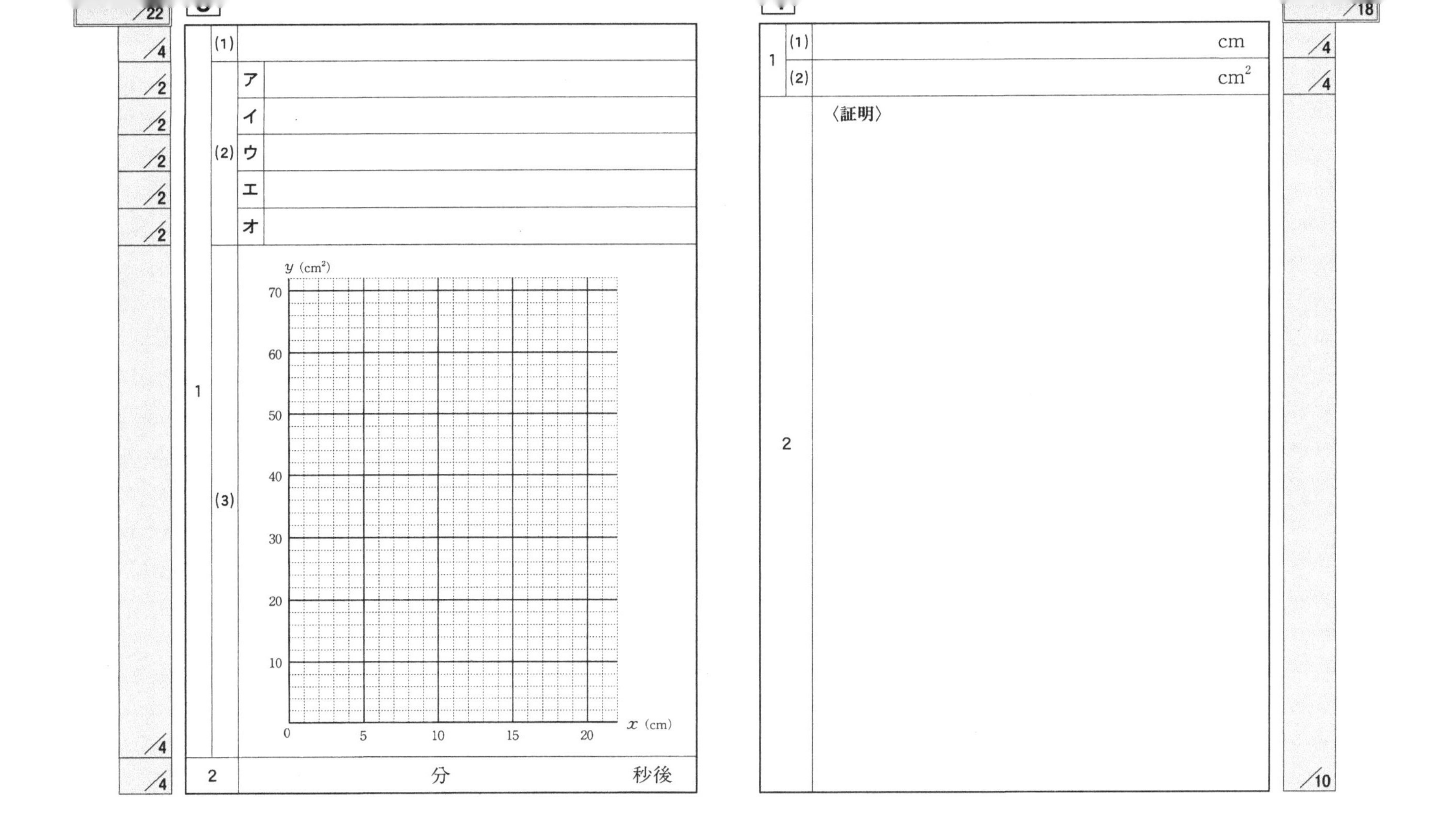

／22
1
(1)
／4
(2)
ア
／2
イ
／2
ウ
／2
エ
／2
オ
／2
(3)
y (cm²)
70
60
50
40
30
20
10
0
5
10
15
20
x (cm)
／4
2
分
秒後
／4
／18
1
(1)
cm
／4
(2)
cm²
／4
2
〈証明〉
／10

		配点
1		/2
2		/2
3		/2
4		/3
5		/3
6	→ → →	/3
7		/2

			配点
1			/2
2			/2
3	(1)		/3
	(2)		/3
4	(1)		/2
	(2)		/3

6

6 /15

			配点
1			/3
2			/3
3	(1)		/3
	(2)		/3
4			/3

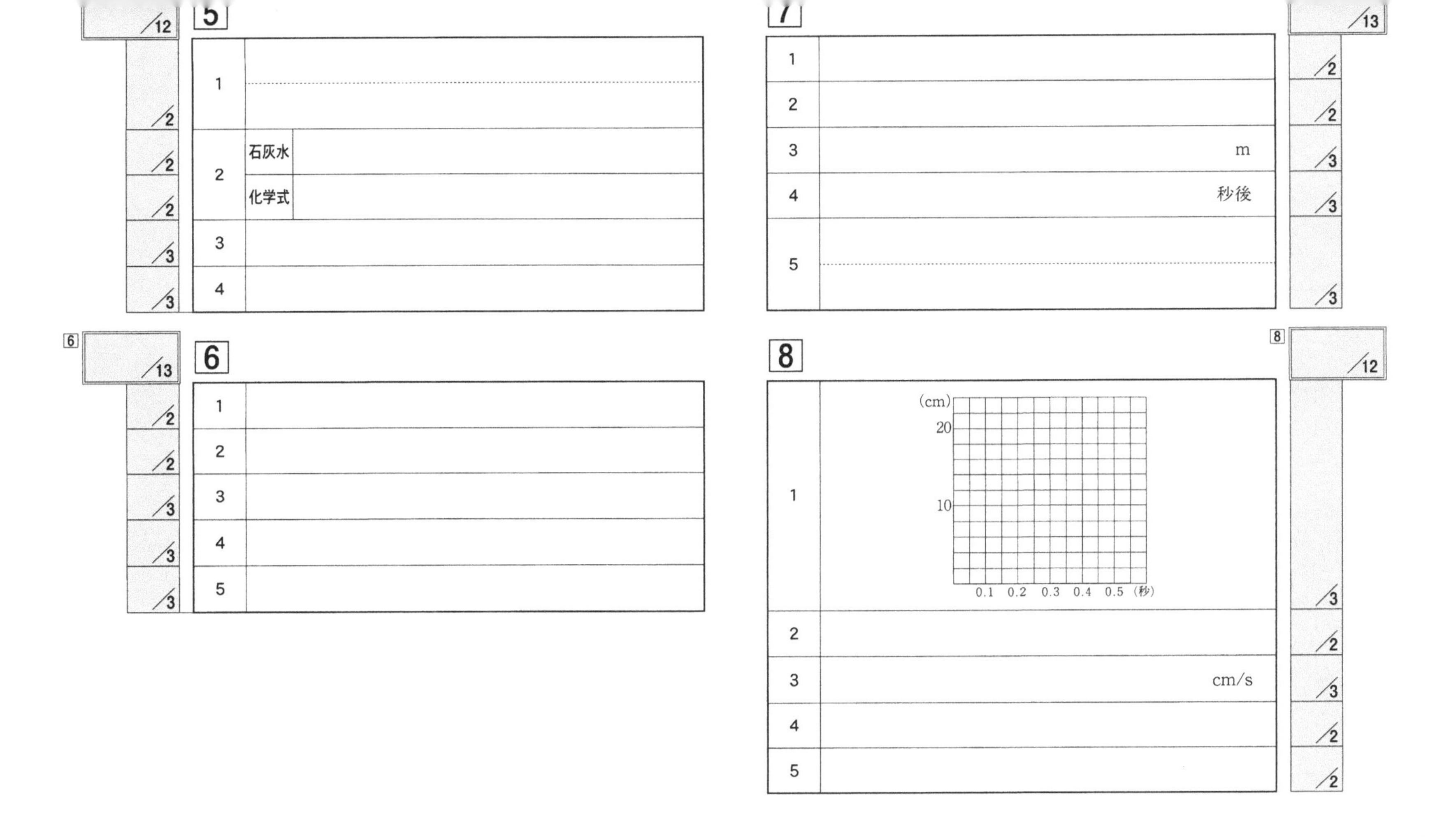

5 （/12）

1			/2
2	石灰水		/2
	化学式		/2
3			/3
4			/3

6 （/13）

1		/2
2		/2
3		/3
4		/3
5		/3

7 （/13）

1		/2
2		/2
3	m	/3
4	秒後	/3
5		/3

8 （/12）

1	(cm) 20 10 0.1 0.2 0.3 0.4 0.5 (秒)	/3
2		/2
3	cm/s	/3
4		/2
5		/2

2024(R6) 東海大学山形高　一般Ⅱ

4
/30
/3
/4
/4
/3
/3
/5
/4
/4
1
2
3
4
(1)
(2)
5
→ → → →
6
Ⅰ
Ⅱ
5
/10
/10

※100点満点

2024年度　英語解答用紙（一般入学試験Ⅱ）

受験番号	

総得点	

□の欄には何も記入しないこと。

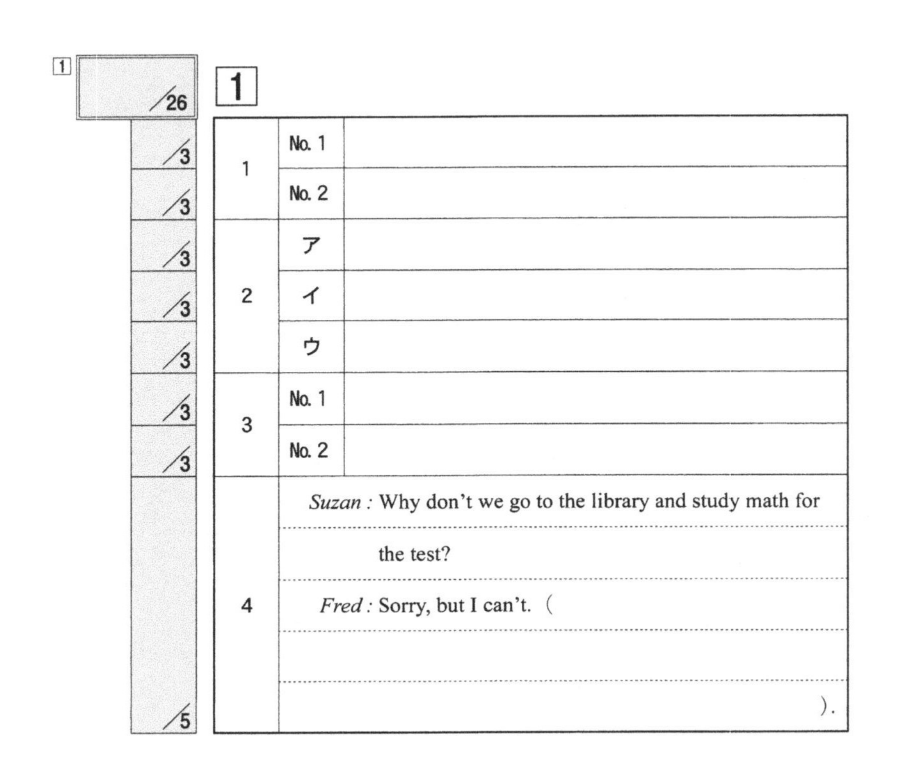

1

1 ／26

			点
1	No. 1		／3
	No. 2		／3
2	ア		／3
	イ		／3
	ウ		／3
3	No. 1		／3
	No. 2		／3
4	*Suzan :* Why don't we go to the library and study math for the test? *Fred :* Sorry, but I can't.（　　　　　　　　　　　　　　　）.		／5

2

2 ／18

					点
1	(1)				／2
	(2)				／2
	(3)				／2
2	(1)				／3
	(2)				／3
3	(1)	X	Y	Z	／3
	(2)	X	Y	Z	／3

3

3 ／16

			点
1	X		／2
	Y		／2
	Z		／2
2			／4

【解答

※100点満点

2024年度　理科解答用紙（一般入学試験Ⅱ）

受験番号		総得点	

　の欄には何も記入しないこと。

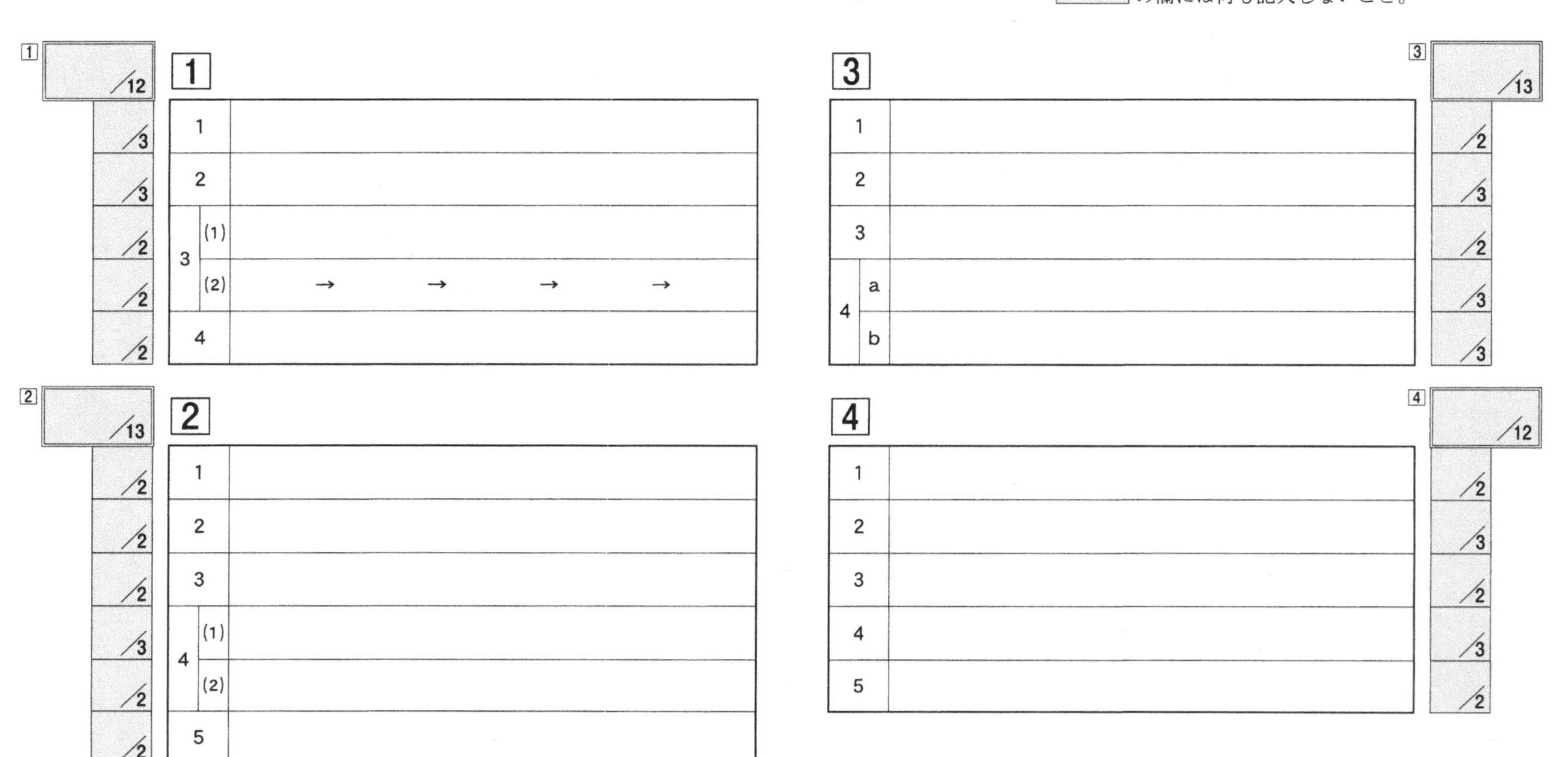

1 ／12

1			／3
2			／3
3	(1)		／2
	(2)	→ → → →	／2
4			／2

2 ／13

1			／2
2			／2
3			／2
4	(1)		／3
	(2)		／2
5			／2

3 ／13

1			／2
2			／3
3			／2
4	a		／3
	b		／3

4 ／12

1		／2
2		／3
3		／2
4		／3
5		／2

【解答

※100点満点

2024年度　社会解答用紙（一般入学試験Ⅱ）

受験番号	

総得点	

□の欄には何も記入しないこと。

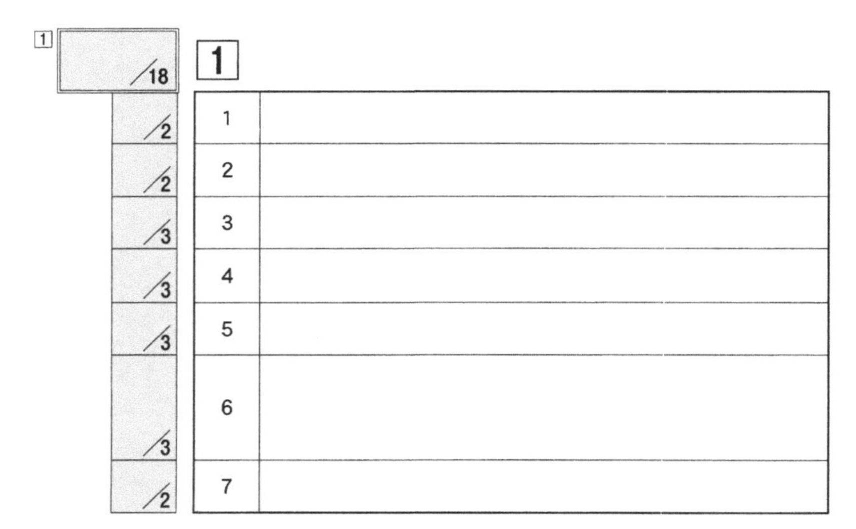

1 ／18

1

		配点
1		／2
2		／2
3		／3
4		／3
5		／3
6		／3
7		／2

2 ／17

2

			配点
1			／2
2			／2
3	Y		／2
	Z		
4			／2
5			／3
6			／2
7			／2
8			／2

3 ／18

3

			配点
1	(1)	年から　年まで	／2
	(2)		／2
2			／3
3	(1)		／3
	(2)		／2
4	(1)		／3
	(2)		／2

【解答

※100点満点

2024年度　数学解答用紙（一般入学試験Ⅱ）

受験番号	

総得点	

の欄には何も記入しないこと。

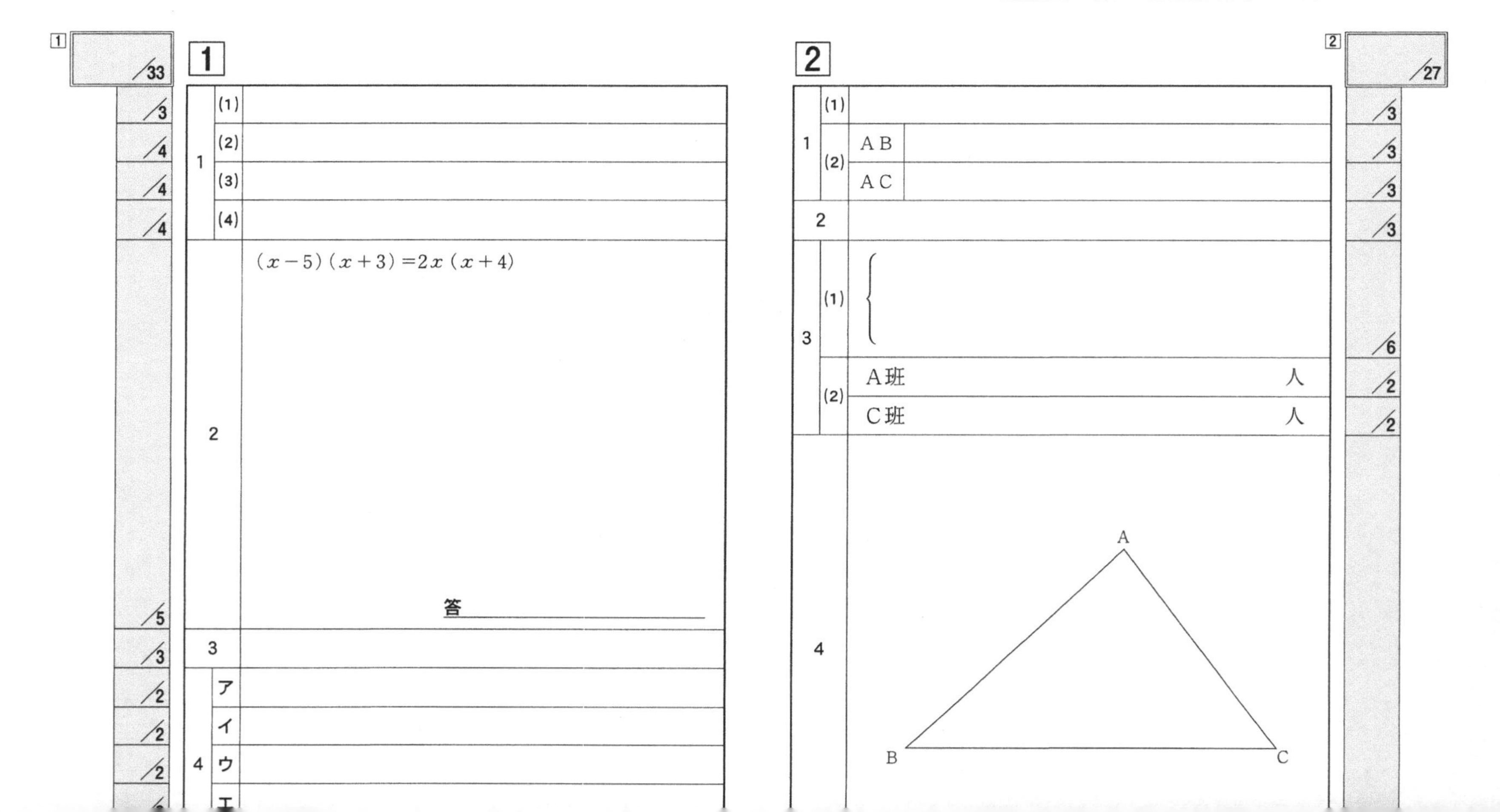

1 /33

1			点
1	(1)		/3
	(2)		/4
	(3)		/4
	(4)		/4
2	$(x-5)(x+3)=2x(x+4)$ 答		/5
3			/3
4	ア		/2
	イ		/2
	ウ		/2
	エ		

2 /27

2				点
1	(1)			/3
	(2)	AB		/3
		AC		/3
2				/3
3	(1)	{		/6
	(2)	A班	人	/2
		C班	人	/2
4	A, B, C			

【解答

2024年度　国語解答用紙（一般入学試験Ⅱ）

※100点満点

□の欄には何も記入しないこと。

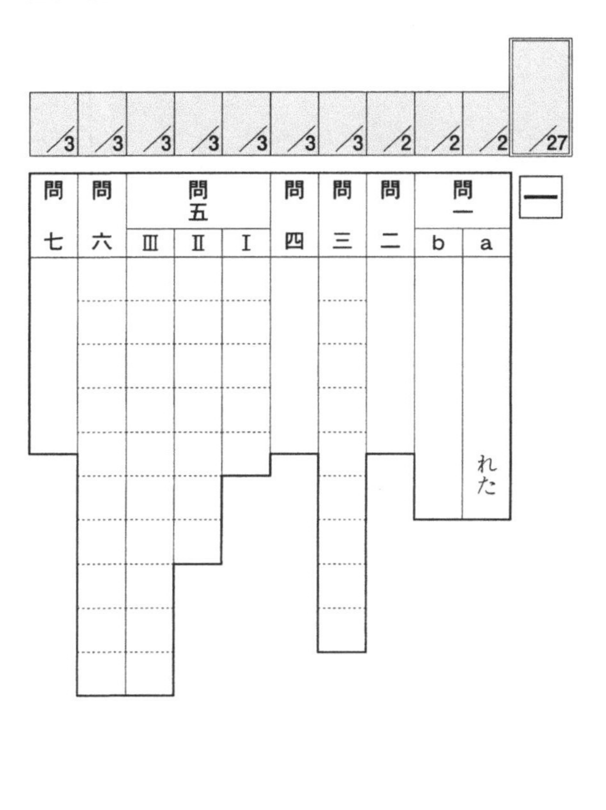

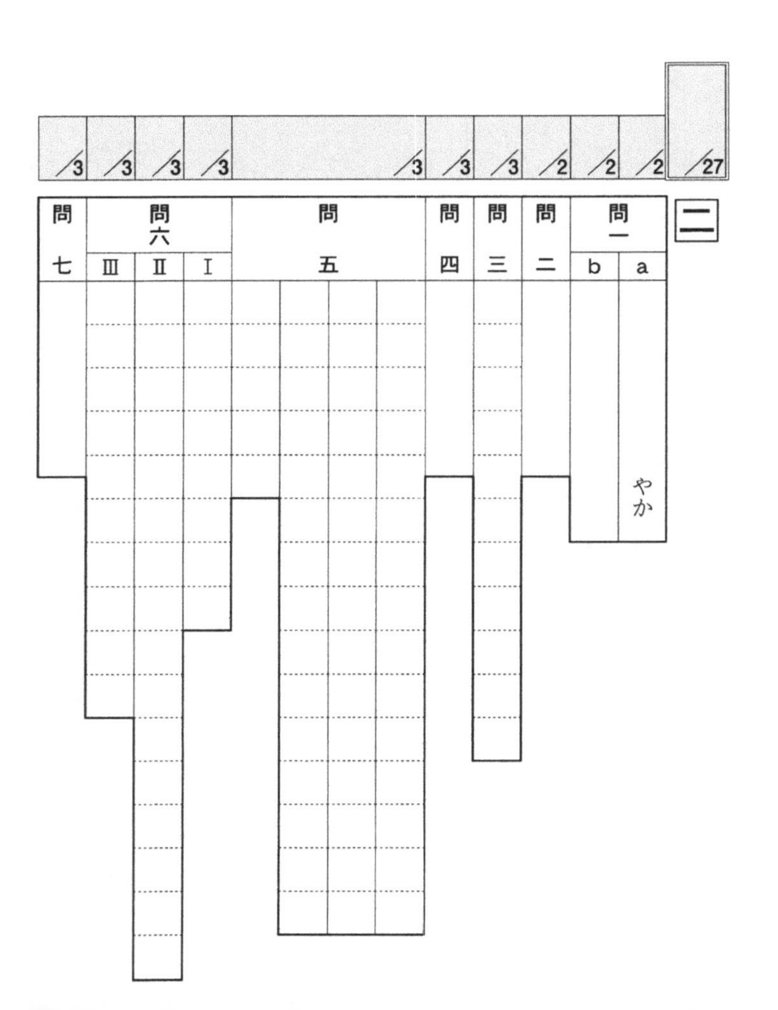

【解答

※音声は収録しておりません

英語リスニングテスト台本

ただいまから，1のリスニングテストを始めます。問題は１，２，３，４の四つです。聞いている間にメモをとってもかまいません。（間３秒）

それでは１の問題から始めます。問題用紙１ページの１を見てください。（間５秒）

これから，No.１とNo.２，それぞれの場面の対話文を読みます。それぞれの場面の対話文を読んだあと，クエスチョンと言って質問します。その質問の答えとして最も適切なものを，**ア**，**イ**，**ウ**，**エ**の中から一つずつ選び，記号で答えなさい。英文は２回読みます。（間２秒）

では，始めます。（間２秒）

No. 1

Mika : Hi, John. I'm going to the museum. Would you like to go with me?

John : Yes, I'd love to. Where shall we meet?

Mika : Can we meet at the station or in front of the museum?

John : I don't know where the museum is. The station is better for me. （間２秒）

Question : Where are they going to meet? （間３秒）

くりかえします。（間２秒）

No. 2

Man : One hamburger, one small orange juice, please.

Clerk : Would you like some French fries?

Man : No, thank you. Um… Let me see… Can I have salad, please?

Clerk : OK. That will be four dollars and thirty-five cents. （間２秒）

Question : What did the man order? （間３秒）

くりかえします。（間２秒）

これで，１の問題を終わり，２の問題に移ります。問題用紙１ページの２を見て下さい。（間２秒）

最初に，そこにある「亜紀さんのメモ」をよく見てください。（間５秒）

これから，高校生の亜紀（Aki）さんと，ＡＬＴのスコット（Scot）先生の対話文を読みます。これを聞いて，「亜紀さんのメモ」の，**ア**，**イ**，**ウ**にそれぞれあてはまる日本語や数字を書きなさい。英文は２回読みます。（間２秒）

では，始めます。（間２秒）

3 中学生の拓海（Takumi）さんは，アメリカ出身のＡＬＴのジャネット（Janet）さんと，日本の観光についてのグラフ（graph 1～3）を見ながら話しています。グラフおよび対話について，あとの問いに答えなさい。

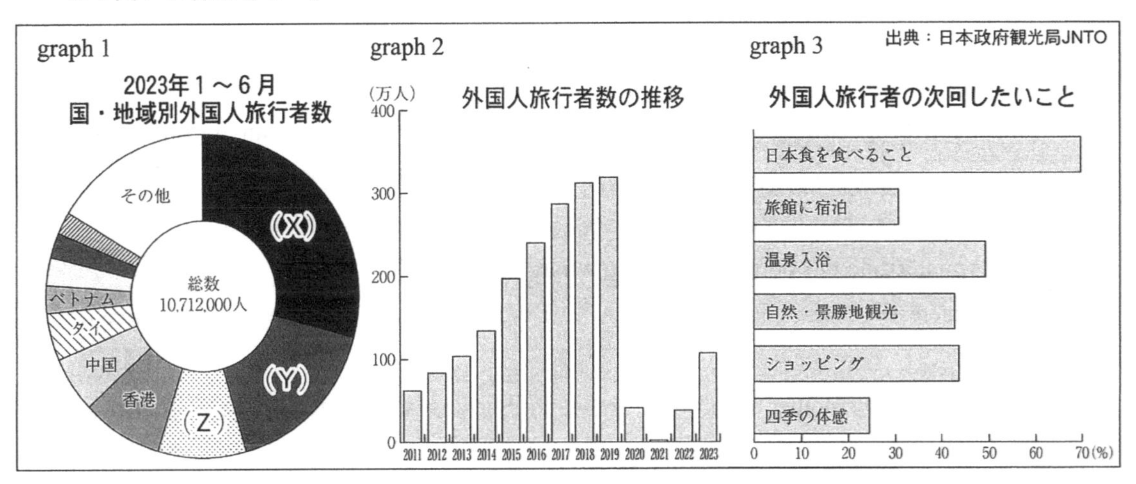

Takumi: Hi, Janet. Recently, I often hear on the news that the number of foreign tourists has increased.

Janet: That's true. I sometimes see the travelers carrying their suitcases even in our town.

Takumi: Look at this graph 1. First half of 2023, as I thought, tourists from Korea are more than any other countries. Korea and Japan are really getting close*.

Janet: The visitors from Taiwan* are in second. Japan is very popular among East Asian countries.

Takumi: Oh, I was surprised that your country is the third! I hope they enjoyed staying in Japan.

Janet: For a few years, I couldn't go back to America, and my family couldn't come to Japan, either. I am happy because they will visit Japan this winter.

Takumi: You must look forward to seeing them. I also found the smallest number of visitors came to Japan in 2021. ①The number of tourists decreased so much. Can you guess the reason?

Janet: Yes. It must be COVID19*. It was difficult for everyone to travel abroad. I hope more and more people come to Japan from now on. Graph 3 is interesting. I didn't know the travelers to Japan were interested in eating Japanese food the most.

Takumi: It is very healthy. About half of travelers want to challenge taking hot springs* next time. And some want to enjoy the four seasons. I think our town is the best place to visit.

Janet: Very true! You can enjoy all seasons in a year here.

（注）close　身近な　　Taiwan　台湾　　COVID19　新型コロナウイルス感染症
hot springs　温泉

1　グラフ1のX～Zには，韓国，台湾，アメリカのいずれかが入ります。対話の内容に即して，X～Zのそれぞれにあてはまるものを，日本語で書きなさい。

2　下線部①について，その理由を，対話の内容に即して日本語で書きなさい。

3　グラフおよび対話の内容に合うものを，次の**ア**～**オ**から二つ選び，記号で答えなさい。

ア　Janet's family came to Japan in 2022 because they were very interested in winter sports.
イ　Janet looks at the graph and says that a lot of visitors from other countries want to eat Japanese food.
ウ　The graph 2 shows that visitors in 2020 are twice as many as those in 2019.
エ　Takumi thinks that his town will be very popular among foreigners thanks to beautiful four seasons.
オ　Over forty percent of visitors from abroad like staying in a Ryokan.

4 中学生の綾子（Ayako）さんが冬休みに体験した出来事についての次の英文を読み，あとの問いに答えなさい。

One day, our teacher gave us the homework to think about our future workplace*. Our teacher said, "These are things which you have to do in this project. First, ask anyone in your family [X]. You can ask your parents, grandparents*, brothers, or sisters. Second, visit one of their workplaces to see their work, interview them, and take pictures. Third, write a report about your experience. You must do this homework during winter vacation."

I was very interested in the homework. (A) I thought that it would be a good chance to think about my future.

That night, I asked my mother to show me her work. She answered "OK. My co-workers* will also teach you about our job."

On December 20th, I visited my mother's workplace. It was my first time to see my mother at her workplace. When I arrived, a young woman came to me. "Hello, I'm Sasaki. I'm going to show you around our hospital today." When we were walking around the hospital, I saw my mother. She was taking care of many people, and she looked very busy. Ms. Sasaki said, "I work with your mother. (B) She always helps me. She is liked by all the people in this hospital."

An old man came to us and asked me, "Are you a daughter of Ms. Komiya?" I said "Yes." He told me about my mother. "Your mother is very kind to me. When I feel sick, she always comes to me quickly and tells doctors my condition. (C) She listens to my long story about my family, too."

In this summer, I had a volleyball game. It was the first time to play volleyball in the game. I wanted my mother to come to my game, but she had to go to the work. My teammates looked so happy because their families were watching them. ①I felt angry and said to her at that night, "I practiced very hard to show you my play. Work is more important than me, right?"

I thought that she liked working better than coming to see my volleyball game. (D) The old man's story made me proud of her job. I was happy to see her work and wanted to tell my mother how I felt.

（注）workplace　職場　　grandparents　祖父母　　co-workers　同僚

1　本文中の[X]に入る最も適する英語を，次のア～エから一つ選び，記号で答えなさい。

ア　to make their work easy

イ　to show you their work

ウ　to do their homework

エ　to give you their report

2　綾子（Ayako）さんが，下線部①のような気持ちになったのはなぜですか。本文に即して日本語で書きなさい。

3　次の英文を，本文の流れに合うように入れるとすれば，どこに入れるのが最も適切ですか。（ A ）～（ D ）から一つ選び，記号で答えなさい。

But that was wrong.

4　本文に即して，次の問いに答えなさい。

(1)　Why was Ayako interested in the homework?

(2)　What was Ayako's mother doing when Ayako was walking around the hospital?

5　次のア～オは，それぞれ本文の内容の一部です。ア～オを，起こった順に並べかえ，記号で答えなさい。

ア　Ayako could see her mother at her workplace.

イ　The teacher gave Ayako homework.

ウ　Ayako talked with an old man in the hospital.

エ　Ms. Sasaki told Ayako about her mother's job.

オ　Ayako's mother couldn't go to the volleyball game.

6　次は，冬休みにした体験について，綾子（Ayako）さんと英語の先生が交わした対話の一部です。対話の[Ⅰ]，[Ⅱ]に入る適切な英語を，文脈に合うように，それぞれ**4語以上**で書きなさい。

Teacher : I read your report. It was very good.

Ayako : Really? I'm glad to hear that.

Teacher : And I saw your photo. Who's the woman next to your mother?

Ayako : She's Ms. Sasaki. I [Ⅰ] with her.

Teacher : I see. Did you think about your future job?

Ayako : Yes. I think I want [Ⅱ] like my mother in the future.

5 英語の授業の中で，新しく来るＡＬＴの先生に関する，次のような課題プリントが配布されました。その課題に対する答えを書くとしたら，どのようなことを書きますか。［　　　　］に入る英文を，まとまりのある内容になるように，**４文以上**で書きなさい。

英語の授業の課題

A new teacher will come to our school next month. She's an American and it's her first time to live in Japan. Please tell her about your city. Where should she visit in your city? And why?

［　　　　　　　　　　　　　　　　］

2023年度

東海大学山形高等学校

入学試験問題

（一　般　入　試）

国　語

（　9：00　～　9：50　）

注　　　意

1 「開始」の合図があるまで，開いてはいけません。

2 問題用紙は，６ページまであります。

3 解答用紙は，問題用紙の中にはさんであります。

4 「開始」の合図があったら，まず，解答用紙を取り出し，受験番号を書きなさい。
次に，問題用紙のページ数を確認し，不備があればすぐに手を挙げなさい。

5 答えは，すべて解答用紙に書きなさい。

6 「終了」の合図で，すぐに鉛筆（シャープペンシルを含む）をおき，解答用紙を
開いて裏返しにしなさい。

一 次の文章を読んで、あとの問いに答えなさい。

小学六年生の「暮林恭介(くればやしきょうすけ)」は、二月に入り、卒業式を間近に控(ひか)え苛立(いらだ)っていた。クラスで行われているサイン帖(ちょう)のやりとりにも参加せず、好意を寄せている同級生の「野村さん」に対して意地悪に接していた。次は、その翌日に「恭介」が「大島先生」から職員室に呼び出され、話を聞く場面である。

恭介(きょうすけ)が大島先生に呼びだされたのは、次の日の放課後だった。職員室はストーブがききすぎていてあつい。大島先生は今まで生徒を呼びだしたことなど一度もなかったので、恭介は少しドキドキした。

「わざわざ呼びだしたりして悪かったね」

先生が言った。

「去年の春に、遠足に行ったろ。あのとき買い食いしたのは暮林(くればやし)くんだけじゃないって、わかってたんだ。代表でおこられてもらったんだよ。すまなかったね」

「はぁ」

「話はそれだけだ。もうじき卒業だから、きちんと言っておきたくてね。じゃ、気をつけて帰れよ」

「……はい」

いったいなんなんだ。へんなやつ。恭介は下駄箱(げたばこ)でくつをはきかえながら、まだ心臓がドキドキしていた。もちろん、遠足のときのことは恭介もよくおぼえていた。

僕と、高橋と、清水と、それから三組のやつらも何人かいっしょに、アイスクリームを買い食いした。集合の時、僕だけがおこられた。――でも、そんな昔のこともういいよ。教師があやまるなんて、気持ちわるい。ちぇっ、大島ともあと一カ月のつきあいだと思うとせいせいする。

1大島先生の言葉や態度は、いつも恭介をイライラさせる。すまなかったね、なんて。もうじき卒業だから、なんて。

「あれ」

下駄箱の奥に、白い表紙のノートが入っている。サイン帖だった。

「誰のだろう」

ぱらぱらとページをめくり、恭介はびくんとして手をとめた。あいつのだ。あいつのサイン帖だ。どのページもみんな、なみちゃんへ、で始まっている。なみちゃんというのは野村さんの名前だった。2恭介は、すのこをがたがたと

問一 ═══部a、b漢字の読み方を、ひらがなで書きなさい。

問二 〰〰部における「頭をかすめた」の意味として最も適切なものを、次のア〜エから一つ選び、記号で答えなさい。

ア 痛みに悩まされる
イ 不安を連想する
ウ 記憶によみがえる
エ 名案を生み出す

問三 ――部1について、このときの「恭介」の心情を、次のような形で説明したとき、［ Ⅰ ］に入る適切な言葉を二十字以内で、［ Ⅱ ］に入る適切な言葉を、十字以内で書きなさい。

「大島先生」に職員室に呼び出され、今になって［ Ⅰ ］ことについて謝罪され、そのことに違和感やいらつきを覚えると同時に、［ Ⅱ ］ことを意識している。

問四 ――部2は、「恭介」のどのような様子を表していますか。最も適切なものを、次のア〜エから一つ選び、記号で答えなさい。

ア 「野村さん」のサイン帖が自分の下駄箱にあったことを、誰にも見られたくないと、今にも逃げ出そうとする様子。
イ 「野村さん」のサイン帖に何が書いてあるのか、自分の部屋でじっくり確認したいと思い、急いで帰る様子。
ウ 「野村さん」のサイン帖が自分の下駄箱にあることに困惑し、気持ちを落ち着かせるために、走り出そうとする様子。
エ 「野村さん」のサイン帖に書いてあった様々な言葉から、不安を連想し、それを何とか忘れようとする様子。

けって校庭にとびだした。冬の　透明な空気の中を、思いきり走る。かばんがかたかた鳴る。

家にとびこんで、ただいま、と一声どなると、恭介は階段をかけあがり、自分の部屋に入った。かばんの中からサイン帖をだす。野村さんのサイン帖。一ページずつ、たんねんに読む。おなじような言葉ばかりが並んでいた。卒業、思い出、別れ、未来。

「おもしろくもないや」

声にだしてそう言って、恭介はノートを机の上にぽんとほうった。

その日はそのあとずっと、サイン帖のことが頭から**b**離れなかった。みんなの前で、僕は書かないよって言ったんだ。書けるわけがないじゃないか。それなのにこっそり下駄箱に入れるなんて、絶対、書いてなんかやるもんか。恭介はいつもより少し早く、自分の部屋にひきあげた。

ドアをあけると、机の上の白いノートがまっさきに目にとびこんでくる。あーあ。やっぱり僕はジャングルに住みたい。ジャングルには卒業なんてないもんな。そりゃあ、中学にいけばいいこともあるかもしれない。あいつよりかわいい子がいて、大島よりぼんやりした教師がいるかもしれない。でも、それはあいつじゃないし、大島じゃない。僕だって、今の僕ではなくなってしまうかもしれない。恭介は机の前にすわり、青いサインペンで、ノートに大きくこう書いた。

野村さんへ。

3俺たちに明日はない。　暮林恭介

いつか観た映画の題名は、そっくりそのまま今の恭介の気持ちだった。

次の日、恭介がサイン帖をわたすと、野村さんは、

「ありがとう」

と言ってにっこり笑った。机のひきだしにしまってある自分のサイン帖のことが、恭介の頭をかすめた。あいつの下駄箱に入れておいたら、あいつは何て書いてくれるだろう。女の子だから、やっぱり思い出とか、お別れとか、書くんだろうか。恭介は、**4**首のあたりがくすぐったいような気がした。教室の中は、ガラスごしの日ざしがあかるい。

「おはよう。みんないるかぁ」

教室に入ってきた大島先生が、いつものようにまのぬけた声で言う。もう三月が始まっていた。

〈江國香織『つめたいよるに』新潮文庫刊による。一部省略がある。〉

問五　――部**3**について　このときの「恭介」の心情を　のような形で説明したとき、［Ⅰ］に入る適切な言葉を本文から二字で抜き出し、［Ⅱ］に入る適切な言葉を、十五字以内で書きなさい。

> これから先の［Ⅰ］した後の将来について考える中で、［Ⅱ］を受け入れたくないと思っている。

問六　――部**4**は、「恭介」のどのような様子を表していますか。最も適切なものを、次の**ア**～**エ**から一つ選び、記号で答えなさい。

ア　「野村さん」が、自分のサイン帖に何を書くか考え、想像が膨らむにつれて、恥ずかしく思う様子。

イ　「野村さん」が自分のサイン帖に書いてくれた様々な言葉について嬉しく思うと同時に、恥ずかしく思う様子。

ウ　「野村さん」が、自分のサイン帖に書くと予想される「思い出」や「お別れ」といった言葉に、焦っている様子。

エ　「野村さん」が、自分のサイン帖に何かしら言葉を書いてくれるだろうかと不安に思い、焦っている様子。

問七　本文の表現の工夫とその効果を説明したものとして最も適切なものを、次の**ア**～**エ**から一つ選び、記号で答えなさい。

ア　「恭介」と「野村さん」の関係性が丁寧に説明されており、二人の心情の変化がわかりやすく描かれている。

イ　「恭介」と周囲の人物との会話が何度も繰り返し行われており、物語に臨場感をもたらす効果がある。

ウ　「恭介」の周囲を取り巻く情景が鮮明に描き出されており、登場人物の心境を暗示的に伝える効果をもたらしている。

エ　「恭介」の心の声が直接説明されており、その時々の心境や心情がわかりやすく伝えられている。

二　次の文章を読んで、あとの問いに答えなさい。

　思考力を研ぎ澄ませ、鍛えるにはどうしたらいいのか。やはりそれは日頃から、たくさん本を読み、自分自身でさまざまな経験を積む、ということです。自分の中の「常識」が覆（くつがえ）される経験をすることで、自分のアンテナを敏感にして、思い込みに囚（とら）われないようにすることができます。[1]そのときは、知らないということに謙虚になって、素直にものごとを受け入れる姿勢も大切です。

　同じ外国でも、アフリカに行けば、日本人とは顔つきも肌の色も違いますから、むしろ違いを認めて何ごとも素直に受け入れ〰〰られ〰〰ます。しかしお隣の韓国や中国へ行くと、見た目もそっくりですし、中国は漢字も使っていますし、ついつい自分たちの常識が通じるという錯覚を抱き、全然違うことで「裏切られた」「なんだあいつら」といったある種の[2]「近親憎悪」的な感情が生まれているのではないかなと思うのです。

　思考力を鍛えることは、いまから誰にでもできることです。遅すぎるなんてことはありません。意識して「考える」クセをつけ、「無知の知」を自覚しながら、考えを深める訓練をしてみましょう。

　人は「真実」を知り得ることはできない、真実は神のみぞ知る、と書きました。私たち人間は、地上を這（は）いつくばりながら、これは何だろう？　どうしてだろう？　と、事実を真摯（しんし）に探究し、それを積み重ねていって、考え続けることしかできないのです。

　たとえば、飛行機も宇宙船もなかった時代、人は地球が宇宙からどのように見えるのかもわかりませんでした。もちろん、広大な海の青さや豊かな大地の緑の深さ、青空に[a]漂う雲の白さは、地上から見て知っていましたから、地球が青と緑、白を中心とした天体として見えるだろうということは予想できたかもしれませんが、あくまで予想でした。

　旧ソ連の宇宙飛行士ガガーリンが、一九六一年に人類史上初めて宇宙飛行をして「地球は青かった」という言葉を残し、六八年にアメリカのアポロ八号に乗っていた宇宙飛行士たちが、史上初めて地球のカラー写真を撮影したことで、ようやく「神の視点」に近づき、地球は青いということが[3]明確になりました。

　ただしそれは、人間の[b]網膜を通して地球を宇宙から見ると「青かった」に

問一　══部a、bの漢字の読み方を、ひらがなで書きなさい。

問二　〰〰部「られ」の働きとして最も適切なものを、次の**ア**〜**エ**から一つ選び、記号で答えなさい。

ア　受け身　　**イ**　可能　　**ウ**　自発　　**エ**　尊敬

問三　[A]に入る語句として最も適切なものを、次の**ア**〜**エ**から一つ選び、記号で答えなさい。

ア　そして　　**イ**　しかし　　**ウ**　つまり　　**エ**　なぜなら

問四　――部1「その」の内容として最も適切なものを、次の**ア**〜**エ**から一つ選び、記号で答えなさい。

ア　思考力を研ぎ澄ませ、読書をする機会を増やすこと。
イ　多くの経験によって、これまでの常識を転換すること。
ウ　アンテナを敏感にして、思い込まないようにすること。
エ　謙虚になることで、素直にものごとを受け入れること。

問五　――部2「『近親憎悪』的な感情が生まれている」とあるが、その理由を次のような形で説明したとき、[Ⅰ]に入る適切な言葉を、本文中から十一字で抜き出して書き、[Ⅱ]に入る適切な言葉を本文中の言葉を使って、十五字以内で書きなさい。

> 見た目などがそっくりである韓国や中国の人々には、我々日本人と同じ[Ⅰ]を抱いてしまい、[Ⅱ]ことができないために、ある種の「近親憎悪」のような感情が生まれるから。

すぎません。人間以外の動物は、そもそも色の見え方が違っています。牛や馬はモノクロの景色を見ているような状態だと言われていますし、犬や猫は赤と青の違いくらいしか識別できないと言われています。やはり「真実の地球の色」は、神様にしかわからないということかもしれません。

これを踏まえれば、「思考力のない人」とは、「真実や正解が必ずあると思い込む人」、そして「他者の言ったことを、そのままただひたすら真に受けてしまう人」と考えることができるかもしれません。

反対に「思考力のある人」とは、「私たち人間は、真実になんか到達できない」という限界を知った上で、自分なりに問いを立て、少しでも客観的事実を積み重ねて真実に近づこうと考える努力をしている人だと言えます。

［A］何ごとも、少しでも疑問に思うことがあれば、「本当なのかな？」「どうしてこういうことを言うのかな？」と、一歩立ち止まって、自分の頭で考えることができる人が、思考力のある人だということです。

私たちは学校で「正解のある問い」について学びますが、社会に出たときに正解のない問いを自分でどう考えるか。事実を集め、きっと真実はこうではないかなと推測する力、それこそが思考力です。

とはいえ、人間が真実に近づく努力をしても、何が正解で何が正解ではなかったかなんて、あとになってわかることもあれば最後までわかないこともあります。でもこれはむしろ、いいことだと言えるでしょう。

大学受験に失敗して絶望感を味わった、でも志望していなかった大学に入って生涯の友人や天職となる仕事を得ることができた、という場合、人はあとから「あのとき落ちてよかったんだ」と思い直し、立ち直ることができます。「あのとき合格していれば、もっと違うバラ色の人生が待っていたんだよ！」なんて、もしわかったとして何になるでしょう。

答えが何であれ、自分自身で、自分の未来をよりよく創っていけばいいのです。

4思考力は、「自分がよりよく変わる力」です。思考力があれば、たとえ失敗をしても立ち上がり、自分なりの「よりよい未来」に向かって、歩んでいくことができます。

これからも、真摯に考えていきましょう。

〈池上彰『なぜ、いま思考力が必要なのか？』による。一部省略がある。〉

問六 ―――部**3**について、地球の見え方は、どのように明確になりましたか。次の三つの言葉を使って、七十字以内で書きなさい。なお、三つの言葉はどのような順序で使ってもかまいません。

宇宙　　予想　　神の視点

問七 ―――部**4**について、「自分がよりよく変わる力」とはどのようなものですか。最も適切なものを、次の**ア**～**エ**から一つ選び、記号で答えなさい。

ア 真実や正解があることを信じ、それを追究することによって得られる力。

イ 自分の知識だけではなく他者の言葉を大切にし、正解につなげることができる力。

ウ 真実には到達できないという限界を乗り越え、正解を導き出すことができる力。

エ 正解のない問いについての真実を集め、自分の頭で考えながら真実を推測する力。

問八 本文の論理の展開の仕方について説明したものとして最も適切なものを、次の**ア**～**エ**から一つ選び、記号で答えなさい。

ア はじめに思考力を鍛えることの必要性について述べ、具体例を挙げながら自身の考えを裏付けし、よりよい未来を創っていく手掛かりを示している。

イ はじめに読書という身近なことの大切さについて述べ、具体例を挙げながら誰にでも起こり得る過ちに触れ、よりよい未来を創っていく手掛かりを示している。

ウ はじめに読書によってのみ養われる思考力について述べ、具体例を挙げながら自身の考えを裏付けし、失敗を経験することも大切だということを示している。

エ はじめに思考力を鍛えることの大切さについて述べ、具体例を挙げながら誰にでも起こり得る過ちに触れ、失敗を経験することも大切だということを示している。

三　次の文章を読んで、あとの問いに答えなさい。

九月廿日の比、ある人に誘はれ奉りて、明くるまで月見歩く事侍りしに、A思し出づる所ありて(思い出しになられた所があって、)、案内せさせて入り給ひぬ。荒れたる庭の露しげきに(露がいっぱいおりていて、)、わざとならぬ匂ひ、しめやかに(しっとりと)うちかをりて、忍びたるけはひ(ひっそりと暮らしている様子、)、いとものあはれなり。

よきほど(よい頃あいで)にてB出で給ひぬれど、なほ事ざま*の優に(優雅に思われて、)おぼえて、物のかくれよりCしばし見ゐたるに、妻戸*をいま少しおしあけて、月見る気色なり。やがてかけ(すぐさま掛金を)こもらましかば(かけて中に引きこもったならば、)、口惜しからまし。あとまで見る人ありとは、いかでか知らん(どうして知っていようか。)。1かやうの事は、2ただ朝夕の心づかひによるべし。その人、ほどなくうせにけり(間もなく亡くなってしまった)とD聞き侍りし。

〈『徒然草』による〉

〔注〕
＊ 事ざま＝ 事のさま。住む人の様子。
＊ 妻戸＝ 出入口の二枚の板戸。左右外側へ両開きになる。

問一　〰〰部「うちかをりて」を現代かなづかいに直し、すべてひらがなで書きなさい。

問二　‖部A～Dの中から、主語が「ある人」であるものをすべて選び、記号で答えなさい。

問三　──部1「かやうの事」の指す内容として最も適切なものを、次のア～エから一つ選び、記号で答えなさい。

ア　「その人」が、来客のために、前もってわざわざお香をたいて準備していたこと。
イ　「その人」が、妻戸を少しだけ開けて、しばらく美しい月を眺めていたこと。
ウ　「その人」が、すぐさま妻戸の掛金をかけて、家の中に戻ってしまったこと。
エ　「その人」が、物陰からしばらくの間周囲の様子を注意深く観察していたこと。

問四　──部2「朝夕の心づかひ」が具体的に記されている部分を、前段より二か所抜き出して、それぞれ十字以内で書きなさい。

問五　この文章で述べられている内容を、次のような形で説明したとき、□に入る適切な言葉を、十五字以内で書きなさい。

> 訪ねて来た「ある人」を送り出し、見送ったあとに、□「その人」は、いかにも平安期の「みやび」な人物であるとし、その人物の優雅な心づかいや態度に、筆者は興味を覚えている。

四

次の問いに答えなさい。

問一 次の1～5の ―― 部のカタカナの部分を、漢字で書きなさい。なお、楷書で丁寧に書くこと。

1 ヒザを交えて話し合う。
2 温かな深さをフクんだ音。
3 流行にビンジョウした商品を買う。
4 船のキテキが聞こえる。
5 市民が自由をキョウジュする。

問二 次は、卒業文集のテーマの設定について、制作委員会で話し合っている場面です。

この話し合いを効果的に進めるためには、どのようなことに注意して発言したらよいですか。注意点として**適切でないもの**を、あとの**ア**～**エ**から一つ選び、記号で答えなさい。

東さん 私が小学生の時は、「将来の夢」というテーマで卒業文集を書いていました。みんなが書きやすくなるという点で考えると、テーマは決めずに、自由に書けるようにすればよいと思います。

森さん でも、何を書けばよいか迷うという人もいると思うので、「印象に残った学校行事」など、全体で具体的なテーマを一つ決めるのはどうでしょうか。

辻さん テーマを決めるのは賛成ですが、話題を学校行事に絞らないほうがよいのでは。他のことを書きたい人もいると思うので、話題は限定しないほうが書きやすいと思います。

東さん では、「二十歳の私へ」というテーマはどうですか。二十歳になった時に読み返すなんて素敵だと思います。

ア それぞれの意見の共通性と相違点をしっかりと確認し、論点を整理するとよい。

イ 大きな論点から、より具体的な論点へと話し合いを進めるようにするとよい。

ウ 話し合いの目的や進み具合などを踏まえ、これからの展開を考えるとよい。

エ 表現の仕方を工夫し、言葉の選択や修辞の使用などを工夫して進めるとよい。

五

次のグラフは、全国の十六歳以上を対象に、平成十四年と平成三十年に実施した「国語に関する世論調査」の中の、「読書をすることの良いところは何だと思うか」という質問に対する回答結果を表したものです。

このグラフをもとに、まとまりのある二段落構成の文章を書きなさい。

第一段落には、グラフを見て気づいたことを書きなさい。それをふまえ、第二段落には、あなたの考えを、そう考えた理由を含めて書きなさい。

ただし、あとの《**注意**》に従うこと。

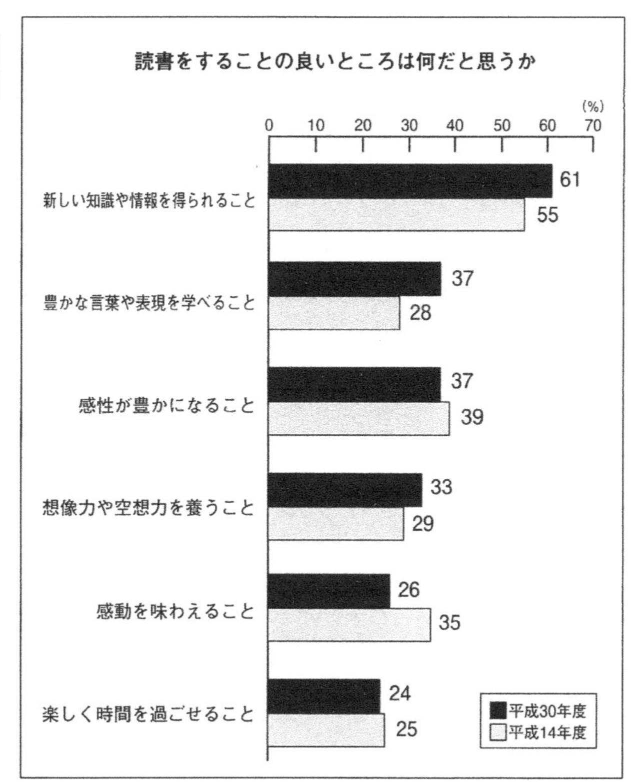

（「国語に関する世論調査」から作成）

《**注意**》
◇「題名」は書かないこと。
◇二段落構成とすること。
◇二〇〇字以上、二四〇字以内で書くこと。
◇文字は、正しく、整えて書くこと。
◇グラフの数値を使う場合は、次の例にならって書くこと。

例 十 % 二 十 一 %

2023年度
東海大学山形高等学校
入学試験問題
(一　般　入　試)
数　学

(10:05 ～ 10:55)

注　　意

1 「開始」の合図があるまで，開いてはいけません。

2 問題用紙は，6ページまであります。

3 解答用紙は，問題用紙の中にはさんであります。

4 「開始」の合図があったら，まず，解答用紙を取り出し，受験番号を書きなさい。次に，問題用紙のページ数を確認し，不備があればすぐに手を挙げなさい。

5 答えは，すべて解答用紙に書きなさい。

6 「終了」の合図で，すぐに鉛筆（シャープペンシルを含む）をおき，解答用紙を開いて裏返しにしなさい。

1 次の問いに答えなさい。

1　次の式を計算しなさい。

(1) $-(-6)-8+4$

(2) $-\frac{1}{2}\div\frac{3}{4}-\frac{1}{4}$

(3) $a^2\times(-2ab)^2\div 4a^3b$

(4) $(\sqrt{5}-3)^2+3\sqrt{5}$

2　2次方程式 $(2x+1)(2x-3)=x(2x-1)$ を解きなさい。解き方も書くこと。

3　下の図のように，Aの箱には，1から4までの整数を1つずつ書いた[1] [1] [2] [3] [4]の5枚のカード，Bの箱には，2から5までの整数を1つずつ書いた[2] [3] [4] [5] [5]の5枚のカードが，それぞれ入っている。A，Bの箱から，それぞれ1枚ずつ取り出すとき，取り出した2枚のカードに書かれた数の和が8以上となる確率を求めなさい。

ただし，どのカードが取り出されることも同様に確からしいものとする。

A

[1] [1] [2]

[3] [4]

B

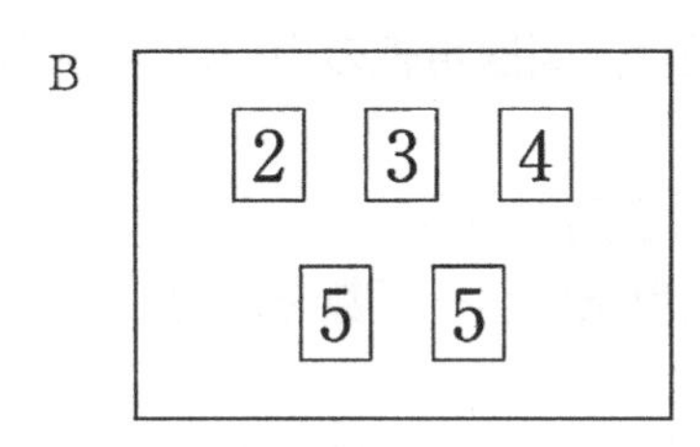

4　下の図は，ある中学校の生徒25人が10点満点の小テストを行った結果を，グラフに表したものである。あとの問いに答えなさい。

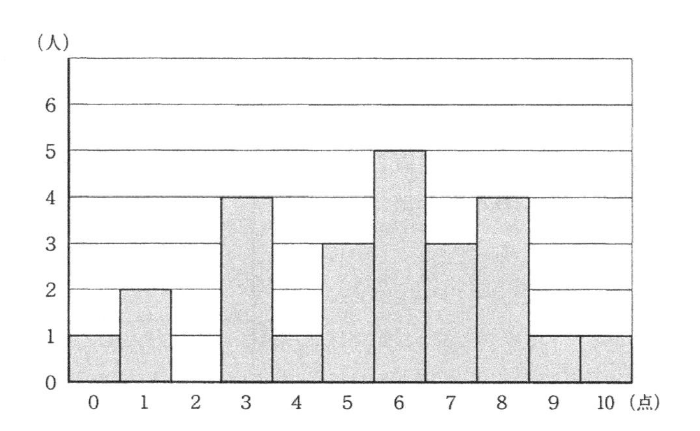

(1)　次のア～オの文章は，グラフから読み取れることを説明したものである。下線部分の値が正しい場合は○を，誤っている場合は，正しい値を解答欄に答えなさい。

ア　テストの点数が7点以上の人は全体の30％である。
イ　生徒全員の点数の平均値は5点である。
ウ　生徒全員の点数の中央値は6点である。
エ　生徒全員の点数の最頻値は6点である。
オ　生徒全員の点数の範囲は8点である。

2 次の問いに答えなさい。

1 右の図において，①は関数$y=x^2$（$x>0$）グラフ，②は関数$y=ax^2$（$a>0$，$x>0$）グラフである。

①と②と直線$y=4$との交点をそれぞれA，Bとし，線分ABの長さを2とする。また，点A，Bとx座標がそれぞれ等しいx軸上の点をC，Dとし，y軸と直線$y=4$との交点をEとする。このとき，次の問いに答えなさい。

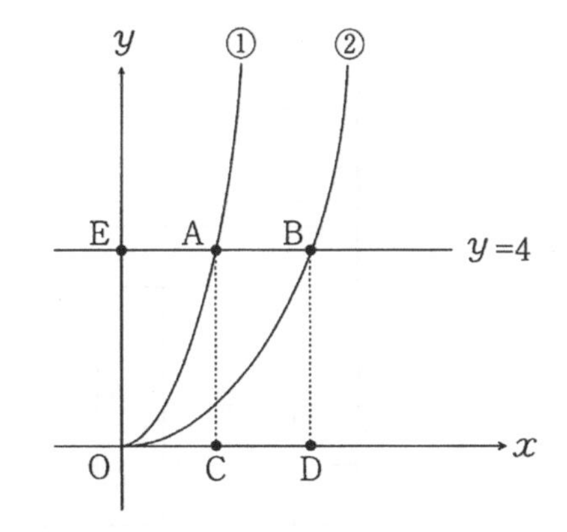

(1) aの値を求めなさい。

(2) 台形ECDBの面積を求めなさい。

(3) 点Aを通り，台形ECDBの面積を半分にする直線の式を求めなさい。

2 あとの図のように，直線ℓ上に点Aと直線m上に点Bがある。下の【条件】の①②をともにみたす点Pを，定規とコンパスを使って作図しなさい。

ただし，作図に使った線は残しておくこと。

【条件】

① ∠POA＝∠POBである。
② ∠POA＝∠PAOである。

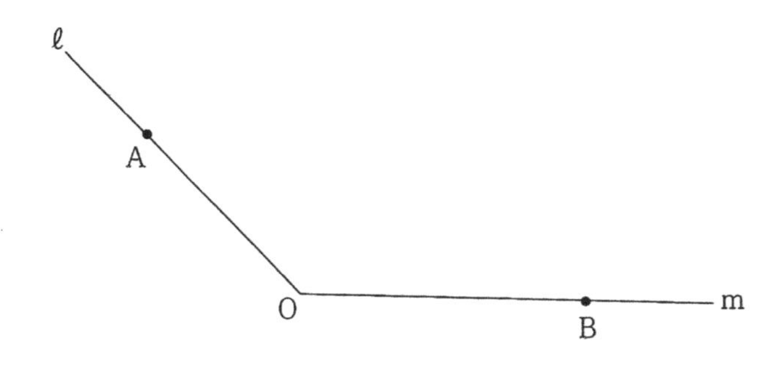

3　次の問題について，あとの問いに答えなさい。

［問題］
あるぶどう園でのぶどう狩りの金額は，大人一人1500円，子ども一人800円で，割引きクーポン券を利用すると，大人は2割引き，子どもは3割引きの560円になる。ある日の入園者は，大人と子ども合わせて100人で，そのうち，割引きクーポンを利用したのは，大人の入園者の50％と子どもの入園者全員で，売上げ金額は103400円だった。このとき，入園した大人と子どもの人数をそれぞれ求めなさい。

(1)　この問題を解くのに，方程式を利用することが考えられる。ある日の大人の入園者をx人，子どもの入園者をy人として，1次方程式または連立方程式のいずれかをつくりなさい。

(2)　入園した大人と子どもの人数をそれぞれ求めなさい。

4　5以上の素数を並べたとき，「5，7」，「11，13」，「17，19」のように1つとびの素数n，n＋2となる組がいくつかあり，このnとn＋2の間の整数が必ずある整数の倍数になる。この説明を以下のようにしたとき，あとの問いに答えなさい。

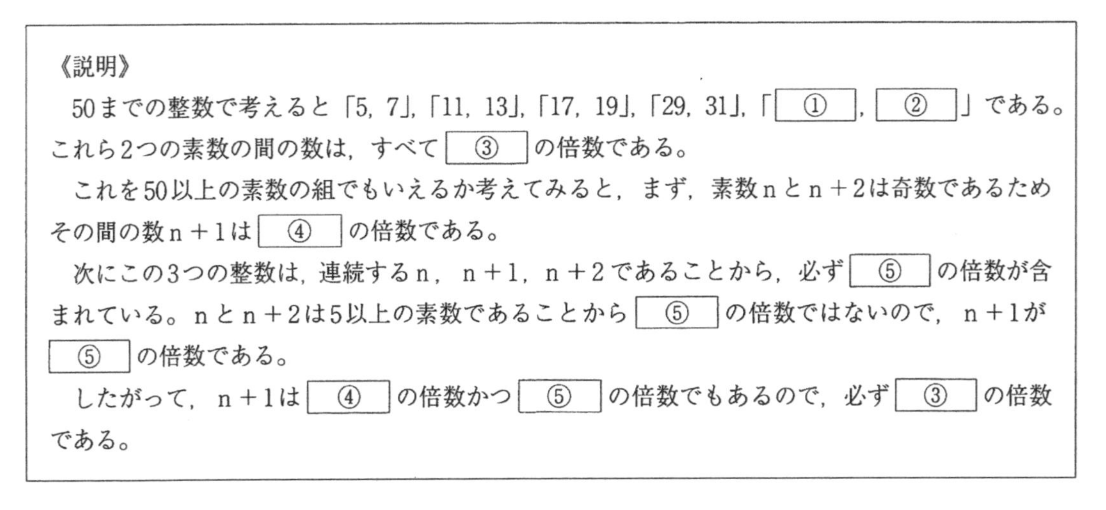
《説明》
50までの整数で考えると「5，7」，「11，13」，「17，19」，「29，31」，「[①]，[②]」である。これら2つの素数の間の数は，すべて[③]の倍数である。
これを50以上の素数の組でもいえるか考えてみると，まず，素数nとn＋2は奇数であるためその間の数n＋1は[④]の倍数である。
次にこの3つの整数は，連続するn，n＋1，n＋2であることから，必ず[⑤]の倍数が含まれている。nとn＋2は5以上の素数であることから[⑤]の倍数ではないので，n＋1が[⑤]の倍数である。
したがって，n＋1は[④]の倍数かつ[⑤]の倍数でもあるので，必ず[③]の倍数である。

(1)　[①]，[②]にあてはまる素数を答えなさい。

(2)　[③]～[⑤]にあてはまる整数を答えなさい。

3

図1のように，ＡＢ＝ＢＣ＝6cm，∠Ｂ＝90°の直角二等辺三角形がある。点Ｐは，頂点Ａを出発し，毎秒3cmの速さで，辺ＡＢ上，辺ＢＣ上を頂点Ｃまで動き，頂点Ｃで停止する。点Ｑは，点Ｐと同時に頂点Ｂを出発し，毎秒$a$cmの速さで，辺ＢＣ上を頂点Ｃまで動き，頂点Ｃで停止する。2点Ｐ，Ｑが頂点Ａ，頂点Ｂを出発してからx秒後の△ＡＰＱの面積をy cm^{2}とする。このとき，それぞれの問いに答えなさい。

図1

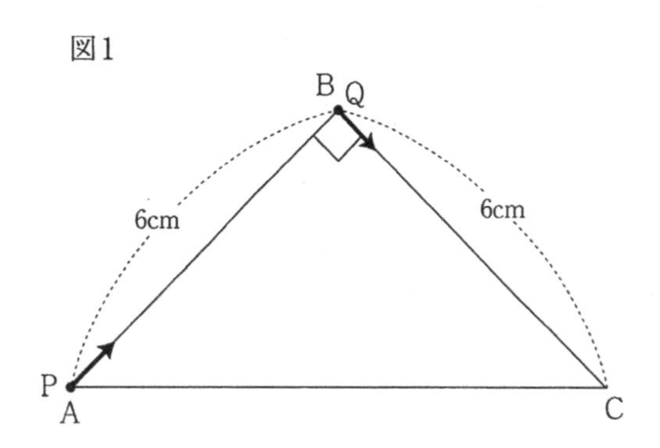

図2

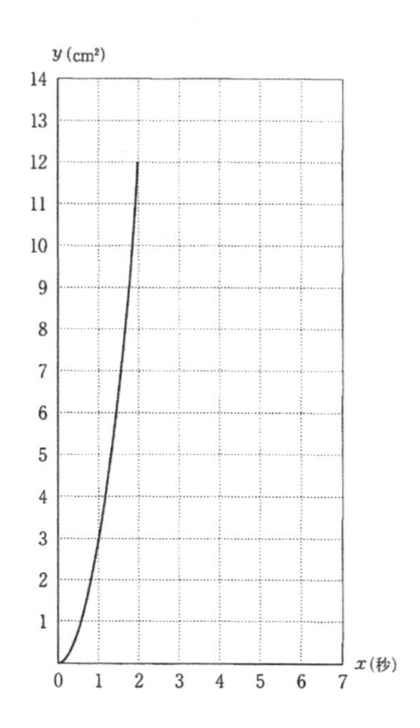

1　図2は，$0 \leqq x \leqq 2$の範囲におけるxとyの関係をグラフにしたものである。このときの，点Ｑの速さaの値を求めなさい。

2　表1は，点Ｐが頂点Ａを出発してから頂点Ｃで停止するまでのxとyの関係を式に表したものである。

［ア］～［オ］にあてはまる数または式を，それぞれ書きなさい。

表1

xの変域	式
$0 \leqq x \leqq 2$	$y =$ ［ア］
$2 \leqq x \leqq$ ［イ］	$y =$ ［ウ］
［イ］$\leqq x \leqq$［エ］	$y =$ ［オ］

3　xとyの関係を表すグラフを，図2に書き加えなさい。

4　点Ｐ，Ｑが頂点Ａ，頂点Ｂを出発してから，△ＡＰＱの面積が△ＡＢＣの面積の半分になる時は2回ある。2回目は，点Ｐ，Ｑが頂点Ａ，頂点Ｂを出発してから何秒後になるか，求めなさい。

4 下の図のように，点Oを中心とし，線分ＡＢを長さ4cm の直径とする円Oがある。円Oの円周上に，4点A，B，C，Dがあり，$\overset{\frown}{\mathrm{AD}}=\overset{\frown}{\mathrm{DC}}=\overset{\frown}{\mathrm{CB}}$である。また，点Bを接点とする円Oの接線と線分ＡＣ，線分ＡＤの延長線との交点をそれぞれE，Fとする。このとき，あとの問いに答えなさい。

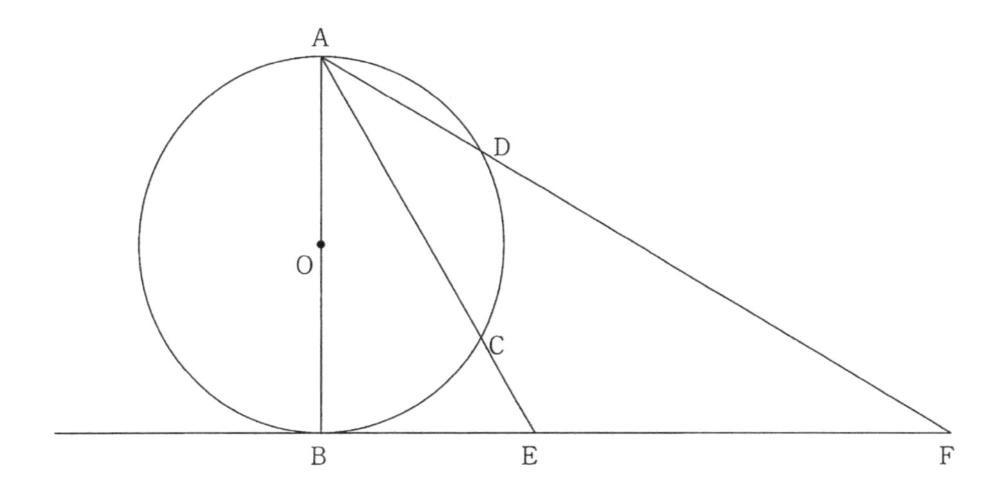

1　∠ＡＣＢの大きさを求めなさい。

2　ＢＦの長さを求めなさい。

3　△ＡＢＣ∽△ＡＥＢであることを証明しなさい。

2023年度
東海大学山形高等学校
入学試験問題
(一　般　入　試)
社　会

(11:10 ～ 12:00)

注　意

1 「開始」の合図があるまで，開いてはいけません。

2 問題用紙は，7ページまであります。

3 解答用紙は，問題用紙の中にはさんであります。

4 「開始」の合図があったら，まず，解答用紙を取り出し，受験番号を書きなさい。
次に，問題用紙のページ数を確認し，不備があればすぐに手を挙げなさい。

5 答えは，すべて解答用紙に書きなさい。

6 「終了」の合図で，すぐに鉛筆（シャープペンシルを含む）をおき，解答用紙を開いて裏返しにしなさい。

1 和也さんは，世界の国々を調べる授業で，略地図中のA国～D国と日本について，地図や資料を使って調べました。あとの問いに答えなさい。

【略地図】

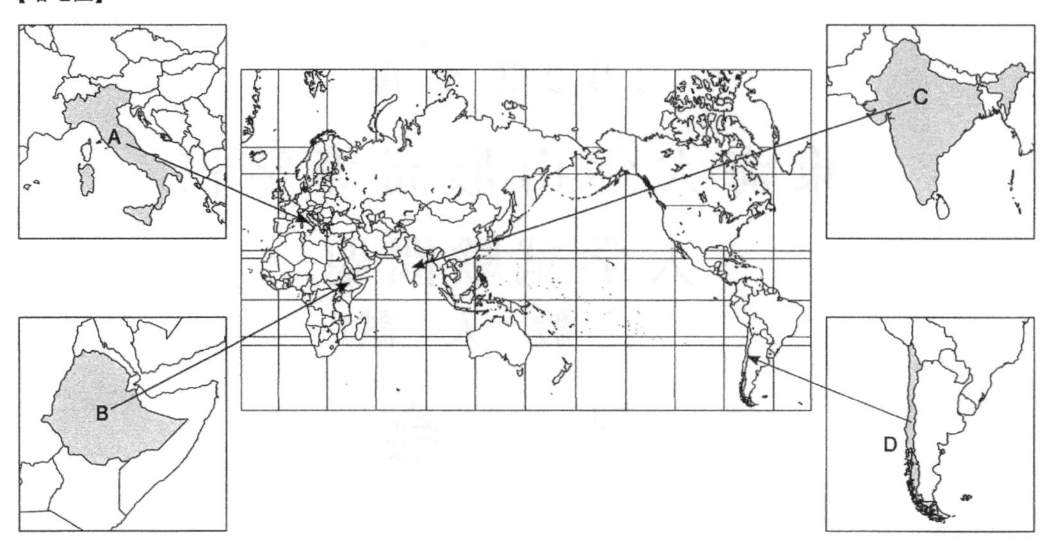

1　略地図中のA国とC国が位置する大陸の名前を書きなさい。

2　雨温図は，略地図中のA国～D国のいずれかの国の首都を表しています。あてはまる国を，国の記号A～Dで答えなさい。

【雨温図】

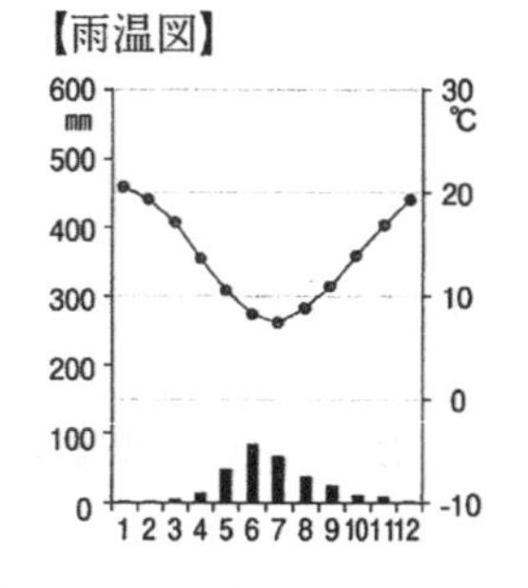

3　次は，和也さんが略地図中のA国の自然環境についてまとめたものです。あとの問いに答えなさい。

> A国は，［　X　］造山帯が通っているため，高く険しい山があり，火山や地震もみられる。気候は①地中海性気候で，オレンジやブドウ，オリーブなどを栽培している。

(1)　［　X　］にあてはまる言葉を書きなさい。

(2)　文中の下線部①を説明した文として適切なものを，次のア～エから一つ選び，記号で答えなさい。

ア　暖流の北大西洋海流と，偏西風の影響を受け，緯度の割に温暖で，１年通して安定した降水量がみられる。

イ　季節風の影響を受け，冬と夏の気温差が大きく，１年通して降水量が多い。

ウ　一年中暑くて四季の変化がなく，降水量が多い。

エ　夏は暑くて乾燥し，冬は比較的温暖で降水量が多い。

【資料Ⅰ】日本のB国への輸出品と輸入品の割合(%)

輸出品		輸入品	
バス・トラック	68.9	コーヒー豆	70.9
一般機械	8.0	ごま	17.4
鉄鋼	5.6	植物性原材料	8.6
自動車部品	3.6	衣類	1.3
乗用車	3.3	蜜ろう	0.4

(二宮書店『データブック・オブ・ザ・ワールド 2022年版』から作成)

4　資料Ⅰは，日本の略地図中のB国との貿易を表したものです。B国のように，特定の農産物や鉱産資源の輸出に依存している経済を何というか，書きなさい。

5　略地図中のC国の人々の多くは，牛肉を食べません。その理由を**ヒンドゥー教**という語を用いて書きなさい。

6　資料Ⅱは，D国が世界で最も多く産出している鉱産資源の産地です。この資源は何か，次の**ア**～**エ**から一つ選び，記号で答えなさい。

【資料Ⅱ】

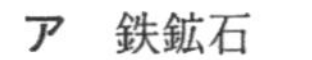

ア　鉄鉱石　　　**イ**　銅

ウ　石炭　　　　**エ**　ボーキサイト

7　資料Ⅳは，和也さんが略地図中のA国～D国の人口などについてまとめたものです。A国にあたるものを，**ア**～**エ**から一つ選び，記号で答えなさい。

【資料Ⅳ】

	人口(百万人)	産業別人口割合(%)			一人当たり国民所得(ドル)
		第一次産業	第二次産業	第三次産業	
ア	1,380.0	43.3	24.9	31.7	2,120
イ	114.9	66.7	10.0	23.3	850
ウ	60.4	3.8	26.1	70.1	34,830
エ	19.1	9.2	22.3	68.5	14,990

(二宮書店『データブック・オブ・ザ・ワールド 2022年版』などから作成)

2

はるかさんは，都道府県を調べる授業で，日本と日本の各地について，調べました。略地図を見て，あとの問いに答えなさい。

【略地図】

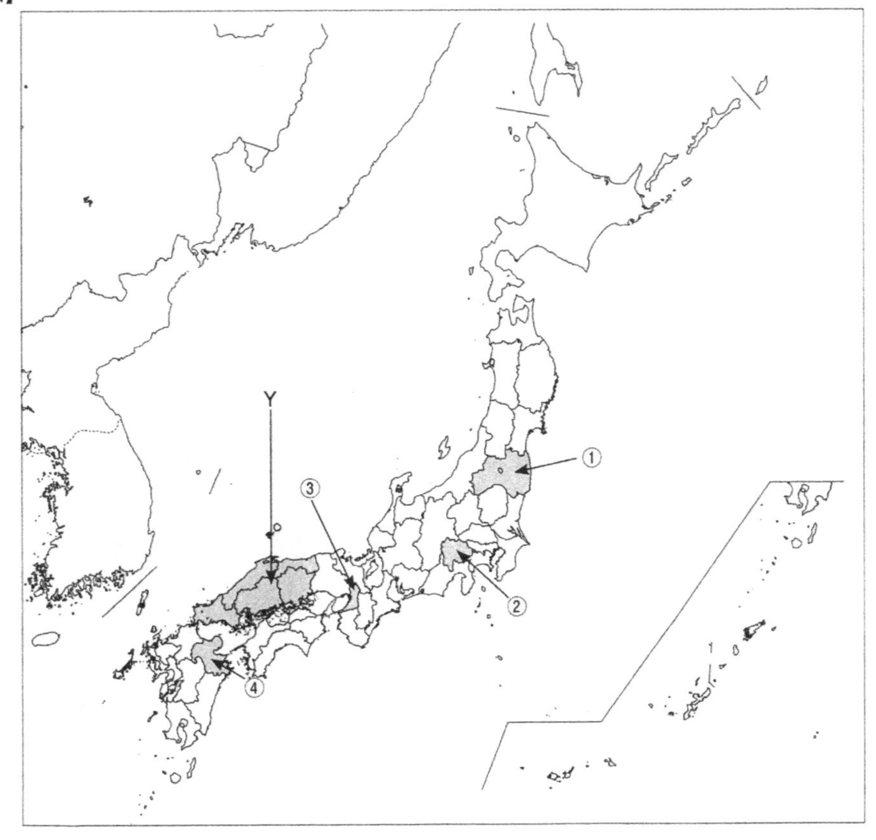

1　次は，はるかさんが，日本の領域についてまとめたものです。文中の空欄［　X　］にあてはまる言葉を，**漢字７字**で答えなさい。

> 日本は，４つの大きな島と数千の小さな島々が，約3000㎞にわたって細長く連なった島国です。領土面積はおよそ38万㎢ですが，水産資源や，海底にある鉱産資源を利用する権利を持つ［　X　］は世界有数の面積を持ち，日本にとって重要な海域です。

2　日本を７地方に区分した時，略地図中の**Y**を含む地域は何地方というか，書きなさい。

3　略地図中の①～④のうち，府県名と府県庁所在地名が**異なるもの**を，略地図の①～④から一つ選び，番号で答えなさい。またその府県名を答えなさい。

4　資料Ⅰは，水稲の収穫量と作況指数の推移を表しています。1993年は記録的な冷害に見舞われ，略地図中の①を含む東北地方の太平洋側で，収穫量が落ち込みました。この冷害を引き起こした，東北地方の太平洋側を中心に吹く，冷たく湿った風を何というか，書きなさい。

【資料Ⅰ】

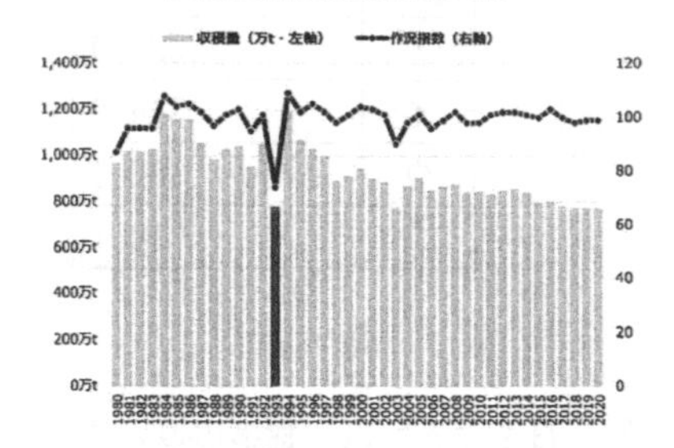

5　略地図中の②は，盆地が広がっており，果樹栽培がさかんです。果樹は，資料Ⅱの地形図にみられるような地形で栽培がさかんです。このような地形を何というか，書きなさい。

【資料Ⅱ】

6　略地図中の③について述べた文として適切なものを，次の**ア**～**エ**から一つ選び，記号で答えなさい。

ア　近くに炭田があり，また鉄鉱石の輸入先の国が近かったため，官営の製鉄所が造られ，鉄鋼業を中心とした工業地帯が発達した。

イ　「水の都」や「天下の台所」とよばれ，古くから船の行き来が盛んだったことにより，全国の米や特産物を売買する商業が発展していた。

ウ　長い間，日本の政治や文化の中心であったので，「古都」とよばれ，世界遺産に登録されている寺院や神社が数多く存在する。

エ　古くから繊維工業が発達していたが，織物機械を作る技術を土台とし，自動車の生産が始まり，第二次世界大戦後には，自動車工業が大きく発展した。

7　資料Ⅲは，略地図中の④にある，日本最大級の再生可能なエネルギーを利用した発電所です。次の文は，はるかさんが，なぜ④にこのような発電所が立地しているのか，調べてまとめたものです。［　Z　］にあてはまる言葉を書きなさい。

【資料Ⅲ】

> ④が位置している地方には［　Z　］ため，その活動で生じる地熱を利用し，電力を生み出している。

3 美帆さんは，わが国の歴史において，各時代の政治の中心となった人物について調べました。次の表は，そのとき調べたことをまとめたものです。表を見て，あとの問いに答えなさい。

A	B	C	D

この絵は，権力を独占した蘇我氏を，中大兄皇子が倒す様子が描かれた絵巻の一部である。この後，中臣鎌足らとともに，国政の改革を行った。	この人物は,平安時代に栄華を極めた［X］である。その後，藤原氏と血縁関係のうすい天皇が即位すると天皇中心の政治が復活した。	この人物は，鎌倉幕府滅亡後，建武の新政を行った後醍醐天皇である。後に室町幕府が誕生し，吉野に逃れるが，自分の正当性を主張し続けた。	この人物は，江戸幕府の8代将軍徳川吉宗である。幕府の財政の立て直しに取り組み，質素・倹約をかかげて支出をおさえた。

1　Aの下線部について，次の問いに答えなさい。

(1)　この改革を何というか，書きなさい。

(2)　改革を行う中，日本が唐と新羅の連合軍と戦った，略地図の**a**の場所として適切なものを，次の**ア**～**エ**から一つ選び，記号で答えなさい。

　ア　大宰府　　**イ**　高句麗　　**ウ**　長安　　**エ**　白村江

【略地図】

2　Bについて，次の問いに答えなさい。

(1)　［X］にあてはまる人物名を書きなさい。

(2)　メモは，美帆さんが，平安時代に日本と貿易を行った国について調べ，まとめたものです。［Y］にあてはまる国の国名を，書きなさい。

【メモ】

○9世紀に起きた国内での反乱以後，唐の勢力が急速におとろえて滅亡し，［Y］が国内を統一した。
○政治の実権を握った平清盛は大輪田泊を修築し，［Y］との貿易に力を入れた。

3　Cの下線部について，室町幕府におかれた，将軍の補佐役を何というか，**漢字2字**で書きなさい。

4　Dの下線部ついて，次の問いに答えなさい。

(1)　徳川吉宗が行ったこととして適切なものを，次の**ア**～**エ**から一つ選び，記号で答えなさい。

ア　物価の上昇を防ぐため，株仲間を解散させた。
イ　庶民の意見を取り入れるため，目安箱を設置した。
ウ　動物愛護を定めた，生類憐みの令を出した。
エ　江戸と領地を行き来する，参勤交代の制度が整えられた。

(2)　次は，美帆さんが，徳川吉宗の政治改革についてまとめたものです。［　　］にあてはまる言葉を，**裁判**という語を用いて書きなさい。

徳川吉宗は，それまでの法を整理し，［　　　　］という法典を制定した。

4 次の略年表は，近現代のわが国の文化の動きについて，まとめたものです。次の問いに答えなさい。

【略年表】

年	で き ご と
1871	津田梅子ら女子留学生渡米……………………①
1872…… ↑	暦が太陰暦から太陽暦へと変更される
A	
1911…… ↓	青鞜社が結成される…………………………②
1916	吉野作造が民本主義をとなえる…………③
1925	ラジオ放送の開始
1953	テレビ放送の開始
1964	東京オリンピックが開催される…………④

1　略年表中の①と同じ年のできごととして適切なものを，次の**ア**～**エ**から一つ選び，記号で答えなさい。

　ア　民撰議院設立建白書が提出される。　　**イ**　ノルマントン号事件がおこる。

　ウ　五箇条の御誓文が出される。　　**エ**　岩倉使節団が出発する。

2　略年表中の②について，資料の人物は，青鞜社の結成に関わった人物です。この人物が目指したことを，**政治**という語句を用いて書きなさい。

【資料】

3　略年表中の③について，民本主義にもとづく社会運動がさかんになった，この時代の風潮を何というか，書きなさい。

4　次の**ア**～**エ**は，略年表中の**A**の時期のできごとです。**ア**～**エ**を，おこった年の古い順に並べ替え，記号で答えなさい。

　ア　地租改正が実施される

　イ　日清戦争がおこる

　ウ　教育勅語が発布される

　エ　ポーツマス条約が結ばれる

5　次は，略年表中の④についてまとめたものです。あとの問いに答えなさい。

> 第二次世界大戦で打撃を受けた日本経済は，戦後10年で戦前の水準にもどり，「もはや戦後ではない」といわれた。こののち，1970年代初めまで続く経済の急成長は，［　X　］とよばれ，人々の生活水準は急速に高まった。
>
> 1960年に，池田勇人内閣が「所得倍増」政策をうち出すと，人々の関心は経済に向かった。1964年に東京オリンピックが開かれ，それに合わせて各地に高速道路がつくられ，［　Y　］新幹線も開通した。

(1)　［　X　］にあてはまる言葉を，**漢字6字**で書きなさい。

(2)　［　Y　］にあてはまる言葉として適切なものを，次の**ア**～**エ**から一つ選び，記号で答えなさい。

　ア　東海道　　**イ**　東北　　**ウ**　上越　　**エ**　北陸

5 次の略年表は，様々な国の人権思想の発展と日本の憲法の歴史をまとめたものです。略年表を見て，あとの問いに答えなさい。

【略年表】

年	できごと
1689	ⓐイギリスで権利章典が制定される
1776	アメリカ独立宣言
1789	人権宣言が発表される…………………①
1863	リンカーン大統領の演説
1889	大日本帝国憲法が制定される…………②
1919	ワイマール憲法が制定される…………③
1946	日本国憲法が公布される………………④

【資料】

1　略年表中の下線部ⓐについて，イギリスの思想家で，『統治二論』を著した人物として適切なものを，次の**ア**～**エ**から一つ選び，記号で答えなさい。

　ア　ホッブス　　**イ**　ロック　　**ウ**　ルソー　　**エ**　モンテスキュー

2　略年表中①について，資料は人権宣言の扉絵です。この人権宣言を発表した国はどこか，書きなさい。

3　略年表中②について，この憲法では天皇が主権者と定められる一方で，国民の権利は，天皇の恩恵によって与えられました。この権利のことを何というか，書きなさい。

4　略年表中③について，この憲法で世界で初めて明記された，労働者などの立場の弱い人を守るための権利を何というか，書きなさい。

5　略年表中④について，次の文章を読み，あとの問いに答えなさい。

> Ⓐ日本国憲法は，戦前の天皇主権を否定して，Ⓑ国民主権の原理を採用し，人権の保障を強化している。また，多くの犠牲を出した戦争と戦前の軍国主義の反省に基づいて，Ⓒ憲法第９条を明記し，戦争の放棄や戦力と交戦権を持たないことを規定している。

(1)　次は，下線部Ⓐにおける憲法改正の手続きについて述べたものです。［ⓐ］，［ⓑ］，［ⓒ］にあてはまる言葉の組み合わせとして適切なものを，あとの**ア**～**エ**から一つ選び，記号で答えなさい。

> 憲法の改正は，衆議院と参議院で［ⓐ］の［ⓑ］の賛成による国会の発議と，国民投票で［ⓒ］の賛成が必要だと定められている。

ア　ⓐ　出席議員　　ⓑ　過半数　　ⓒ　３分の２以上
イ　ⓐ　総議員　　ⓑ　過半数　　ⓒ　３分の２以上
ウ　ⓐ　出席議員　　ⓑ　３分の２以上　　ⓒ　過半数
エ　ⓐ　総議員　　ⓑ　３分の２以上　　ⓒ　過半数

(2)　下線部Ⓑについて，国民主権とはどのような原理か，**決定権，政治，国民の意思**の三つの語を用いて書きなさい。

(3)　下線部Ⓒについて，政府は武力行使を一切禁じているようにみえますが，自衛のための最低限度の実力として自衛隊が組織されています。そこで政府は，2014年に「武力攻撃を受けた他国からの要請に基づき，その国の防衛のための武力行為を行う」権利を定めました。このことを**漢字６字**で何というか，書きなさい。

6 麻央さんは，公民の課題研究で「わたしたちのくらしと経済」の分野について調べました。表はそのときまとめたものの一部です。表を見て，あとの問いに答えなさい。

	テーマ	ま　と　め
A	社会保障と私たちの生活	日本の社会保障制度は，社会保険，①公衆衛生，社会福祉，公的扶助の四つの柱からなっています。これらの制度は，日本国憲法25条で保障されている②生存権に基づいています。所得を正確に把握して給付と負担の公平を図ることなどを目的に，③国民一人一人が番号を持つ制度が，2016年度より導入されています。
B	国の支出と収入	税金は，所得に課す④所得課税，消費に課す消費課税，資産に課す資産課税に大きく分かれます。また，⑤税金には，直接税と間接税があります。原則として，所得課税や資産課税は直接税ですが，消費課税は消費者に代わって事業者が税を納めるため，間接税です。
C	国際社会のよりよい発展	将来の世代を含むすべての人々が質の高い生活を維持できるようにすることで，社会の持続可能性を高めていくことが，求められています。2015年に国連で，⑥持続可能な開発目標が採択されました。この持続可能な開発目標では，「誰一人取り残さない」ことが理念に掲げられ，2030年までに達成すべき⑦17の目標が設定されました。

1　Aについて，次の問いに答えなさい。

(1)　下線部①について，公衆衛生と関係の深いことがらとして**適切でないもの**を，次の**ア**～**エ**から一つ選び記号で答えなさい。

ア　上下水道整備
イ　廃棄物処理
ウ　感染症対策
エ　職業訓練

(2)　下線部②について，社会保障制度の基本精神を示した憲法の条文として適切なものを，次の**ア**～**エ**から一つ選び，記号で答えなさい。

ア　財産権は，これを侵してはならない
イ　健康で文化的な最低限度の生活を営む
ウ　法の下の平等であって，差別されない
エ　侵すことのできない永久の権利として，国民に与えられる

(3)　下線部③について，国民が12桁の番号を持つ社会保障・税番号を**カタカナ**で何というか，書きなさい。

2　Bについて，次の問いに答えなさい。

(1)　下線部④について，所得税でとられている累進課税とはどのような制度か，**税金の割合**と**所得の格差**の二つの語を用いて書きなさい。

(2)　下線部⑤について，国税の間接税と地方税の直接税の組み合わせとして適切なものを，次の**ア**～**エ**から一つ選び，記号で答えなさい。

ア　酒税－自動車税　　**イ**　法人税－事業税
ウ　関税－ゴルフ場利用税　　**エ**　相続税－揮発油税

3　Cについて，次の問いに答えなさい。

(1)　下線部⑥ついて，略称を何というか，書きなさい。

(2)　下線部⑦について，17の目標として**適切でないもの**を，次の**ア**～**エ**から一つ選び，記号で答えなさい。

ア　住み続けられるまちづくりを　　**イ**　気候変動に具体的な対策を
ウ　キャッシュレス社会を広げよう　　**エ**　ジェンダー平等を実現しよう

2023年度
東海大学山形高等学校
入学試験問題
(一 般 入 試)
理 科

(12:40 ～ 13:30)

注 意

1 「開始」の合図があるまで，開いてはいけません。

2 問題用紙は，9ページまであります。

3 解答用紙は，問題用紙の中にはさんであります。

4 「開始」の合図があったら，まず，解答用紙を取り出し，受験番号を書きなさい。次に，問題用紙のページ数を確認し，不備があればすぐに手を挙げなさい。

5 答えは，すべて解答用紙に書きなさい。

6 「終了」の合図で，すぐに鉛筆（シャープペンシルを含む）をおき，解答用紙を開いて裏返しにしなさい。

1 涼音さんは，農薬によってミツバチが減り，植物の受粉に影響が出てくる可能性があると聞き，ホウセンカを用いて植物の受粉と有性生殖の関係について調べた。あとの問いに答えなさい。

【実験】

① スライドガラスにある水溶液を一滴落とし，その上にホウセンカの花粉を散布した。

② 一定時間ごとに顕微鏡で観察し，スケッチした。

1 ①のある水溶液として適するものはどれか，次の**ア**～**エ**から一つ選び，記号で答えなさい。

ア 重そうの水溶液

イ 食塩の水溶液

ウ 砂糖の水溶液

エ 二酸化炭素の水溶液

2 次は，植物の受精と発生についてまとめたものである。[a]，[b]にあてはまる語の組み合わせとして適切なものはどれか，あとの**ア**～**エ**から一つ選び，記号で答えなさい。

> 花粉管が[a]まで達すると，花粉管の中を移動してきた精細胞の核が，[a]の中にある卵細胞の核と合体する。
>
> 受精卵は，[a]の中で体細胞分裂をくり返し，[b]になる。[b]は，将来，植物のからだになるつくりを備えている。
>
> また，[b]を含む[a]全体は，成長して種子になる。種子が発芽すると，[b]が成長し，やがて親と同じような植物のからだができる。

ア a 柱頭 b 胚珠　　**イ** a 柱頭 b 胚

ウ a 胚珠 b 胚　　**エ** a 胚 b 胚珠

3 有性生殖を行う生物が生殖細胞をつくるために行う特別な細胞分裂を何というか，書きなさい。

4 ホウセンカの染色体数は14本である。ホウセンカの精細胞に含まれている染色体数は何本か，書きなさい。

5 有性生殖が無性生殖と異なる点は何か，簡潔に書きなさい。

2 颯さんは，植物が光合成をして二酸化炭素を吸収していることを知り，植物が多くなるほど空気中の二酸化炭素を減らせるのではないかと考え，次の実験を行った。あとの問いに答えなさい。

【実験１】

① タンポポの葉を入れた試験管Ａと何も入れない試験管Ｂを用意した。
② ①で用意したそれぞれの試験管にストローで息をふきこみ，ゴム栓でふたをして，光が十分にあたる場所に数時間置いた。
③ ②の試験管に石灰水を入れてよく振った。

1 ③の結果，試験管Ａは変化がなく，試験管Ｂは白くにごった。石灰水で確認できたことは何か，簡潔に書きなさい。

2 この実験で，２種類の試験管を準備するのはなぜか，簡潔に書きなさい。

【実験２】

① 試験管ＣとＤの２本を用意し，それぞれの試験管に十分に二酸化炭素を吹き込んだＢＴＢ溶液とオオカナダモを入れた。
② 試験管Ｃは何もせず，試験管Ｄの全体をアルミニウムはくでおおった。
③ 光が十分にあたる場所に数時間置いた。

3 次は，颯さんが実験２についてまとめたものである。あとの問いに答えなさい。

> 十分に二酸化炭素を吹き込んだＢＴＢ溶液は［ a ］色をしている。オオカナダモが光合成をすると，試験管ＣのＢＴＢ溶液の色が［ b ］色に変化する。
> 試験管ＤのＢＴＢ溶液の色は［ c ］。

(1) ［ a ］，［ b ］に当てはまる言葉の組み合わせとして正しいものはどれか，あとの**ア**～**エ**から一つ選び，記号で答えなさい。

ア a 青 b 緑　　**イ** a 青 b 黄
ウ a 緑 b 青　　**エ** a 黄 b 青

(2) ［ c ］にあてはまる言葉は何か，書きなさい。

4 ③で，数時間置いた試験管Ｄでは，水溶液中の二酸化炭素の量は増えていた。その理由は何か，簡潔に書きなさい。

3　哲郎さんと進さんは，理科の授業で火成岩の観察を行った。次は，授業中の二人の対話である。図１は観察を行った火成岩の表面を，図２は岩石の種類とふくまれる主な鉱物の割合を模式的に示したものである。あとの問いに答えなさい。

哲郎：火成岩Aは，濃いめの色だけど，火成岩Bは白っぽい色をしているね。
進　：火成岩Aは，ほぼ同じ大きさの鉱物が集まっているね。
哲郎：火成岩Bは，黒色や白色の鉱物が散らばって見えるね。
進　：火成岩Cは，火成岩Aと同じように濃いめの色だけど，火成岩Bのように鉱物が散らばっているよ。
哲郎：火成岩には様々な種類があることがわかったね。
進　：色や岩石のつくりにどのような違いがあるか調べてみよう。

図１

火成岩A

火成岩B

火成岩C

図２

火山岩	流紋岩	安山岩	玄武岩
深成岩	花こう岩	閃緑岩	はんれい岩
鉱物の割合	石英 黒雲母(くろうんも)	長石 角閃石(かくせんせき)	輝石 カンラン石 □無色鉱物 ▨有色鉱物
鉱物の色	W ←	→	X
マグマのねばりけ	Y ←	→	Z

1　火成岩A，B，Cの名称の組み合わせとして最も適切なものはどれか，次の**ア**～**エ**から一つ選び，記号で答えなさい。

ア　火成岩A　玄武岩　　火成岩B　流紋岩　　火成岩C　はんれい岩
イ　火成岩A　閃緑岩　　火成岩B　安山岩　　火成岩C　流紋岩
ウ　火成岩A　はんれい岩　　火成岩B　流紋岩　　火成岩C　玄武岩
エ　火成岩A　花こう岩　　火成岩B　流紋岩　　火成岩C　はんれい岩

2　火成岩Aのような岩石のつくりを等粒状組織という。このようなつくりになる理由は何か，簡潔に書きなさい。

3　火成岩Bや火成岩Cにみられる黒色や白色の比較的大きな鉱物を何というか，書きなさい。

4　図2のW，X，Y，Zにあてはまる語の組み合わせとして，最も適切なものはどれか，次の**ア**～**エ**から一つ選び，記号で答えなさい。

ア　W　黒っぽい　　X　白っぽい　　Y　強い　　Z　弱い
イ　W　黒っぽい　　X　白っぽい　　Y　弱い　　Z　強い
ウ　W　白っぽい　　X　黒っぽい　　Y　強い　　Z　弱い
エ　W　白っぽい　　X　黒っぽい　　Y　弱い　　Z　強い

5　図2から，すべての岩石に長石が含まれることがわかる。長石の特徴は何か，簡潔に書きなさい。

4 奈緒さんは，夏に冷えたアイスコーヒーを飲んでいるとグラスの外側に水滴が生じたことに疑問をもった。次の問いに答えなさい。

1　次は，奈緒さんのノートの一部である。［　a　］にあてはまる語を書きなさい。

> 空気を冷やしていくと，空気にふくまれている水蒸気の一部が水滴に変わる。これを［　a　］といい，空気にふくまれる水蒸気が［　a　］し始める温度を露点という。

2　飽和水蒸気量の説明として，最も適切なものはどれか，次の**ア**～**エ**から一つ選び，記号で答えなさい。

ア　1 m^3の空気がふくむことのできる水蒸気の最大質量。
イ　1 m^3の空気がふくむことのできる水蒸気の最小質量。
ウ　1 m^3の空気が空気中にとどまることができなくなり，液体になった状態。
エ　1 m^3の空気が空気中にとどまることができなくなり，固体になった状態。

3　次の表とグラフは，気温と飽和水蒸気量との関係を示したものである。あとの問いに答えなさい。

表

気温（℃）	飽和水蒸気量（g / m^3）
0	4.8
5	6.8
10	9.4
15	12.8
20	17.3
25	23.1
30	30.4

グラフ

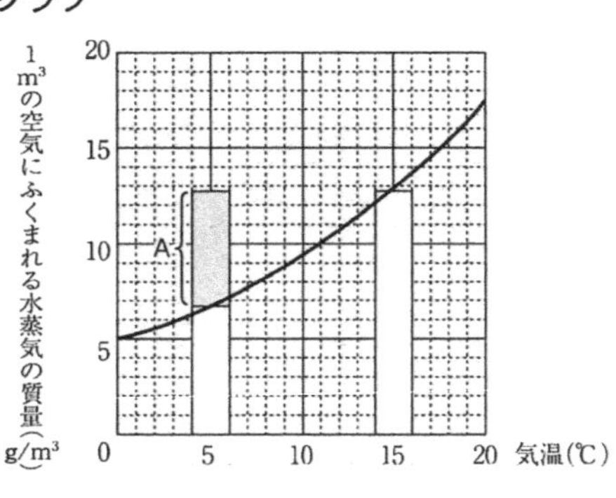

(1) 気温が15℃のとき，空気1 m^3にふくまれる水蒸気の質量が9.6 gだとすると湿度は何％になるか，求めなさい。

(2) 気温10℃，湿度60％の空気の露点として，最も適切なものはどれか，次の**ア**～**エ**から一つ選び，記号で答えなさい。

ア　2℃　　**イ**　4℃　　**ウ**　6℃　　**エ**　8℃

(3) グラフの15℃の空気を5℃まで冷やした。グラフのAは，何を示しているか，簡潔に書きなさい。

5 絵美さんは，うすい塩酸に石灰石の粉末を入れる実験を行った。次は，絵美さんのレポートの一部である。あとの問いに答えなさい。

【実験】

① ビーカーＡ～Ｅに同じ濃度のうすい塩酸を20cm^{3}ずつ入れた。

② これらのビーカーに石灰石の粉末を加えた。

③ 反応が終わった後のビーカー全体の質量をはかった。

【結果】

- うすい塩酸を入れたときのビーカーＡ～Ｅの質量はどれも50.0gであった。
- 石灰石の粉末を加えると、どのビーカーからも気体が発生した。
- 加えた石灰石の質量と気体の発生が終った後のビーカー全体の質量は表のようになった。

表

ビーカー	A	B	C	D	E
加えた石灰石の粉末の質量［g］	0.5	1.0	1.5	2.0	2.5
気体の発生が終わった後のビーカー全体の質量［g］	50.3	50.6	50.9	51.2	51.7

1 実験で発生した気体を確かめる方法は何か，簡潔に書きなさい。

2 この実験で発生した気体は何か，化学式で書きなさい。

3 この実験で発生した気体と同じ気体を発生させる方法はどれか，適切なものを，次の**ア**～**エ**から一つ選び，記号で答えなさい。

ア 亜鉛にうすい塩酸を加える。

イ 塩化銅水溶液を電気分解する。

ウ 二酸化マンガンにうすい過酸化水素水を加える。

エ 炭酸水素ナトリウムを加熱する。

4 ビーカーＢで発生した気体は何ｇか，求めなさい。

5 反応後に石灰石の一部がとけ残ったビーカーがあった。そのビーカーはどれか，表のＡ～Ｅから一つ選び，記号で答えなさい。

6　次は，康太さんが電池についてまとめたものである。あとの問いに答えなさい。

電解質の水溶液に電極として２種類の異なる金属板を入れると，電池となって電流が流れる。その電池の＋極，－極は２種類の金属のイオンへのなりやすさによって決まる。

図のようにアルミニウム板と銅板を電極とした電池をつくると，アルミニウム板の表面では，原子が電子を失って塩酸にとけ出していく。電極に残った電子は，導線を通って銅板へ向かって流れる。銅板の表面では，<u>陽イオンが導線から流れてくる電子を受けとり，水素が発生する。</u>よって，アルミニウムと銅のイオンへのなりやすさを比べると［　a　］の方が大きく，［　b　］板が＋極になることがわかる。

図

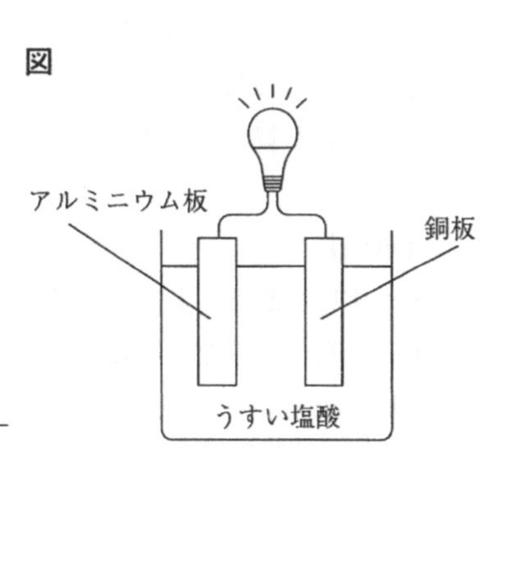

1　［　a　］，［　b　］に適する物質は何か，名称を書きなさい。

2　うすい塩酸のかわりに用いたとき，電流が流れなかったのはどれか，次の**ア**～**エ**から一つ選び，記号で答えなさい。

ア　うすい硫酸
イ　硫酸銅水溶液
ウ　砂糖水
エ　レモン水

3　流れる電流を大きくする方法は何か，簡潔に書きなさい。

4　下線部の反応を，例にならってイオンを表す化学式を使って書きなさい。ただし，電子はe^-と表すものとする。

例：$Zn \rightarrow Zn^{2+} + 2e^-$

7 響さんは，電圧と電流の関係を調べるために電熱線ａ，ｂを用い，次の実験を行った。あとの問いに答えなさい。

【実験１】 図１のように，電熱線ａを用いた回路をつくり，電熱線ａに加わる電圧と回路を流れる電流を測定した。グラフ１はその結果を示したものである。

図１

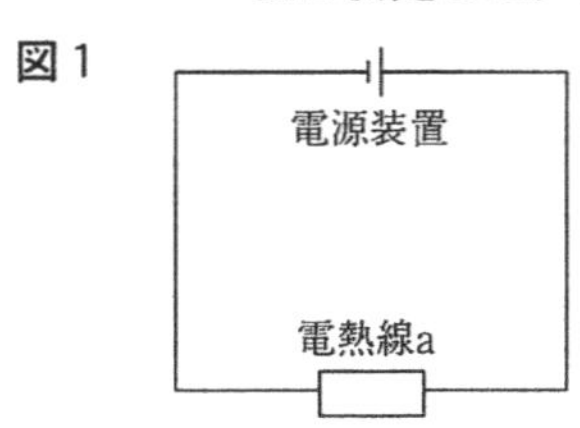

グラフ１

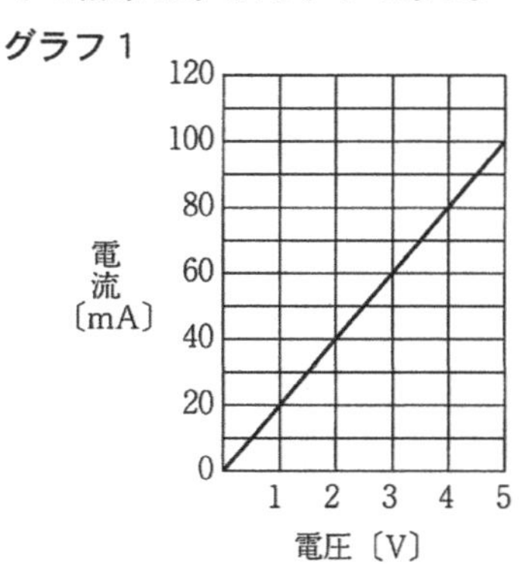

【実験２】 電熱線ａと電熱線ｂを直列につないで回路つくり，電熱線ａと電熱線ｂの両端に加わる電圧と回路を流れる電流を測定した。グラフ２はその結果を示したものである。

グラフ２

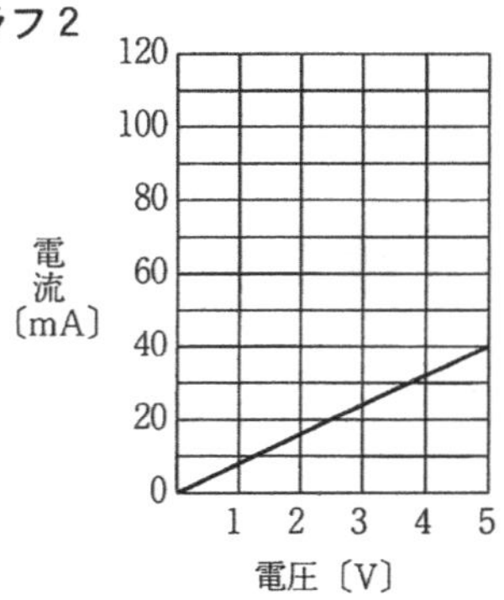

１　実験１で，電流と電圧を測ることができるように電流計と電圧計をつないだ回路図を，解答欄に書きなさい。

２　電流の大きさが予想できないとき，電流計の－端子はアンペアの大きいものにつながなければならない。その理由は何か，簡潔に書きなさい。

３　実験１の結果から，電熱線ａの電気抵抗は何Ωか，求めなさい。

４　電熱線ａと電熱線ｂを直列につないだ回路図を，解答欄に書きなさい。

５　実験２の結果から，電熱線ｂの電気抵抗は何Ωか，求めなさい。

8 大志さんは，水中の物体が受ける力について調べるために，次の実験を行った。なお，質量が100 gの物体にはたらく重力の大きさを1.0Nとする。また，糸はのび縮みせず，質量と体積は無視できるものとする。あとの問いに答えなさい。

【実験１】

図１のように，ばねばかりに物体Aをつるした。このとき，ばねばかりは1.5Nを示した。

【実験２】

実験１のばねばかりと物体Aを用いて，図２のように物体Aをつるしたまま水にしずめた。このとき，ばねばかりは1.0Nを示した。

【実験３】

図３のように，物体Bをばねばかりにつるして水の中に静かにしずめた。グラフはそのときの物体Bを下げた距離とばねばかりの目盛りの値を表している。

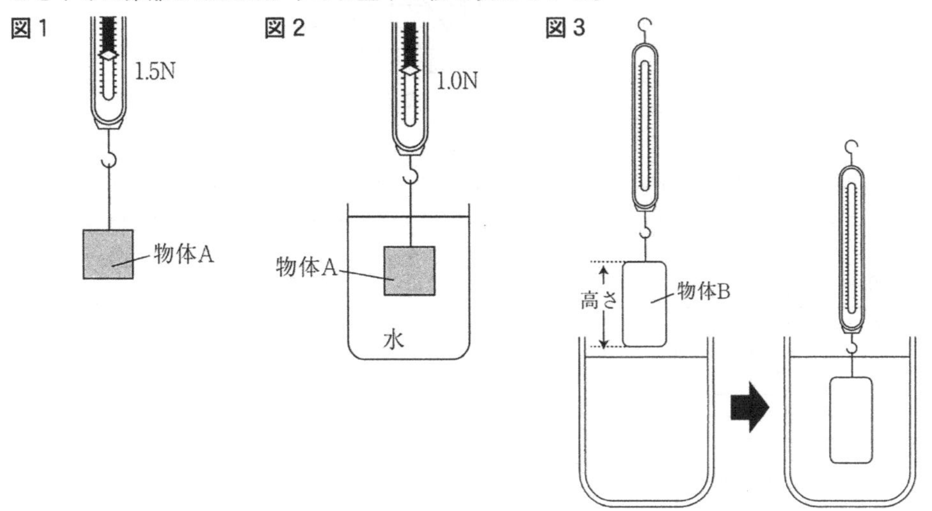

1　実験１で，ばねばかりが1.5Nを示したことから，物体Aの質量は何ｇか，求めなさい。

2　実験２で，物体Aを水にしずめたときの浮力の大きさは何Nか，求めなさい。

3　物体Bを全部水にしずめたとき，物体Bにはたらく浮力は何Nか，求めなさい。

4　物体Bが容器の底につかない程度にさらに深くしずめたとき，物体Bにはたらく浮力はどのようになるか，簡潔に書きなさい。

5　実験３で用いた物体Bの高さは何cmか，求めなさい。

グラフ

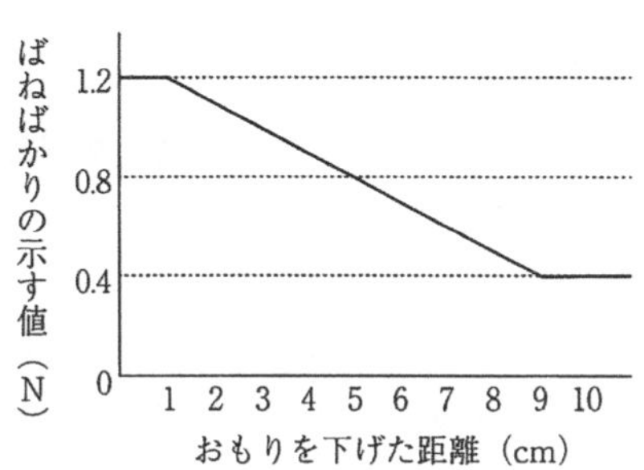

2023年度

東海大学山形高等学校
入学試験問題
(一般入試)

英語

(13:45 ～ 14:35)

注意

1 「開始」の合図があるまで，開いてはいけません。

2 最初に，放送によるテストがあります。

3 問題用紙は，10ページまであります。

4 解答用紙は，問題用紙の中にはさんであります。

5 「開始」の合図があったら，まず，解答用紙を取り出し，受験番号を書きなさい。次に，問題用紙のページ数を確認し，不備があればすぐに手を挙げなさい。

6 答えは，すべて解答用紙に書きなさい。

7 「終了」の合図で，すぐに鉛筆（シャープペンシルを含む）をおき，解答用紙を開いて裏返しにしなさい。

1　これはリスニングテストです。放送の指示に従って答えなさい。

※音声は収録しておりません

1

No. 1

ア　イ　ウ　エ

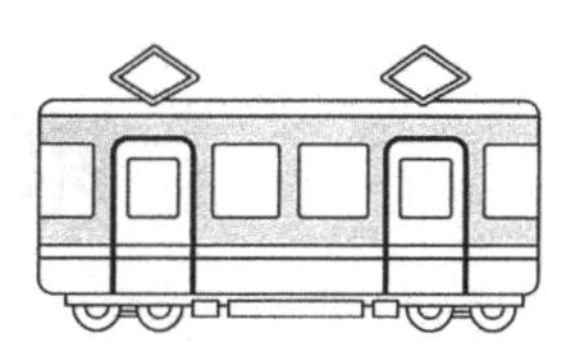

No. 2

ア　イ　ウ　エ

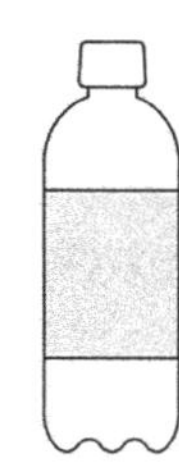

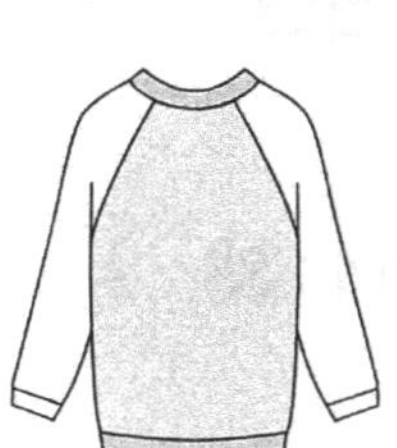

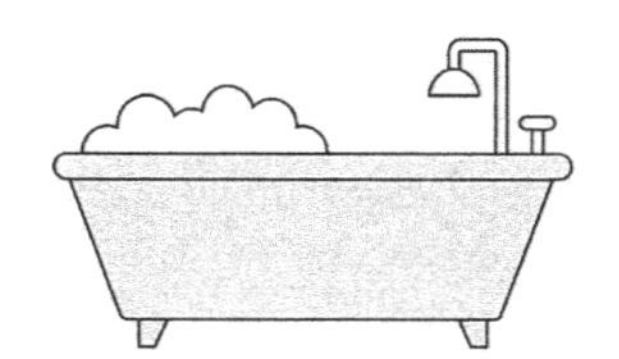

2　放送の指示に従って答えなさい。

〈和樹さんのメモ〉

- 次の日曜日に（　ア　）公園へ行く。
- （　イ　）年間プレーし続けている。
- ジャネット先生が（　ウ　）のころに始めた。

3

No. 1　ア　On next Friday.
　　　イ　On next Wednesday.
　　　ウ　On next Monday.
　　　エ　Today.

No. 2　ア　They will talk with Ms. Janet.
　　　イ　They will sleep well.
　　　ウ　They will go shopping.
　　　エ　They will write about their dreams.

4　放送の指示に従って答えなさい。答えは，解答用紙に書きなさい。

（メモ用）

（　　　）のところの英語を聞き取り，書きなさい。

Ann : Have you prepared something for Mika's birthday party?

Kazuki : Not yet. I think (　　　　　　　　　　　　　　　　).

2 次の問いに答えなさい。

1　次の対話文の（　　　）の中に最も適する英語を，それぞれ1語ずつ書きなさい。（　　　）内に書き出しが与えられているものは，その書き出しに続けて書きなさい。

(1) *Jim* : I practiced soccer hard yesterday. So I am very tired now.
Masumi : Oh, really? You should go to (　　　) early tonight.

(2) *Girl* : What is this paper on the desk?
Boy : This is a letter (w　　　) Tom wrote.

(3) *Rinda* : Look over there. Who is a boy walking around the school?
Kazuki : He is my friend, Ryo. He is very kind and always (m　　　) me happy.

2　次の対話文の（　　　）の中に最も適するものを，あとの**ア**～**エ**からそれぞれ一つずつ選び，記号で答えなさい。

(1) *Mary* : Would you like to play tennis with me next weekend?
Risa : Sorry, I can't. (　　　　　　) So I can't see you.
Mary : All right. I'll do my homework at home.

ア　I must meet you.
イ　I must play tennis.
ウ　I must visit Tokyo.
エ　I must do my homework with you.

(2) *James* : Have you finished your homework?
Mei : Yes, I've just finished it.
James : That's good. (　　　　　　)
Mei : Yes, please.

ア　Was your homework difficult?
イ　May I help you with your homework?
ウ　Do you want some coffee?
エ　Did you have a lot of homework today?

3　次の英文について，あとの**ア**～**カ**の語を並びかえて正しい英文を完成させ，（　X　），（　Y　），（　Z　）にあてはまる語を，それぞれ記号で答えなさい。

(1) Do（　　）（　　）（　X　）（　Y　）（　　）（　Z　）?

ア house　**イ** know　**ウ** you　**エ** where　**オ** is　**カ** my

(2) I（　　）（　X　）（　　）（　Y　）（　　）（　Z　）the piano.

ア to　**イ** enjoy　**ウ** children　**エ** want　**オ** playing　**カ** many

3　中学生の美奈（Mina）さんは，SDGsについて調べ，グラフ（graph）と図（figure）について話をしています。以下は，グラフ，図，および美奈さんと留学生のトム（Tom）さんとの対話です。グラフ，図，および対話について，あとの問いに答えなさい。

graph

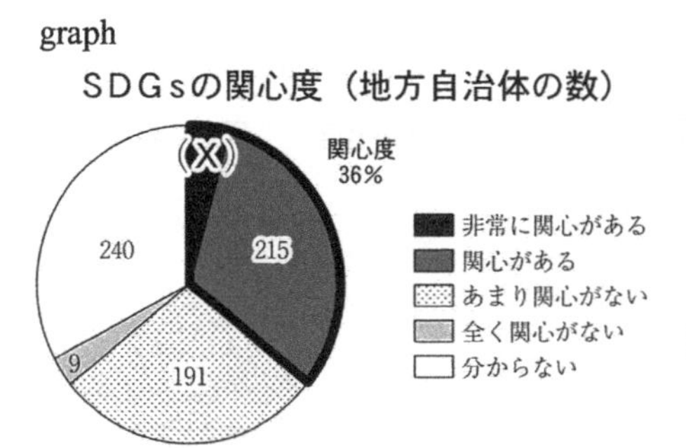

figure 1

1（Z）

figure 2

7 エネルギーをみんなに
そしてクリーンに

※お詫び：著作権上の都合により，イラストは掲載しておりません。
ご不便をおかけし，誠に申し訳ございません。　教英出版

環境省資料，国連広報センター資料より作成

Mina : Have you ever heard the word “SDGs”?

Tom : I have heard it before, but I don’t know what it is.

Mina : Really? “SDGs” are *goals to make the earth better. Look at this graph. This shows how many *local governments in Japan are interested in SDGs.

Tom : Wow! Many local governments have interest in SDGs in Japan. What do you think about this graph, Mina?

Mina : I am surprised that 244 local governments in Japan are interested in SDGs in total, but (　Y　) local governments have no interest in SDGs. How can we decrease the number?

Tom : I think we each have to know more about SDGs.

Mina : Next, look at figure1 and 2, please.

Tom : What are these? I saw them for the first time.

Mina : These are figures which show goals about SDGs. SDGs have 17 goals in all.

Tom : 17 goals? That’s so many!

Mina : Which figure are you interested in?

Tom : Umm, I am interested in figure 1. What does it show?

Mina : This shows a goal to help poor people. Like this, every figure has each goal in each *field.

Tom : I want to know more about SDGs! Can you teach me?

Mina : Of course!

（注）goal(s)　目標　　local government(s)　地方自治体　　field　分野

Kazuki : Ms. Janet, what will you do next Sunday?

Ms. Janet : I will go to the park to play tennis with my friends. I like tennis very much!

Kazuki : Wow, that's nice. How long have you played?

Ms. Janet : For ten years. I started it when I was a high school student.　　(間10秒)

くりかえします。(間３秒)

これで，２の問題を終わり，３の問題に移ります。問題用紙２ページの３を見て下さい。(間２秒)

これから，ＡＬＴのジャネット先生（Ms. Janet）が英語の授業で連絡をします。そのあと，クエスチョンズと言って二つの質問をします。それぞれの質問の答えとして最もふさわしいものを，**ア**，**イ**，**ウ**，**エ**の中から一つずつ選び，記号で答えなさい。英文は２回読みます。(間２秒)

では，始めます。(間２秒)

Good morning. I want to tell you about the English speech for next week. The topic is "your future dream." At first, please write your ideas about your dream on the paper and practice for your speech. The speech will be next Wednesday. Then you will talk about your dreams. I want to know your wonderful dreams. Try your best!
(間３秒)

Questions : No. 1　When is the speech day?　　(間８秒)

No. 2　What will students do before their speech?　　(間８秒)

くりかえします。(間３秒)

これで，３の問題を終わり，４の問題に移ります。問題用紙２ページの４を見て下さい。(間２秒)

これから英語による対話文を２回読みます。(　　　) のところの英文を聞き取り，書きなさい。
(間２秒)

では，始めます。(間２秒)

Ann : Have you prepared something for Mika's birthday party?

Kazuki : Not yet. I think it is difficult to choose a present.　　(間15秒)

くりかえします。(間２秒)

これで，リスニングテストを終わります。次の問題に移ってください。

Kenta : Ms. Janet, what will you do next Sunday?

Ms. Janet : [illegible]

[illegible]

Ms. Janet : For [illegible] years. I wanted [illegible]

[illegible]

[illegible] Ms. Janet [illegible]

[illegible]

[illegible] the English speech [illegible]

[illegible]

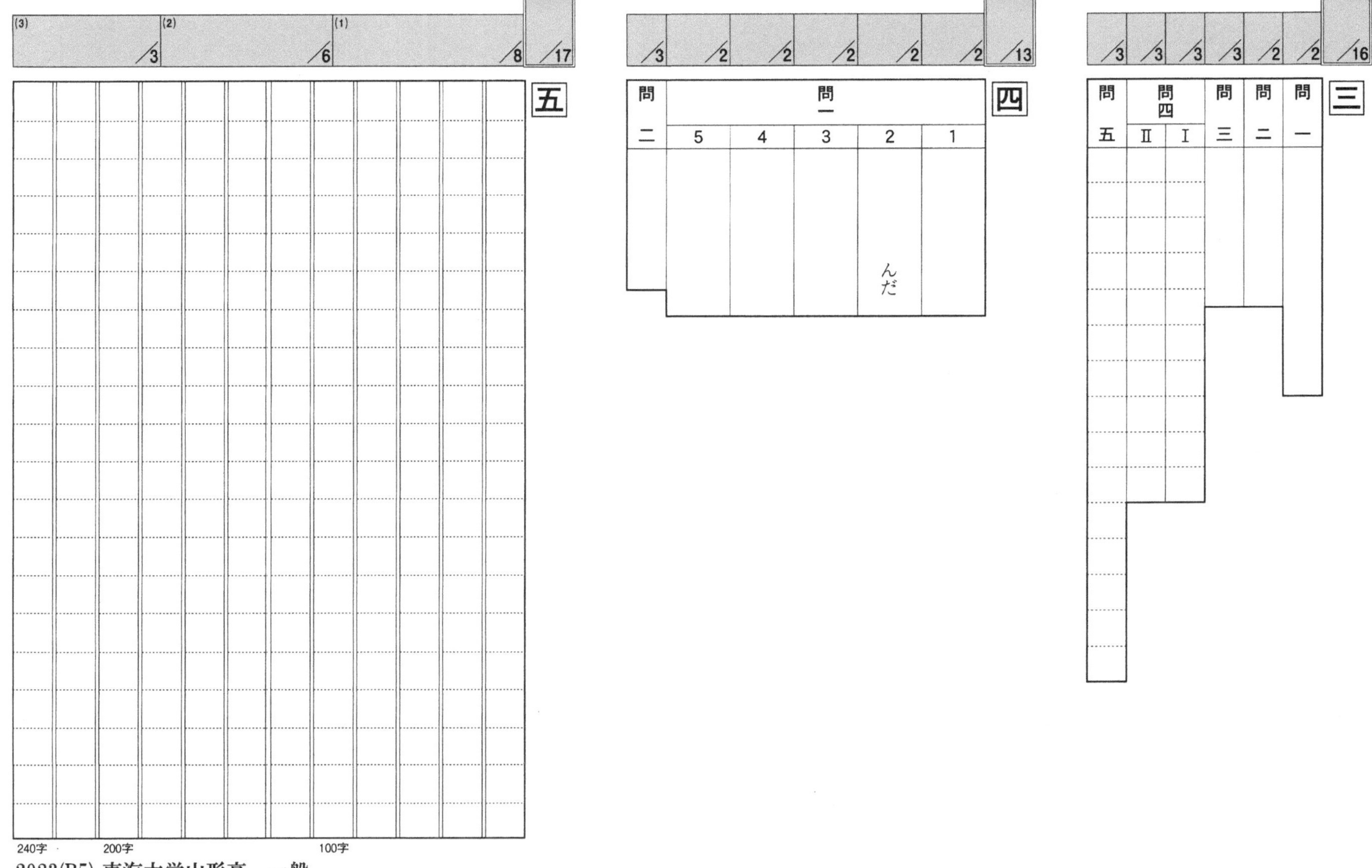

教英出版

1	$a=$		/4
2	ア		/2
	イ		/2
	ウ		/2
	エ		/2
	オ		/2
3			/4
4		秒後	/4

y (cm²)
14 13 12 11 10 9 8 7 6 5 4 3 2 1
0 1 2 3 4 5 6 7 x (秒)

1	度	/3
2	cm	/4
3	〈証明〉	/10

番号		解答	配点
1			/3
2			/3
3			/3
4		→ → →	/3
5	(1)		/3
	(2)		/2

番号		解答	配点
1			/2
2			/2
3			/2
4			/2
5	(1)		/2
	(2)		/3
	(3)		/2

6 /15

6

番号		解答	配点
1	(1)		/2
	(2)		/2
	(3)		/2
2	(1)		/3
	(2)		/2
3	(1)		/2
	(2)		/2

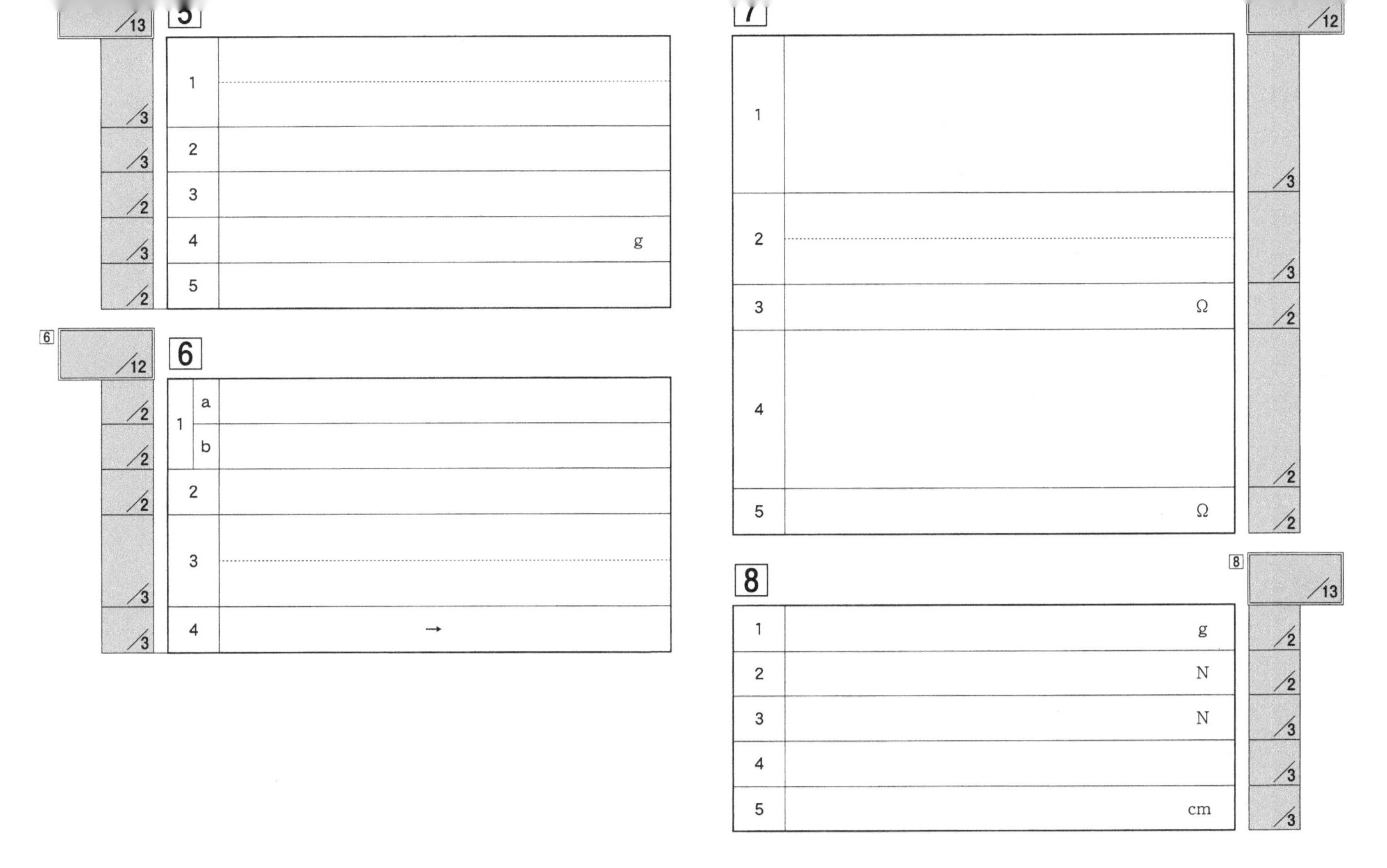

5 /13

1		/3
2		/3
3		/2
4	g	/3
5		/2

6 /12

1	a		/2
	b		/2
2			/2
3			/3
4		→	/3

7 /12

1		/3
2		/3
3	Ω	/2
4		/2
5	Ω	/2

8 /13

1	g	/2
2	N	/2
3	N	/3
4		/3
5	cm	/3

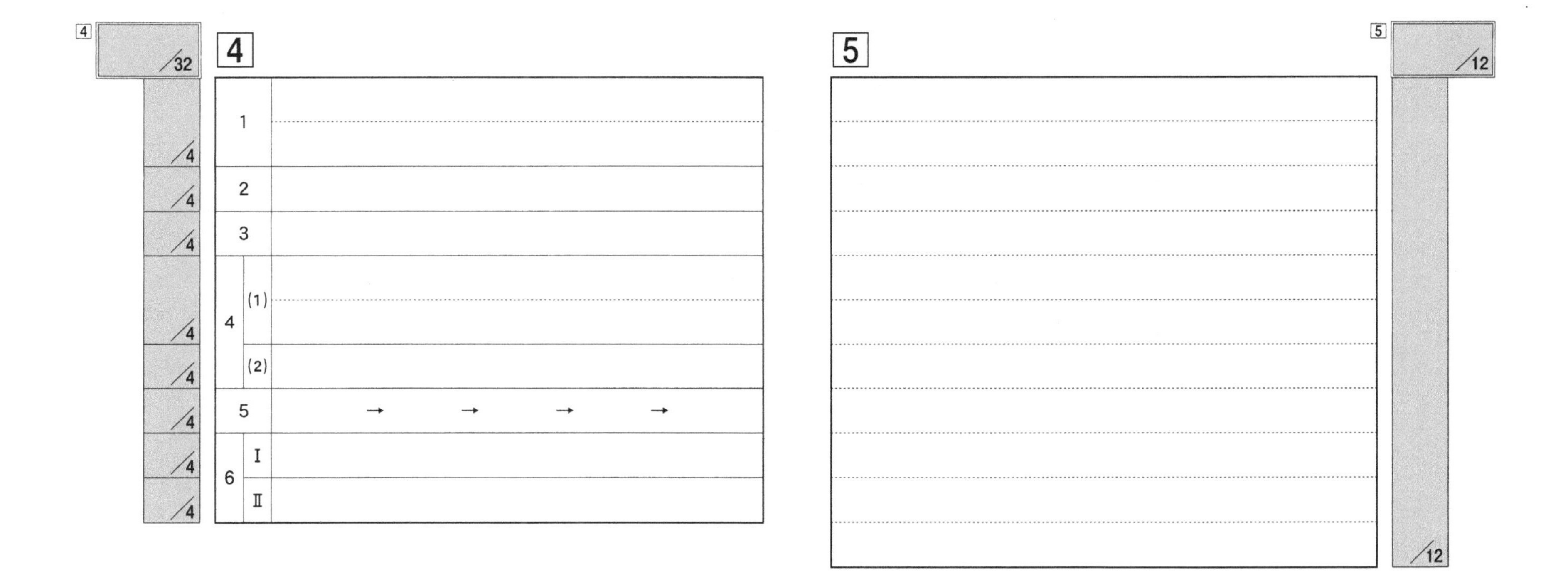
4 ／32

4

			得点
1			／4
2			／4
3			／4
4	(1)		／4
	(2)		／4
5		→ → → →	／4
6	Ⅰ		／4
	Ⅱ		／4

5 ／12

5

／12

※100点満点

2023年度　英語解答用紙（一般入試）

受験番号	

総得点	

の欄には何も記入しないこと。

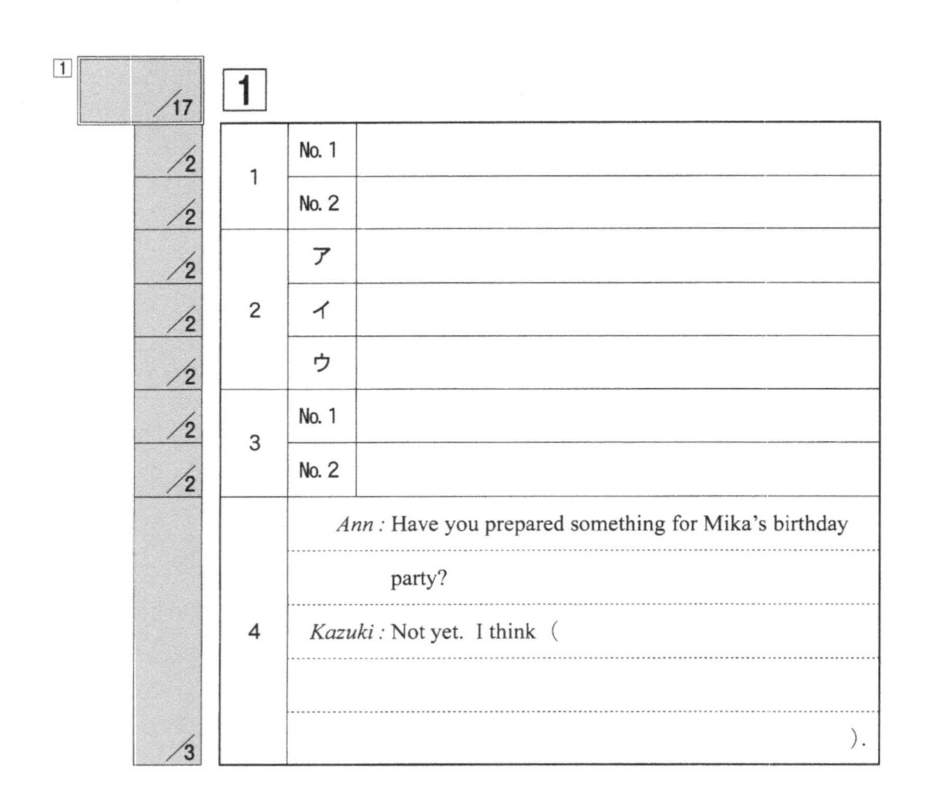

1 /17

1

1	No. 1		/2
	No. 2		/2
2	ア		/2
	イ		/2
	ウ		/2
3	No. 1		/2
	No. 2		/2
4	*Ann :* Have you prepared something for Mika's birthday party? *Kazuki :* Not yet. I think (　　　　　　　　　　).		/3

2 /19

2

1	(1)				/3
	(2)				/3
	(3)				/3
2	(1)				/2
	(2)				/2
3	(1)	X	Y	Z	/3
	(2)	X	Y	Z	/3

3 /20

3

1	X		/4
	Y		/4
2			/4
3			/4
			/4

【解答

※100点満点

2023年度　理科解答用紙（一般入試）

受験番号	

総得点	

の欄には何も記入しないこと。

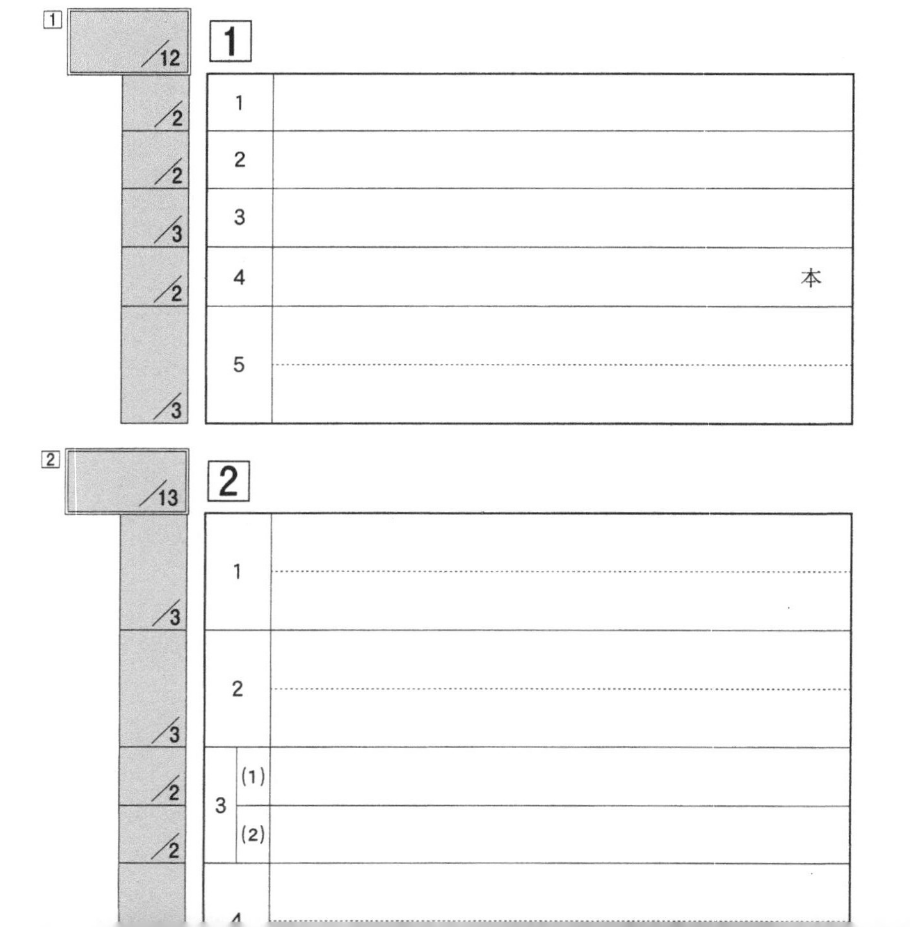

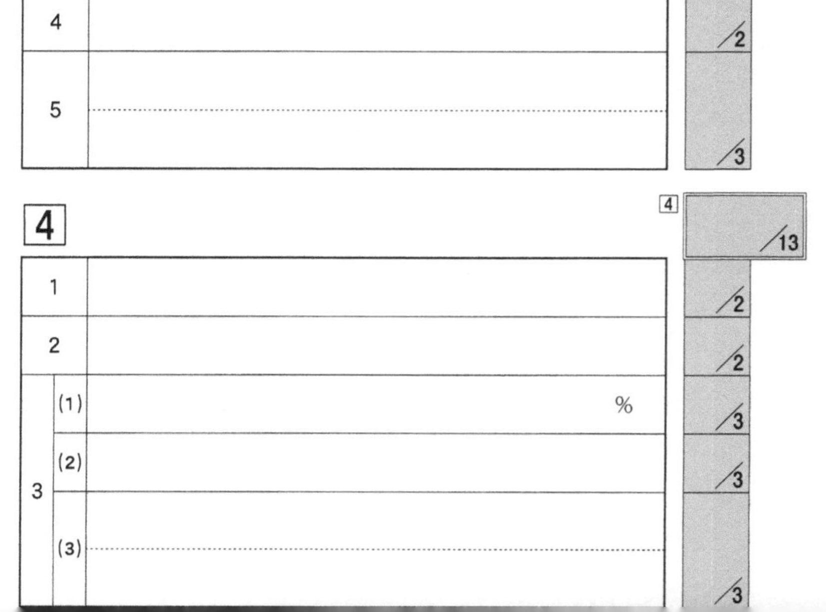

【解答

※100点満点

2023年度　社会解答用紙（一般入試）

受験番号	

総得点	

の欄には何も記入しないこと。

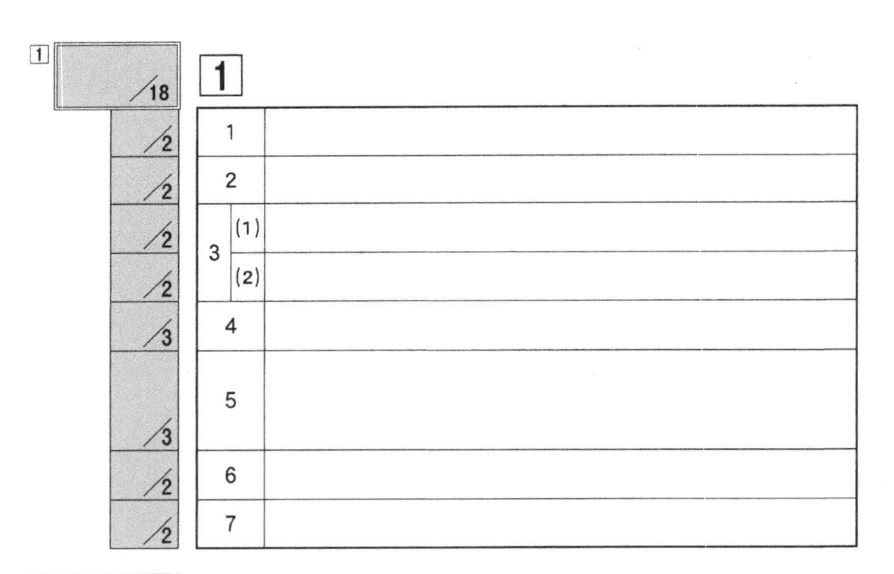

1 /18

1

			配点
1			/2
2			/2
3	(1)		/2
	(2)		/2
4			/3
5			/3
6			/2
7			/2

2

2 /17

			配点
1			/2
2			/2
3	番　号		/2
	府県名		/2
4			/2
5			/2
6			/2
7			/3

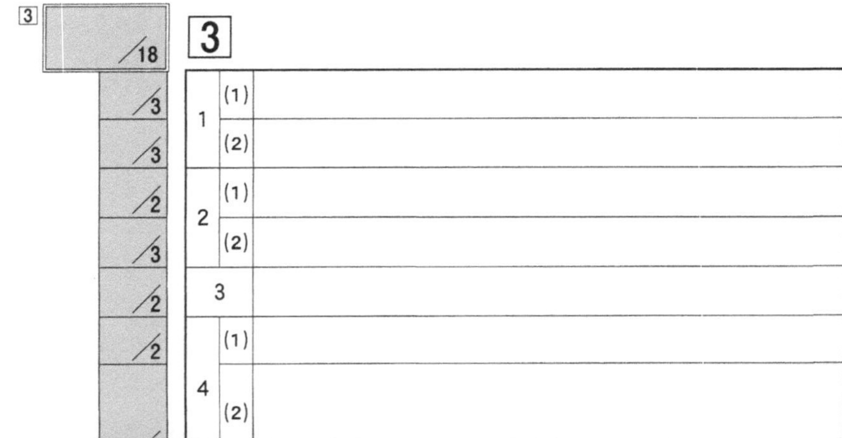

3 /18

3

			配点
1	(1)		/3
	(2)		/3
2	(1)		/2
	(2)		/3
3			/2
4	(1)		/2
	(2)		

※100点満点

2023年度　数学解答用紙（一般入試）

受験番号	

総得点	

の欄には何も記入しないこと。

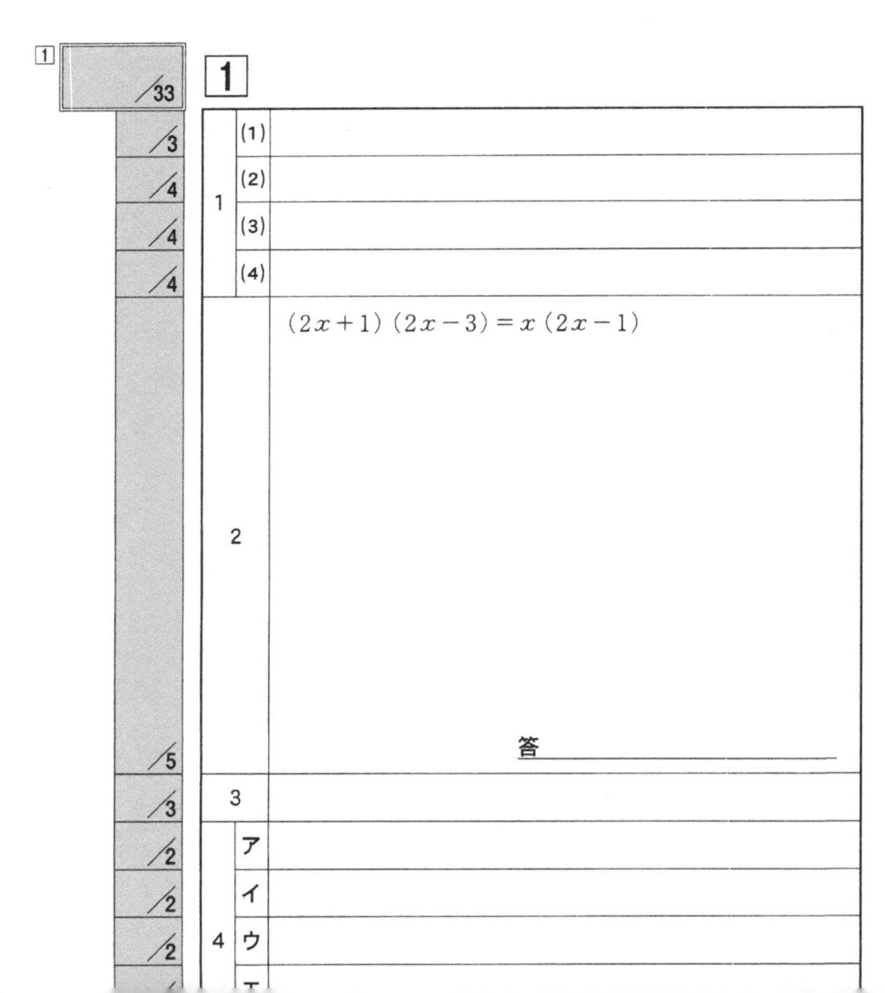

1
/33
1
(1)
/3
(2)
/4
(3)
/4
(4)
/4
2
$(2x+1)(2x-3)=x(2x-1)$
答
/5
3
/3
4
ア
/2
イ
/2
ウ
/2

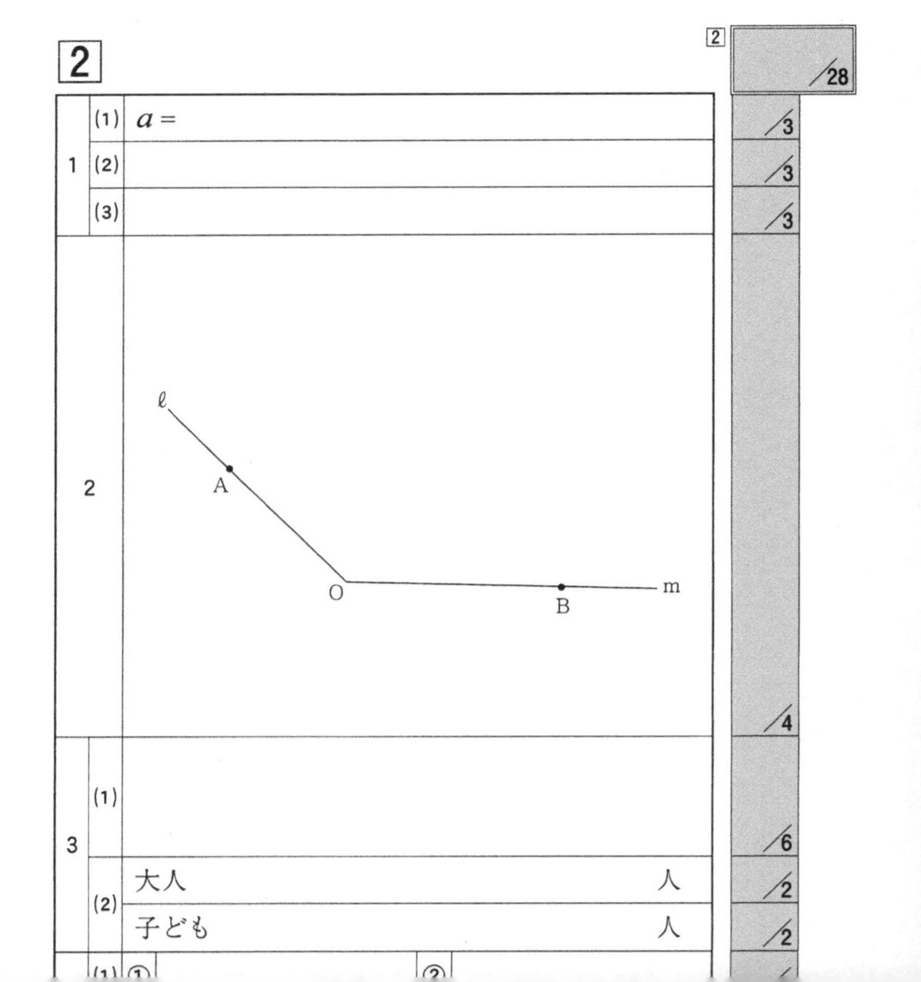

2
/28
1
(1)
$a=$
/3
(2)
/3
(3)
/3
2
ℓ
A
O
B
m
/4
3
(1)
/6
(2)
大人　人
/2
子ども　人
/2

※100点満点

2023年度　国語解答用紙（一般入試）

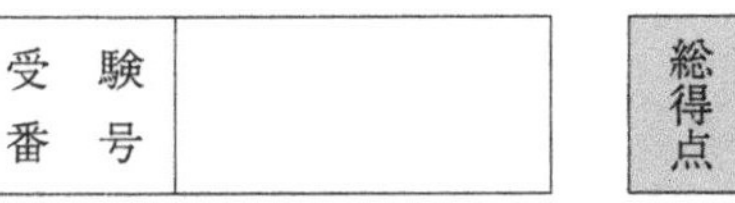

の欄には何も記入しないこと。

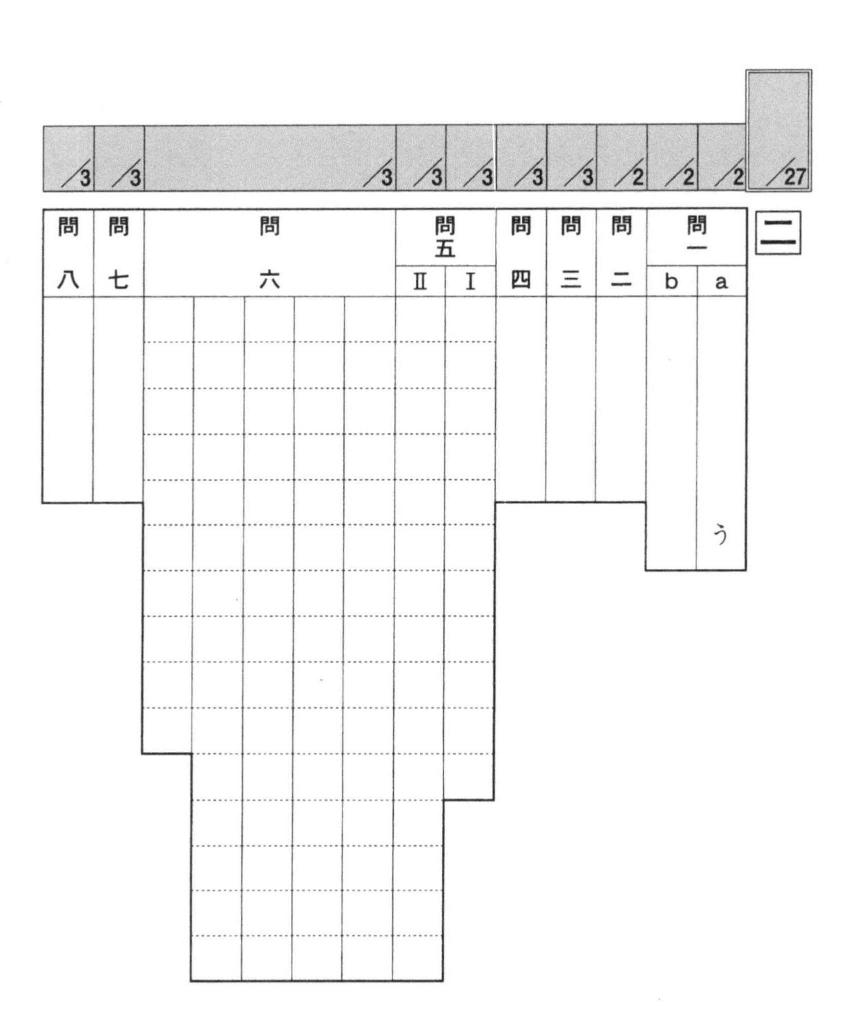

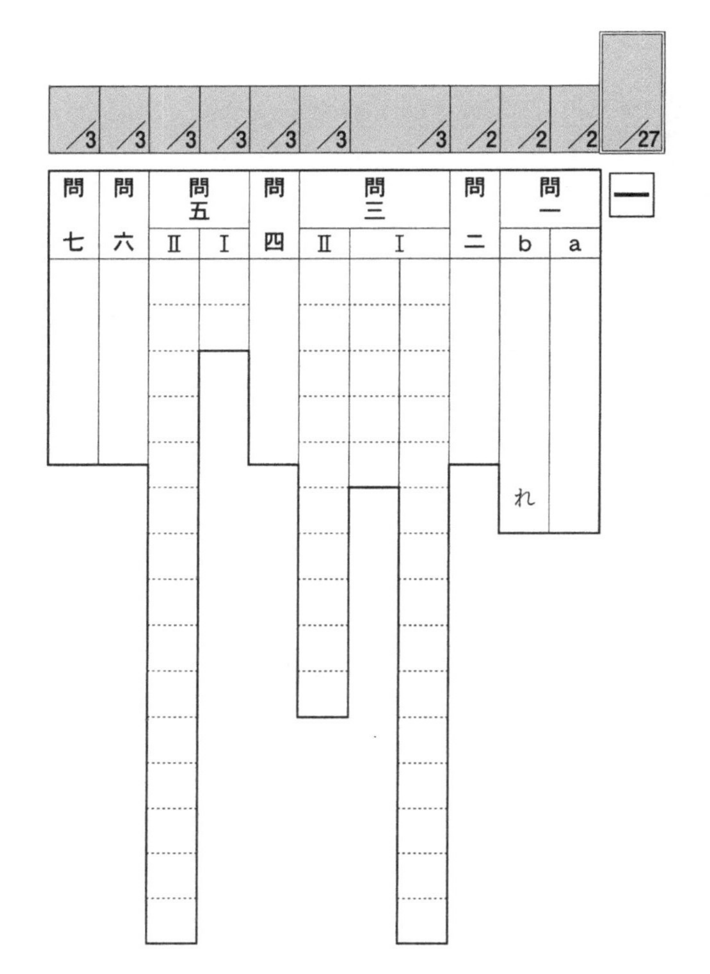

【解

※音声は収録しておりません

英語リスニングテスト台本

ただいまから，リスニングテストを行います。問題は１，２，３，４の四つです。聞いている間にメモをとってもかまいません。（間３秒）

それでは１の問題から始めます。問題用紙１ページの１を見てください。（間５秒）

これから，No.１とNo.２，それぞれの場面の対話文を読みます。それぞれの場面の対話文を読んだあと，クエスチョンと言って質問します。その質問の答えとして最もふさわしいものを，**ア**，**イ**，**ウ**，**エ**の中から一つずつ選び，記号で答えなさい。英文は２回読みます。（間２秒）

では，始めます。（間２秒）

No. 1

Ann : I walk to school every day, how about you?

Kazuki : I usually go to school by bike. But it was rainy yesterday, so I took a bus.　（間２秒）

Question : How did the boy go to school yesterday?　（間３秒）

くりかえします。（間２秒）

No. 2

Kazuki : Soccer practice was fun! I feel really hot now.

Ann : I think you need something to drink.

Kazuki : Yes, I have a bottle of water in my bag.

Ann : Be careful. You will feel cold soon in this season.

Kazuki : Thanks, I will take a bath at home.　（間２秒）

Question : What does the boy have in his bag?　（間３秒）

くりかえします。（間２秒）

これで，１の問題を終わり，２の問題に移ります。問題用紙１ページの２を見て下さい。（間２秒）

最初に，そこにある「和樹さんのメモ」をよく見てください。

これから，学校新聞に書くために，中学生の和樹さんがＡＬＴのジャネット先生（Ms. Janet）にインタビューします。これを聞いて，「和樹さんのメモ」の，**ア**，**イ**，**ウ**にそれぞれあてはまる日本語や数字を書きなさい。英文は２回読みます。（間２秒）

では，始めます。（間２秒）

1　グラフ，文中の（　X　），（　Y　）にそれぞれあてはまる数字を，対話の内容に即して書きなさい。

2　図1（figure 1）の（　Z　）にあてはまる日本語を，対話の内容に即して次の**ア**～**エ**から選び，記号で答えなさい。

ア　気候変動に具体的な対策を

イ　貧困をなくそう

ウ　すべての人に健康と福祉を

エ　海の豊かさを守ろう

3　グラフ，図，および対話の内容に合うものを，次の**ア**～**オ**から二つ選び，記号で答えなさい。

ア　Tom knew the word " SDGs" before he talked with Mina.

イ　191 local governments are very interested in SDGs.

ウ　Tom thinks we can decrease the number of local governments which have no interest in SDGs.

エ　Figure 2 shows that we already have a lot of energy.

オ　There is only one goal to make the earth better in SDGs.

4 次の英文は，エマ（Emma）さんが大切にしているぬいぐるみのキャシー（Cathy）を通じて，人と人とのつながりのありがたさを描いたものです。これを読んで，あとの問いに答えなさい。

Emma was a *7-year-old girl who lived in London. She loved Cathy, a *teddy bear. When she studied in her room and watched TV, Cathy was always near her. When she came home from school, she talked to it about her school life. The teddy bear was a birthday present from her mother and was an important friend for her.

Her family was going to travel to Australia the next week. It was her first trip abroad, and she was looking forward to spending the holiday with Cathy. She made a shoulder bag of cloth for Cathy. The name of her teddy bear was written on the bag, and a piece of paper was in it. The paper was like a ticket of Cathy.

On that day, they got up early in the morning and left for Australia. She was excited to look out of the window of the airplane with Cathy. They saw the sights of the country, ate local food, and went shopping. They also went camping. She helped her mother prepare the food. At night she read Cathy a story in the tent. She enjoyed her trip to Australia.

When they came back home, an *unexpected thing happened. （ A ） Her teddy bear was not in her bag. She *left it at the campground. She was so sad that she couldn't eat anything. She always slept with her teddy bear. At night she remembered ①<u>that</u> and felt lonely. She said to her father in a weak voice, "Will Cathy come back or not?" ②<u>Her father only looked at her without saying anything</u>.

He called the campground and asked them to send him the teddy bear. The staff said, "I understand your feelings well, but it is difficult to do that. The post office is far from here, and we are too busy to have enough time to go there." He wanted to do something when he looked at his daughter's sad face. （ B ） He asked someone to tell him the best way to get back the teddy bear on the *SNS website.

"No one will answer my *request," he said to himself, but he received a comment from a man: "I'm Mike Baker. I'm a tour guide, and we'll go to the campground next week. Please send me more details to find the teddy bear." （ C ） He *wondered if he could trust the man, but he replied to Mike.

Two weeks later, a *package reached him. Emma was already sleeping. When her father opened the package, Emma's teddy bear and a letter from Mike were in it. Mike said in his letter, "I read your request. Then I remembered that I *had lost my precious thing in my childhood, so I could understand how she felt. I wanted to do my best to get it back. After taking customers to the campground, I was going to visit London, so I took some pictures of Cathy on the way to London. I hope these pictures will make Emma happy." （ D ） Her father was very happy to read the letter.

When Emma woke up the next morning, she found her teddy bear was at her *bedside with the pictures. She was very excited and said to her father, "Dad, Cathy is back. I'm really happy. Look at the pictures. Cathy is taking the bus, the train and the airplane. Cathy seems to enjoy a nice trip on the way back home." Her father said with a smile, "That's right. I think Cathy is glad to see you again, too."

2023(R5) 東海大学山形高　一般
K 教英出版

(注) 7-year-old　７歳の　　teddy bear　熊のぬいぐるみ　　unexpected　予期しない
left　～を置き忘れた　　SNS　会員制交流サイト　　request　依頼
wondered if ～　～かなと思った　　package　小包　　had lost　～を失くしてしまった
bedside　枕元

1　下線部①は，具体的に何を指していますか。日本語で答えなさい。

2　下線部②に関して，父親の気持ちに最も近いものはどれですか。次の**ア**～**エ**から一つ選び，記号で答えなさい。

ア　熊のぬいぐるみと遊んでいる娘がかわいくて，その様子を温かい気持ちで見守っている。

イ　オーストラリアへの旅行が楽しかったと言う娘に対し，旅行を計画して良かったと思っている。

ウ　キャシー（Cathy）に作ってあげたバッグをなくしてしまい，悔しがっている娘を慰めている。

エ　大事にしている熊のぬいぐるみを旅行先に置き忘れてしまった娘をかわいそうだと思っている。

3　次の英文を，本文の流れに合うように入れるとすれば，どこに入れるのが最も適切ですか。（　A　）～（　D　）から一つ選び，記号で答えなさい。

He thought about what to do.

4　本文に即して，次の問いに英語で答えなさい。

(1)　Why did the staff of the campground say they couldn't send the teddy bear to Emma's father?

(2)　Did Emma's father tell Mike more details about the teddy bear?

5　次の英文**ア**～**オ**は，それぞれ本文の内容の一部です。**ア**～**オ**を，本文の流れに会うように並べかえ，記号で答えなさい。

ア　Emma found her teddy bear was not in her bag when her family came back home.

イ　A package reached Emma, and the next morning she felt happy to meet Cathy again.

ウ　Emma liked to be with the teddy bear, a birthday present from her mother.

エ　Emma's father asked for advice to get back her teddy bear on the SNS website.

オ　Emma's family went on a trip to Australia, and Emma had a good time.

6　次の英文は，エマ（Emma）さんがマイク（Mike）さんに書いたお礼の手紙の一部です。文脈に合うように，対話の［　Ⅰ　］，［　Ⅱ　］に入る最も適切な英語を，あとの**ア**～**エ**からそれぞれ一つずつ選び，記号で答えなさい。

> Thank you for getting back my teddy bear. My father told me Cathy came back thanks to you. Cathy is an important friend for me. I enjoyed talking to it and slept together, so I missed it. When I found ［　Ⅰ　］ this morning, I was so happy and jumped out of bed. I'm looking at the pictures you took. Cathy looks very cute. I'm glad that you sent me these pictures.
>
> After writing this letter, I'll eat breakfast with Cathy. I think ［　Ⅱ　］ because Cathy is back. You're a hero for me. I also want to help people who are in trouble. Thank you very much.

［　Ⅰ　］
- **ア**　the teddy bear was a birthday present from my mother
- **イ**　my family was going to travel to Australia
- **ウ**　Cathy was at my bedside
- **エ**　my father opened the package

［　Ⅱ　］
- **ア**　I can live a happy life
- **イ**　I can help her mother prepare the food
- **ウ**　I can't eat anything
- **エ**　I can enjoy a nice trip

5 英語の授業の中で，ＡＬＴの先生からテスト（test）に関する，次のような課題プリントが配布されました。その課題に対し答えを書くとしたら，どのようなことを書きますか。［　　　　　　］に入る英文を，まとまりのある内容になるように，**4文以上**で書きなさい。

英語の授業の課題

> You will have an English test next week, so I want you to prepare for the test.
>
> When will you start to study? How are you going to study for it? And why? I am waiting for your answers.
>
> (Your answer)　　　　　　　　　　　　　　　　Name：○○○
>
> ［　　　　　　　　　　　　　　　　　　　　］

（注）プリントの中の，○○○のところにはあなたの名前が入る。

2023年度
東海大学山形高等学校
入学試験問題
(学業奨学生入試)
国　　語

(　9:00　～　9:50　)

注　　意

1 「開始」の合図があるまで，開いてはいけません。

2 問題用紙は，6ページまであります。

3 解答用紙は，問題用紙の中にはさんであります。

4 「開始」の合図があったら，まず，解答用紙を取り出し，受験番号を書きなさい。次に，問題用紙のページ数を確認し，不備があればすぐに手を挙げなさい。

5 答えは，すべて解答用紙に書きなさい。

6 「終了」の合図で，すぐに鉛筆（シャープペンシルを含む）をおき，解答用紙を開いて裏返しにしなさい。

一　次の文章を読んで、あとの問いに答えなさい。

> 高校一年生の「マチ」は、自分の引っ込み思案な性格に悩みながらも、知らない誰かと続けている図書室での文通に元気をもらっていた。次は、文化祭で歌う合唱の練習に、同級生の「琴穂（ことほ）」が遅れて参加する場面である。

「ちゃんと練習、しようよ」
とっさに飛び出した声が我ながら冷たく聞こえて、驚いた。琴穂（ことほ）が「え」と短く声を出す。きょとんとしたその表情を見たら、もう一押し、声が止まらずに出てしまった。
「しっかりやろうよ。琴穂、遅れてきたのに、関係のない話したり、全然みんなに悪いと思ってる様子がないよ」
琴穂が目を見開いた。ショックを受けたのだと、表情でわかった。わかった途端、喉元（のどもと）が苦しくなって、それから全身が熱くなる。
ややあって、a背後から「わかった」と琴穂の声が答えた。思いがけず素直な声だったせいで、琴穂が沈んだ様子なのが、振り返らなくても伝わってくる。マチが返事をするより早く、「じゃ、もう一度ね」と他の子の声がして、歌の練習がまた始まってしまう。1声がうまく出なかった。息が苦しかった。
練習が終わった後で様子を見ると、琴穂は顔を俯（うつむ）けながら席に戻るところだった。マチの胸を小さな痛みがちくりと刺した。
そのとき、「マチ」と呼びかけられた。さっき、琴穂を責めていた子たちだ。
「琴穂のこと、ありがとう。マチみたいなまじめないい子が注意してくれると助かるよ」
こっそり囁（ささや）くような声に「ううん」と首を振る。感謝されるようなことは何もない。黙って一人で席に着いた琴穂のことが気がかりだった。
一人で帰る前に、図書室に本を返しに寄る。本と紙の匂（にお）いに包まれた大好きな場所に入った途端2全身から力が抜けて、泣き出しそうな気持ちになった。明日から、琴穂とどう顔を合わせればいいかわからなかった。合唱練習は明日もあるのに。
そのとき、図書室の奥の壁沿いに並んだ百科事典が目に留まった。見えない〝誰か〟と続けている文通。次にメモを残すのはマチの番だった。
本を手に取り、いつもより長く、手紙を書いた。

問一　══部a、bの漢字の読み方を、ひらがなで書きなさい。

問二　〰〰部における「目を見開いた」の意味として最も適切なものを、次の**ア**～**エ**から一つ選び、記号で答えなさい。

ア　予想外のことに驚いた　　**イ**　不可解なことに困惑した
ウ　想定内のことに喜んだ　　**エ**　不思議なことに興奮した

問三　――部1について、このときの「マチ」の心情を、次のような形で説明したとき、[Ⅰ]に入る適切な言葉を、十字以内で、[Ⅱ]に入る適切な言葉を、十五字程度で書きなさい。

> 「マチ」は「琴穂」に[Ⅰ]という思いで注意をしたが、そのことで「琴穂」を[Ⅱ]ことに胸を痛めている。

問四　――部2は、「マチ」のどのような気持ちを表していますか。最も適切なものを、次の**ア**～**エ**から一つ選び、記号で答えなさい。

ア　誰もいない場所で孤独感を味わい、自分の弱さに落胆している。
イ　思い出深い場所で元気を取り戻し、嬉しさのあまり泣いている。
ウ　落ち着いた場所で冷静になり、自分の過ちを後悔している。
エ　通い慣れた場所で緊張がとぎれ、不安に耐えられなくなっている。

問五　――部3について、このときの「マチ」の心情を、次のような形で説明したとき、[Ⅰ]に入る適切な言葉を、十五字程度で、[Ⅱ]に入る適切な言葉を、二十字程度で書きなさい。

『真面目だ、いい子だ、と言われると、ほめられているはずなのに、なんだか苦しくなる。はっきり言えないことを優しいって言ってくれる人もいるけど、わたしは、本当に自分が人に嫌われたくないからそうしているんだと思う。わたしは臆病です』

次の日の朝練に、琴穂は遅刻もせず、時間より早く現れた。

何事もなかったかのように「さあ、練習するよー」と明るい声を出してみんなの前に立つ。マチにも「マチ、おはよう」と普段通り挨拶してくれた。

そのことにほっとして、マチも「おはよう」と返事をする。けれど、琴穂が無理をしているんじゃないかと、やっぱりまだ気になった。

その日の放課後、図書室に急いで、ドキドキしながら本を開いた。昨日残した自分の長い手紙に、相手がどんな返事を残しているかを考えると、待ち遠しいような、怖いような気持ちだった。

本を開くと、返事はもう来ていた。いつもより長い。

『断れない、はっきり言えない人は、誰かが傷つくのが嫌で、人の傷まで自分で背負ってしまう強い人だと思う。がんばって。』

――がんばって。

3読んだ瞬間、胸がぐっと熱くなった。

手紙を抜き取って、本を戻す。何度も何度も読んでから、お守りのように、そっと胸に当てた。便せんの内側が、あたたかく熱を持っているように感じた。

翌日の練習で、マチは思いきって、琴穂に自分の方から「おはよう」と挨拶してみた。練習用のテープのセットをしていた琴穂が、驚いたように一瞬b黙ってから、マチの顔を見て、それから、一呼吸ついて、微笑(ほほえ)んだ。

「おはよう、マチ。がんばろうね」

「うん。――テープ、借りてきてくれたの？　ありがとう」

「一応、リーダーだから」

4照れくさそうに、琴穂がマチからぱっと目をそらした。

その日から、ソプラノは、みんなだんだんと声が出るようになっていった。

文化祭当日の合唱は、今までの練習の中でも声が一番伸びやかに重なって聞こえた。

アルトや、男子の声にだって負けていない。横の琴穂とも声がひとつになっている手ごたえがあった。

〈辻村深月『サクラ咲く』光文社文庫による。一部省略がある。〉

「マチ」は、周囲から優しいと言われる自分の性格を［　Ⅰ　］だと考えていたが、手紙の返事に、「マチ」は［　Ⅱ　］だと励まされ、自分を後押しする力をもらった。

問六　――部4は、「琴穂」のどのような様子を表していますか。最も適切なものを、次の**ア**～**エ**から一つ選び、記号で答えなさい。

ア　今までの行いを改め、反省のために行ったパートリーダーとしての仕事を、「マチ」から認められ、安心している様子。

イ　ソプラノのリーダーとして行ったテープの準備を、「マチ」から素直に感謝され、恥ずかしくも嬉しく思っている様子。

ウ　遅刻ばかりしていた後ろめたさから、密かに用意していたテープの準備を、「マチ」に見られ、焦っている様子。

エ　ソプラノのパートが上達するために行ったリーダーとしての仕事を、「マチ」に褒められ、感動している様子。

問七　本文の表現の工夫とその効果を説明したものとして最も適切なものを、次の**ア**～**エ**から一つ選び、記号で答えなさい。

ア　登場人物を取り巻く情景描写を鮮やかにすることで、物語に深く入り込めるように描かれている。

イ　語り手の客観的な意見を文章中に織り交ぜることで、読者が場面を整理しながら内容を理解できるように描かれている。

ウ　主人公の視点の心理描写を多用することで、登場人物の心境や心情の変化がわかりやすく描かれている。

エ　主人公が苦難や葛藤を経て成長していく様子を比喩的に暗示することで、読者が想像しやすいように描かれている。

二　次の文章を読んで、あとの問いに答えなさい。

肉食動物に襲われれば、逃げ遅れるのは年長者だろう。狩りをしたり、食べ物を集めてくるような能力は、若い人にはかなわないかもしれない。しかし、若い人たちは、そんな体力的に弱い年長者を保護してきた。それは、年長者を保護することにメリットがあったからである。

年長者は、より多くの経験と知恵を（a）蓄えている。か弱い人類が厳しい自然界を生き抜くためには、その経験と知恵が必要である。人類が他の生物のように子どもを残してすぐに死んでしまったとしたら、火起こしの道具はあっても、子どもは火をつけることができないだろう。あるいは他の哺乳類のように数年間、子育てをしてから子どもを独り立ちさせたらどうだろう。やはり、子どもが火をつけることは難しいかもしれない。親子三代で家族を形成していれば、効率良く生きるために必要な知恵を親だけでなく、おばあちゃんも次の世代に伝えることができる。そのため、おばあちゃんを大切にする集団が有利となって生き残り、そして、おばあちゃんになることができる「長生き」という性質もまた発展を遂げていった。おばあちゃんの登場によって、人類は急速に発達し、文明や文化を発達させていったのではないか。これが（1）「おばあちゃん仮説」と呼ばれるものである。

人類は弱い生き物である。厳しい自然界の中にたった一人で放り出されれば、とても生きていくことはできない。人類は群れを作り、村を作り、厳しい自然の中で生き残ってきた。

［A］、そこには、年寄りの「経験と知恵」が重要だったのである。おそらく、おじいちゃんやおばあちゃんを大切にする集団は生き残り、おじいちゃんやおばあちゃんを活用しない集団は滅んでいった。しかし、体力的に劣るおじいちゃんやおばあちゃんを集団の中に置いておくためには、その集団におじいちゃんやおばあちゃんを保護できるだけの力がなければならない。おじいちゃんやおばあちゃんを大切にする集団は、経験や知恵で集団を発展させ、力をつけた。そして、その力で年寄りを保護したのである。こうして、年寄りを活用する集団は、ますます力をつけていったことだろう。そして人類の集団にとって、（2）年を取っておじいちゃんやおばあちゃんになるということは、とても価値のあることとなった。その結果、人類は他の生物と比較して、とても長生きになったのだ。生物は、生存に適した特徴が発達する。年を取って長生

問一　＝部a、bの漢字の読み方を、ひらがなで書きなさい。

問二　［A］に入る語句として最も適切なものを、次のア～エから一つ選び、記号で答えなさい。

ア　しかし　　イ　すなわち　　ウ　ところで　　エ　そして

問三　―部1について、「おばあちゃん仮説」とはどのようなものですか。最も適切なものを、次のア～エから一つ選び、記号で答えなさい。

ア　おばあちゃんを長生きさせる集団が寿命を延ばし、多くの経験を積む土台を作り上げるという仮説。

イ　おばあちゃんを大切にする集団が自分たちを発展させ、それが人類にとっての発達につながるという仮説。

ウ　おばあちゃんを守ることができる集団が、厳しい自然界を生き抜くための様々な道具を生み出せるという仮説。

エ　おばあちゃんを守る力を持つ集団が生き残ることで、生きるために必要な知恵を親世代が継承できるという仮説。

問四　―部2とあるが、その理由を次のような形で説明したとき、［Ⅰ］に入る適切な言葉を、本文中から六字で、［Ⅱ］に入る適切な言葉を、本文中から五字で抜き出しなさい。また、［Ⅲ］に入る適切な言葉を、本文中の言葉を使って、十三字以内で書きなさい。

> 人類にとって重要な進化であった［Ⅰ］という特徴は、人類が厳しい自然の中で生き残るために重要な［Ⅱ］を身につけさせ、［Ⅲ］は、その力で自分たちを発展させ、ますます力をつけていったから。

きをするということは、人類にとって重要な進化だったのである。

アフリカでは、「老人が一人死ぬということは、図書館が一つなくなるようなものだ」と言われている。図書館ほどの知識はない、と謙遜(けんそん)される方もいるかもしれない。しかし、そうではない。私は、年寄りは、図書館一つ分以上の経験と知恵を持っていると思う。経験とは、ビデオ映像に記録されるものではない。どんなに鮮明な映像がアーカイブされていたとしても、実際の経験にはかなわない。知識とは、書物の中にだけあるわけではない。どんなに書物に記録されていても、実際に身につけた知恵にはかなわない。その経験と知恵には、図書館もかなわない。「年寄り」とは、3そういう存在なのだ。そして、人類が知識によって栄えてきた種族なのだとすれば、年寄りの経験と知恵は、図書館一つ分以上の価値があるのだ。

そういえば、日本の昔話に「姥捨(うばす)て山」というのがあった。「老人は、役に立たないから、山に捨てるように」という決まりを破った息子。しかし、殿さまがb隣国から無理難題を吹っ掛けられたとき、年老いた母親が知恵を授け、殿さまを助ける。やがて、こんな知恵者のいる国にはとても勝てないと隣国は侵攻をあきらめるのである。そして、この知恵の出所が、年老いた母親であったことを知った殿さまは、「年寄りはありがたいものだから、捨ててはならない」と新たなお触れを出すのである。この物語では、年寄りの知恵が、国を救ったのだ。

経験と知恵を伝えることこそが、老人の価値である。とはいえ、4現代は、変化のスピードがものすごく速い時代である。テクノロジーは日々進化していくし、価値観も時代とともにめまぐるしく変化していく。私たちが人生の中で学んだ経験は、時代が変わると意味をなさないことが多い。たとえば、長い時間をかけて習熟した技術も、あっという間に機械にとって代わられる。その機械さえも、コンピューターにとって代わられる。機械も道具も進化していく。電話はスマートフォンになり、ガソリン車は電気自動車になり、手紙は電子メールになる。私たちがどんなに知恵を伝えようとしても、「時代が違う」と言われてしまえば、終わりだ。もはや、私たちには伝えるべき知恵など、ないのだろうか。

そんなことはない。どんなに時代が変わっても、変わらないものはある。どんなに時代が変わっても、大切なものはある。私たちには、次の世代に伝えるべきものが、必ずあるはずなのである。

〈稲垣栄洋『生き物が老いるということ』による。一部省略がある。〉

問五　――部3「そういう」の内容として最も適切なものを、次のア～エから一つ選び、記号で答えなさい。

ア　鮮明な映像や記録よりも価値のある経験や知恵を持ち合わせている。

イ　図書館一つ分と同程度の知識は持ち合わせていないと謙遜する。

ウ　書物の中にしかない知識を図書館もかなわないほどに記憶している。

エ　図書館と同じ価値のある知恵を実際の経験から身につけている。

問六　――部4について、筆者はどのような点について「変化のスピードがものすごく速い」と述べていますか。次の三つの言葉を使って、七十字以内で書きなさい。なお、三つの言葉はどのような順序で使ってもかまいません。

テクノロジー　　価値観　　経験

問七　本文の論理の展開の仕方について説明したものとして最も適切なものを、次の**ア**～**エ**から一つ選び、記号で答えなさい。

ア　はじめに人類が自然界を生き抜くために年長者を保護してきた歴史を示し、年長者の必要性をデータで示しながら明らかにすることで、進化していく機械や道具だけに頼ることの危険性を訴えている。

イ　はじめに人類が年長者を保護するための工夫を例にあげ、その行動が人類にもたらした様々なメリットを具体例と共に示すことで、時代の急速な流れに負けないような知恵の大切さを解き明かしている。

ウ　はじめに人類が自然界を生き抜くために年長者を保護してきた利点をあげ、それが人類の発展に重要な役割を果たしてきたことを明らかにすると共に、これからの時代にも不可欠なものであることを示している。

エ　はじめに人類が年長者を保護してきたことの理由を明らかにし、図書館や姥捨て山の例をあげながら老人の価値を再確認することで、現代社会における様々な技術の急速な発展を批判している。

三　次の文章を読んで、あとの問いに答えなさい。

師頼、多年、沈淪して（出世できず、）、籠居せられたりけるが（家に閉じこもっていたが、）、中納言に拝任ののち、はじめて＊釈奠の上卿をつとめけるが、A作法進退のあひだ（儀式の進め方と立ち居振る舞いについて、）、ことにおいて不審をなして、1あらあら人に問ひけり（ほとんどすべてを）。その時、成通卿、＊参議にて列座していはく、「年ごろ（長年）、御籠居のあひだ、＊公事、御忘却か。うひうひしく思しめさるる条、もつとも道理なり」といふ。師頼卿、返事をいはず、顧眄して、ひとりごちて（振り返って見て、独りごとを言って）Bいはく、

入二＊大廟一毎レ事問＊云々　　大廟に入りて事毎に問ふ云々　　論語

成通卿閉口す。後日に人に語りてCいはく、「思ひ分くかたなく（あれこれ考えることなく、）、不慮の言を出し、後悔千廻云々（いくら後悔してもし足りない）」。

このこころは、孔子、大廟に入りて、まつりごとにしたがふ時（儀礼に携わった時、）、毎事、かの＊令長に問はずといふことなし。2人これを見て、「孔子、礼を知らず」と難じければ（悪口を言ったところ、）、「問ふは礼なり」とぞ答へ給ひける。

かの人の御身には、さぞくやしくおぼえ給ひけむか。「これ、慎みの至れるなり」とDいへり。

〈『十訓抄』による〉

〔注〕
＊釈奠の上卿＝　孔子とその弟子たちを祭る儀式を執り行う首席者。
＊参議＝　官職名。　＊公事＝　朝廷の儀式や政務。
＊大廟＝　君主の祖先の霊を祭った建物。
＊云々＝　以下を省略するときに用いる語。
＊令長＝　儀礼を主宰する長官。

問一　〰〰部「うひうひしく」を現代かなづかいに直し、すべてひらがなで書きなさい。

問二　══部A～Dの中から、主語が「師頼」であるものをすべて選び、記号で答えなさい。

問三　――部1「あらあら人に問ひけり」について、どうしてこのような行動をしたのですか。その理由にあたる考えが述べられている部分を、本文中から六字で抜き出して書きなさい。

問四　――部2「これ」の指す内容として最も適切なものを、次のア～エから一つ選び、記号で答えなさい。

ア　孔子が、儀礼の補佐をする者が必要だと考えたこと。
イ　孔子が、儀礼の際についうっかり作法を忘れてしまったこと。
ウ　孔子が、初めての儀礼に際して、不安そうな様子を見せたこと。
エ　孔子が、事あるごとに、儀礼の主宰者に問い尋ねたこと。

問五　この文章で述べられている内容を、次のような形で説明したとき、［Ⅰ］、［Ⅱ］に入る適切な言葉を、それぞれ十字程度で書きなさい。

> 成通は、師頼が長年の間出世できず、家にとじこもっていたので、儀礼や政務も忘れてしまったのではないかと［Ⅰ］発言をしてしまったが、師頼の『論語』を口ずさむ漢学の素養に触れ、［Ⅱ］行動を深く後悔した。

四

次の問いに答えなさい。

問一 次の1～5の＝＝部のカタカナの部分を、漢字で書きなさい。なお、楷書で丁寧に書くこと。

1 ドロだらけになって遊ぶ。
2 美しい景色に心がナゴむ。
3 自然のオンケイを受ける。
4 試合のキンコウが破れる。
5 消費者のコンランを招く。

問二 次は、国語の授業で、「高齢者は運転免許を自主返納したほうがよいか」というテーマでミニ討論会を行っている場面です。
この討論会において、自分の意見を相手によりよく伝えるためには、どのような点に注意して述べるとよいですか。注意点として**適切でないもの**を、あとの**ア～エ**から一つ選び、記号で答えなさい。

> **司　会**　それでは、討論を始めたいと思います。みなさんはどう思いますか。
> **Aさん**　私は、近年、高齢者の操作ミスによる事故が多発しているニュースをよく見ます。自主返納には賛成です。
> **Bさん**　私も自主返納には賛成ですが、高齢者のその後の交通手段などを考えてみる必要があると思います。
> **Cさん**　なるほど。私たちの住む地域の、バスや電車などの時刻表を調べ、利便性についても考えてみる必要がありますね。

ア 自分の立場を明確にし、相手にわかりやすく伝えるようにするとよい。
イ 主張と理由が適切につながるかを考え、論理的な表現にするとよい。
ウ 話す目的やその場の相手に応じて、適切な言葉遣いを使用するとよい。
エ 独りよがりの主張は避け、相手を説得できるような根拠を述べるとよい。

五

次のグラフは、全国の十六歳以上を対象に、平成十三年と令和二年に実施した「国語に関する世論調査」の中の、「日本語を大切にしている理由は何か」という質問に対する回答結果を表したものです。
このグラフをもとに、まとまりのある二段落構成の文章を書きなさい。それをふまえ、第一段落には、グラフを見て気づいたことを書きなさい。第二段落には、あなたの考えを、そう考えた理由を含めて書きなさい。
ただし、あとの《**注意**》に従うこと。

日本語を大切にしている理由は何か

	令和２年 (%)	平成13年 (%)
日本語によって、ものを考えたり感じたり善悪の判断をしたりしていると思うから	54	40
日本語は日本の文化そのものであり、文化全体を支えるものだから	47	42
日本語は自分が日本人であるための根幹であるから	44	51
日本語がないと日本人同士の意思疎通(そつう)ができないから	43	39
日本語は美しい言葉だと思うから	34	27
日本語しかできないから	26	28

（「国語に関する世論調査」から作成）

《**注意**》
◇「題名」は書かないこと。
◇二段落構成とすること。
◇二〇〇字以上、二四〇字以内で書くこと。
◇文字は、正しく、整えて書くこと。
◇グラフの数値を使う場合は、次の例にならって書くこと。

例　十％　　二十一％

2023年度

東海大学山形高等学校

入学試験問題

(学業奨学生入試)

数学

(10：05 ～ 10：55)

注意

1 「開始」の合図があるまで，開いてはいけません。

2 問題用紙は，7ページまであります。

3 解答用紙は，問題用紙の中にはさんであります。

4 「開始」の合図があったら，まず，解答用紙を取り出し，受験番号を書きなさい。次に，問題用紙のページ数を確認し，不備があればすぐに手を挙げなさい。

5 答えは，すべて解答用紙に書きなさい。

6 「終了」の合図で，すぐに鉛筆（シャープペンシルを含む）をおき，解答用紙を開いて裏返しにしなさい。

1 次の問いに答えなさい。

1　次の式を計算しなさい。

(1)　$-1-(-3)-4$

(2)　$\frac{3}{5}-\frac{1}{5}\div\left(-\frac{3}{10}\right)$

(3)　$-3xy^2\times(2x^2-4y^3)$

(4)　$\sqrt{12}\times\sqrt{6}-\sqrt{18}$

2　2次方程式 $(2x-1)(2x+5)=3x-4$ を解きなさい。解き方も書くこと。

3　じゃんけんのグー，チョキ，パーにおいて，伸びている指の本数はそれぞれ，グーが0本，チョキが2本，パーが5本である。いま，A，B，Cの3人が1回じゃんけんをする。このとき3人の伸びている指の本数の合計が6本以上になる確率を求めなさい。

ただし，A，B，Cがグー，チョキ，パーのどれを出すことも同様に確からしいものとする。

4　正方形が6個つながっている展開図がある。組み立てたときに立方体に<u>ならないもの</u>を次のア～カからすべて選び，記号で答えなさい。

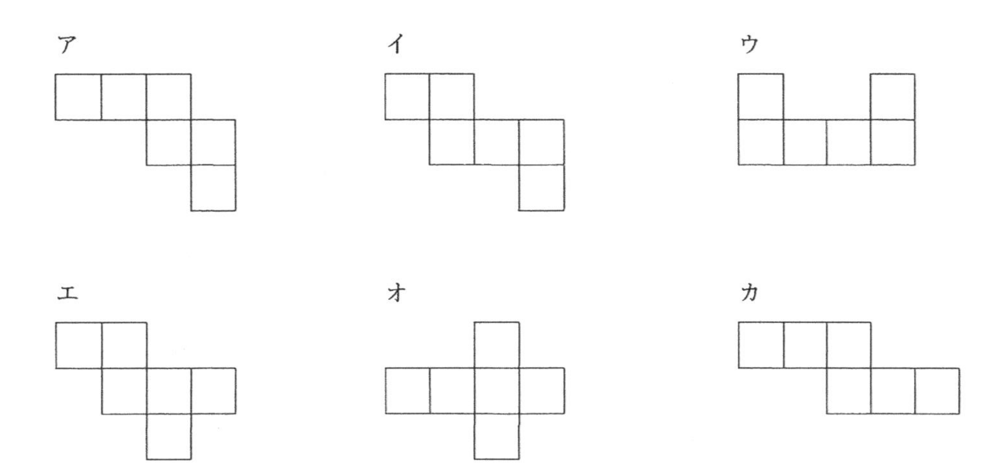

5　生徒20人に10点満点の数学の小テストを行った。下の図は，その結果を箱ひげ図に表したものである。図から読み取れる内容として最も適切なものを，あとのア～オから1つ選び，記号で答えなさい。

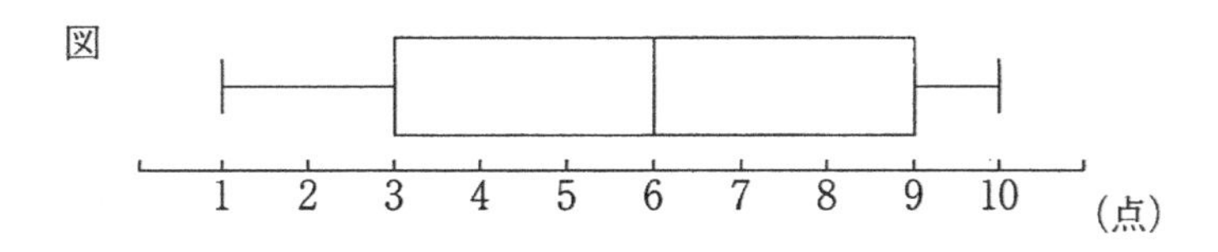

ア　平均点は6点である。

イ　3点の生徒は少なくとも1人いる。

ウ　第2四分位数は9点である。

エ　3点以下の生徒は少なくとも5人いる。

オ　範囲は6点である。

2 次の問いに答えなさい。

1　右の図のように，関数 $y=\frac{1}{4}x^2$ のグラフ上に，y 座標が等しい異なる2点A，Bがある。ただし，点Aの x 座標は正である。また，関数 $y=-\frac{3}{4}x^2$ のグラフ上に異なる2点C，Dがあり，点Aと点D，点Bと点Cの x 座標はそれぞれ等しい。このとき，次の問いに答えなさい。

図

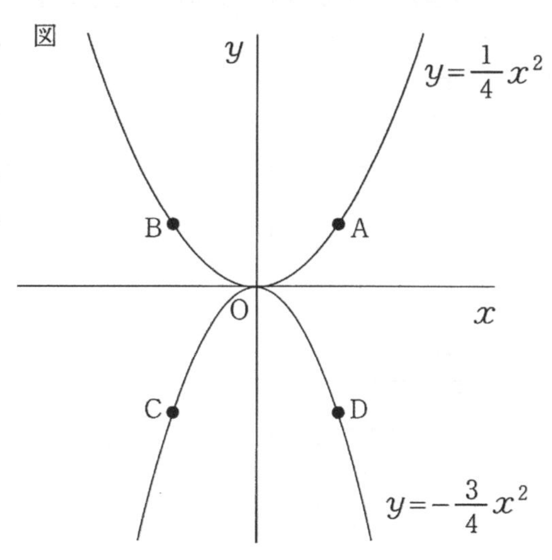

(1)　関数 $y=\frac{1}{4}x^2$ について，x の値が -2 から 4 まで増加するときの変化の割合を求めなさい。

(2)　四角形ABCDの周の長さが96であるとき，点Aの座標を求めなさい。

2　あとの図のように，三角形ABCがある。下の【条件】の①，②をともにみたす点Dを，定規とコンパスを使って作図しなさい。

ただし，作図に使った線は残しておくこと。

【条件】

① 点Dは，直線ABと直線ACから等しい距離にある。 ② 点Dは，頂点Aと頂点Cから等しい距離にある。

図

C

A　　　　　　　　　　　B

3　次の問題についてあとの問いに答えなさい。

［問題］
　ある水族館では子ども5人と大人2人分の入場料の合計は6400円でした。また，子どもが8人以上のときは，子ども全員の入場料が3割引きになるので，子ども10人と大人3人分の入場料は9200円でした。このとき，割引をされる前の子ども一人あたりの入場料は何円ですか。

(1)　この問題を解くのに，方程式を利用することが考えられる。どの数量を文字で表すかを示し，問題にふくまれる数量の関係から，1次方程式または連立方程式のいずれかをつくりなさい。

(2)　割引をされる前の子ども一人あたりの入場料を求めなさい。

4　たかしさんは，8，10，12，14と97，99，101，103に着目して，$8+10+12+14=44$，$97+99+101+103=400$となることから，2ずつ増える4つの自然数の和はすべて4の倍数であると考え，文字式を使って下のように説明した。［　　　］に，説明のつづきを書いて，説明を完成させなさい。

〈説明〉

　4つの自然数のうちもっとも小さい自然数をnとする。2ずつ増える4つの自然数をnを使って表すと，

［　　　　　　　　　　　　　　　　　　　　］

　したがって，2ずつ増える4つの自然数の和は，4の倍数である。

3 図1のように，1辺の長さが5cmの正方形ＡＢＣＤと，1辺の長さが3cmの正方形ＥＦＧＨがあり，直線ℓと直線$\boldsymbol{m}$は頂点Ｃで交わっている。正方形ＡＢＣＤの辺ＢＣは直線ℓ上にあり，正方形ＡＢＣＤの対角線ＡＣと正方形ＥＦＧＨの対角線ＥＧは直線$\boldsymbol{m}$上にある。また，頂点Ｇと頂点Ａは同じ位置にある。いま正方形ＥＦＧＨを，図2のように対角線ＥＧが直線$\boldsymbol{m}$に沿うように矢印の方向へ毎秒$\sqrt{2}$ cmの速さで，頂点Ｇが頂点Ｃに重なるまで移動した。次に，図3のように辺ＦＧが直線ℓに沿うように矢印の方向へ毎秒1cmの速さで移動し，2つの正方形が重なっている部分がなくなったところで停止した。

正方形ＥＦＧＨが移動し始めてからx秒後の2つの正方形が重なり合う部分の面積をy cm^{2}とするとき，次の問いに答えよ。

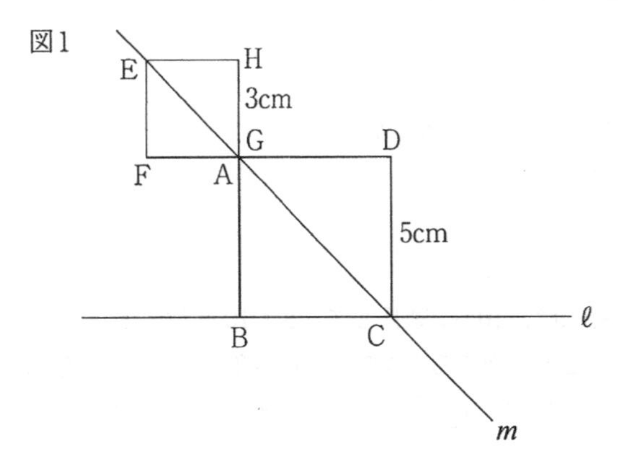

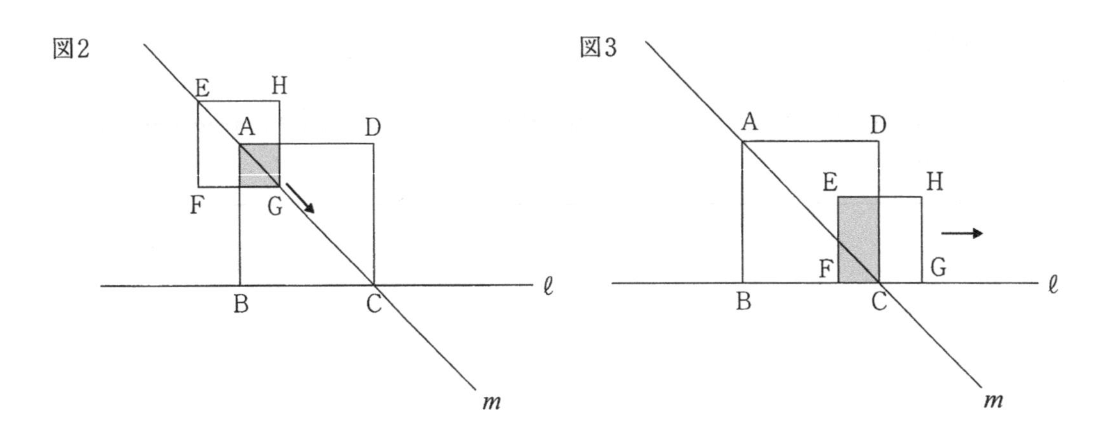

(1) $x=2$のときのyの値を求めなさい。

(2) 表1は正方形ＥＦＧＨが移動しはじめてから，停止するまでのxとyの関係を式に表したものである。［ア］～［ウ］にあてはまる数または式を，それぞれ書きなさい。また，このときのxとyの関係を表すグラフを，図4にかきなさい。

表1

xの変域	式
$0 \leqq x \leqq$ ［ア］	$y =$ ［イ］
［ア］ $\leqq x \leqq 5$	$y = 9$
$5 \leqq x \leqq 8$	$y =$ ［ウ］

図4

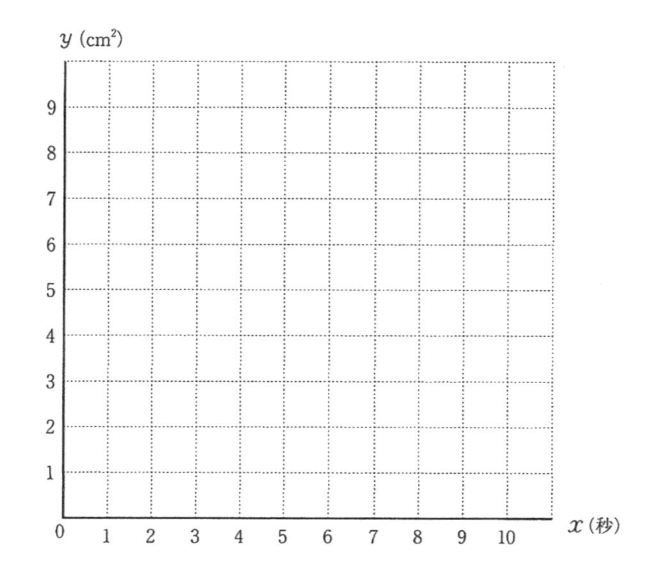

(3) 正方形ＡＢＣＤの内部で，2つの正方形が重なっている部分の面積をS_1，重なっていない部分の面積をS_2とする。頂点Ｇが頂点Ｃと重なってから，正方形ＥＦＧＨが停止するまでに，$S_1 : S_2$の面積比が1：4になるのは，正方形ＥＦＧＨが移動を始めてから何秒後かを求めなさい。

4 下の図のように三角形ＡＢＣの辺ＡＢ上に点Ｄ，辺ＡＣ上に点Ｅをとり，線分ＤＥを折り目として折り返し，頂点Ａがうつった点をＦとする。また，線分ＤＦと辺ＢＣの交点をＧ，線分ＥＦと辺ＢＣの交点をＨとする。ＡＣ∥ＤＦであるとき，あとの問いに答えなさい。

図

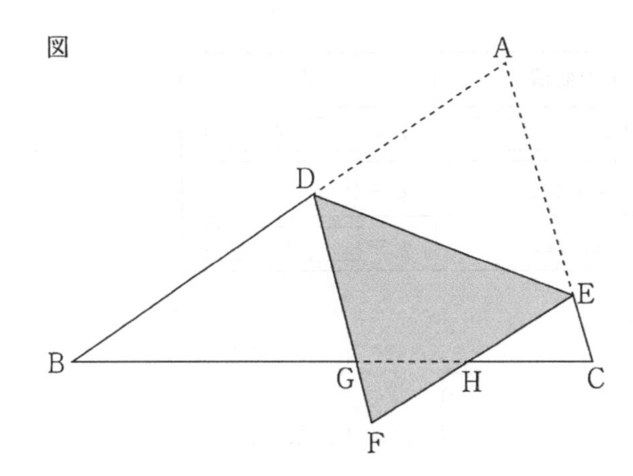

1　△ＢＤＧ∽△ＨＥＣであることを証明しなさい。

2　ＡＣ＝7cm，ＤＦ＝5cm，ＧＦ＝2cm であるとき，次の問いに答えなさい。

(1)　ＤＧとＥＣの長さの比を最も簡単な整数で答えなさい。

(2)　ＢＤの長さを求めなさい。

2023年度
東海大学山形高等学校
入学試験問題
(学業奨学生入試)
社　会

(11:10 ～ 12:00)

注　　意

1 「開始」の合図があるまで，開いてはいけません。

2 問題用紙は，7ページまであります。

3 解答用紙は，問題用紙の中にはさんであります。

4 「開始」の合図があったら，まず，解答用紙を取り出し，受験番号を書きなさい。次に，問題用紙のページ数を確認し，不備があればすぐに手を挙げなさい。

5 答えは，すべて解答用紙に書きなさい。

6 「終了」の合図で，すぐに鉛筆（シャープペンシルを含む）をおき，解答用紙を開いて裏返しにしなさい。

1 旬さんは，世界の国々を調べる授業で，略地図Ⅰ中の**A**国～**D**国と日本について，地図や資料を使って調べました。あとの問いに答えなさい。

【略地図Ⅰ】

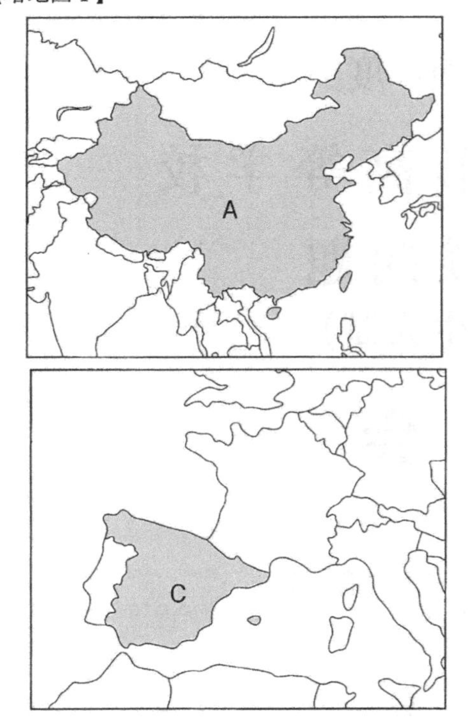

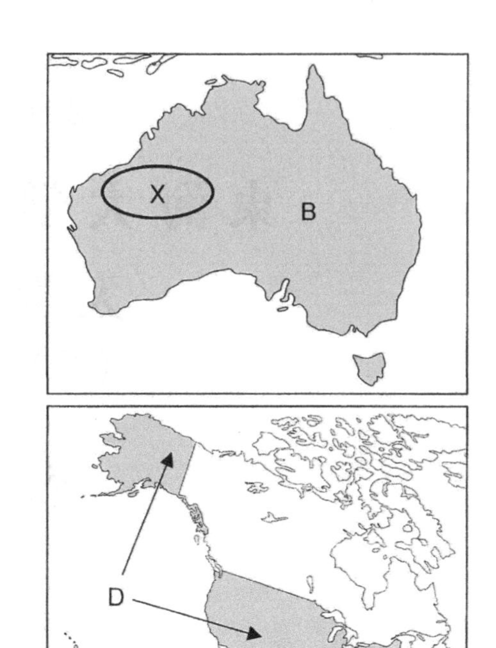

1　3大洋のうち，**C**国，**D**国が共通して面している海洋はどこか，書きなさい。

2　**A**国～**D**国のうち，日本が1月17日11時のときに，まだ1月17日を迎えていない国はどこか，国の記号**A**～**D**から一つ選び，記号で答えなさい。

3　**A**国で，外国企業を招いて工業化を進めるために，税金などについて優遇するなど特別な制度を設けた地区を何というか，書きなさい。

4　**B**国は鉱産資源に恵まれています。資料Ⅰは，**B**国で多く産出される鉱産資源の主な生産国で，石炭，鉄鉱石，ボーキサイト，金のいずれかです。**B**国の**X**の地域で多く採掘される資源を，資料Ⅰの**ア**～**エ**から一つ選び，記号で答えなさい。

【資料Ⅰ】

	ア		**イ**		**ウ**		**エ**	
	国　名	%	国　名	%	国　名	%	国　名	%
1	**A**国	54.4	**B**国	28.5	**A**国	13.2	**B**国	36.5
2	インド	10.7	**A**国	22.7	**B**国	9.3	ブラジル	17.9
3	インドネシア	8.1	ギニア	15.0	ロシア	8.4	**A**国	14.9
4	**B**国	6.0	ブラジル	12.5	**D**国	7.3	インド	8.3
5	ロシア	5.3	インド	7.4	カナダ	5.1	ロシア	4.1

（二宮書店『データブック・オブ・ザ・ワールド　2022年版』などから作成）

5　資料Ⅱは，**C**国で多く生産される農産物です。この農産物は何か，書きなさい。また，この地域で行われている農業の特徴について，**乾燥**という語を用いて書きなさい。

【資料Ⅱ】

6　旬さんは，**D**国について調べていると，身近なところに**D**国の多くの企業が日本に進出していることがわかりました。資料Ⅲは，その企業のロゴマークです。このような，多くの国に販売や生産の拠点を持つ企業を何というか，書きなさい。

【資料Ⅲ】

7　資料Ⅳは，旬さんが**A**国～**D**国と日本との関係についてまとめたものです。**ア**～**エ**は**A**国～**D**国のいずれかです。**B**国にあたるものを，**ア**～**エ**から一つ選び，記号で答えなさい。

【資料Ⅳ】

	在日外国人（人）(2019)	訪日客数（人）(2019)	日本の輸入（億円）(2020年)	日本の主な輸入品
ア	12,024	621,721	38,211	天然ガス，石炭，鉄鉱石
イ	59,172	1,723,671	74,369	機械類，電気機械，医薬品
ウ	813,675	9,594,394	174,931	電気機械，機械類，衣類
エ	3,620	130,243	3,380	豚肉，乗用車，医薬品

（『日本国勢図会　2022/23』などから作成）

2　都道府県を調べる授業で，奈緒さんは日本の各地について，調べました。略地図を見て，あとの問いに答えなさい。

【略地図Ⅰ】

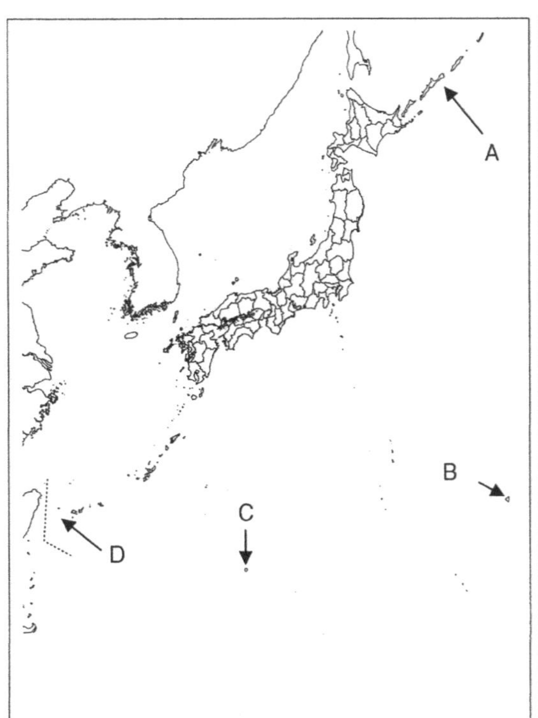

【略地図Ⅱ】

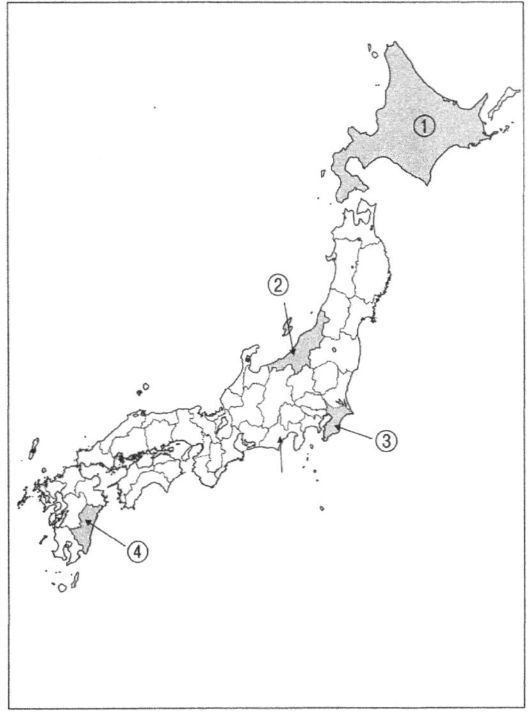

1　略地図ⅠのA～Dは，日本の最北端，最東端，最南端，最西端を示しています。最南端に位置するCの島の名前を答えなさい。またこの島の緯度として最も近いものを，次のア～エから一つ選び，記号で答えなさい。

ア　北緯10度　　イ　北緯20度　　ウ　北緯30度　　エ　北緯40度

2　略地図Ⅱの①～④がいずれも属していない地方名として適切なものを，次のア～エから一つ選び，記号で答えなさい。

ア　中部地方　　イ　関東地方　　ウ　近畿地方　　エ　九州地方

3　略地図Ⅱの①は，自然に恵まれています。その自然環境を維持しながら，自然環境や歴史，文化などを体験したり学んだりする観光のあり方を何というか，書きなさい。

4　略地図Ⅱの②では，資料Ⅲの洋食器をはじめ，地域と密接に結びついた地場産業が発展しています。この地域で地場産業が発展してきた理由を，資料Ⅳの雨温図を参考に，**副業**という語を用いて書きなさい。

【資料Ⅲ】

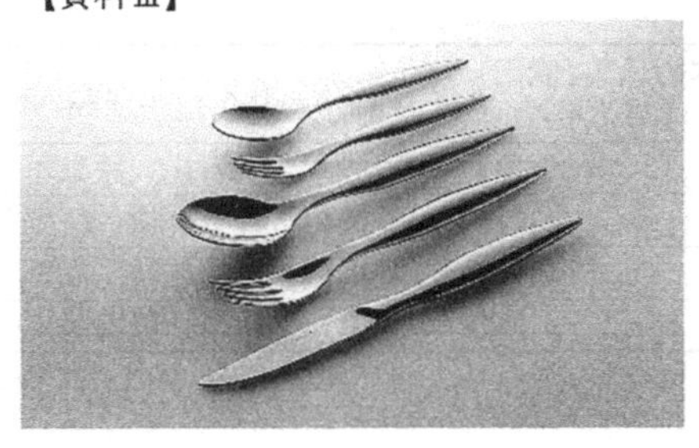

【資料Ⅳ】

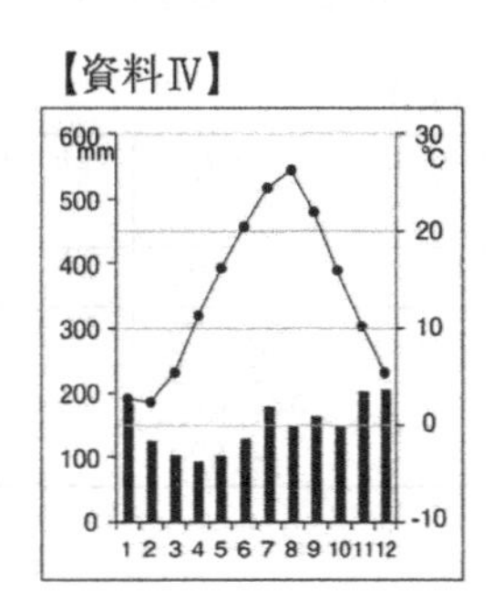

5　略地図ⅢのXは，略地図Ⅱの③で発達している工業地域を表しています。この工業地域について述べた文として適切なものを，次のア～エから一つ選び，記号で答えなさい。

【略地図Ⅲ】

ア　部品を組み立てる自動車工業や電気機械などの工業がさかんである。

イ　海外から輸入した原材料を使用した鉄鋼業や石油化学工業がさかんである。

ウ　豊かな水を利用した製紙・パルプ工業が発達している。

エ　周辺で生産される農産物を加工する工業がさかんである。

6　略地図Ⅱの④では豚や肉牛，鶏の飼育がさかんです。④では　畜産物や農産物でブランド化を進め，ブランドに認証されたものについては，資料Ⅴのような認証マークを表示しています。このようなブランド化を進める理由について，**輸入**という語を用いて書きなさい。

【資料Ⅴ】

7　資料Ⅵは，奈緒さんが略地図中①～④と山形県について調べてまとめたものの一部です。④にあたるものを，ア～エから一つ選び，記号で答えなさい。

【資料Ⅵ】

	人口密度（人／㎢）	製造品出荷額（十億円）	農業産出額の割合（%）			
			米	野菜	果実	畜産
ア	138.8	17,322	5.1	19.5	3.6	65.0
イ	176.7	51,212	60.2	12.7	3.4	19.0
ウ	66.9	64,136	10.0	15.5	0.6	58.5
エ	1213.6	132,118	17.9	33.8	3.0	32.3
山形県	115.6	28,880	35.1	18.0	28.1	14.5

（『データでみる県勢　2021年版』などから作成）

3 翔平さんは，わが国の歴史において，政治と宗教のかかわりについて調べました。次の表は，そのとき調べたことをまとめたものです。表を見て，あとの問いに答えなさい。

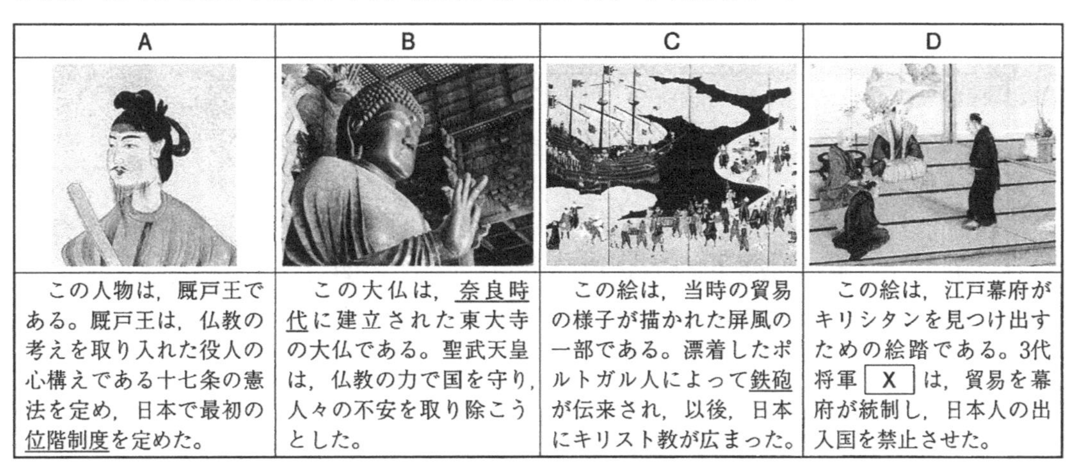

A	B	C	D
この人物は，厩戸王である。厩戸王は，仏教の考えを取り入れた役人の心構えである十七条の憲法を定め，日本で最初の位階制度を定めた。	この大仏は，奈良時代に建立された東大寺の大仏である。聖武天皇は，仏教の力で国を守り，人々の不安を取り除こうとした。	この絵は，当時の貿易の様子が描かれた屏風の一部である。漂着したポルトガル人によって鉄砲が伝来され，以後，日本にキリスト教が広まった。	この絵は，江戸幕府がキリシタンを見つけ出すための絵踏である。3代将軍［X］は，貿易を幕府が統制し，日本人の出入国を禁止させた。

1　Aについて，次の問いに答えなさい。

(1)　厩戸王と共に協力し，新しい政治を行った人物はだれか，次の**ア**～**エ**から一つ選び，記号で答えなさい。

ア　蘇我稲目　　**イ**　蘇我入鹿　　**ウ**　蘇我馬子　　**エ**　蘇我蝦夷

(2)　次は，翔平さんが，下線部についてまとめたものです。［　　］にあてはまる言葉を，**役人**という語を用いて書きなさい。

> 厩戸王は，家がらにとらわれず，［　　　　］という制度を設けた。

2　Bの下線部について，この時代のできごととして適切なものを，次の**ア**～**エ**から一つ選び，記号で答えなさい。

ア　藤原道長が，摂関政治をおこなった。

イ　坂上田村麻呂を征夷大将軍とする軍が，東北地方への支配を広げた。

ウ　日本が，白村江の戦いで，唐と新羅の連合軍に大敗した。

エ　遣唐使などによって，国際的な文化の影響の強い天平文化が栄えた。

【略地図】

3　Cの下線部について，次の問いに答えなさい。

(1)　最初に鉄砲が伝わったとされる，略地図aの島を何というか，書きなさい。

(2)　その頃日本にやって来たポルトガル人やスペイン人との貿易を何というか，**漢字4字**で書きなさい。

4　Dについて，次の問いに答えなさい。

(1)　［X］にあてはまる人物名を書きなさい。

(2)　メモは，翔平さんが，江戸時代の日本と貿易関係にあった国について調べ，まとめたものです。［Y］にあてはまる国名を，書きなさい。

【メモ】

> ○平戸の［Y］商館を長崎の出島に移した。
> ○キリスト教を布教しない中国・［Y］のみに貿易を許し，
> 　［Y］に風説書を提出させた。

4 次の略年表は，近現代のわが国の政党政治の動きについて，事件や戦争とのかかわりを中心にまとめたものです。次の問いに答えなさい。

【略年表】

年	できごと
1874 ↑	民撰議員設立建白書が提出される ……………①
A	
1900 ↓	立憲政友会が結成される
1918	原敬の政党内閣が成立される ……………②
1932	五・一五事件が起こる ……………③
1945	第二次世界大戦が終わる
1955	55年体制が始まる ……………④
1993	55年体制が崩壊する

1 略年表中の①について，国会の早期開設と憲法制定を要求した運動を何というか，書きなさい。

2 次の**ア**～**エ**は，略年表中の**A**の時期のできごとです。**ア**～**エ**を，おこった年の古い順に並べ替え，記号で答えなさい。

ア 領事裁判権の廃止に成功する
イ 自由党が設立される
ウ 西南戦争が起こる
エ 大日本帝国憲法が発布される

3 略年表中の②と同じ年のできごとで，原敬内閣が成立したことと関係の深いできごとを，次の**ア**～**エ**から一つ選び，記号で答えなさい。

ア 中国に二十一か条の要求を出した。
イ 米騒動が全国の都市に広がった。
ウ 男子普通選挙が実現した。
エ 全国水平社が結成された。

【資料】

4 略年表中の③について，資料は，軍国主義の風刺画です。③のできごと以降，日本の政治はどのように変化したのか，**政党政治**という語を用いて書きなさい。

5 次は，略年表中の④についてまとめたものです。あとの問いに答えなさい。

> 第二次世界大戦後，激化する東西冷戦の中，日本では政治情勢に新しい動きが起こり，保守勢力が自由民主党を，革新勢力が日本社会党をつくった。ここから与党を自民党，主要野党を社会党とする政治体制が始まった。二つの政党は，1960年の［ X ］の改定をめぐって激しく対立した。アメリカの戦争に日本が巻き込まれる危険があると批判する人々は，1960年の5～6月，国会の周辺で大きな反対運動である［ Y ］を行った。しかし，条約は成立し，内閣は退陣した。条約が結ばれたことにより，日本とアメリカとの政治的・経済的関係はいっそう強くなっていった。

(1) ［ X ］にあてはまる言葉として適切なものを，次の**ア**～**エ**から一つ選び，記号で答えなさい。

ア 日韓基本条約　　**イ** 日米修好通商条約
ウ サンフランシスコ平和条約　　**エ** 日米安全保障条約

(2) ［ Y ］にあてはまる言葉を，**漢字4字**で書きなさい。

5 駿也さんは，選挙制度と日本の政治のしくみについてまとめ，カードを作成しました。カード**A**と**B**は授業で討論をしたときの内容をまとめたものの一部です。次の問いに答えなさい。

カード**A**
日本の選挙制度
国民の代表を選ぶ制度が選挙である。以前は，性別や［ X ］で選挙権を制限する制限選挙があった。現在では，普通選挙や平等選挙などの原則のもと行われる。そして，ⓐ小選挙区や比例代表制などの制度がある。また，日本では選挙に多くの費用がかかるため，ⓑ様々なことが問題視されている。

カード**B**
日本の政治のしくみ
ⓒ国会は，国民の選挙により選ばれた議員で構成され，衆議院と参議院のⓓ二院制を採用している。 内閣は，国民の生活に直結する教育・文化や社会保障などの行政機関の頂点に立ち，責任を持つ機関である。 ⓔ裁判所は，権利を侵されたとされる国民が裁判を受けることができる場所である。

1 ［ X ］に入る適切な言葉を，次の**ア**～**エ**から一つ選び，記号で答えなさい。

ア 居住地　**イ** 納税額　**ウ** 職業　**エ** 家柄

2 下線部ⓐについて，次の文章は，駿也さんが小選挙区制の問題点についてまとめたものです。［ Y ］にあてはまる言葉を書きなさい。

> 小選挙区制は，［ Y ］が多く，大政党の投票数が議席に過大に反映され，小さな政党が不利になる問題点がある。

3 下線部ⓑについて，選挙の費用が多くかかることから，お金を通じて政治家と特定の企業や団体が結びつき，違法な資金集めや票の買収などが行われないように，政府から交付されるお金のことを何というか，書きなさい。

4 下線部ⓒについて，参議院と衆議院は，正しい政策に必要な情報を調査し，それに関して証人の出頭・証言などを求めることができます。この権利を何というか**漢字5字**で，書きなさい。

5 下線部ⓓについて，なぜ二院制を採用しているのか，**民意**と**反映**の二つの語を用いて，書きなさい。

6 下線部ⓔについて，あとの問いに答えなさい。

(1) 下の表は裁判の種類をまとめたものです。**A**～**D**にあてはまる語句の組み合わせとして適切なものを，次の**ア**～**エ**から一つ選び，記号で答えなさい。

> 裁判には個人の権利・義務の対立を解決する【 **A** 】裁判と，法律に違反する犯罪があったかどうか判断し，それに対する刑罰を決める【 **B** 】裁判がある。また，訴えた【 **C** 】と訴えられた【 **D** 】それぞれが自分の考えを主張し，裁判が行われる。

ア A 刑事 B 民事 C 原告 D 被告
イ A 民事 B 刑事 C 被告 D 原告
ウ A 刑事 B 民事 C 被告 D 原告
エ A 民事 B 刑事 C 原告 D 被告

(2) 2009年から開始された，20歳以上の選出された国民が裁判官と一緒に裁判を行う制度を何というか，書きなさい。

6 由紀さんは，公民の課題研究で「わたしたちのくらしと経済」の分野について調べました。表のA～Cはそのときまとめたものの一部です。表を見て，あとの問いに答えなさい。

	テーマ	ま　と　め
A	価格の働きと市場	様々な商品が自由に売買される場を市場といいます。そして，市場で決められる商品の①価格を市場価格といい，その変化を通して②消費量と生産量が決められていく経済を市場経済といいます。
B	企業と労働者	日本国憲法では，③労働三権が保障されています。労働三権を具体的に保障する法律として，労働基準法・④労働組合法・労働関係調整法が定められています。
C	日本銀行の金融政策	極端な⑤景気の変動や⑥物価の変動は，私たちの生活を不安定にし，経済活動にも悪影響を及ぼします。そこで，日本銀行は物価の変動を抑え，景気を安定化させるために⑦金融政策を行います。

1　表のAについて，次の問いに答えなさい。

(1)　下線部①について，少数の売り手が決めた価格を何というか，**漢字4字**で書きなさい。

(2)　下線部②について，資料を見て，Aが示している曲線を何というか，書きなさい。

【資料】

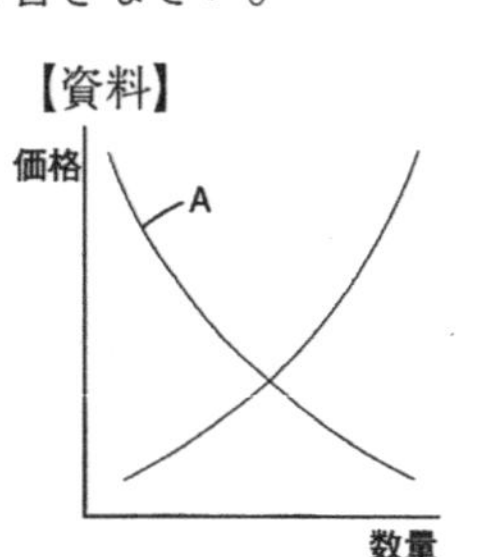

2　表のBについて，次の問いに答えなさい。

(1)　下線部③について，労働三権として**適切でないもの**を，次の**ア**～**エ**から一つ選び，記号で答えなさい。

ア　団体行動権　　**イ**　団結権　　**ウ**　団体自治権　　**エ**　団体交渉権

(2)　下線部④について，労働者が労働組合を結成する目的を，**経営者**と**労働条件**の二つの語を用いて書きなさい。

3　表のCについて，次の問いに答えなさい。

(1)　下線部⑤に関連する記述として適切なものを，次の**ア**～**エ**から一つ選び，記号で答えなさい。

ア　好況期には，生産物に対する需要が増加して企業の投資も増加するため，物価が上昇する。

イ　景気後退期には，需要に対して生産が過剰な状態となり，企業の利潤は増加するため設備投資や生産は増えていく。

ウ　不況期には，企業の資金需要が増加するため，社会に出回るお金の量が増える。

エ　景気回復期には，企業の生産が拡大して設備投資が増加するが，労働力の需要は増加しないため失業率は改善しない。

(2)　下線部⑥について，物価変動の現象で物価が上がり続けることを何というか，書きなさい。

(3)　下線部⑦について，日本銀行が不景気のときに行う金融政策を，**国債**と**通貨量**の二つの語を用いて書きなさい。

2023年度

東海大学山形高等学校
入学試験問題
(学業奨学生入試)

理　科

(12:40 ～ 13:30)

注　意

1 「開始」の合図があるまで，開いてはいけません。

2 問題用紙は，9ページまであります。

3 解答用紙は，問題用紙の中にはさんであります。

4 「開始」の合図があったら，まず，解答用紙を取り出し，受験番号を書きなさい。次に，問題用紙のページ数を確認し，不備があればすぐに手を挙げなさい。

5 答えは，すべて解答用紙に書きなさい。

6 「終了」の合図で，すぐに鉛筆（シャープペンシルを含む）をおき，解答用紙を開いて裏返しにしなさい。

1 美優さんは，レタスの値段が暴落しているニュースを見て，レタスの葉はどのような形の細胞をしているのか確かめたくなり，顕微鏡で観察した。あとの問いに答えなさい。

【実験】

① レタスの葉をカミソリで薄く切り取った。
② ①のレタスの葉をスライドガラスにのせた。
③ スライドガラスにのせたレタスに水をたらし，カバーガラスをかけた。
④ 顕微鏡で観察し，スケッチした。

1 次は，美優さんがレタスについて調べ，まとめたものである。あとの問いに答えなさい。

> レタスについて調べると，ヒマワリやタンポポと同じキクの仲間であることがわかった。レタスは子葉が２枚の種子植物である。そのほかの特徴として葉脈は［ a ］脈，根のつくりは［ b ］である。

(1) ［ a ］と［ b ］にあてはまる語の組み合わせとして，正しいものはどれか，次の**ア**～**エ**から一つ選び，記号で答えなさい。

ア a 平行 b 主根と側根 **イ** a 網状 b 主根と側根
ウ a 平行 b ひげ根 **エ** a 網状 b ひげ根

(2) レタスの茎の断面では，維管束はどのように並んでいるか，簡潔に書きなさい。

2 ③でカバーガラスをかけるとき，気泡が入らないように気をつけなければならない。その理由はなぜか，簡潔に書きなさい。

3 図は，顕微鏡で観察したレタスの葉をスケッチしたものである。スケッチ中の三日月形の細胞の名称は何か，書きなさい。

図

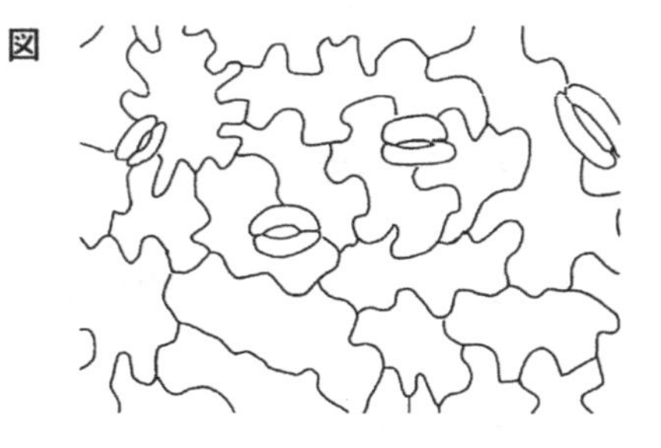

4 一般的に三日月形の細胞は，葉の表側より裏側に多い。しかし，水面に浮いている植物は，裏側より表側の方が多くなっている。その理由はなぜか，簡潔に書きなさい。

2 遼さんは，筋肉のもとになる栄養素がタンパク質であることを知り，食物に含まれている養分がどのように吸収され，からだをつくるのかについて興味をもち，調べた。次の問いに答えなさい。

1　次は，遼さんが食物に含まれている養分についてまとめたものである。［　a　］にあてはまる語は何か，書きなさい。

　食物に含まれる養分の大部分は，炭水化物や脂肪，タンパク質などの有機物である。炭水化物や脂肪は，おもにエネルギー源となり，細胞による呼吸に使われる。タンパク質はエネルギー源にもなるが，おもにからだをつくる材料として使われる。
　これらの養分は大きな分子でできているため，そのままでは体内に取り入れることができない。そのため，分解して体内に取り入れやすい形に変えている。このはたらきを［　a　］という。

2　タンパク質を分解するはたらきのある胃液に含まれる消化酵素は何か，次の**ア**～**エ**から一つ選び，記号で答えなさい。

ア　アミラーゼ　　**イ**　トリプシン　　**ウ**　ペプシン　　**エ**　リパーゼ

3　食物に含まれる養分は，小腸の壁から体内に吸収されることがわかった。小腸について，次の問いに答えなさい。

(1)　小腸の壁の表面は柔毛という小さな突起でおおわれている。柔毛がある利点は何か，**表面積**という語を用いて，簡潔に書きなさい。

(2)　タンパク質を分解してできたアミノ酸は，柔毛の表面から吸収されたあと，どこに入って肝臓に運ばれるか，書きなさい。

4　遼さんは，様々な動物の消化管の長さと食物の関係を調べた。
　表は，調べたものをまとめたものである。腸の長さと食物の関係についていえることは何か，次の**ア**～**エ**から一つ選び，記号で答えなさい。

ア　消化のしにくい食物を食べる動物の腸は長い。
イ　消化のしにくい食物を食べる動物の腸は短い。
ウ　消化のしやすい食物を食べる動物の腸は長い。
エ　食物と動物の腸の長さに関係はない。

表

動物	腸 / 体長
ウマ	約30倍
ウシ	約25倍
ヒツジ	約27倍
ライオン	約４倍
ネコ	約４倍
イヌ	約５倍

3 恵理那さんは，家族と一緒に仙台市内に買い物に行ったとき，東日本大震災のパネルを見つけ，当時の悲惨な状況を知った。次は，クラスの友人Ａ，Ｂとの対話である。あとの問いに答えなさい。

恵理那：今年は東日本大震災から11年目になる年だよね。
Ａ　：当時私たちは４歳だったから記憶はないけど，大変な被害がでたことはみんなは知っているよね。
Ｂ　：山形県も震度５強で，強い揺れや停電が続いて大変だったと両親から聞いたことがある。
恵理那：東北地方だけではなく，関東地方にまで強い影響がでて，日本中がパニック状態におちいった震災だったみたい。
Ａ　：この震災では，津波の影響もあったと聞いているよ。
Ｂ　：３人で地震と津波について調べてみよう。

1　地球の表面は，プレートとよばれる厚さ100kmほどの岩盤でおおわれている。図１は日本列島付近にある４つのプレート（Ａ～Ｄ）を模式的に示したものである。Ａにあてはまるプレートの名称は何か，書きなさい。

図１

注：線一は，プレートの境界を表す

2　図２は，海底の岩盤が大きくずれることで地震が発生する様子を模式的に示したものである。海底のＸで地震が発生した場合，津波はどのように広がっていくか，最も適切なものを次の**ア～エ**から一つ選び，記号で答えなさい。

図２

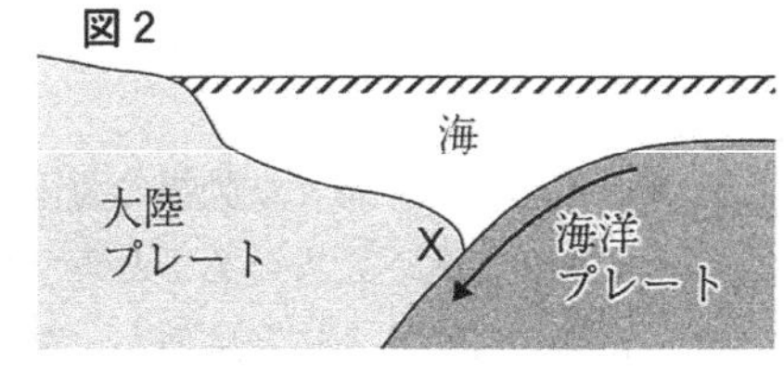

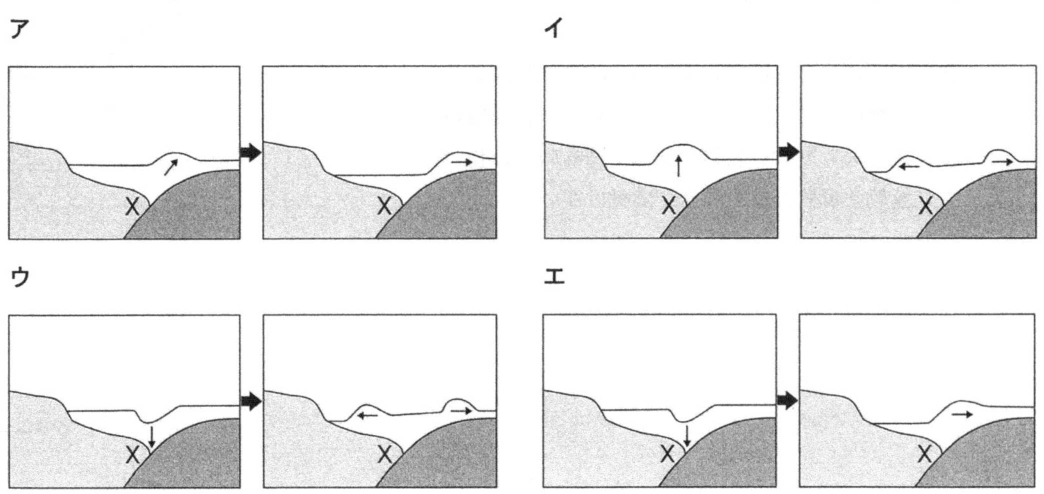

3　恵理那さんは，2010年２月27日，日本時間15時34分にチリ中部沿岸でマグネチュード8.8の地震が発生した記事をみつけた。記事によると地震発生から24時間後には日本各地の沿岸で津波が観測されたと記してある。チリから日本までの距離を17,000km として，津波の平均の速さは何 km/h になるか，求めなさい。答えは小数第１位を四捨五入して，整数で書きなさい。

4　次は，地震による大地の変化についてまとめたものである。［ a ］・［ b ］にあてはまる語の組み合わせとして，最も正しいものを次の**ア**～**エ**から一つ選び，記号で答えなさい。

> 地震によってさまざまな大地の変化が起こる。がけくずれや落石などに加えて，大地がもち上がったりすることを［ a ］といい，しずんだりすることを［ b ］という。

ア　a　上昇　b　下降　　**イ**　a　隆起　b　沈下
ウ　a　隆起　b　沈降　　**エ**　a　起立　b　沈降

5　地震の振動で地中の土砂が液体のようになり，水と一緒に地表へふきだす現象を何というか，書きなさい。

4 由貴さんは，気象の変化に興味をもち，気温，湿度，気圧，風向，風速，風力について気象庁のデータをグラフにまとめた。次の問いに答えなさい。

1 気温の測定方法として，最も適切なものはどれか，次の**ア**～**エ**から一つ選び，記号で答えなさい。

ア 地上付近に温度計の球部を近づけ，直射日光が当らないようにして測定する。

イ 地上から約50cmの高さで，温度計の球部に直射日光を当てた状態で測定する。

ウ 地上から約１mの高さで，温度計の球部に直射日光を当てた状態で測定する。

エ 地上から約1.5mの高さで，温度計の球部に直射日光を当てない状態で測定する。

2 図１は，風向，風速，風力を測定する器具を模式的に示したものである。この計器の名称は何か，書きなさい。

図１

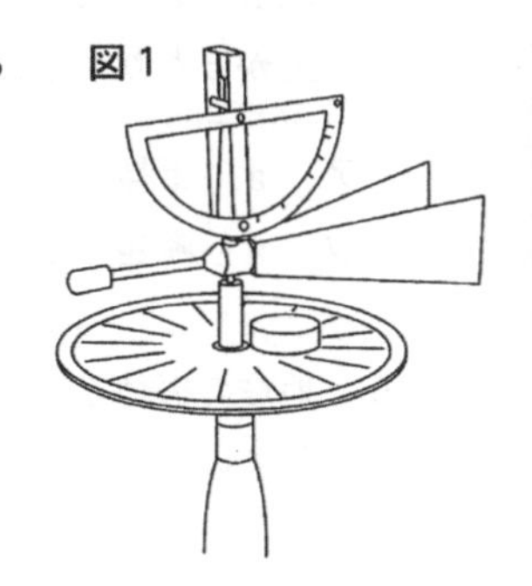

3 図２は，T市の継続的な気象観察の結果である。図中のA，B，Cはそれぞれ気温，湿度，気圧のいずれかを示している。あとの問いに答えなさい。

図２

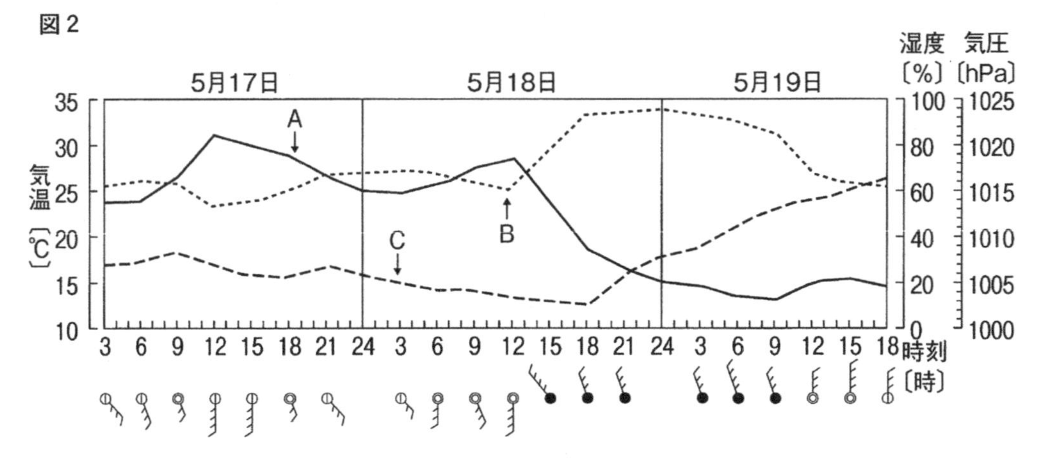

⑴ 図２のBは，気温，湿度，気圧のどれを示しているか，書きなさい。また，そのように考えた理由を簡潔に書きなさい。

⑵ ５月18日の９時の天気，風力，風向として，最も適切なものはどれか，次の**ア**～**エ**から一つ選び，記号で答えなさい。

ア 天気 晴れ 風力 ３ 風向 南南東

イ 天気 曇り 風力 ３ 風向 北北西

ウ 天気 曇り 風力 ３ 風向 北西

エ 天気 曇り 風力 ３ 風向 南南東

⑶ 高度０mにおける標準的な気圧の大きさを１気圧という。T市の気圧が１気圧になったのは５月何日何時か，書きなさい。

5 知樹さんは，電気エネルギーを取り出すために，次の手順で実験を行った。あとの問いに答えなさい。

【実験】

① 図のようにうすい塩酸に亜鉛板と銅板をひたして，電池をつくった。

② ①でつくった電池に電子オルゴールをつなぎ，電流が流れることを確認した。

図

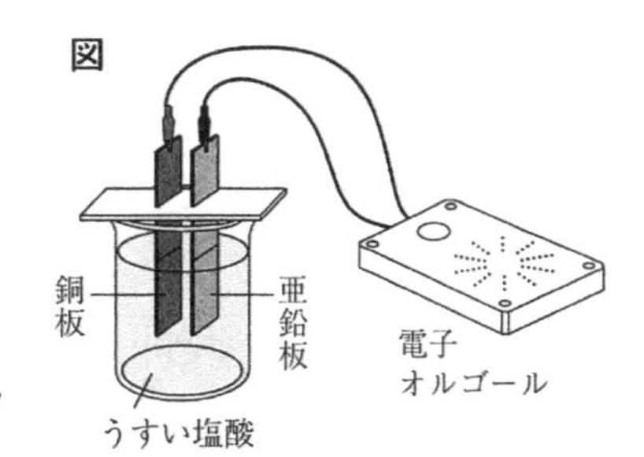

1 ①について，正しい文はどれか，次の**ア**～**エ**から一つ選び，記号で答えなさい。

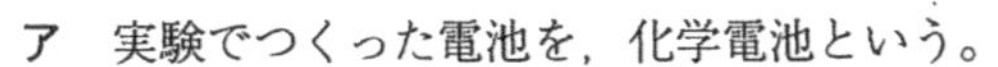

ア 実験でつくった電池を，化学電池という。

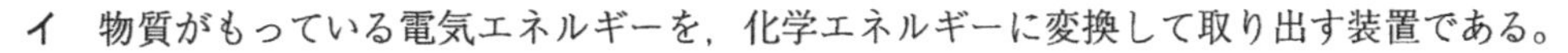

イ 物質がもっている電気エネルギーを，化学エネルギーに変換して取り出す装置である。

ウ 電流の向きは，電子の移動の向きと同じである。

エ 電子は，＋極から－極に向かって，導線中を移動する。

2 ①において，つくった電池の＋極と－極でおこった反応を，イオンを表す化学式を使ってそれぞれ書きなさい。

3 ①において，うすい塩酸のほかに，どのような電解液を用いれば電流が流れるか，書きなさい。

4 ②において，電子オルゴールの音を大きくするためにはどうすればよいか，簡潔に書きなさい。

6 拓磨さんは，酸化銅と炭素の粉末を混ぜて加熱したときの反応を調べるため，次の①～③の手順で実験を行った。あとの問いに答えなさい。

【実験】

① 酸化銅の粉末5.25gに，十分な量の炭素粉末を加えてよくかき混ぜた。

② ①でつくった混合物を試験管に入れ，図のような装置を組み，加熱した。

③ ②の後，試験管の中に残った銅の質量を測定した。

図

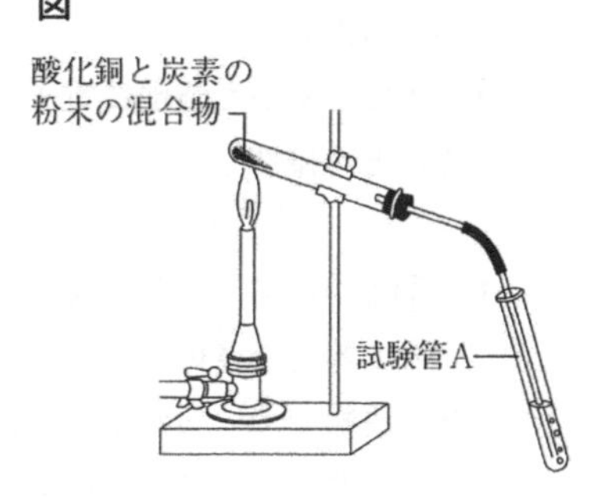

1 この実験で酸化銅と炭素に生じた化学変化は何か，それぞれ書きなさい。

2 この実験でおこった反応を，化学反応式で書きなさい。

3 図の試験管Aに入っている液体が白くにごった。この液体は何か，書きなさい。

4 この実験で得られた銅の質量は4.20gであった。酸化銅の粉末7.5gからは何gの銅が得られるか。最も適切なものを，次の**ア**～**オ**から一つ選び，記号で答えなさい。

ア 4.5g　**イ** 5.0g　**ウ** 5.5g　**エ** 6.0g　**オ** 6.5g

7 洋人さんは，磁石に方位磁針を近づけると方位磁針のN極が北の方角をささなくなったことに疑問をもち，次の実験を行った。あとの問いに答えなさい。

【実験１】 図１のA～Dの場所に方位磁針を置いて，N極のさす方角を確認した。

図１

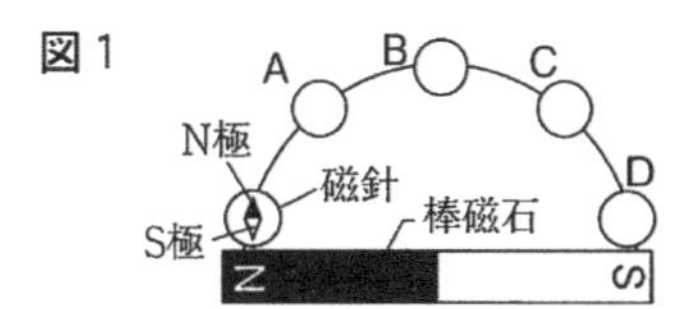

【実験２】 図２のように，板に通した直線状の導線Xに矢印の方向に電流を流した。E～Hの場所に方位磁針を置いて，N極のさす方角を確認した。

図２

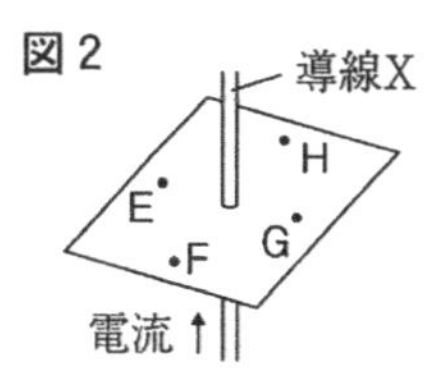

【実験３】 図３のように，板に通したコイルYに矢印の方向に電流を流した。IとJの場所に方位磁針を置いて，N極のさす方角を確認した。

図３

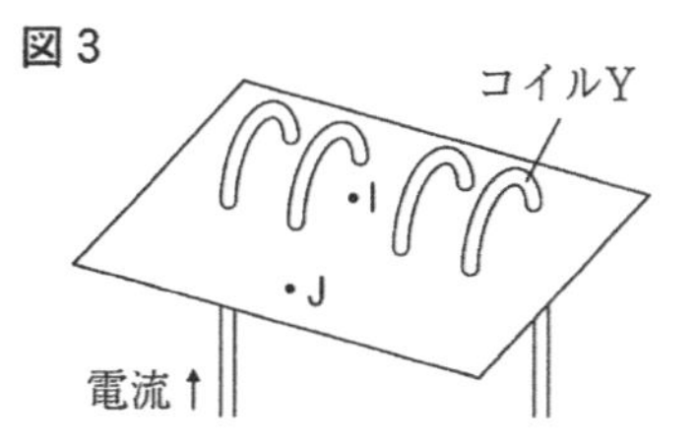

1　実験１でBの位置に置いた方位磁針の針の向きはどのようになるか，解答欄にかきなさい。ただし，方位磁針のN極をぬりつぶしてかくものとする。

2　図４はE～Hのいずれかに置いた方位磁針のようすと，E点を手前にして真上から見たものを示している。図４の方位磁針はE～Hのどの点に置いたものか，書きなさい。

図４

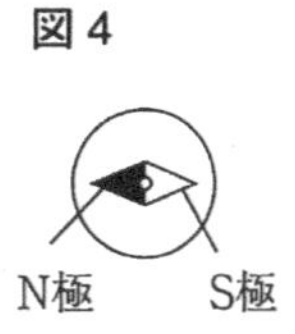

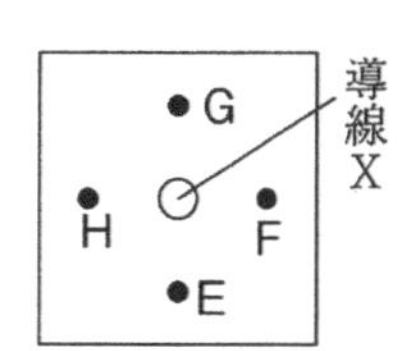

3　実験３でIとJに置いた方位磁針の針の向きとして，正しいものはどれか，次の**ア**～**エ**から一つ選び，記号で答えなさい。

ア

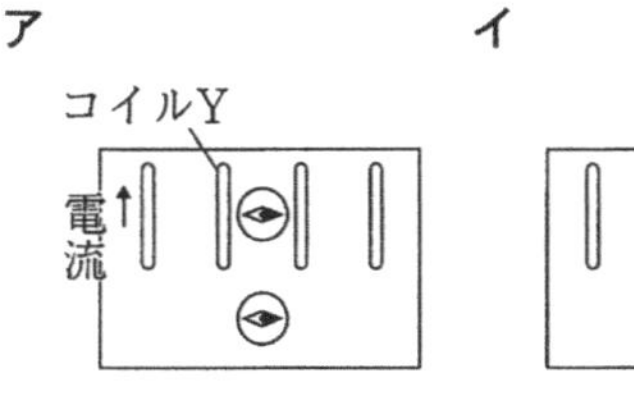

イ

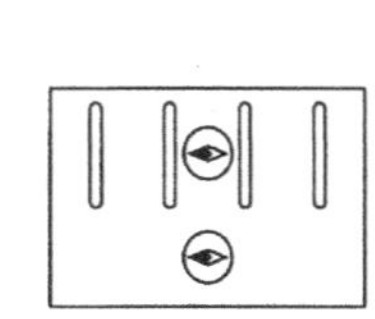

ウ

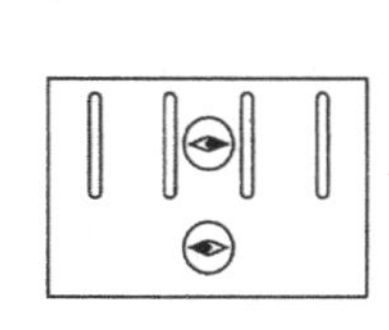

エ

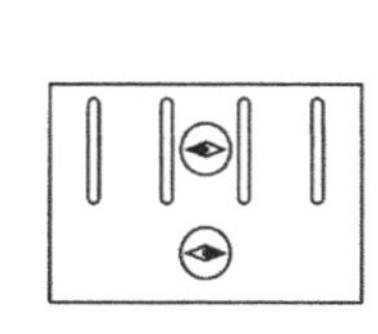

4　磁石やコイルのまわりに置いた方位磁針のN極が示すのは何の向きか，書きなさい。

5　方位磁針の針がさす方角が北であることから，**地球を大きな磁石と考えたとき**，N極にあたるのは地球のどこか，書きなさい。

8 海羽さんは，ばねののびがばねにかかる力に比例することを知り，図１のように１個20ｇのおもりを１～10個までつり下げたときのばねののびについて調べ，表にまとめた。ばねの質量は考えないものとして，あとの問いに答えなさい。

表

おもりの質量［ｇ］	0	20	40	60	80	100	・・・	200
ばねののび［cm］	0	1.6	3.2	4.8	6.4	8.0	・・・	16.0

図１

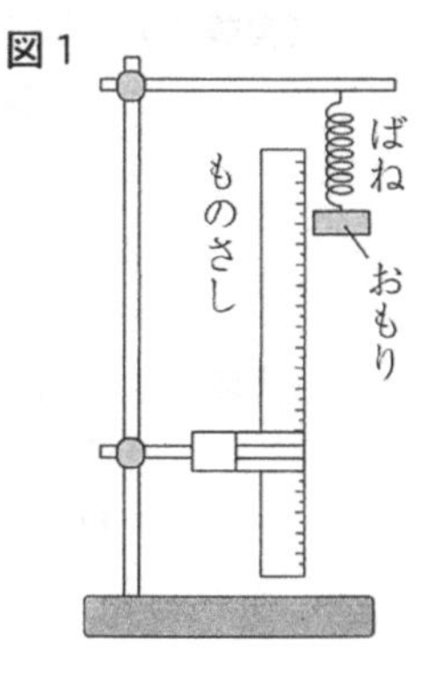

1　このばねに20ｇのおもり６個と10ｇのおもり１個をつるしたとき，ばねののびは何cmになるか，求めなさい。

2　図２のように，水平な机の上にある台ばかりに80ｇの物体Ａをのせ，図１のばねを取りつけて，真上に4.0cmのばしたとき，台ばかりは何ｇを示すか，求めなさい。

図２

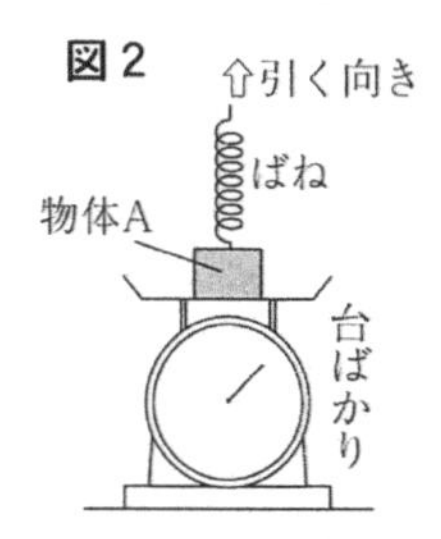

3　図３のように，ばねばかりに90ｇの物体Ｂを取りつけ，水に入れた。あとの問いに答えなさい。

図３

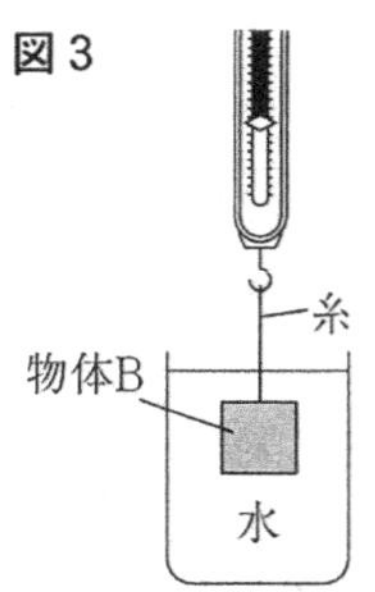

(1)　水中の物体Ｂが水から受ける水圧の大きさを，矢印の長さで表すとどのようになるか，最も適切なものを，次の**ア**～**エ**から一つ選び，記号で答えなさい。

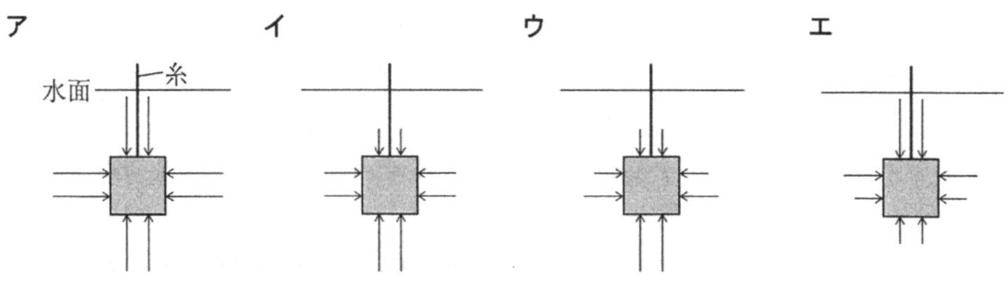

(2)　水中の物体Ｂが水から受ける上向きの力を何というか，書きなさい。

(3)　物体Ｂを水に入れるとばねばかりの示す値はどうなるか，簡潔に書きなさい。

2023年度

東海大学山形高等学校
入学試験問題
(学業奨学生入試)

英　　語

(　13：45　～　14：35　)

注　　意

1　「開始」の合図があるまで，開いてはいけません。

2　最初に，放送によるテストがあります。

3　問題用紙は，10ページまであります。

4　解答用紙は，問題用紙の中にはさんであります。

5　「開始」の合図があったら，まず，解答用紙を取り出し，受験番号を書きなさい。次に，問題用紙のページ数を確認し，不備があればすぐに手を挙げなさい。

6　答えは，すべて解答用紙に書きなさい。

7　「終了」の合図で，すぐに鉛筆（シャープペンシルを含む）をおき，解答用紙を開いて裏返しにしなさい。

1 これはリスニングテストです。放送の指示に従って答えなさい。

※音声は収録しておりません

1

No. 1

ア　　　　イ　　　　ウ　　　　エ

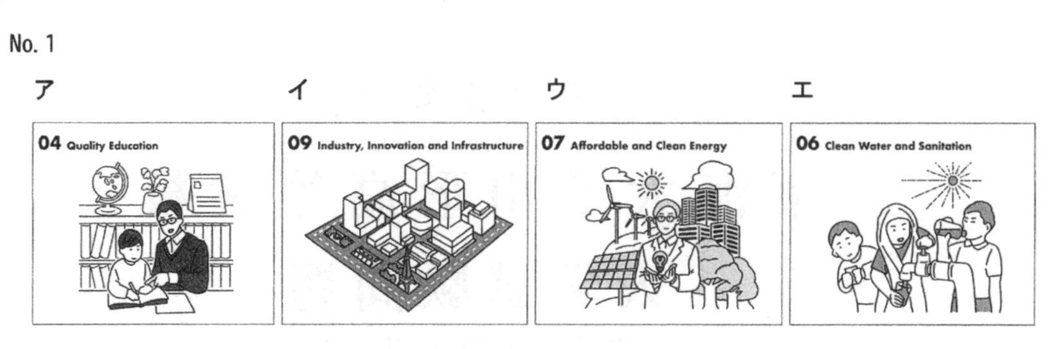

No. 2

ア　　　　イ　　　　ウ　　　　エ

2

土曜日の予定

9：30	東京駅
10：00 ～ 13：00	1）
13：15 ～ 14：00	昼食
14：30 ～ 16：00	2）
16：30 ～ 17：00	3）

ア　スカイツリー

イ　浅草

ウ　秋葉原

エ　上野動物園

3　放送の指示に従って答えなさい。

No. 1　ア　15 dollars.

イ　20 dollars.

ウ　50 dollars.

エ　55 dollars.

No. 2　ア　On the Internet and at famous bookstores.

イ　Only on the Internet.

ウ　Only at famous bookstores.

エ　Only at Sunny Concert Hall.

4　放送の指示に従って答えなさい。答えは，解答用紙に書きなさい。

（メモ用）

（　　　）のところの英語を聞き取り，書きなさい。

Maki : Your favorite comic is *One Piece*.

John : That's right. I think (　　　　　　　　　　　　　　　　　　　　).

2 次の問いに答えなさい。

1　次の対話文（　　）の中に入る最も適する英語を，それぞれ１語ずつ書きなさい。

(1)　*Son :* Can I have some snacks?　I'm so hungry.

Mother : Yes, but you should (　　　) your hands before you eat.

(2)　*Meg :* What did you do last Saturday?

Steve : I went to the (　　　) with my family.　We enjoyed seeing many animals there.

(3)　*Woman :* I'd like to go to Yamagata Station. (　　　) bus should I take to go there?

Man : You should take the number four bus.

2　次の対話文の（　　）の中に入る最も適切なものを，下の**ア**〜**エ**からそれぞれ一つずつ選び，記号で答えなさい。

(1)　*Girl :* I'm going to Hiroshima with my classmates next month.

Grandfather : That's nice. (　　　　　　　　　　　　)

Girl : No. This is my first visit.

Grandfather : I hope you will see Genbaku Dome and study about peace.

ア　When did you go there?
イ　Have you ever been there before?
ウ　How many times did you go there?
エ　Are you going to go there by train?

(2)　*Meg :* How did you like Yamagata?　Did you enjoy your stay?

Sue : I liked it very much, but (　　　　　　　　　　　　)

Meg : That's true.　We have a very hard time every winter because of it.

Sue : It was a good experience for me.

ア　I didn't know where I should visit in Yamagata.
イ　I want you to visit Yamagata and see my classmates.
ウ　I was surprised to see too much snow in many towns.
エ　The town was very quiet and beautiful.

3　次の対話文の下線部について，あとのア～カの語を並べかえて正しい英文を完成させ，（ X ），（ Y ），（ Z ）にあてはまる語（句）を，それぞれ記号で答えなさい。
ただし，文頭にくる語も小文字で始めています。

(1) *Kate :* Ken (　　) (X) (　　) (Y) (　　) (Z) on our basketball team.
Steve : I want to play with him on the same team.
ア the　イ one　ウ best　エ is　オ of　カ players

(2) *Steve :* You play the guitar very well.
(　　) (X) (　　) (Y) (　　) (Z)?
Meg : I practice it every day.
ア it　イ do　ウ often　エ you　オ how　カ practice

3 中学生の真紀（Maki）さんは，夏休みに経験したキャンプを振り返りながら，SDGs（Sustainable Development Goals 持続可能な開発目標）に関してＡＬＴのグレッグ（Greg）先生と話しています。真紀さんがまとめた表（table），グラフ（graph）および対話について，あとの問いに答えなさい。

【表】ＳＤＧｓの達成度ランキング（アジア抜粋）

世界順位	国	指数
15	X	78.9
18	Y	78.3
39	中国	73.2
40	タイ	73.0
54	ベトナム	71.1
66	Z	69.6
68	マレーシア	69.6
97	フィリピン	64.9
102	インドネシア	64.2
110	ミャンマー	62.2
111	ラオス	62.0
112	カンボジア	61.8
115	インド	61.1

サステナブル・デベロップメント・リポート2019より作成

【グラフ】キャンプ参加人口610万人（2020年）

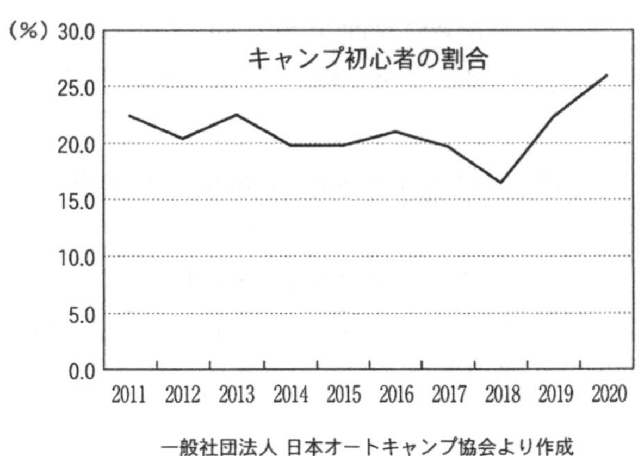

一般社団法人 日本オートキャンプ協会より作成

Maki: I went camping with my family this summer. I enjoyed it a lot and I found that ① a lot of actions at a campground lead to achievement of SDGs.

Greg : Can you explain the details?

Maki : SDGs have goals to protect the environment. At a campground, we build a tent, make a fire, cook, and put away things we use. The actions can lead us to save the energy on the earth. For example, using fire makes us warm and we can get light from the fire by cooking. Also, when we go home, we don't leave the garbage on the campground. It can protect the nature.

Greg : Going camping is one of the good ways to learn SDGs and think about our everyday lives.

Maki : Camping is so popular now in Japan. According to this graph, the number of people who experienced camping as a beginner is increasing since 2018. I hope they will think about what they can do to *achieve the goals of SDGs through some activities at a campground. Look at this table. This shows the *ranking of Asian countries which have *achieved SDGs. Japan is the highest rank of the countries in Asia, but actually is 15th place in the world. The second in Asia is Korea.

Greg : I'm surprised at the rank of Singapore. I thought it was the higher rank because I've heard that it has very strict *laws to keep the streets clean.

Maki : It is the 66th in the world, though it's the 6th in Asian countries.

Greg : Why don't we research what other countries are doing for SDGs.

（注）achieve(ed)　達成する（した）　ranking　ランキング　laws　法律

Emma : We will not have much time. We will arrive there around four thirty, so I think we can only shop there.

John : I see. Will we go to any other places?

Emma : We will go to Akihabara in the morning. The shops will be so interesting. Do you like Japanese comics and Japanese idols?

John : Yes, of course. I have been looking forward to going there. So, we will visit two places?

Emma : We will also go to Asakusa after we have lunch.

John : Wow! I'm sure we will have a good time.　　(間10秒)

繰り返します。(間３秒)

これで，２の問題を終わり，３の問題に移ります。問題用紙２ページの３を見てください。(間２秒)

これから，ジョーン（John）がコンサートホールの担当者に電話で何かを問い合わせしている対話文を読みます。そのあと，二つの質問をします。それぞれの質問の答えとして最もふさわしいものを，**ア**，**イ**，**ウ**，**エ**の中から一つずつ選び，記号で答えなさい。英文は２回読みます。(間２秒)

では，始めます。(間２秒)

Clerk : Hello. This is Sunny Concert Hall. May I help you?

John : Hello. I have a question. How can I get tickets for the rock concert on August 20th?

Clerk : They will be sold on the Internet and at famous bookstores from June 20th to August 19th.

John : I see. How much are they?

Clerk : They are 50 dollars.

John : Can I buy tickets on the day of the concert?

Clerk : Yes, but only at Sunny Concert Hall and they will be 55 dollars on that day.

John : OK. Thank you very much.　　(間３秒)

Questions : No. 1　How much can John get the concert tickets for on July 20th?　　(間８秒)

No. 2　Where are the tickets sold before August 20th?　　(間８秒)

繰り返します。(間３秒)

これで，３の問題を終わり，４の問題に移ります。問題用紙２ページの４を見てください。(間２秒)

これから，英語による対話文を２回読みます。(　　　)のところの英文を聞き取り，書きなさい。(間２秒)

では，始めます。(間２秒)

Maki : Your favorite comic is *One Piece*.

John : That's right. I think this comic is the best because the story is very exciting.　　(間15秒)

繰り返します。(間２秒)

これでリスニングテストを終わります。次の問題に移ってください。

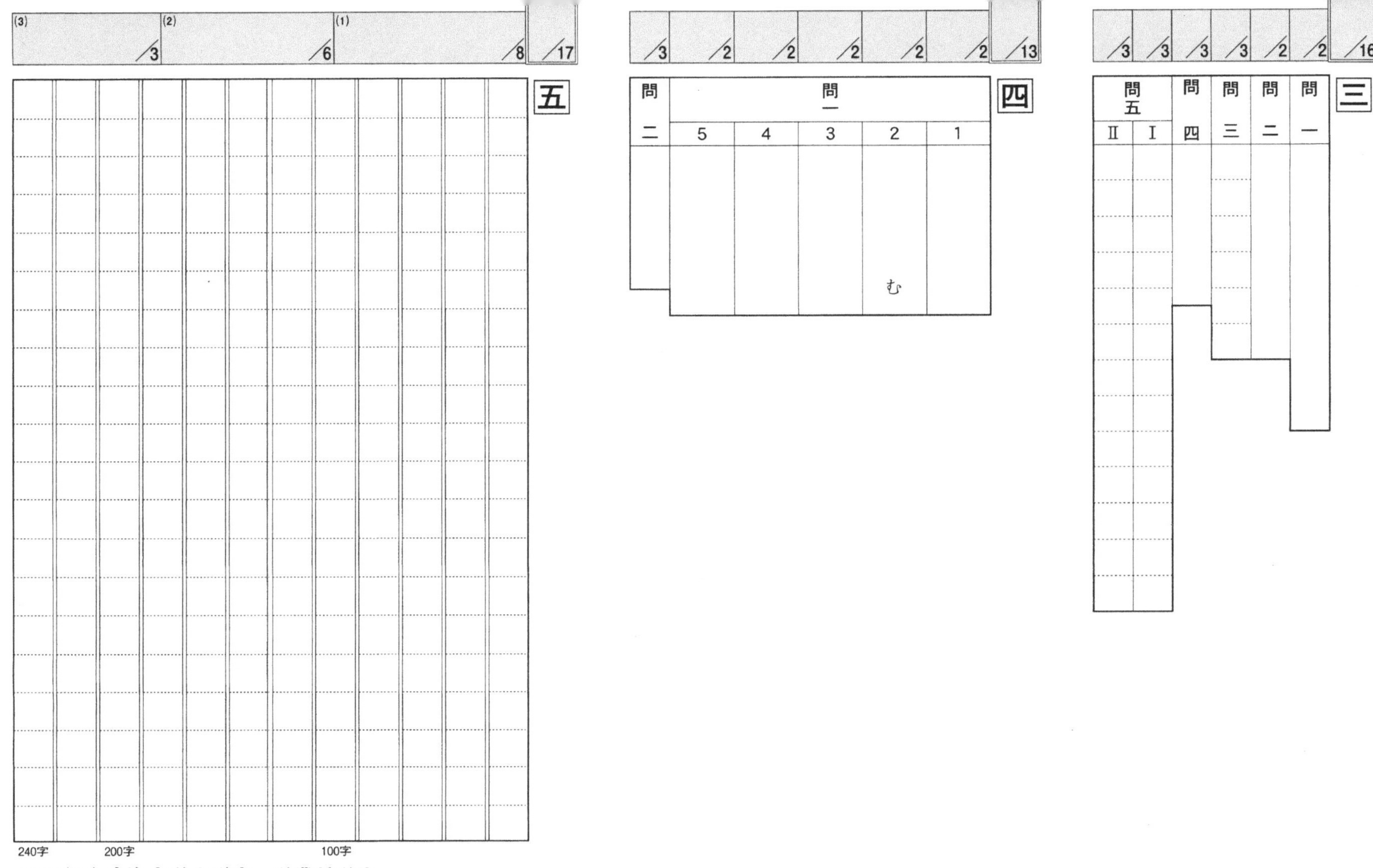

五
四
三
問一
問二
問三
問四
問五

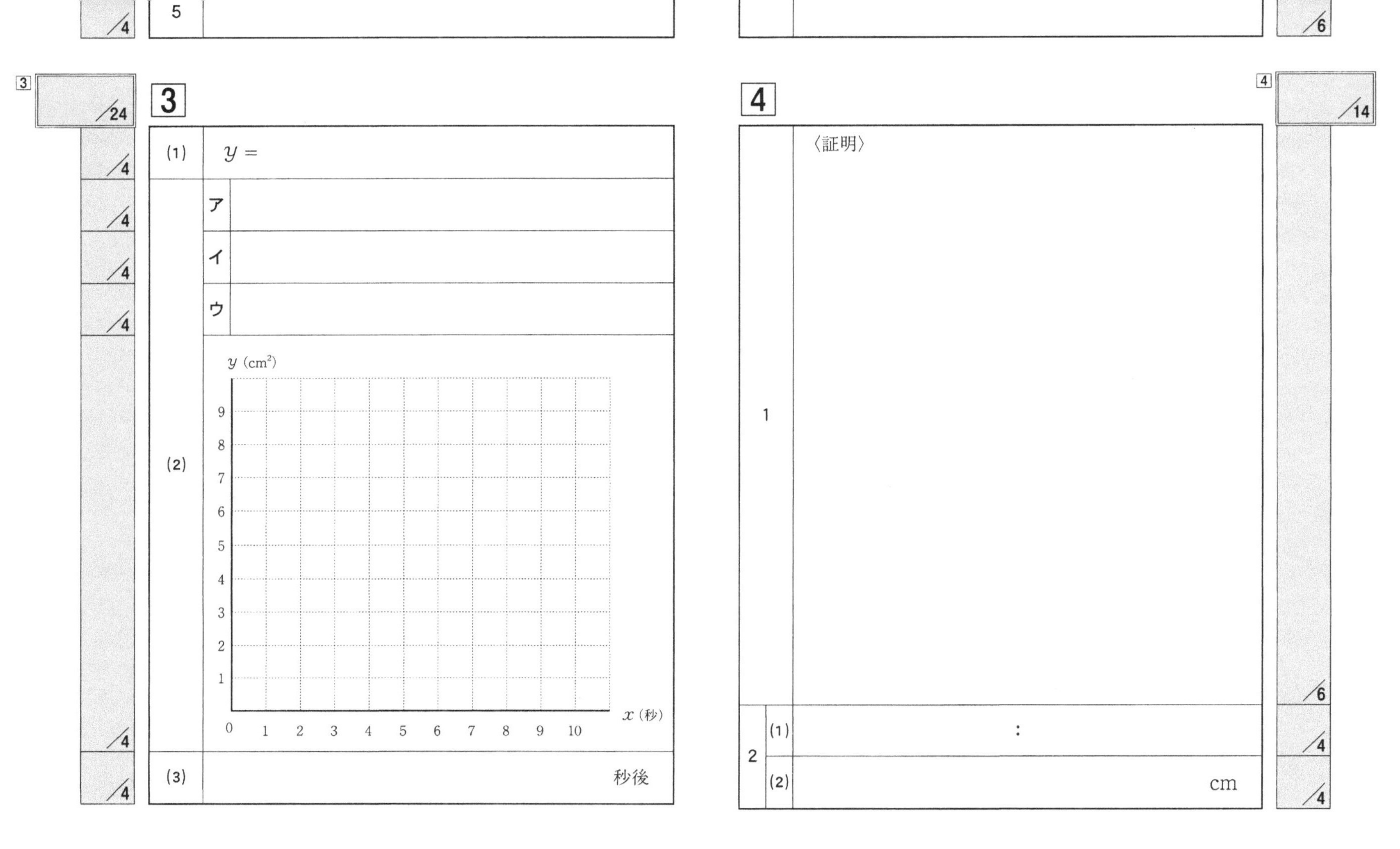
5
3
/24
3
(1) $y =$
/4
(2)
ア
イ
ウ
/4
/4
/4
y (cm²)
9
8
7
6
5
4
3
2
1
0
1
2
3
4
5
6
7
8
9
10
x (秒)
/4
(3) 秒後
/4
/6
4
/14
4
1 〈証明〉
/6
2
(1) :
/4
(2) cm
/4

		答	点
1			／3
2		→ → →	／3
3			／3
4			／3
5	(1)		／2
	(2)		／3

6 ／15

6

		答	点
1	(1)		／2
	(2)		／2
2	(1)		／2
	(2)		／2
3	(1)		／2
	(2)		／2
	(3)		／3

		答	点
1			／2
2			／2
3			／2
4			／2
5			／3
6	(1)		／2
	(2)		／2

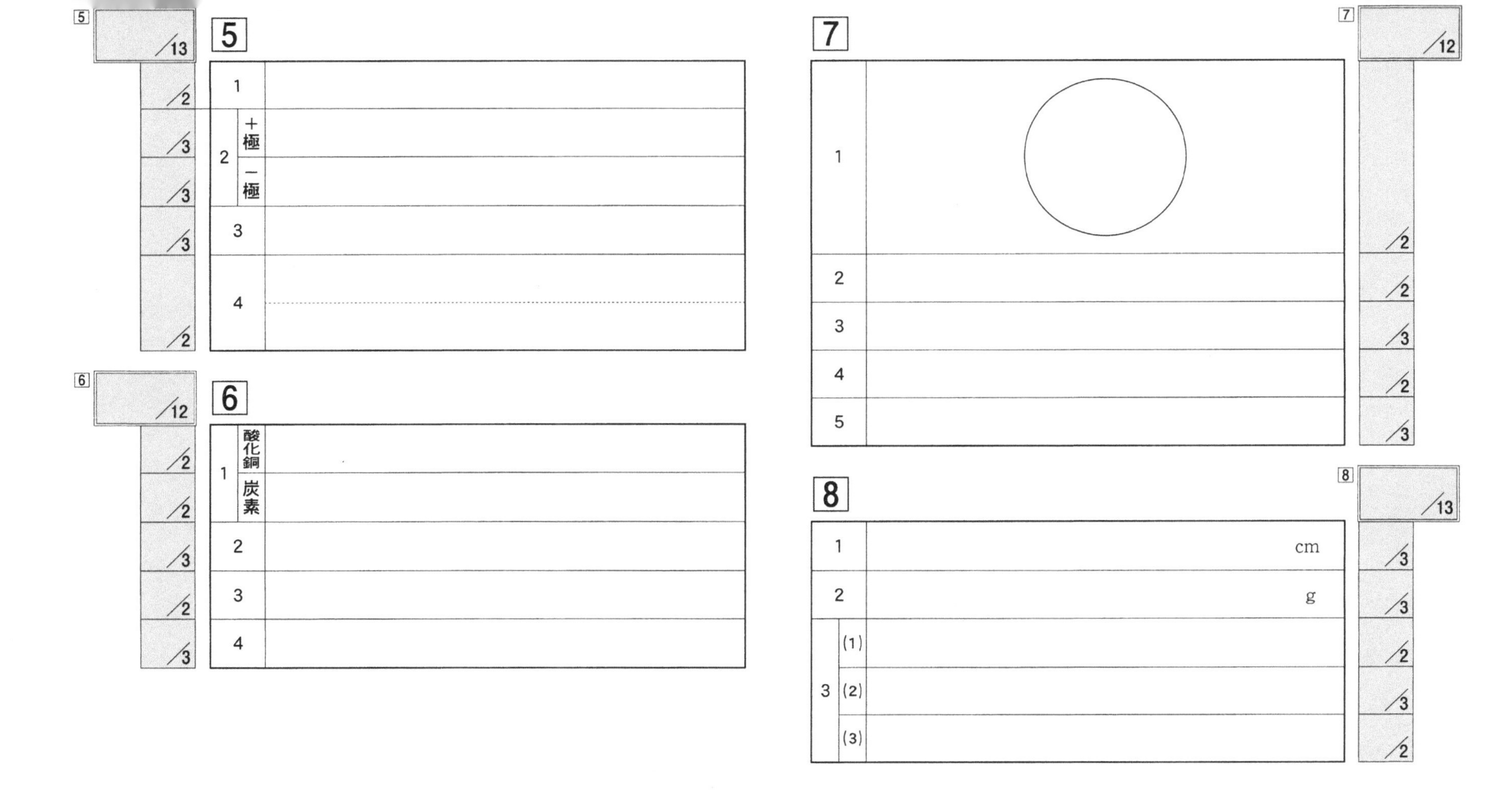

5	/13
1	/2
2 ＋極	/3
2 −極	/3
3	/3
4	/2

6	/12
1 酸化銅	/2
1 炭素	/2
2	/3
3	/2
4	/3

7	/12
1	/2
2	/2
3	/3
4	/2
5	/3

8		/13
1	cm	/3
2	g	/3
3 (1)		/2
3 (2)		/3
3 (3)		/2

K 教英出版

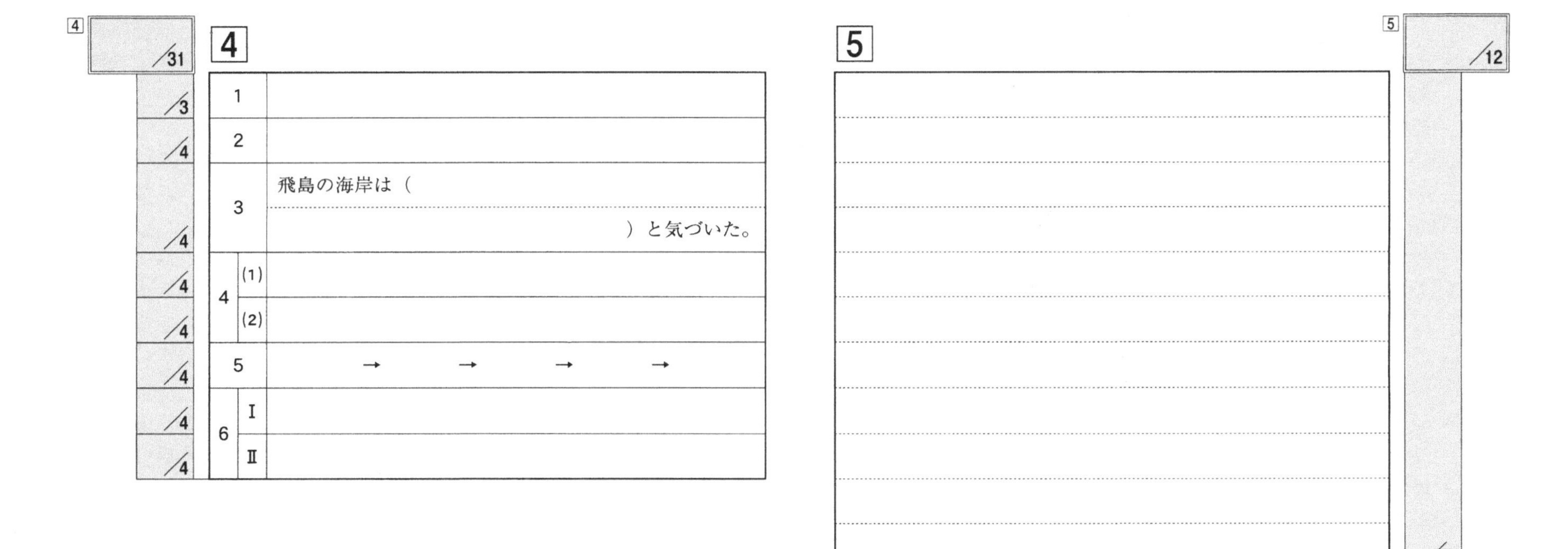
4
/31
/3
/4
/4
/4
/4
/4
/4
/4
1
2
3
飛島の海岸は（
）と気づいた。
4
(1)
(2)
5
→ → → →
6
I
II
5
/12
/12

※100点満点

2023年度　英語解答用紙（学業奨学生入試）

受験番号	

総得点	

の欄には何も記入しないこと。

1

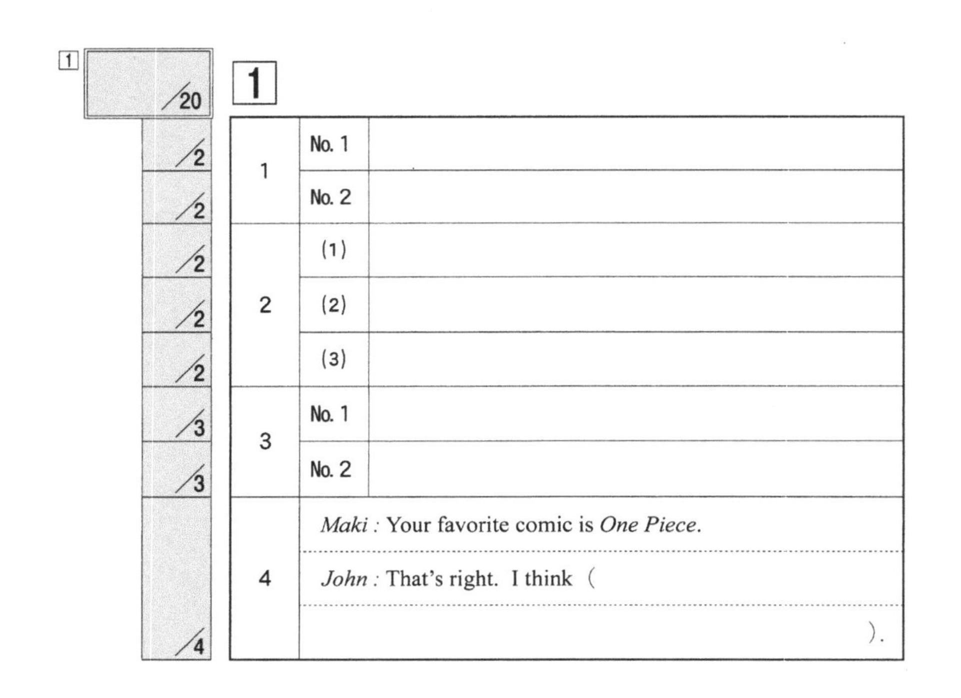

			配点
1	No. 1		/2
	No. 2		/2
2	(1)		/2
	(2)		/2
	(3)		/2
3	No. 1		/3
	No. 2		/3
4	*Maki :* Your favorite comic is *One Piece*. *John :* That's right. I think ( ).		/4

1 /20

2

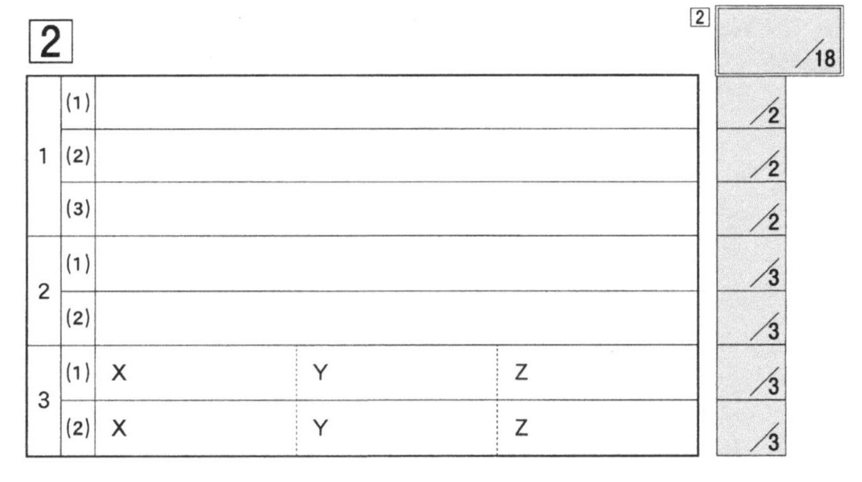

					配点
1	(1)				/2
	(2)				/2
	(3)				/2
2	(1)				/3
	(2)				/3
3	(1)	X	Y	Z	/3
	(2)	X	Y	Z	/3

2 /18

3

			配点
1	X		/3
	Y		/3
	Z		/3
2			/4

3 /19

【解答

※100点満点

2023年度　理科解答用紙（学業奨学生入試）

受験番号	

総得点	

□の欄には何も記入しないこと。

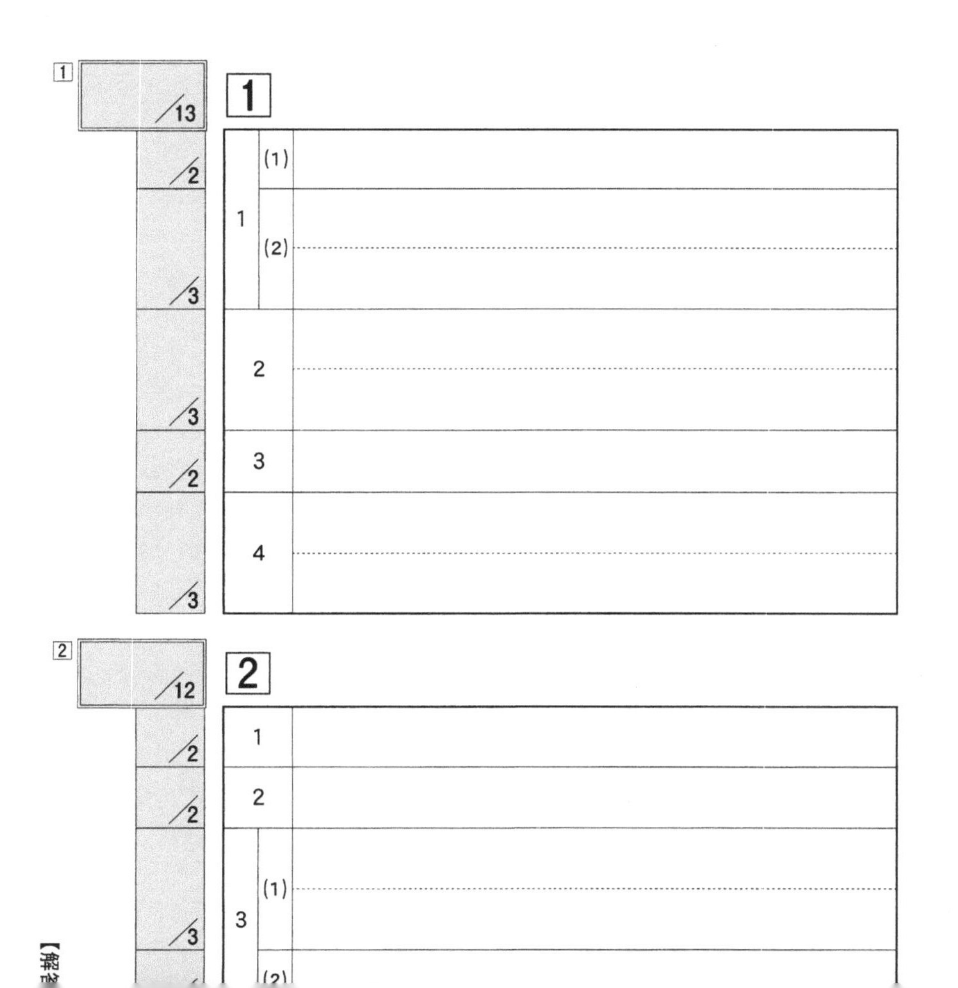

1

1	(1)		/2
	(2)		/3
2			/3
3			/2
4			/3

1 /13

2

1			/2
2			/2
3	(1)		/3
	(2)		

2 /12

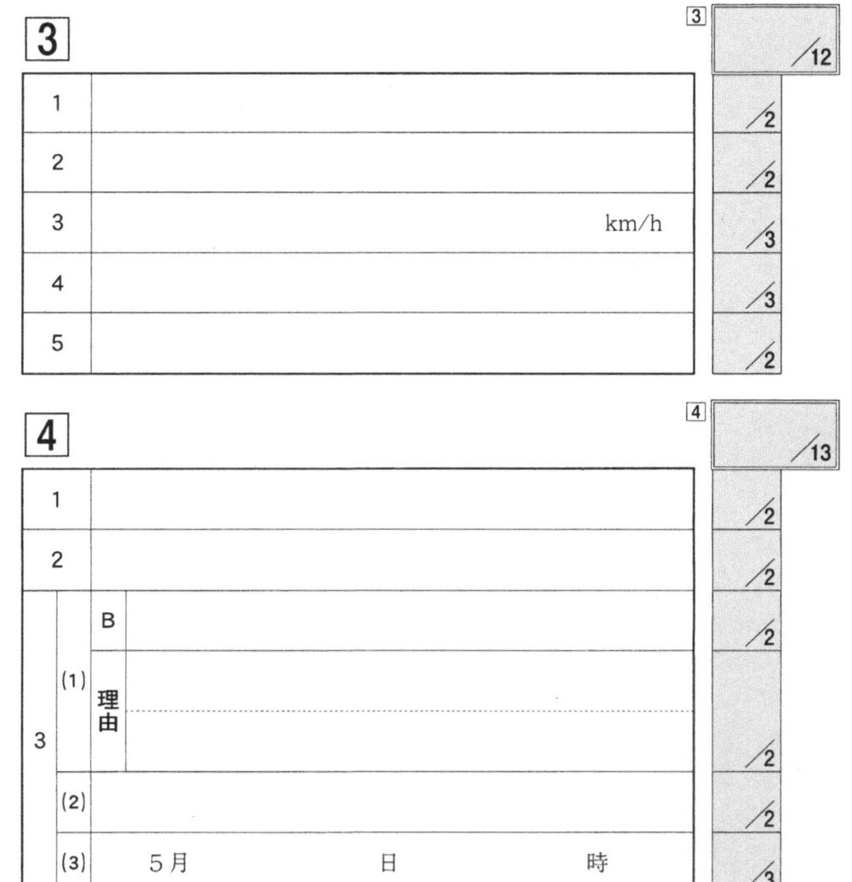

3

1		/2
2		/2
3	km/h	/3
4		/3
5		/2

3 /12

4

1				/2
2				/2
3	(1)	B		/2
		理由		/2
	(2)			/2
	(3)	5月　日　時		/3

4 /13

【解答

※100点満点

2023年度　社会解答用紙（学業奨学生入試）

受験番号	

総得点	

の欄には何も記入しないこと。

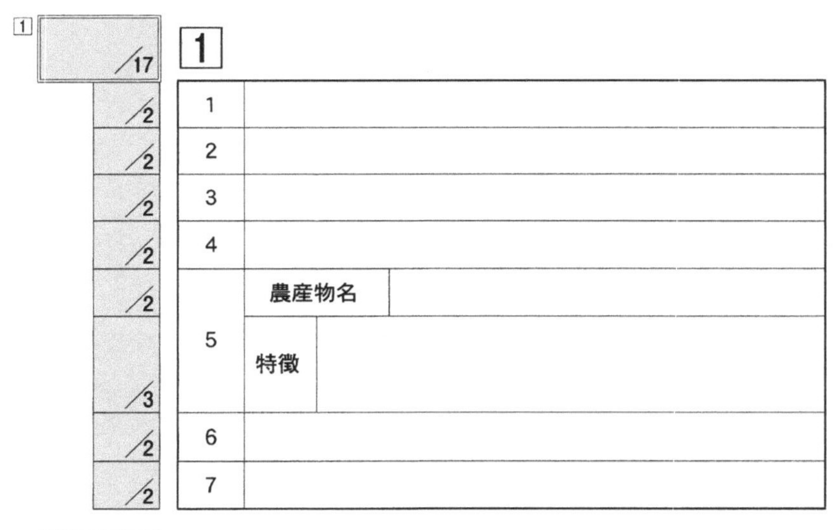

1

			配点
1			/2
2			/2
3			/2
4			/2
5	農産物名		/2
	特徴		/3
6			/2
7			/2

1 /17

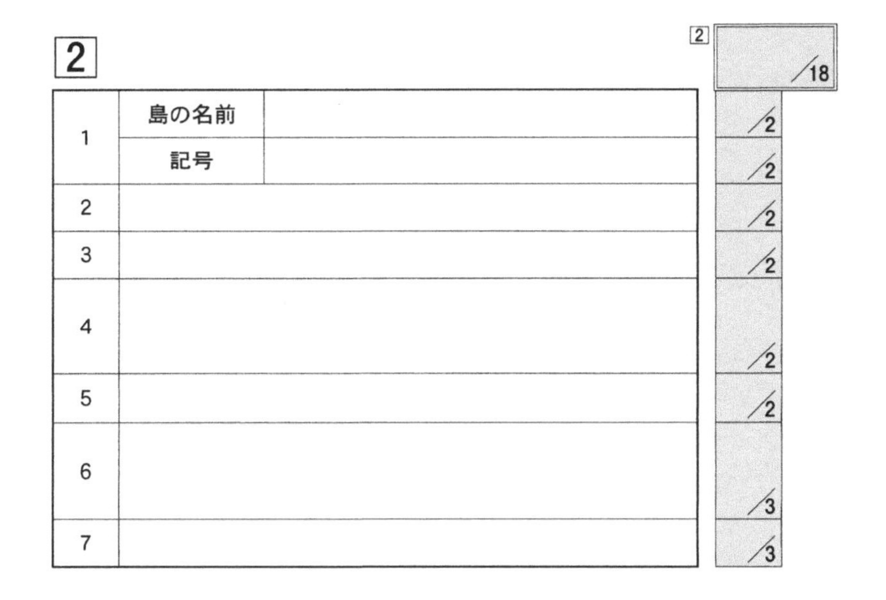

2

			配点
1	島の名前		/2
	記号		/2
2			/2
3			/2
4			/2
5			/2
6			/3
7			/3

2 /18

3

			配点
1	(1)		/2
	(2)		/3
2			/3
3	(1)		/2
	(2)		/3
4	(1)		/2
	(2)		

3 /18

【解

※100点満点

2023年度　数学解答用紙（学業奨学生入試）

受験番号	

総得点	

□の欄には何も記入しないこと。

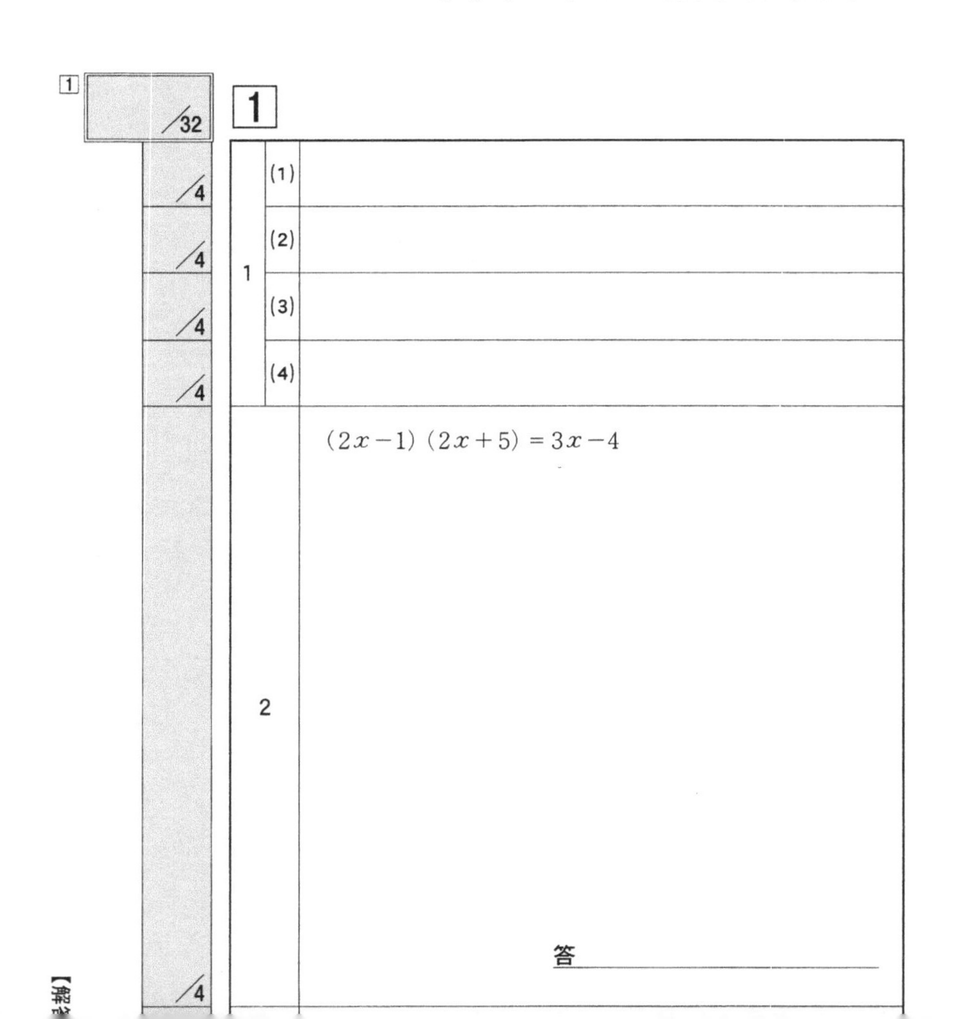

1

			配点
1	(1)		/4
	(2)		/4
	(3)		/4
	(4)		/4
2		$(2x-1)(2x+5)=3x-4$ 答	/4

1 /32

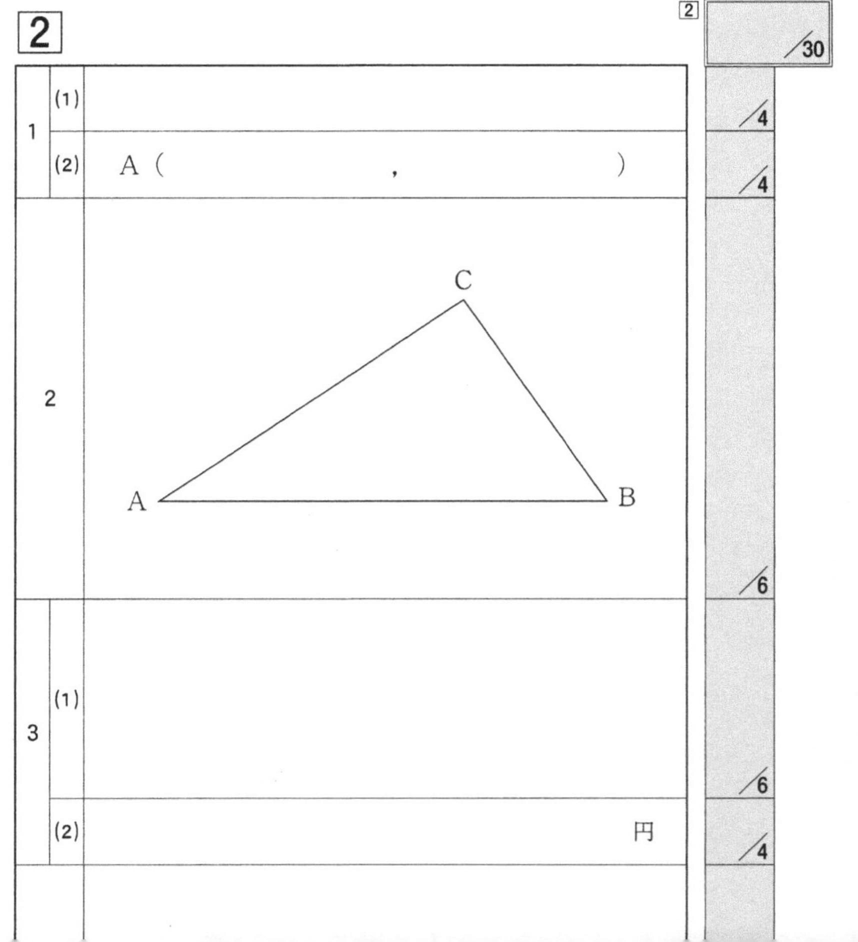

2

			配点
1	(1)		/4
	(2)	A（　　　，　　　）	/4
2			/6
3	(1)		/6
	(2)	円	/4

2 /30

【解

※100点満点

2023年度　国語解答用紙（学業奨学生入試）

受験番号		総得点	

の欄には何も記入しないこと。

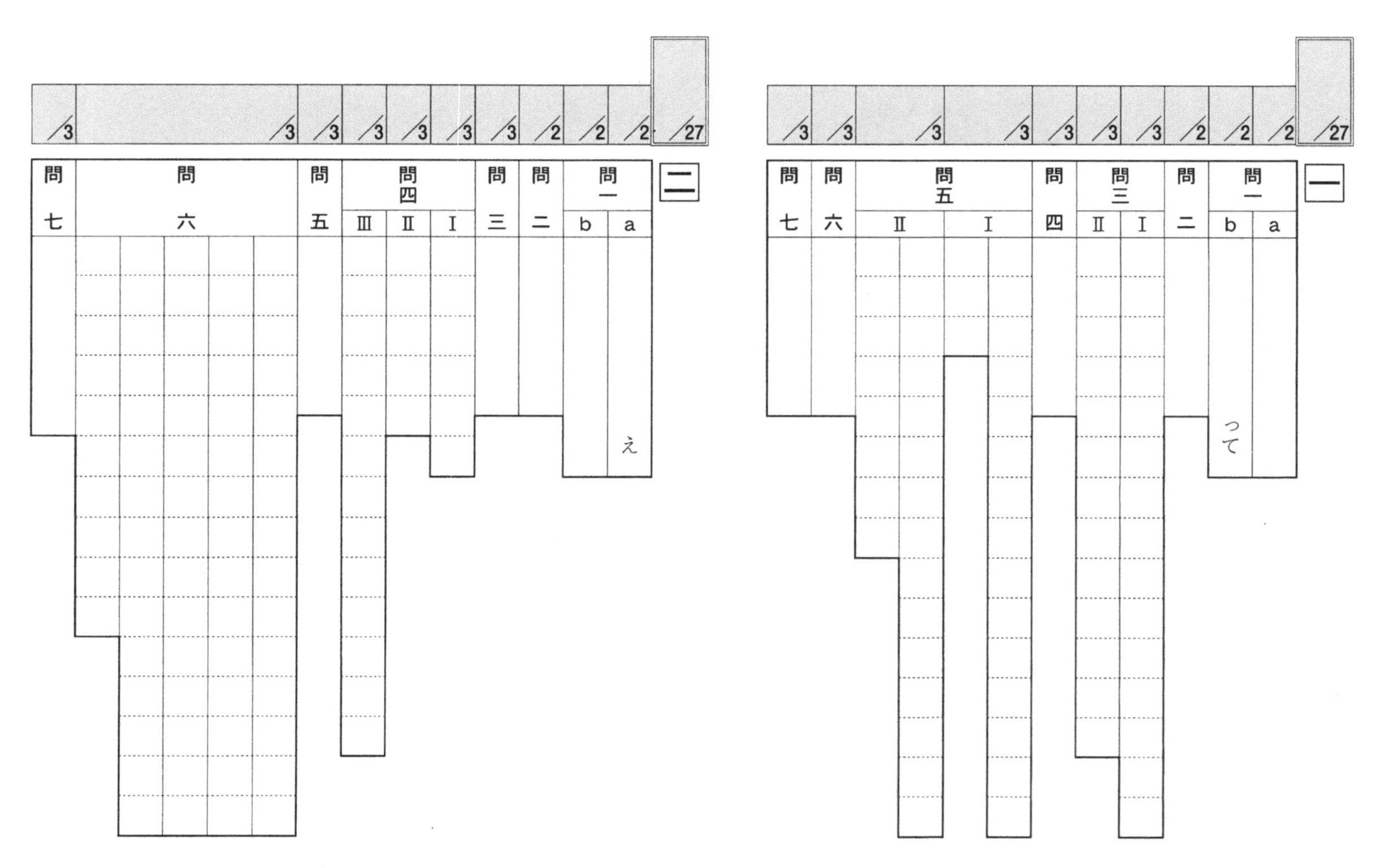

【解答

※音声は収録しておりません

英語リスニングテスト台本

ただいまから，リスニングテストを行います。問題は１，２，３，４の四つです。聞いている間にメモをとってもかまいません。(間３秒)

それでは１の問題から始めます。問題用紙１ページの１を見てください。(間５秒)

これからNo. 1とNo. 2それぞれ英文を読みます。そのあと，英語で質問します。その質問の答えとして最もふさわしいものを，ア，イ，ウ，エの中から一つずつ選び，記号で答えなさい。英文は２回読みます。(間２秒)

では，始めます。(間２秒)

No. 1

Many people depend on wood, coal, and oil for cooking and heating.” “Energy is in the middle of the big challenge.” “Use electricity effectively and try to save energy.”　(間２秒)

Question : Which picture is true about the explanation?　(間３秒)

繰り返します。(間２秒)

No. 2

I usually visit this place on Saturdays. I sit on a bench by the pond and enjoy relaxing. I sometimes listen to music while jogging.　(間２秒)

Question : Which picture is true about the explanation?　(間３秒)

繰り返します。(間２秒)

これで，１の問題を終わり，２の問題に移ります。問題用紙１ページの２を見てください。(間２秒)

最初に，「土曜日の予定」のメモをよく見てください。(間５秒)

これから，ジョーン (John) とエマ (Emma) の対話文を読みます。これを聞いて，「土曜日の予定」のメモの１，２，３に，それぞれあてはまるものを，ア，イ，ウ，エの中から一つずつ選び，記号で答えなさい。英文は２回読みます。(間２秒)

では，始めます。(間２秒)

John : Emma, where will we go on Saturday?

Emma : Did you check the schedule for our trip?

John : I haven’t seen the schedule, and I can’t read the kanji.

Emma : OK. Our host family will take us to Tokyo on Saturday. We can visit Sky Tree.

John : Great! I would like to go there. Will we go up it?

1　表中の（　X　），（　Y　），（　Z　）には，日本，シンガポール，韓国のいずれかの国名が入ります。対話の内容に即して，それぞれにあてはまる適切な国名を，日本語で書きなさい。

2　下線部①は，具体的にどのようなことを表していますか。対話の内容に即して四つ日本語で答えなさい。

3　表，グラフおよび対話の内容の内容に合うものを，次の**ア**～**オ**から二つ選び，記号で答えなさい。

ア　Maki thinks that camping has relations with the actions to achieve SDGs.

イ　The table shows the ten countries which has achieved SDGs in the world.

ウ　The graph shows the number of beginners of camping has been increasing since 2016.

エ　In 2020, about one quarter of the people who went camping were beginners.

オ　According to Greg, it is difficult for Singapore to keep the street clean.

4 中学生の健太（Kenta）さんは，夏休みに家族で飛島（山形県で唯一の有人離島）を訪れました。次の文は，健太さんの経験や出来事について描いたものです。これを読んで後の問いに答えなさい。

When Kenta's mother told him about the trip to Tobishima Island, Kenta was so happy. He said to his mother, "It has been my dream to go there for a long time. It would be my first time to travel by ship. ①<u>I am very (　　　　　　)</u>." His mother said, "The joy of traveling is preparing for your trip. Why don't you learn about Tobishima before you go there?" He thought she was right and began to research about the Tobishima Island. (　A　)

Tobishima is a small island with about 200 people. It is located 39 km northwest of Sakata Port. The size is about 10 km around, so we can travel all around it in a day by bike. There are no taxis, buses, or traffic lights. It is famous for seafood and very popular area for divers and fishermen. As he got to know Tobishima, he became interested in it more. (　B　) The day of the trip finally came, and it took about 75 minutes to get to Tobishima-island by ferry. The ocean was calm and they enjoyed the view. (　C　) When they arrived at Tobishima, a lot of people were waiting for them. One of the women standing there was a staff member at the hotel that they were staying at. (　D　)

Kenta enjoyed many activities there. His favorite activity was fishing. There were several fishing spots. Kenta and his family could catch a lot of fish, and their *"ryokan"* served the fish that they caught for dinner. Swimming in the beach was also one of their main purposes for going on this trip. The sea water was so clear and they were able to see a lot of living things in the sea. In the evening, there was a wonderful sunset and they could see so many beautiful stars in the sky at night. Kenta thought he had never seen such an amazing night sky. In Tobishima, Kenta could feel a sense of living with nature. It may be a little *inconvenient, but it is a beautiful island that is great for adventure.

The next day Kenta went shopping for souvenirs. he saw a poster on the wall at a shop. It said "Tobishima Cleanup Project". The poster told that a lot of plastic wastes are coming to the beach. The problem of plastic wastes becomes more and more serious there. At first, people living there tried to clean it up by themselves, but they couldn't do that by themselves. So a project was started. Many volunteers came to the beach and collected the plastic bags, plastic bottles, cans, and garbage. Kenta was very attracted to a photo in that poster. It was a picture of a lot of volunteers working together. They carried the garbage bags by *a bucket relay system. ②<u>Suddenly Kenta understood something very important</u>. He was surprised to know more plastic wastes were getting there and realized that this place was cleaned and protected by somebody else. "What can I do for this Island?" he started to think.

Kenta remembered that he learned at school. 80% of ocean waste comes from our town. In daily life, each one of us should do something for nature. For example, we can take our trash home with us. We can reduce our trash. We can join some events to clean up. He felt learning at school and Tobishima Cleanup Project were finally connected.

On the way home, he told his mother how he enjoyed the travel, and there was one more thing that he was thinking. "I want to join the 'Tobishima Cleanup Project' next year", he said. His family were surprised at first, but they agreed with his idea. "This would be to say thank you for this trip." he said with a happy smile.

（注）inconvenient　不便な　　a bucket relay system　バケツリレー方式

1　下線部①と言ったとき，健太さんの気持ちを最も適切に表している語句を**ア**～**エ**から一つ選び，記号で答えなさい。

ア　excited　　**イ**　interested　　**ウ**　surprised　　**エ**　scared

2　次の英文を，本文の流れに合うように入れるとすれば，どこに入れるのが最も適切ですか。（　A　）～（　D　）から一つ選び，記号で答えなさい。

She talked to us very kindly and carried their bag for them.

3　下線部②について，健太さんが気づいたこととは何ですか。下の日本語の（　　）内にあてはまる内容を本文に即して日本語で書きなさい。

飛島の海岸は（　　　　　　　　　　　　　　　　　　　　）と気づいた。

4　本文に即して，次の問いに英語で答えなさい。

(1)　How many people are there in Tobishima?

(2)　Does Kenta want to go to Tobishima to clean there?

5　次の英文**ア**～**オ**は，それぞれ本文の内容の一部です。**ア**～**オ**を，本文の内容に合うように並べかえ，記号で答えなさい。

ア　Kenta saw a lot of fish when he tried to catch fish.

イ　Kenta decided to go to Tobishima to clean there.

ウ　A staff of the hotel was waiting when Kenta arrived at Tobishima.

エ　Kenta saw a poster on the wall of the shop.

オ　Mother announced their plan for the summer vacation.

6　次の英文は，健太さんの旅に興味を持ったＡＬＴのトム（Tom）さんに，この経験を話しました。次は，健太さんとトムさんの対話の一部です。対話の［　Ⅰ　］，［　Ⅱ　］に入る適切な英語を，文脈に合うように，それぞれ４語以上で書きなさい。

Tom :	You had a good time this summer. ［　Ⅰ　］ take to get there from Sakata?
Kenta :	It took about seventy- five minutes. I really enjoyed Tobishima-island.
Tom :	That's good. Why are you going to join the clean up project?
Kenji :	I think it's important ［　Ⅱ　］ nature.

5 あなたの学校の英語の授業で，次の「コンピューターの画面」のように，アメリカ人のＡＬＴの先生から一人一人のコンピューターに質問が送信され，その質問について，あなたの考えを［　　　　］に書き，返信することになりました。「コンピュータの画面」の［　　　　］に入る英文を，まとまりのある内容になるように，**4文以上**で書きなさい。

コンピュータの画面

My family will visit Japan this spring.
Do you recommend any places in particular? And why?

［　　　　　　　　　　　　　　　　　　　　］

返信

2022年度
東海大学山形高等学校
入学試験問題
(一般入試)
国語

(9:00 ～ 9:50)

注意

1 「開始」の合図があるまで，開いてはいけません。

2 問題用紙は，6ページまであります。

3 解答用紙は，問題用紙の中にはさんであります。

4 「開始」の合図があったら，まず，解答用紙を取り出し，受験番号を書きなさい。次に，問題用紙のページ数を確認し，不備があればすぐに手を挙げなさい。

5 答えは，すべて解答用紙に書きなさい。

6 「終了」の合図で，すぐに鉛筆（シャープペンシルを含む）をおき，解答用紙を開いて裏返しにしなさい。

一　次の文章を読んで、あとの問いに答えなさい。

〔下町の商店街で昔ながらのパン屋の三代目を継ぐ音羽和久（「俺」）は、フランス家庭料理の修業を積んだ後、父とともに店を切り盛りしている。初代の亡き祖父が作ったパンの味を守りながら、和久は「自分のパン」を開発したいと日々模索している。次は、商店街の夏祭りでの屋台販売の準備を和久が始めようとする場面である。〕

「……食パン。店に、食パンがあるはず」

じいちゃんの三回忌のために、父が焼き上げているはずの。大和くんが確認に駆け出していった。

それで作れるものは。

瞼の裏に、かつての厨房の風景が蘇った。

あれは、俺がはじめて作ったパンだった。

賢介のために作った、サンドイッチ。

サッカークラブに入った賢介の、初試合だった。

相談した俺にじいちゃんは、試合ならば「勝つサンド」に限ると言って、指導役を引き受けてくれた。もっとも手伝ってくれるわけでもなく、材料を揃え、順番を言い渡すのみで、おっかなびっくり包丁を持ってキャベツを千切りするところからすべて自分でやらされた。心を込めるとはそういうものだと言って、油で揚げるところ以外、1じいちゃんは一切手出しをしなかった。

出来上がりは立派なカツサンドとは言い難い、不格好な代物だったが、それでも賢介は、見たことがないような笑顔でそのカツサンドを食べてくれ、うまかった、とたいそう喜んでくれたのだった。

あの笑顔に、俺は胸がいっぱいになった。

自分が作ったものが誰かを笑顔にできたそのことが、胸に深く刻まれた。

思えば、あの笑顔が俺を照らし続けてくれたのかもしれない。だから、パンと違う道を歩いていた時も、いつも料理にかかわってきたのかもしれない。

「カツサンドでいこう」

2声に力がこもった。

全然違う道を歩いているように思っても、本当は、これまでに歩いてきた道がすべて、後ろに続き、つながっている。その道をその順番で辿らなければ見えなかった、今だからこそ作ることができる味が、あるはずだ。

誰かの、おいしいという言葉と、笑顔につながるような味が。

「その思いを込めて作るものは、じいちゃんの思いに背くものじゃないと思う」

電話の向こうからは、ツーツーと同じリズムが、無機質に響いていた。

〈冬森灯『縁結びカツサンド』による。一部省略がある。〉

問一　══部a、bの漢字の読み方を、ひらがなで書きなさい。

問二　〰〰部における「おっかなびっくり」の意味として最も適切なものを、次のア～エから一つ選び、記号で答えなさい。

ア　怖がってわくわくしながら　　イ　嫌がっておどおどしながら
ウ　怖がってびくびくしながら　　エ　嫌がってどきどきしながら

問三　――部1は、「祖父」のどのような様子を表していますか。最も適切なものを、次のア～エから一つ選び、記号で答えなさい。

ア　パン作りに真心が大切であると「和久」に厳しく教える様子。
イ　パン作りの才能が「和久」にあるかどうかを判断する様子。
ウ　親友よりもパン作りの方を「和久」が優先できるか試す様子。
エ　理想のパンを作るコツを「和久」に伝える機会を待つ様子。

問四　――部2について、「和久」の「声に力がこもった」理由を、次のような形で説明したとき、［　　］に入る適切な言葉を、本文に即して二十字以内で書きなさい。

「賢介」のためにカツサンドを作った過去や、自分と料理との間のこれまでの深いかかわりを振り返り、誰かが［　　］ようなカツサンドを作る力が、自分にはきっとあるはずだと確信したから。

問五　――部3について、「父」が「硬い声音」であった「その理由」として、最も適切なものを、次のア～エから一つ選び、記号で答えなさい。

ア　店の存続やパンの売上げのことを考えもしない「和久」が許せないから。
イ　パンの修行に専念しなかった「和久」の過去が受け入れられないから。
ウ　威厳ある父としての立場を認めず反抗する「和久」に納得できないから。
エ　カツサンドの材料に食パンを使う「和久」の依頼を認めたくないから。

ソースが出来上がる頃、大和くんから電話が入った。早々に父に代わった。3父の硬い声音が、言葉よりも雄弁に、その理由を語っているようだった。

俺は大きく息を吸い、呼吸を整えると、ゆっくりはっきりと告げた。

「カツサンドを作りたいんだ。食パンを、使わせてください」

食パンは必ず明日の法要までに焼き上げると誓ったが、やたらと長い沈黙ののち、父は、断る、と一蹴した。

「使うのは構わない。だが、三回忌のために焼いたパンだ。それを、親父が店では出さないと決めていたサンドイッチにするのは、親父に対する冒涜（ぼうとく）じゃないのか」

冒涜。あまりの強い言葉に、気持ちが揺らいだ。

そこに父の思いのすべてが詰まっている気がした。

俺がじいちゃんの店を守ることを考えてきたように、その何倍もの時間を父もまた、同じように考えてきたのだから。どう伝えたら、わかってもらえるのだろう。

ポケットに手を入れ静かに話し出した。

「カツサンドは俺にとって、じいちゃんと作った、最初で最後のパンなんだ」

電話の向こうからは、物音ひとつしない。

「あの時作ったカツサンドは、出来栄えこそ立派なものじゃなかったけど、心だけは、じいちゃんの教えどおり、たっぷり込めた。そうやって心を尽くしたものを、おいしいと食べてくれるひとがいた。あのサンドイッチが、俺をここまで連れてきてくれた力の a原点、つまり、俺のパンなんだ」

サンドイッチはご家庭で作るのがいいとじいちゃんは言っていた。それが当たり前の時代でもあった。水やお茶、おにぎりだって店で買うような時代じゃなかった。だけど、当たり前なんて、その時々で変化していくものだ。だからこそ、時が流れても変わらない心の軸を大切にしながら、4時代に合わせていくやり方があってもいい。

しんと静まり、息遣いさえ聞こえない静寂に向かって、祈るように続ける。

「形じゃなく、じいちゃんの心意気を、受け継ぎたいんだ」

店を継ぐことは、店やレシピを継ぐことだけじゃない。じいちゃんと父が b築いてきた歴史をそのままなぞるのではなく、その心意気を受け継いだうえで、今の時代の中で、新しい形に編みなおしていくことなのだろうと思う。

俺ができることを、精いっぱい込めて、返していきたい。

その始まりも、行きつく先も、あのカツサンドなのだと思えた。

問六 ――部4について、それはどのようなことか。別の言葉で表した部分を、本文中から二十字程度で抜き出して書きなさい。

問七 本文の表現の工夫とその効果を説明したものとして最も適切なものを、次のア～エから一つ選び、記号で答えなさい。

ア 登場人物のそれぞれの語りを交互に入れることで、交錯する複雑な心情が客観的に描かれている。

イ 主人公の視点からの心理描写を多用することで、登場人物の言動が臨場感ある形で描かれている。

ウ 過去・現在・未来に分けて場面を設定することで、親子の和解する物語が感動的に描かれている。

エ 比喩を用いて主人公の人間像を前面に出すことで、深刻ではなく明るい話題となって描かれている。

問八 「和久」がパンを作ることに対する「父」の心情の変化について、国語の授業で次のような話し合いが行われました。［Ⅰ］に入る適切な言葉を、本文中から二十字以内で、［Ⅱ］に入る適切な言葉を二十字程度で、それぞれ抜き出して書きなさい。

Aさん　夏祭り当日に「父」が焼いていた食パンは、そもそも今は亡き「祖父」の三回忌に用いるためのものだったんだよね。

Bさん　確かに。それは、「和久」の申し出に対して「食パンを、使わせることを「断る、と一蹴した」様子からも明らかだよね。この「父」の気持ちはどう考えればいいかな。

Cさん　「和久」の言葉の中に、自分よりも「何倍もの時間を父もまた、同じように考えてきた」とあるから、実は「父」と「和久」は同じように、それぞれの立場から「祖父」や店のことを考えてきたんだと思うよ。そのことに「父」が気付いて、電話口の「和久」の話に無言で耳を傾け始めようとしているのが、「［Ⅰ］」という表現からもわかるね。

Bさん　なるほど。「しんと静まり、息遣いさえ聞こえない静寂」というのも、それと同様の表現だね。

Aさん　他にも、「［Ⅱ］」とあるから、これは結局「父」が「和久」の考えを十分に聞き終え、息子のパン作りに対して自分からはもう口出しすることはないと、電話を切った様子を表しているね。

二 次の文章を読んで、あとの問いに答えなさい。

格差は経済問題にとどまらない。1男女の社会的な立場にも存在する。*ジェンダーの問題である。世界経済フォーラムが行ったジェンダーギャップ指数では、日本は144ヵ国中114位である（2017年）。女性閣僚や国会議員の少なさはもとより、女性経営者もa極めて少ないのが日本である。そもそも、女性活躍のための*インフラが整備されていない。保育園に入れない待機児童問題はその典型である。

これはしかし、そもそも本来は女性だけの問題ではないはずである。待機児童問題で働きに出られないのは、女性でなく男性であってもよいはずである。これを女性の問題と考えるところから、ジェンダー不平等の発想が始まる。そしてこうした不平等は、障がい者、外国人や移住者たちにも見られる。機会が平等に与えられるということは、民主主義の基本であるはずなのに、それが実現できていない。

ジェンダー平等は、b雇用、教育、安全、安心といったあらゆる課題に横断的にかかわっている。

感染症の影響や自然災害といった事象が生じると、その緊急対策が最優先となり、社会に根付く根本的課題は後回しにされがちである。こうして、課題は解決されないままどんどん置き去りにされ、社会のなかにさらに2「根付いて」しまうことになる。

何かがおかしくなっている。何かを大きく変える必要がある。だれもがそう感じはじめているのではなかろうか。

ここまでに挙げた課題は、山積する課題のほんの一端にすぎない。しかしこれだけでも、現代社会においては、一つの課題が、実は別の課題に大きくかかわっていることがわかる。3「風が吹けば桶屋が儲かる」がごとく、グローバル化が進み、インターネットのインフラも普及してなお進化し続けている今日では、課題も相互に関連し、急速に影響しあって、増幅する。「創発」という言葉がある。もともとは物理学や生物学から来た用語で、局所的な個々の部分が集まり、相互作用によって複雑に組織化されることで、予想もしなかったような新たな秩序やシステムがつくられ、やがてそのシステム自体が個々の要素に影響を及ぼしていくような現象のことをいう。

現代社会が直面する多くの課題にも4この創発現象が見られる。個別の現象のように見える課題が、世界各地で固有の文化や地域的要素にのっとりながら

る、世界ではじめて登場した革新的な取り組みである。

〈蟹江憲史『SDGs（持続可能な開発目標）』による。一部省略がある。〉

〔注〕

＊ ジェンダー＝ 社会的・文化的に形成される男女の差異。

＊ インフラ＝ 社会的経済基盤と社会的生産基盤とを形成するものの総称。道路・河川・鉄道など。

＊ レバレッジ＝ てこの原理のこと。

問一 ══部a、bの漢字の読み方を、ひらがなで書きなさい。

問二 〰〰部「こうした」の品詞として最も適切なものを、次の**ア**～**エ**から一つ選び、記号で答えなさい。

ア 名詞　**イ** 連体詞　**ウ** 副詞　**エ** 接続詞

問三 ──部1について、筆者が格差問題において、「男女の社会的な立場」を取り上げた理由として最も適切なものを、次の**ア**～**エ**から一つ選び、記号で答えなさい。

ア 女性閣僚や国会議員だけでなく、女性経営者も極めて少ない日本の現状を訴えるため。

イ 女性が活躍するためのインフラが整備されていない日本の制度を訴えるため。

ウ 男女の格差が、保育園に入れない待機児童問題を引き起こしているということを訴えるため。

エ 本来は男性の問題であってもよいものを、女性だけのものだと捉えていることを訴えるため。

問四 ──部2「『根付いて』しまう」のはどのようなものですか。本文中から十一字でさがし、その最初の五字を、抜き出して書きなさい。

問五 ──部3「風が吹けば桶屋が儲かる」ということわざは、何の、どのような特徴をたとえたものですか。本文中の言葉を使って、四十字以内で書きなさい。

現れる。気候変動、エネルギー、ジェンダー……根っこは同じことでも、違う時間や場所で違うかたちで、しかし同じように複雑にからみあいながら、現れてくる。逆から見れば、現象としての現れ方に差はあっても、課題の本質は同じといった問題が、世界各地で同時多発的に発生する。

大きく分けると、これらの課題は、経済の問題、社会の問題、環境の問題と3つに分けることができる。より身近な言い方をすれば、カネ・ヒト・地球の問題である。それらは一見独立した問題のようにも思われるが、実はそれぞれが深く強く関連している。「命にかかわる」猛暑に対応するために、自動販売機でペットボトルの水を買って飲む。すると、今必要な気候変動対策としての水分補給はできるが、石油製品であるペットボトルをごみとして焼却することは、気候変動を助長することになってもいる。冷房をつければ、気候変動がもたらす命の危機から今は脱することができても、化石燃料で電力をつくっている限り、やはり、同時に気候変動を助長することになる。さらに問題なのは、石油や石炭といった気候変動を助長するモノのほうが、そうでないものよりも安くなるというお金の流れである。

課題が相互に関連しているということは、課題解決も一筋縄では行かない、ということである。何かを解決しようとしても、総合的に考えて行動を取らない限り、全体として課題を解決することにはならない。

なかなか困難なことであるが、こうした課題をシステム全体の課題としてとらえ、その解決を図るべく登場してきたものこそが、5<u>SDGs</u>である。

課題が相互に関係しているのであれば、何かを始めることで、波及効果が生じ、連鎖的に解決が図れることもあるだろう。あるいは、どこかにカギとなるポイント、いわゆる「レバレッジ・ポイント」*というものがあり、そのポイントを押さえることで連鎖的に課題解決が図れるかもしれない。こうした課題解決の糸口を与えてくれるのが、SDGsである。

課題解決の大きな目標を少し先の未来に掲げることで、現在のしがらみにとらわれない発想が可能になる。あるいは、「こういったテクノロジーがあれば解決できるのではないか」といった、新たなアイディアを刺激してくれる。現実のしがらみと複雑さにとらわれがちな世の中にあって、課題が解決された状態を想定して、そこからさかのぼって、どうすればそこにたどり着くことができるのかを考えることは、課題解決への新たな視点を与えてくれる。

問題が創発の性格をもつのであれば、解決方法も創発の性格をもつことで、これまでにない効果を上げる可能性がある。その可能性を秘めるのが、SDGsである。世界共通の目標をもちながら、解決方法においては多様性を重視す

問六 ――― 部4「この創発現象」とは、現代社会の課題に照らし合わせると、どのような現象ですか。次のような形で説明したとき、［ Ⅰ ］、［ Ⅱ ］に入る言葉の組み合わせとして最も適切なものを、あとの**ア**～**エ**から一つ選び、記号で答えなさい。

> 一見すると［ Ⅰ ］だと感じる現代社会における多くの課題が、実は複雑にからみあいながら現れ、その現れ方は様々であったとしても、［ Ⅱ ］だと考えられる問題が世界中で発生する現象。

ア Ⅰ 全く異なる現象　Ⅱ 課題の本質は同じ
イ Ⅰ 課題の本質は同じ　Ⅱ 全く異なる現象
ウ Ⅰ 身近に起こりうる現象　Ⅱ 世界規模の現象
エ Ⅰ 世界規模の現象　Ⅱ 身近に起こりうる現象

問七 ――― 部5について筆者は、SDGsの取り組みが、課題を解決するためにどのように影響すると考えていますか。次のような形で説明したとき、［ Ⅰ ］は七字で、［ Ⅱ ］は四字で、それぞれ本文中から抜き出して書きなさい。

> 課題を解決するには、［ Ⅰ ］行動を取る必要があり、それらをシステム全体の課題としてとらえることで、解決につなげていくことが大切である。そして、何らかの行動に移すことで、［ Ⅱ ］課題解決につながる可能性の糸口を与えてくれるのが、SDGsである。

問八 本文全体を通して、筆者は、「SDGs」をどのようなものだと考えていますか。次の三つの言葉を使って、七十字以内で書きなさい。なお、三つの言葉はどのような順序で使ってもかまいません。

創発　　**可能性**　　**世界**

三　次の文章を読んで、あとの問いに答えなさい。

亀山殿建てられんとて、地を引かれけるに、大きなる蛇、数も知らず凝り集りたる塚ありけり。この所の神なりといひて、ことのよしを申しければ、「いかがあるべき」と勅問ありけるに、「古くよりこの地を占めたる物ならば、さうなく掘り捨てられがたし」と皆人申されけるに、この大臣一人、「王土にをらん虫、皇居を建てられんに、何のたたりをかなすべき。鬼神はよこしまなし。咎むべからず。ただ皆掘り捨つべし」と申されたりければ、塚をくづして、蛇をば大井河に流してげり。さらにたたりなかりけり。

〈『徒然草』による〉

〔注〕
＊亀山殿＝　後嵯峨上皇が嵯峨に造営した宮殿（仙洞御所）。
＊勅問＝　上皇からのお尋ね。ご質問。
＊王土＝　天皇の統治される国土。

問一　〰〰部「さうなく」を現代かなづかいに直し、すべてひらがなで書きなさい。

問二　══部A～Dの中から、主語が異なるものを一つ選び、記号で答えなさい。

問三　――部1「いかがあるべき」とあるが、上皇はどういうことを尋ねているのですか。その説明として最も適切なものを、次のア～エから一つ選び、記号で答えなさい。

ア　これ程多くの蛇をどのように扱えばよいのかということ。
イ　どうして数多くの蛇が集まっているのかということ。
ウ　この塚にはどのくらいの数の蛇がいるのかということ。
エ　どのような特徴を持った蛇が数多くいるのかということ。

問四　――部2「咎むべからず」とあるが、「この大臣」がこのように言った理由を、次のような形で説明したとき、［Ⅰ］、［Ⅱ］に入る適切な言葉を、それぞれ現代語で書きなさい。

上皇が治める土地に、自ら［Ⅰ］ことは当然の行いであり、その結果として［Ⅱ］としても、蛇が何の祟りもするはずがないから。

問五　本文において、「この大臣」は、どのような人物として描かれていますか。その説明として最も適切なものを、次のア～エから一つ選び、記号で答えなさい。

ア　神に敬意を払う心を持たずに、ただ信心深い人々を見下し軽蔑するような無礼な人物。
イ　自らに降り掛かる危険を顧みず、人々のために心を尽くした行動ができる勇敢な人物。
ウ　筋の通った話で周囲を納得させ、自分に与えられた役目をしっかり果たす賢明な人物。
エ　他者の忠告を無視して、無理やり自分の考えを押し通してしまうような強引な人物。

四　次の問いに答えなさい。

問一　次の1～5の＝＝部のカタカナの部分を、漢字で書きなさい。なお、楷書で丁寧に書くこと。

1　マユをひそめる。　2　荷物をアズける。

3　商品をセンデンする。　4　記念品をゾウテイする。

5　ヨクヨウをつけて音読する。

問二　次は、国語の授業で、はるとさんがめいさんに「将来の夢」についてインタビューを行っている場面です。

　このインタビューにおいて、はるとさんがめいさんの話を引き出すためには、どのような点に注意してインタビューするとよいですか。注意点として適切でないものを、あとの**ア**～**エ**から一つ選び、記号で答えなさい。

はるとさん　よろしくお願いします。めいさんは、何か将来の夢がありますか。

めいさん　はい。あります。ホテルのコンシェルジュになることです。

はるとさん　コンシェルジュとは、どのような職業なのですか。

めいさん　ホテルのフロントなどで、お客様の要望にこたえる仕事です。

はるとさん　へえ。そういう仕事なんですね。知りませんでした。以前から興味があったのですか。何かきっかけがあったのですか。

めいさん　興味を持ち始めたのは、小学生の頃からです。家族と旅行で沖縄に行ったんですが、そのホテルのコンシェルジュさんがとても素敵だったんです。

ア　話の展開に注意し、話を広げたり深めたりしながら聞くとよい。

イ　相手の立場や意見を確認し、わからないことを尋ねるとよい。

ウ　順序を表す言葉や接続表現に着目して、話の構成をつかむとよい。

エ　答えを繰り返したり言い換えたりして、興味や共感を示すとよい。

五　次の資料A、Bは、いずれも食料に関する課題の解決に向けて、人々の理解や関心を深めるために作成されたものです。

　これらの資料をもとに、まとまりのある二段落構成の文章を書きなさい。

第一段落には、**二つの資料について**、どのようなことを訴えているかを、訴えている内容を効果的に伝えるための表現の工夫に触れながら書きなさい。それをふまえ、第二段落には、あなたがこれからの生活で心がけたいことを、自身の体験や見聞きしたことを含めて書きなさい。

ただし、あとの**《注意》**に従うこと。

資料A

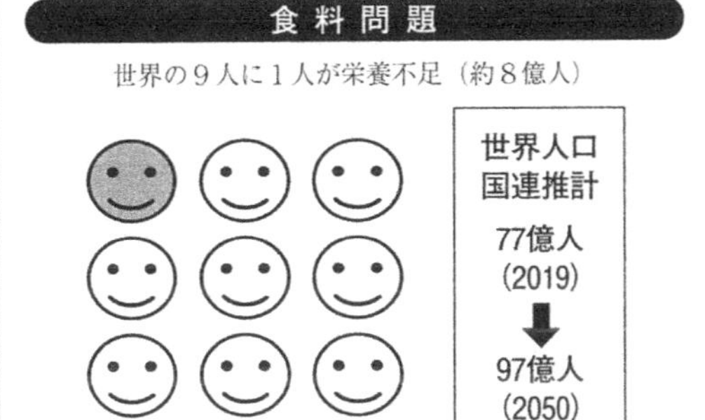

（経済産業省ホームページから作成）

資料B

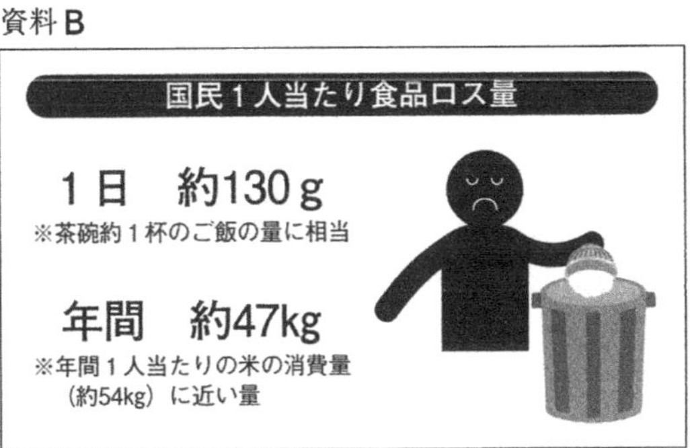

国民1人当たり食品ロス量
1日　約130g
※茶碗約1杯のご飯の量に相当
年間　約47kg
※年間1人当たりの米の消費量
（約54kg）に近い量

（経済産業省ホームページから作成）

《注意》

◇「題名」は書かないこと。

◇二段落構成とすること。

◇二〇〇字以上、二四〇字以内で書くこと。

◇文字は、正しく、整えて書くこと。

2022年度
東海大学山形高等学校
入学試験問題
(一般入試)
数　学

(10：05 ～ 10：55)

注　意

1 「開始」の合図があるまで，開いてはいけません。

2 問題用紙は，7ページまであります。

3 解答用紙は，問題用紙の中にはさんであります。

4 「開始」の合図があったら，まず，解答用紙を取り出し，受験番号を書きなさい。次に，問題用紙のページ数を確認し，不備があればすぐに手を挙げなさい。

5 答えは，すべて解答用紙に書きなさい。

6 「終了」の合図で，すぐに鉛筆（シャープペンシルを含む）をおき，解答用紙を開いて裏返しにしなさい。

1 次の問いに答えなさい。

1　次の式を計算しなさい。

(1)　$2-(-4)-3$

(2)　$\dfrac{7}{3}\div\left(\dfrac{1}{4}-\dfrac{5}{6}\right)$

(3)　$4a^2\times3b\div(-6ab)$

(4)　$\sqrt{8}\,(\sqrt{2}-2)+\sqrt{18}$

2　2次方程式 $3(3x-4)=x^2+2$ を解きなさい。解き方も書くこと。

3　$\sqrt{12n}$ が自然数となるような，もっとも小さい自然数 n を求めなさい。

4　図のように，1辺が6cmの立方体ＡＢＣＤ－ＥＦＧＨがある。いま，辺ＣＤ上にＣＩ：ＩＤ＝2：1となるような点Ｉがあり，点Ｉから辺ＢＣを横切って点Ｆまで糸をかけた。かけた糸の長さがもっとも短くなるときの糸の長さを求めなさい。

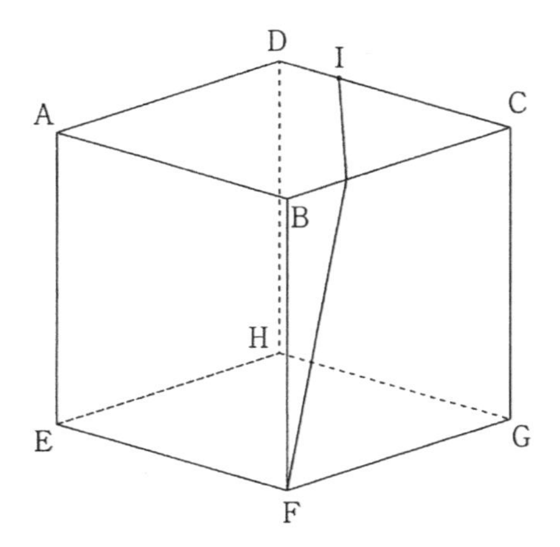

5　袋の中に，1，2，3，4，5の数を1つずつ記入した5枚のカードが入っている。袋から1枚ずつ2回続けて取り出し，取り出した順にカードを並べて，2けたの整数をつくるとき，次の問いに答えなさい。ただし，どのカードが取り出されることも同様に確からしいものとする。

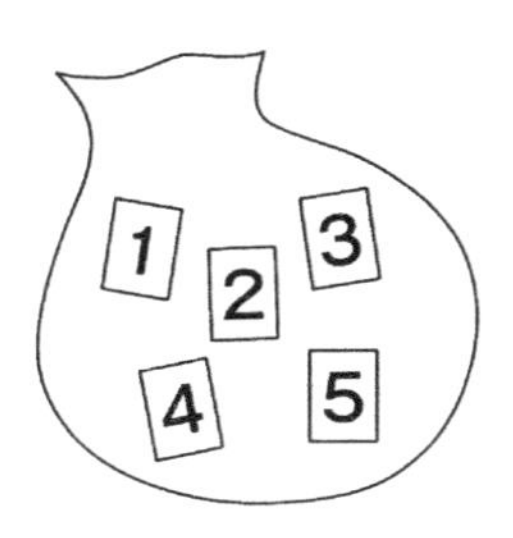

(1)　2けたの整数は全部で何個できるかを求めなさい。

(2)　つくった2けたの整数が3の倍数になる確率を求めなさい。

2 次の問いに答えなさい。

1　右の図のように，関数$y=2x^2$のグラフ上に，2点A，Bがあり，y軸上に点Cがある。点Aのx座標が-2であり，△ＯＢＣの面積が△ＯＡＣの面積の2倍であった。次の問いに答えなさい。

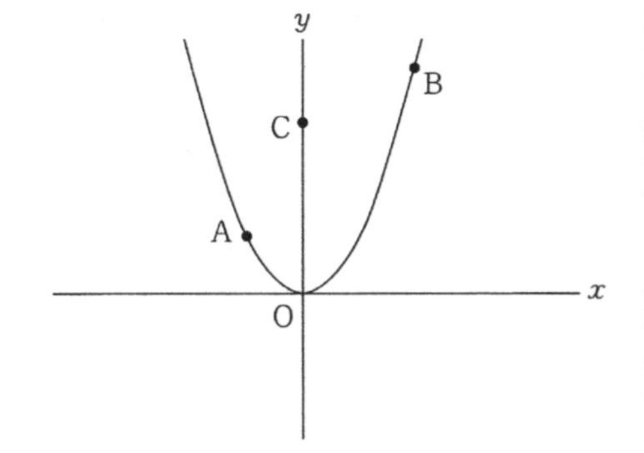

(1)　関数$y=2x^2$について，xの値が-1から2まで増加するときの変化の割合を求めなさい。

(2)　点Bの座標を求めなさい。

(3)　点Cが直線ＡＢ上にあるとき，点Cの座標を求めなさい。

2　下の図のように，点Oを中心とする半径1の円がある。定規とコンパスを用いて，線分ＡＢの長さが$\sqrt{3}$になるような2点A，Bを円周上に作図しなさい。

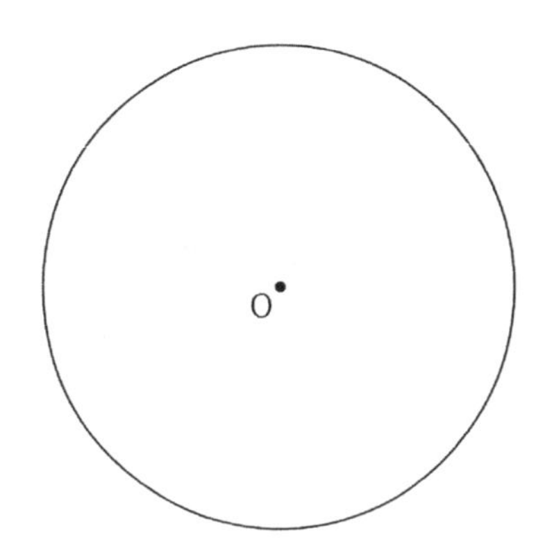

3　バスケットボールのルールでは，入ると3点になるシュート，入ると2点になるシュート，入ると1点になるシュートがある。下の会話はT中学校のバスケットボール部に所属するシュンヤ君とダイキ君の会話である。

［会話］
シュンヤ君：この前のA中学との練習試合は64対70で負けてしまったね。原因はなんだろう。
ダイキ君：得点は2点シュートと3点シュートだけだったね。
シュンヤ君：そうだね。僕たちのチームは2点シュートと3点シュートを合わせて76本打っているよ。
ダイキ君：シュートはたくさん打ったのにあまり入らなかったからね。やっぱりシュートが入る確率の低さが問題なのかな。
シュンヤ君：2点シュートは打った本数の50％が入ったけど，3点シュートは打った本数の20％しか入らなかったね。
ダイキ君：それじゃあ3点シュートの練習をもっと頑張ろう！

T中学校が打った2点シュートの本数をx本，3点シュートの本数をy本としたとき，次の問いに答えなさい。

(1)　T中学校が入れた3点シュートの本数を，yを用いて表しなさい。

(2)　T中学校が入れた3点シュートの本数を求めるのに，連立方程式を利用することが考えられる。x，yを用いて，問題にふくまれる数量の関係から，連立方程式をつくりなさい。

(3)　T中学校が入れた3点シュートの本数を求めなさい。

4　3年1組で100点満点の数学テストを行ったところ，平均点はx点であり，満点はいなかった。また，このテストの結果をヒストグラムに表すと下の図のようになった。このヒストグラムから，たとえば，20点以上40点未満の階級に入る生徒は1人であることがわかる。このとき，xの値として考えることができるもっとも小さい値を求めなさい。

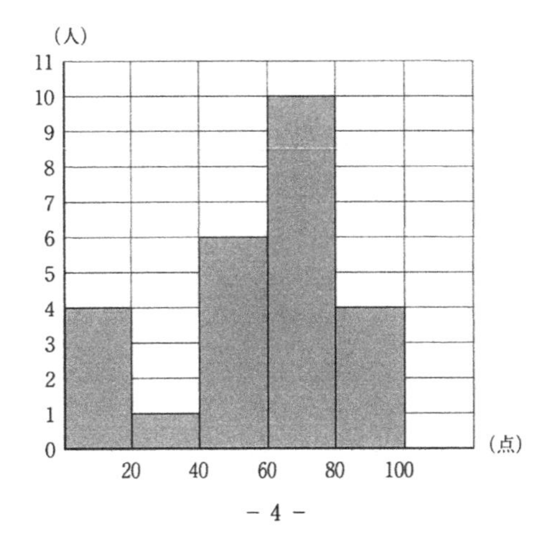

3 図1のように，縦の長さが4cm，横の長さが12cmの長方形ＡＢＣＤと，底辺が12cm，高さが6cm，∠ＥＦＧ＝90°の直角三角形ＥＦＧがあり，直線 ℓ と直線 m は点Ｏで垂直に交わっている。いま，長方形ＡＢＣＤの辺ＢＣと直角三角形ＥＦＧの辺ＥＦは直線 ℓ 上にあり，頂点Ｆと点Ｏは同じ位置にある。

長方形ＡＢＣＤは，まず図2のように直線 ℓ にそって矢印の方向に毎秒1cmの速さで移動し，さらに頂点Ｃが頂点Ｆに到達したら図3のように直線 m にそって矢印の方向に毎秒1cmの速さで移動し，そして頂点Ｄが頂点Ｇに到達したら停止する。

2つの図形が重なり始めてから x 秒後の，2つの図形が重なっている部分の面積を y cm^2 とする。あとの問いに答えなさい。

図1

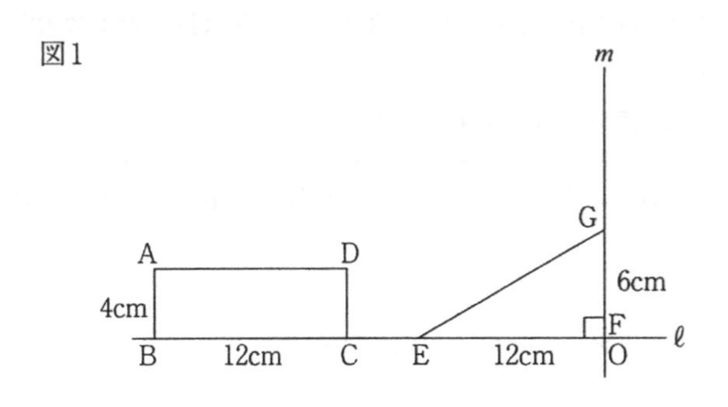

図2　　　　図3

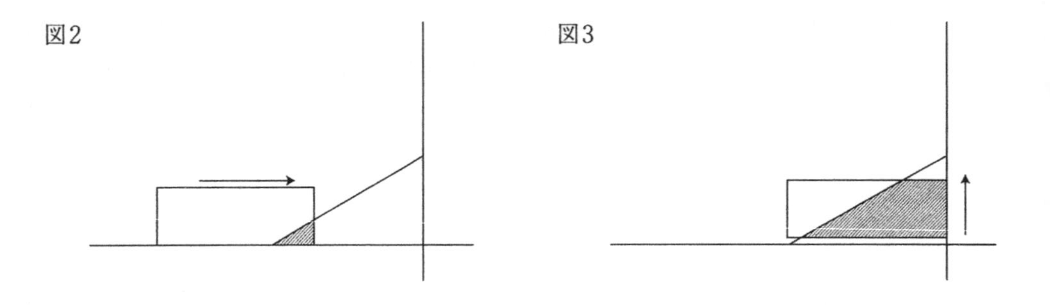

1　$x=2$ のときの y の値を求めなさい。

2　下の表は，2つの図形が重なり始めてから，長方形ＡＢＣＤが停止するまでのxとyの関係を式に表したものである。

［ア］～［ウ］に当てはまる数または式を，それぞれ書きなさい。また，このときのxとyの関係を表すグラフを，図4にかきなさい。

表

xの変域	式
$0 \leqq x \leqq$ ［ア］	$y =$ ［イ］
［ア］ $\leqq x \leqq 12$	$y =$ ［ウ］
$12 \leqq x \leqq 14$	$y = -8x + 128$

図4

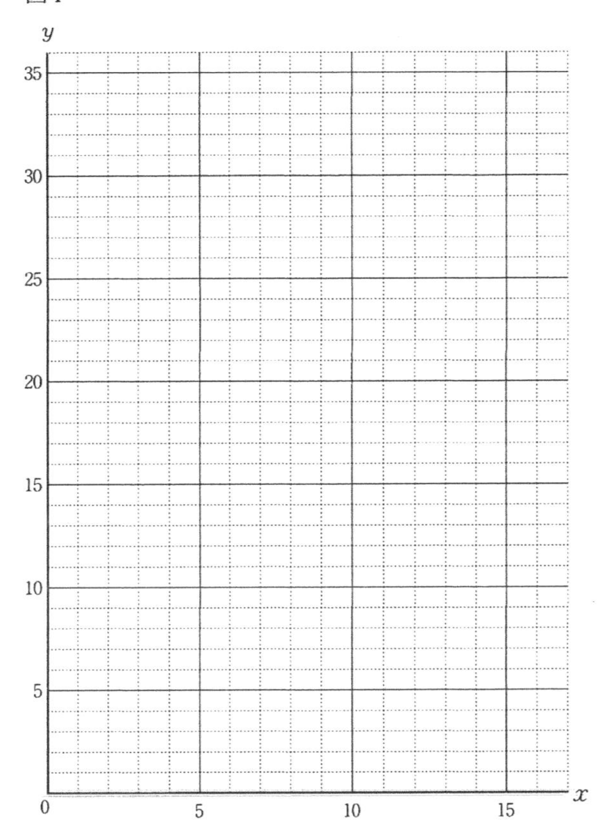

3　2つの図形が重なっている部分の面積が20cm^2になるときのxの値をすべて求めなさい。

4 下の図のように平行四辺形ＡＢＣＤがある。対角線ＡＣとＢＤの交点をＰ，辺ＣＤ上でＣＱ：ＱＤ＝2：3となる点をＱ，線分ＡＱと対角線ＢＤの交点をＲ，線分ＡＱの延長と辺ＢＣの延長の交点をＳとする。また，ＢＤ＝16cm であるとき，次の問いに答えなさい。

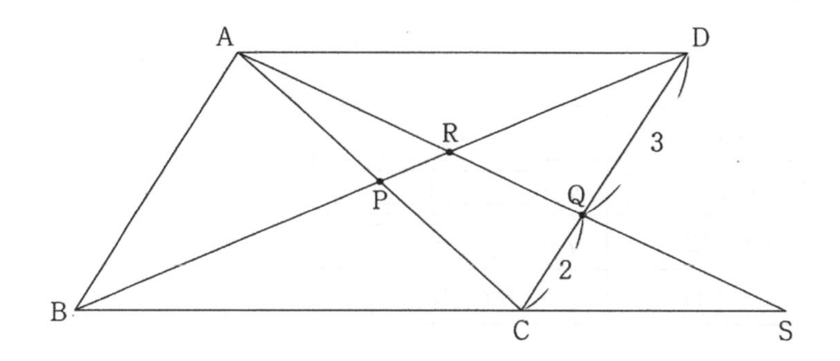

1　△ＡＢＲと△ＱＤＲの相似比を最も簡単な整数比で答えなさい。

2　△ＡＢＳと△ＱＣＳの面積比を最も簡単な整数比で答えなさい。

3　線分ＰＲの長さを求めなさい。

4　△ＡＢＰと△ＡＰＲと△ＡＲＤの面積比を最も簡単な整数比で答えなさい。

K 教英出版

2022年度

東海大学山形高等学校
入学試験問題
（一　般　入　試）

社　会

（　11：10　～　12：00　）

注　　意

1　「開始」の合図があるまで，開いてはいけません。

2　問題用紙は，７ページまであります。

3　解答用紙は，問題用紙の中にはさんであります。

4　「開始」の合図があったら，まず，解答用紙を取り出し，受験番号を書きなさい。次に，問題用紙のページ数を確認し，不備があればすぐに手を挙げなさい。

5　答えは，すべて解答用紙に書きなさい。

6　「終了」の合図で，すぐに鉛筆（シャープペンシルを含む）をおき，解答用紙を開いて裏返しにしなさい。

1 慎吾さんは，世界の国々を調べる授業で，略地図中のA国～D国と日本に関連することについて調べました。あとの問いに答えなさい。

【略地図】

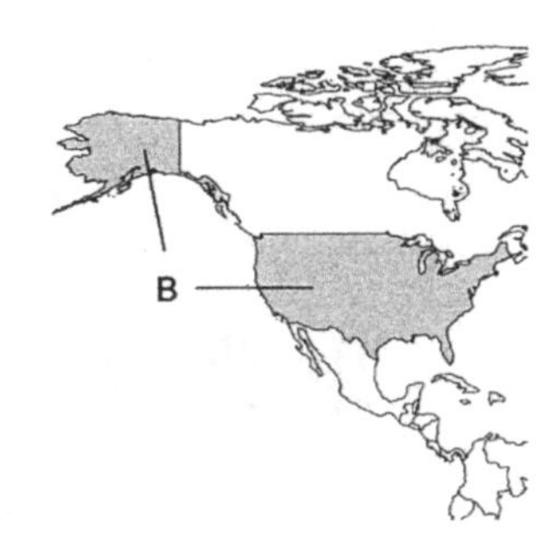

1　略地図中のA国～D国のうち，ユーラシア大陸に位置している国を一つ選び，国の記号A～Dで答えなさい。

2　略地図中のA国とB国は，いずれも山地や山脈が連なり，地震や火山活動が活発な造山帯に位置しています。この造山帯を何というか，書きなさい。

3　資料Ⅰは，A国の首都の都市の雨温図です。A国はこの気候のもとで，資料Ⅱのように羊の牧畜がさかんです。A国の気候として適切なものを，次のア～エから一つ選び，記号で答えなさい。

ア　温暖湿潤気候　　イ　地中海性気候

ウ　西岸海洋性気候　　エ　サバナ気候

【資料Ⅰ】

【資料Ⅱ】

4　資料Ⅲは，B国の主な貿易相手国とその割合を示しています。B国はカナダ，メキシコとの間でNAFTAとよばれる貿易協定を結んでいます。この貿易協定の目的を，**関税**という語を用いて書きなさい。

【資料Ⅲ】B国の貿易相手国とその割合（2019年）（%）

輸出相手国	カナダ	17.6	メキシコ	15.6	中国	6.5	日本	4.5
輸入相手国	中国	18.4	メキシコ	14.1	カナダ	12.7	日本	5.7

（二宮書店『データブック・オブ・ザ・ワールド 2021年版』から作成）

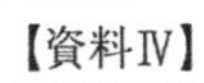

5　資料Ⅳは，C国と日本との間で領有権をめぐり，対立している島です。この島はどこか，次のア～エから一つ選び，記号で答えなさい。

ア　竹島　　イ　尖閣諸島　　ウ　択捉島　　エ　与那国島

【資料Ⅳ】

6　資料Ⅴは，D国で多く産出される資源の産出国とその割合を示しています。これらの資源は，埋蔵量が少なく，純粋なものを取り出すことが難しい資源です。このような資源を何というか，書きなさい。

【資料Ⅴ】

プラチナ（白金）		クロム鉱		マンガン	
D国	72.0	D国	48.4	D国	34.7
ロシア	11.0	カザフスタン	18.2	オーストラリア	17.0
ジンバブエ	7.0	インド	10.5	中国	12.3
カナダ	4.8	トルコ	9.2	ガボン	11.3
アメリカ	2.0	フィンランド	3.5	ブラジル	7.2

（二宮書店『データブック・オブ・ザ・ワールド 2021年版』などから作成）

7　資料Ⅵは，慎吾さんがA国～D国の様子をまとめたものの一部です。C国にあたるものを，ア～エから一つ選び，記号で答えなさい。

【資料Ⅵ】

	人口（万人）	1人当たり二酸化炭素排出量（t）	日本の輸出額（億円）	日本の輸入額（億円）	在日人数（人）
ア	4,822	6.67	2,540	2,918	3,672
イ	51,269	11.66	50,438	32,271	435,459
ウ	59,309	7.44	2,633	5,591	942
エ	331,003	14.61	152,545	86,402	56,834

（外務省のホームページなどから作成）

2　都道府県を調べる授業で，めぐみさんは日本の各地について調べました。略地図を見て，あとの問いに答えなさい。

【略地図】

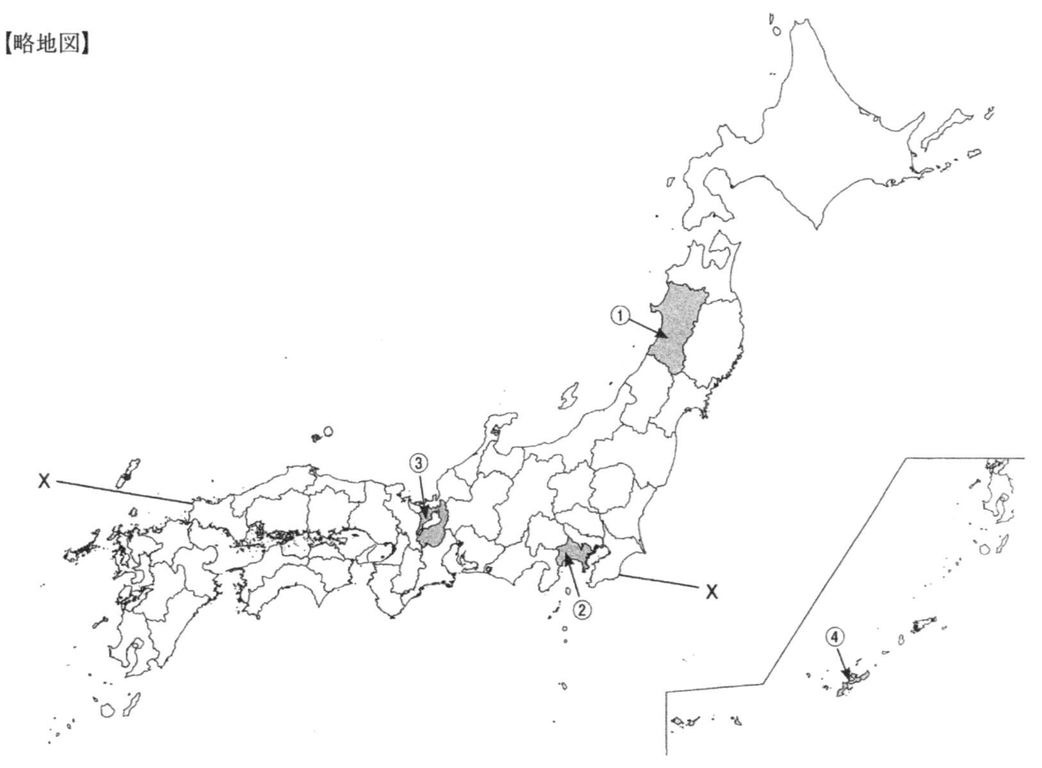

1　略地図中の①～④と，地方の名前の組み合わせとして，**適切でないもの**を一つ選び，記号で答えなさい。

ア　①：東北地方　　イ　②：関東地方　　ウ　③：中部地方　　エ　④：九州地方

2　略地図の**緯線X**の緯度として適切なものを，次の**ア～エ**から一つ選び，記号で答えなさい。

　ア　北緯30度　　**イ**　北緯35度　　**ウ**　北緯40度　　**エ**　北緯45度

3　次は，略地図中①の気候の特徴について，めぐみさんがまとめたものの一部です。あとの問いに答えなさい。

【資料Ⅰ】

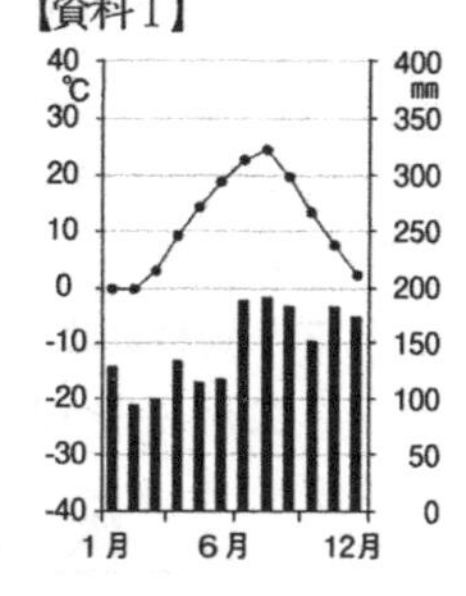

> 資料Ⅰは，①の県庁所在地の雨温図です。冬に降水量が多くなっているのは，【A】から吹く［　X　］が日本海をわたるときに水分を多くふくんで，山地にぶつかって雪を降らせるためです。

(1)　【A】にあてはまる方角として適切なものを，次の**ア～エ**から一つ選び，記号で答えなさい。

　ア　北西　　**イ**　北東　　**ウ**　南東　　**エ**　南西

(2)　［　X　］にあてはまる言葉を書きなさい。

4　略地図中②は工業がさかんです。資料Ⅱは，日本の三大工業地帯の製造品出荷額等の構成をあらわしています。②をふくむ工業地帯にあたるものを，**ア～ウ**から一つ選び，記号で答えなさい。

【資料Ⅱ】

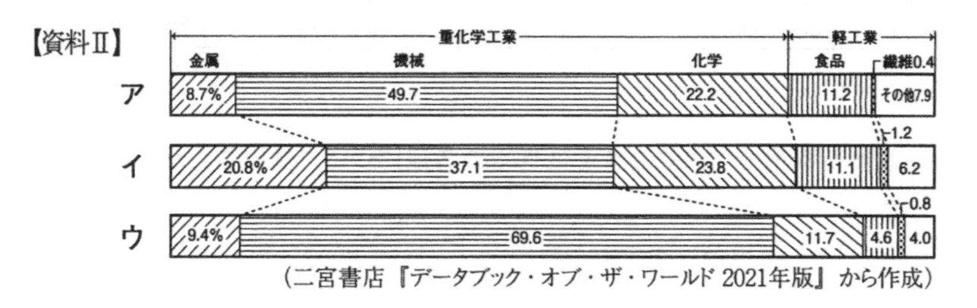

（二宮書店『データブック・オブ・ザ・ワールド 2021年版』から作成）

5　略地図中③には，面積が日本一の湖があります。その湖では，水質が低下する環境問題がおこりました。そこでこの湖周辺の人々は環境改善のために，どのような運動を行ったか，**合成洗剤**という語を用いて書きなさい。

6　略地図中④の県の気候は温暖です。資料Ⅲは，その温暖な気候を生かして栽培されている作物です。この作物は何か，書きなさい。

【資料Ⅲ】

7　資料Ⅳは，めぐみさんが略地図中①～④と山形県について調べてまとめたものの一部です。④にあたるものを，**ア～エ**から一つ選び，記号で答えなさい。

【資料Ⅳ】

	人口増減率（2018～2019）（%）	農業産出額（2018年）（億円）	製造品出荷額等（十億円）	第三次産業就業者割合（2017年）（%）
ア	0.11	641	81,024	65.3
イ	-1.48	1,843	13,496	66.6
ウ	0.39	988	5,119	80.7
エ	0.24	697	185,700	78.1
山形県	-1.15	2,480	28,880	63.1

（『データでみる県勢　2021年版』などから作成）

3 拓也さんは，日本でおきた戦いについて調べました。次の表は，そのとき調べたことをまとめたものです。表を見て，あとの問いに答えなさい。

A　平治の乱	B　X	C　応仁の乱	D　長篠の戦い
後白河上皇に協力した平清盛が，源義朝を倒した戦い。義朝の子の頼朝は伊豆へ流された。	元の皇帝であるフビライ＝ハンからの，朝貢と服属の要求を断り，２度にわたって戦った。	幕府の実力者である細川氏と山名氏の勢力争いが複雑に結びつき，多くの守護大名を巻き込んだ戦い。	全国統一をおし進めていた織田信長が，大量の　Y　を効果的に使用し，武田勝頼を破った戦い。

1　Aについて，次の問いに答えなさい。

(1)　平清盛が，経済的基盤を確保するために力を入れた貿易を何というか，書きなさい。

(2)　その後源頼朝が，平氏を倒して鎌倉幕府をひらきました。鎌倉幕府の組織の役職として適切なものを，次の**ア**～**エ**から一つ選び，記号で答えなさい。

ア　執権　　**イ**　管領　　**ウ**　関白　　**エ**　老中

2　Bについて，次に問いに答えなさい。

(1)　X　にあてはまる元軍の襲来を何というか，書きなさい。

(2)　X　以降，御家人たちの強まる不満に対し，幕府は徳政令を出しました。徳政令とは何か，書きなさい。

3　Cについて，次の問いに答えなさい。

(1)　当時，資料Ⅰの建物が建てられました。この建物に取り入れられた建築様式を何というか，書きなさい。

(2)　応仁の乱以降，戦国大名たちが各地で活躍しますが，その一人である武田信玄と川中島の戦いを繰り広げた，資料Ⅱの人物はだれか，書きなさい。

4　Dについて，次の問いに答えなさい。

(1)　Y　にあてはまる言葉を書きなさい。

(2)　織田信長が行ったこととして**適切でないもの**を，次の**ア**～**エ**から一つ選び，記号で答えなさい。

ア　座を廃止し，市場での税を免除し商工業を活発にした。

イ　反抗する仏教勢力に厳しい態度をとり，石山本願寺を降伏させた。

ウ　キリスト教の布教を認め，ローマ教皇に使節を送った。

エ　当時の将軍，足利義昭を京都から追放し，政治の実権を握った。

【資料Ⅰ】

【資料Ⅱ】

4 次の略年表は，近現代におけるわが国と海外諸国との関わりについてまとめたものの一部です。略年表を見て，あとの問いに答えなさい。

【略年表】

年	できごと
1871年	アメリカとヨーロッパに使節団を派遣する……①
1886年	ノルマントン号事件がおこる ………………………②
1894年	日英通商航海条約が結ばれる ……………………③
1910年	韓国併合 ……………………………………………④
1911年	関税自主権を完全に回復 …………………………⑤
1937年	日中戦争がおこる ……………………………………⑥
1941年	太平洋戦争がおこる …………………………………⑦
1964年	東京オリンピックが開催される ……………………⑧
2001年	同時多発テロがおこる ………………………………⑨

1　表中の①について，この使節団を何というか，書きなさい。

2　表中の②について，この事件をきっかけに領事裁判権の廃止を求める世論が高まりました。領事裁判権とは何か，書きなさい。

3　表中の②と③の間のできごととして適切なものを，次の**ア**～**エ**から一つ選び，記号で答えなさい。

ア　西南戦争　　**イ**　大日本帝国憲法の発布　　**ウ**　日英同盟　　**エ**　日朝修好条規

【資料Ⅰ】

4　表中の④について，植民地支配を進める考え方や政策を何というか，書きなさい。

5　表中の⑤について，資料Ⅰは，当時の日本の外務大臣です。この人物はだれか，書きなさい。

6　25歳以上のすべて男性に，衆議院議員の選挙権を与えた男子普通選挙が実現した年を，次の**ア**～**エ**から一つ選び，記号で答えなさい。

ア　④と⑤の間　　**イ**　⑤と⑥の間

ウ　⑥と⑦の間　　**エ**　⑦と⑧の間

【資料Ⅱ】

7　表中の⑦について，太平洋戦争のあと，中華人民共和国を成立させた中国共産党を率いた人物はだれか，書きなさい。

8　表中の⑨について，資料Ⅱは，爆破されたアメリカの世界貿易センタービルの写真です。この事件をきっかけに勃発し，日本もアメリカを支持することになった戦争を何というか，次の**ア**～**エ**から一つ選び，記号で答えなさい。

ア　パレスチナ紛争　　**イ**　湾岸戦争

ウ　イラク戦争　　**エ**　ベトナム戦争

5 岳さんのクラスでは，A～Gの７つのグループに分かれて，それぞれテーマを決めて勉強を行うことにしました。次のA～Gグループのカードは，それぞれのテーマと調べることを書いたものです。カードを見て，あとの問いに答えなさい。

Aグループ 【私たちの生活と文化】 ⓐ現代社会の考え方 暮らしに生きる伝統文化	Bグループ 【人権思想の発達と日本国憲法】 ⓑ人権思想の歴史 三つの基本原理
Cグループ 【基本的人権と個人の尊重】 公共の福祉と国民の義務 ⓒ新しい人権	Dグループ 【国会】 ⓓ国会の仕事 国会のしくみ
Eグループ 【内閣】 ⓔ世界の政治体制 内閣のしごと	Fグループ 【裁判所】 司法権と裁判所 ⓕ裁判のしくみ
Gグループ 【地方政治】 ⓖ私たちの生活と地方自治 地方分権と住民権利	

1　Aグループの下線部ⓐについて，性別や年齢，障がいがあるかないかに関係なく，だれもが互いに尊重していく社会を何というか，次のア～エから一つ選び，記号で答えなさい。

ア　地域社会　　イ　多文化社会　　ウ　持続可能な社会　　エ　共生社会

2　Bグループの下線部ⓑについて，ドイツのワイマール憲法で取り入れられ，人間らしい生活を保障しようとする権利を何というか，書きなさい。

3　Cグループの下線部ⓒについて，新しい人権の中に自己決定権があります。医師から患者に対して治療方法などについて十分に説明し，患者から同意を得た上で治療がなされるべきという考え方を何というか，次のア～エから一つ選び，記号で答えなさい。

ア　インフォームド・コンセント　　イ　オンブズマン

ウ　ノーマライゼーション　　エ　アセスメント

4　Dグループの下線部ⓓについて，国会には内閣不信任決議が認められています。内閣不信任決議の説明として適切なものを，次のア～エから一つ選び，記号で答えなさい。

ア　議決権は，参議院だけにある。

イ　議決権は，衆議院だけにある。

ウ　議決は，衆議院と参議院と同時にされる。

エ　議決は，衆議院と参議院のどちらから先にしてもよい。

5　Eグループの下線部ⓔについて，議院内閣制を採用している国の組み合わせとして適切なものを，次のア～エから一つ選び，記号で答えなさい。

ア　アメリカと韓国　　イ　韓国と日本　　ウ　イギリスと日本　　エ　アメリカとイギリス

6　Fグループの下線部ⓕについて，次の文章は三審制についてまとめたものです。適切なまとめになるように，［　X　］と［　Y　］にあてはまる言葉を書きなさい。

> 第一審の判決が不服な場合は，第二審の裁判所に［　X　］し，さらにその判決にも従えなければ，第三審の裁判所に［　Y　］することができる。これは慎重に裁判を行って，誤った判決を防ぎ，人権を守るためである。

7　Gグループの下線部ⓖについて，地方自治の原則を，**住民**と**地方公共団体**という二つの語を用いて書きなさい。

6 ゆう子さんは，「わたしたちのくらしと経済」について学習をしたとき，興味をもったことについて調べました。表のA～Cは，そのときにまとめたものです。表を見て，あとの問いに答えなさい。

【表】	A	B	C
	生産と労働	市場経済と価格について	財政と租税について
調べてわかったこと	日本の企業は，私企業と公企業に大別され，私企業のほとんどは株式会社の形態をとっています。また，資本金や従業員の数によって，大企業と中小企業に分かれます。日本経済の活性化はベンチャー企業に期待が向けられています。	財やサービスが売り手と買い手で自由に売り買いされる場を市場といい，需要量と供給量の関係で，価格は決まります。しかし，電気・水道などの料金は国民生活への影響が大きいため，その価格は公共料金と定められています。	政府が収入を得て，支出する活動を財政といい，収入は主に税金（租税）によってまかなわれ，社会資本・医療や教育などの公共サービスの提供，社会保障のために支出をしています。その資金を扱うのが「政府の銀行」である日本銀行です。

1　表のAについて，次の問いに答えなさい。

(1)　資本が，資本金から三つの生産要素，そして商品へと形を変えながら，利潤を生みだし，たくわえられる経済のしくみを何というか，書きなさい。

(2)　資料Ⅰは中小企業の日本経済にしめる割合を表したものです。ここから読み取れることとして，適切なものを，次のア～エから一つ選び，記号で答えなさい。

【資料Ⅰ】

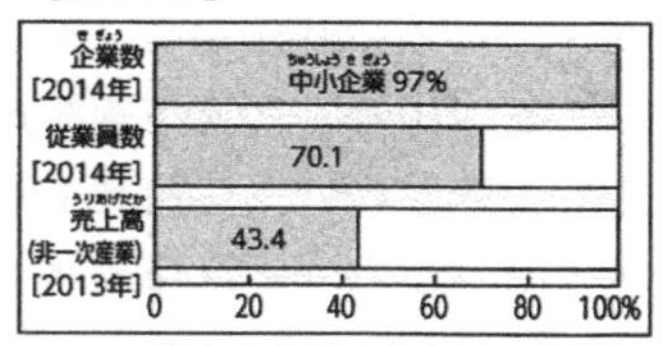

(「中小企業白書」2018年版)

ア　中小企業の企業数は全体の９割以上をしめ，売上高も５割を超えている。

イ　中小企業の企業数は全体の９割以上をしめ，従業員数も８割を超えている。

ウ　中小企業の従業員数は全体の７割をしめ，売上高は５割を超えている。

エ　中小企業の従業員数は全体の７割をしめ，売上高は４割程度である。

2　表のBについて，次の問いに答えなさい。

(1)　市場での公正かつ自由な競争を促進し，事業者が自主的な判断で自由に活動できるようにすることを目的とした法律を何というか，書きなさい。

(2)　公共料金について，資料Ⅱの空欄（　①　）（　②　）（　③　）にあてはまる語の組み合わせとして適切なものを，次のア～エから一つ選び，記号で答えなさい。

ア　①介護報酬　②電気料金　③水道料金

イ　①介護報酬　②水道料金　③電気料金

ウ　①電気料金　②水道料金　③介護報酬

エ　①電気料金　②介護報酬　③水道料金

【資料Ⅱ】

国が決定するもの	社会保険診療報酬（　①　）など
国が認可や上限認可をするもの	（　②　）都市ガス料金　鉄道運賃 乗り合いバス運賃　など
国に届け出るもの	固定電話の通話料金　国内航空運賃 郵便料金など
地方公共団体が決定するもの	公営（　③　） 公立学校授業料など

3　表のCについて，次の問いに答えなさい。

(1)　社会保障関係費の使途は主に４種類ありますが，公衆衛生の内容として適切なものを，次のア～エの中から一つ選び，記号で答えなさい。

ア　生活保護　　イ　老人福祉　　ウ　介護保険　　エ　感染症対策

(2)　政府が景気対策や租税収入の不足を補う目的で，国民からお金を借り入れるために発行するものを何というか，書きなさい。

(3)　日本銀行の役割は三つあります。政府が管理する資金を扱う「政府の銀行」，紙幣を発行する「発券銀行」，あともう一つの「銀行の銀行」とはどのような役割か，書きなさい。

2022年度

東海大学山形高等学校
入学試験問題
（一 般 入 試）

理 科

（ 12：40 ～ 13：30 ）

注 意

1 「開始」の合図があるまで，開いてはいけません。

2 問題用紙は，10ページまであります。

3 解答用紙は，問題用紙の中にはさんであります。

4 「開始」の合図があったら，まず，解答用紙を取り出し，受験番号を書きなさい。次に，問題用紙のページ数を確認し，不備があればすぐに手を挙げなさい。

5 答えは，すべて解答用紙に書きなさい。

6 「終了」の合図で，すぐに鉛筆（シャープペンシルを含む）をおき，解答用紙を開いて裏返しにしなさい。

1 浅子さんは，刺激に対する反応を調べるために３つの実験を行った。あとの問いに答えなさい。

【実験１】

① 図１のように，１m間隔に並び，９人が手をつないだ。

② 浅子さんはホイッスルを鳴らし，ストップウォッチをスタートさせた。

③ 同時にホイッスルの合図で一番左の人が左手でとなりの人の右手をにぎった。

④ 右手をにぎられた人は，さらに左手でとなりの人の右手をにぎり，次々ににぎっていった。

⑤ 最後の人が右の手をにぎられたら左手を上げ，浅子さんはストップウォッチを止めた。

⑥ 同じ実験を３回繰り返し，表にまとめた。

図１

表

回数	結果（秒）	一人あたりの時間（秒）
1	2.8	
2	2.6	
3	2.7	
平均	2.7	0.3

【実験２】

① 薄暗い部屋の中で，手鏡をもってひとみの大きさを観察した。

② 電気をつけて，明るくした部屋の中で，手鏡をもってひとみの大きさを観察した。

【実験３】

① 図２のように足先が床につかないように椅子に腰かけた。

② リラックスした状態で，左足のひざの下を木づちでたたいたら左足が上に動いた。

図２

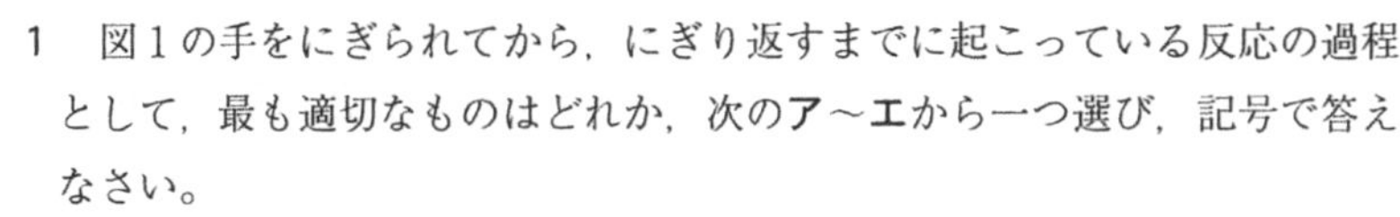

1　図１の手をにぎられてから，にぎり返すまでに起こっている反応の過程として，最も適切なものはどれか，次の**ア**～**エ**から一つ選び，記号で答えなさい。

ア　刺激→感覚神経→せきずい→運動神経→反応

イ　刺激→運動神経→せきずい→感覚神経→反応

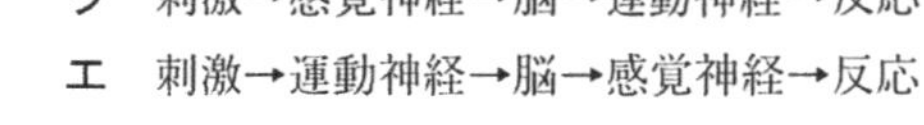

ウ　刺激→感覚神経→脳→運動神経→反応

エ　刺激→運動神経→脳→感覚神経→反応

教英出版

2　表の一人あたりの時間の平均値から考えて，最初の人がとなりの人の右手をにぎってから1.2秒後に進んでいる距離は何mか，求めなさい。

3　実験２で観察した薄暗い部屋の中でのひとみの大きさと形は図３のようになった。明るくした部屋の中で，観察したひとみの大きさと形はどのようになったか，次の**ア**～**エ**から一つ選び，記号で答えなさい。

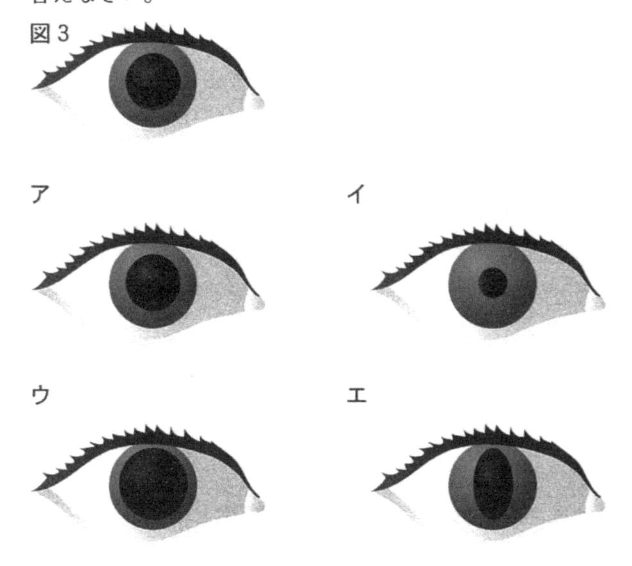

4　実験３の結果のように，刺激を受けて意識とは無関係に決まった反応が起こることを何というか，書きなさい。

5　実験３のように，意識とは無関係に起こる反応には他にどのようなものがあるか，簡潔に書きなさい。

2 絵美さんは，ペットショップから雌雄のハムスターを購入し，育てていると不思議なことに気づき，担任の先生に相談した。次は，絵美さんと先生の会話である。あとの問いに答えなさい。

絵美：先生，ハムスターが子を産んだのですが，何か変なんですよ。
先生：何が変なのですか。
絵美：茶色のハムスターしか産まれませんでした。
先生：親のハムスターは何色ですか。
絵美：雄は黒色で雌は茶色です。
先生：そうですか。
絵美：しばらくして，親が２回目の出産をしたのですが，やはり茶色の子しか産まれませんでした。黒色のハムスターはどうやったら産まれるのですか。
先生：親から産まれたハムスターを交配してみてください。違う結果がでるかもしれません。
絵美：わかりました。少し時間をください。
数ヶ月後
絵美：先生，子を交配したら茶色と黒色のハムスターが生まれました。
先生：何匹生まれましたか。
絵美：全部で20匹生まれました。

1　生物がふえていくとき，親のもつさまざまな形や性質などの特徴が子に伝わることを何というか，書きなさい。

2　黒色のハムスターと茶色のハムスターから茶色のハムスターしか現れない。このように一方の形質しか現れない２つの形質どうしを何というか，書きなさい。

3　図は細胞の中の色に関する染色体を模式的に示したものである。茶色に関する遺伝子をA，黒色に関する遺伝子をaとし，子の細胞の中の染色体の組み合わせとして正しいものを次の**ア**～**エ**から一つ選び，記号で答えなさい。

ア　AA　　**イ**　Aa　　**ウ**　aa
エ　AAaa

図

茶色	黒色
A　A	a　a

4　次の文の[X]・[Y]にあてはまる語の組み合わせとして正しいものを次の**ア**～**エ**から一つ選び，記号で答えなさい。

> 図のように茶色の純系の遺伝子はAA，黒色の純系の遺伝子はaaという組み合わせの対になる。対になっている遺伝子は[X]分裂によってそれぞれ別の生殖細胞に入る。これを[Y]の法則という。

ア　X　体細胞　　Y　分離　　**イ**　X　体細胞　　Y　優性
ウ　X　減数　　Y　分離　　**エ**　X　減数　　Y　優性

5　会話文で親からみた孫のハムスターは20匹生まれた。メンデルの実験の結果をもとに考えると理論上，茶色のハムスターと黒色のハムスターは何匹生まれたことになるか，書きなさい。

3 宇宙にあるさまざまな天体の中で，太陽を中心として運動している天体の集まりを太陽系という。太陽系には，水星，金星，地球，火星，木星，土星，天王星，海王星の８つの惑星がある。これらは同じ向きに太陽のまわりを回転している。また，地球のまわりを運動している天体は月である。次の問いに答えなさい。

1　太陽の表面に見られる黒い斑点の部分を何というか，書きなさい。また，黒く見える理由は何か，簡潔に書きなさい。

2　次は火星，木星，地球の半径と密度の関係を相対的に示した図である。最も適切なものを，次の**ア**～**エ**から一つ選び，記号で答えなさい。

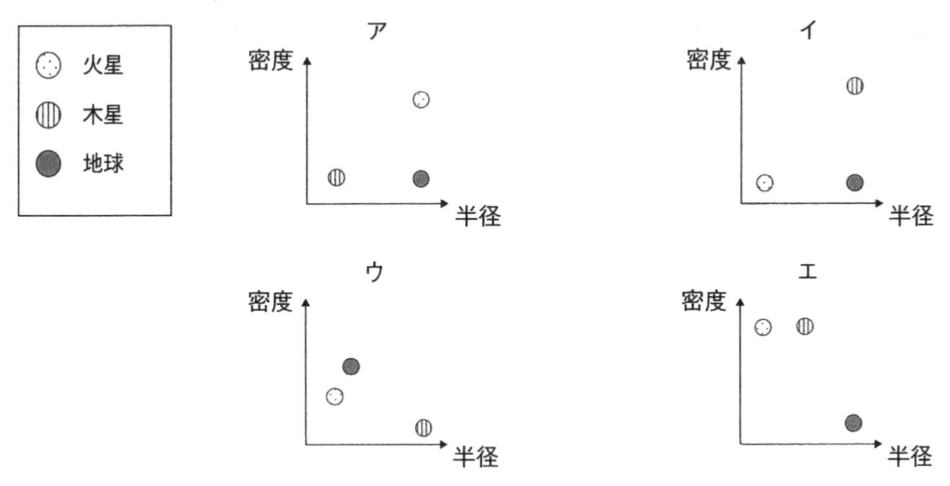

3　惑星のまわりを運動している天体を何というか，書きなさい。

4　太陽のまわりを地球が回り，地球のまわりを月が回るために起こる現象として，月食がある。月食は，月と地球と太陽の位置関係がどのようになるか，最も適切なものを，次の**ア**～**エ**から一つ選び，記号で答えなさい。

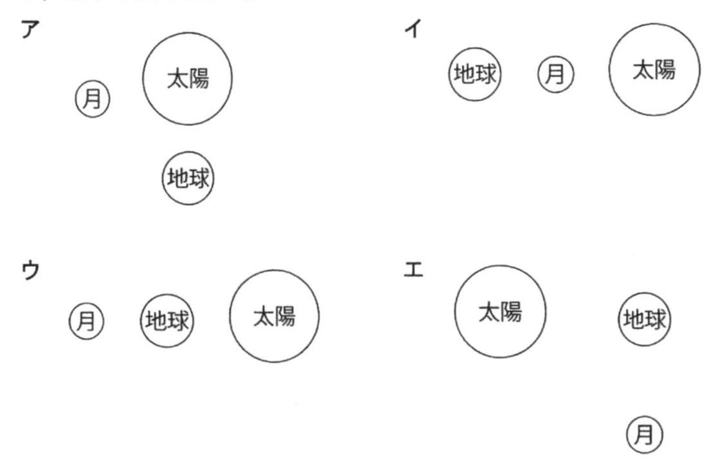

4 広子さんは，空気の動きかたを調べるために，次の実験を行った。あとの問いに答えなさい。

【実験】

図のような装置を組み，左側にはドライアイスを入れて空気を冷やし，しきりをとり除いたときの空気の動きを観察した。

図

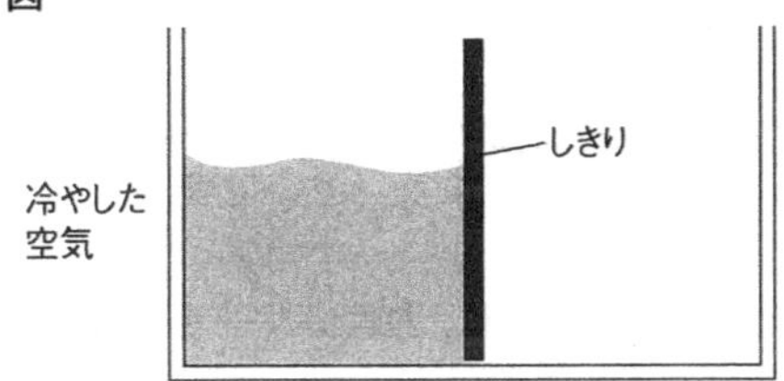

1　しきりをとり除いた直後のようすを表しているのは次のうちどれか，最も適切なものを，**ア**～**エ**から一つ選び，記号で答えなさい。

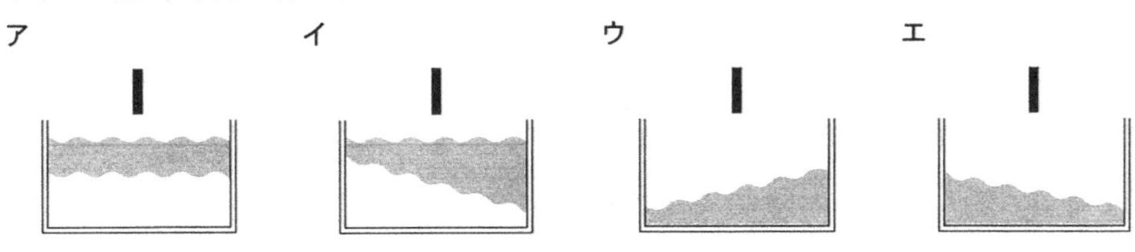

2　1のような結果になる理由を，**冷たい空気**，**密度**という言葉を用いて，簡潔に書きなさい。

3　この実験のような現象は，地表付近の大気中でも見られる。気温や湿度が異なる空気どうしが接する境の面を何というか，書きなさい。

4　次は広子さんが，雲のできる仕組みについて調べたことをまとめたものである。［a］～［c］にあてはまるものの組み合わせとして最も適切なものを，あとの**ア**～**エ**から一つ選び，記号で答えなさい。

水蒸気をふくむ空気のかたまりが上昇すると，周囲の気圧が［a］ため，［b］して気温が下がる。露点に達したあと，［c］を超えた水蒸気は水滴になる。このようにしてできた水滴が集まると雲になる。

ア　a　高い　b　膨張　c　飽和水蒸気量　　**イ**　a　低い　b　膨張　c　飽和水蒸気量
ウ　a　高い　b　蒸発　c　溶解度　　**エ**　a　低い　b　蒸発　c　溶解度

5　雲が**発生しにくい**のはどれか，最も適切なものを，**ア**～**エ**から一つ選び，記号で答えなさい。

ア　北からの冷たい空気に，南からの暖かい空気がぶつかったとき。
イ　山の斜面に風が吹いたとき。
ウ　高気圧の中心付近の空気。
エ　太陽の光で地面があたためられたとき。

5 次は，さくらさんと先生の理科の授業中の会話である。あとの問いに答えなさい。

先生：ある水溶液が酸性かどうかを調べる方法は何がありましたか。
さくら：①リトマス紙やＢＴＢ溶液を使って調べました。
先生：そうですね。他には，［ a ］，という方法も学びましたね。
さくら：酸性の水溶液はイオンと関係があることも学びました。例えば，塩化水素は，陽イオンの水素イオンと，陰イオンの塩化物イオンに分かれます。
先生：物質が液体中でイオンに分かれることを［ b ］といいましたね。
さくら：酸性といえば，祖父が，酸性雨のために畑の土が酸性になっていて野菜が育ちにくいと話していました。
先生：②酸性雨は，身近な環境にも影響を与えているのですね。酸性になった畑には，水に溶けるとアルカリ性を示す石灰という物質をまきます。
さくら：授業で学んだ，③中和に似ていますね。

1　下線部①について，ある液体が酸性であると判断できる結果の組み合わせとして正しいのものを，次の**ア**～**エ**から一つ選び，記号で答えなさい。

	リトマス紙	ＢＴＢ溶液
ア	赤いリトマス紙につけると青色に変わる。	液体が黄色に変わる。
イ	赤いリトマス紙につけると青色に変わる。	液体が緑色に変わる。
ウ	青いリトマス紙につけると赤色に変わる。	液体が黄色に変わる。
エ	青いリトマス紙につけると赤色に変わる。	液体が青色に変わる。

2　［ a ］にあてはまる，ある液体が酸性であることを確かめる方法は何か，簡潔に書きなさい。

3　［ b ］にあてはまる語は何か，書きなさい。

4　下線部②について，畑に与える影響以外で，酸性雨によって起こる問題は何か，簡潔に書きなさい。

5　下線部③について，下の図は，塩酸と水酸化ナトリウム水溶液を，モデルを用いて表したものである。塩酸と水酸化ナトリウム水溶液が中和したとき，どのようなモデルになるか，かきなさい。

図

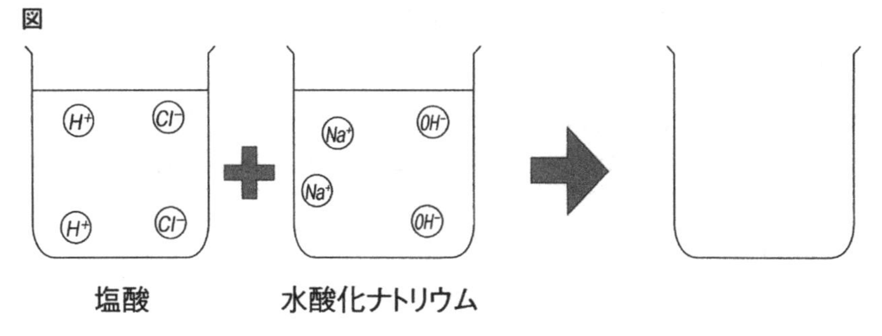

6 空気中で金属を加熱するとどうなるかを調べるために，マグネシウムリボンと，スチールウールを用いた実験を行った。図１はマグネシウムリボンの燃焼反応，図２はスチールウールの燃焼反応を模式的に示したものである。あとの問いに答えなさい。

【実験】

① マグネシウムリボンをピンセットではさみ，ガスバーナーの炎に入れ，火が付いたことを確認した後に蒸発皿の中で完全燃焼させた。できた物質を物質Aとする。

② スチールウールを4.2g正確にはかり取り，ピンセットではさみ，ガスバーナーの炎に入れ，空気を入れて完全燃焼させた。できた物質を物質Bとする。

③ 物質Aと物質Bが冷めてから，それぞれの表面を調べた。

④ 物質A，物質Bの質量を電子てんびんではかった。

図１

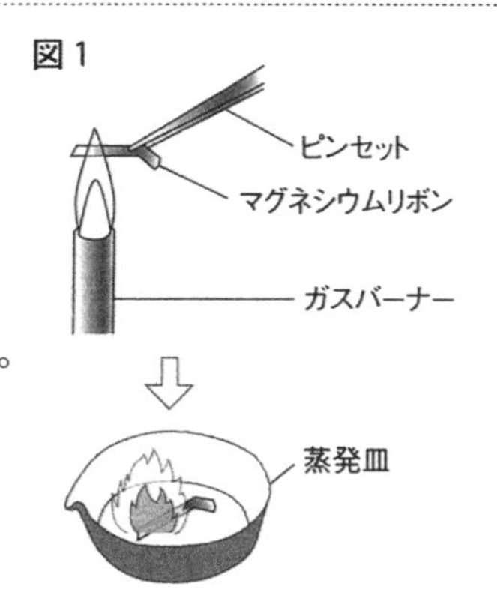

【結果】

① マグネシウムリボン，スチールウールを熱すると，熱や光を出しながら激しく反応した。

② 物質Aは［ a ］色，物質Bは［ b ］色であり，表面の［ c ］がなくなっていた。

③ 電子てんびんで物質Bの質量をはかると5.4gであった。

図２

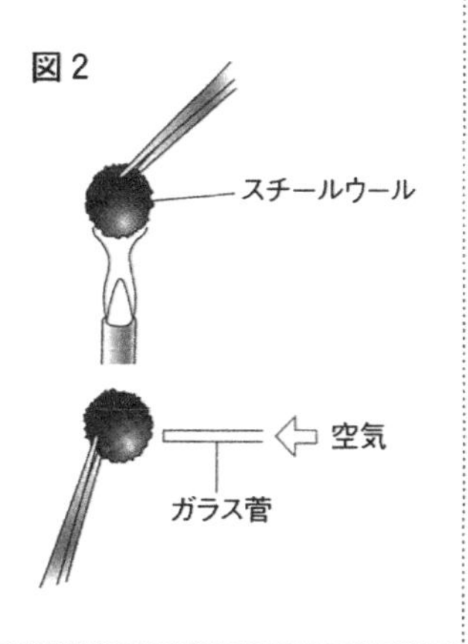

1 結果の［ a ］，［ b ］にあてはまる語の組み合わせとして正しいものはどれか。次のア～エから一つ選び，記号で答えなさい。

ア a 白 b 黒　**イ** a 黒 b 白　**ウ** a 白 b 赤　**エ** a 黒 b 赤

2 結果の［ c ］にあてはまる語は何か，書きなさい。

3 マグネシウムリボンが燃えるときの変化を，物質名を使った式で書きなさい。

4 物質Bが，スチールウールと別の物質になったことを確認する方法は何か，簡潔に書きなさい。

5 結果から，鉄と酸素が化合する質量の比はどうなるか，求めなさい。ただし，最も簡単な整数比で答えること。

7 直樹さんは，物体を左右に動かすと，スクリーンに映る像がぼやけるため，スクリーンに像がはっきりと映るように動かし，物体とスクリーンの位置関係について調べた。図のように，焦点距離が9.0cmの凸レンズの左側に物体を置くとスクリーン上にはっきりと物体の像が映った。図の1目盛の長さを3.0cmとして，あとの問いに答えなさい。

図

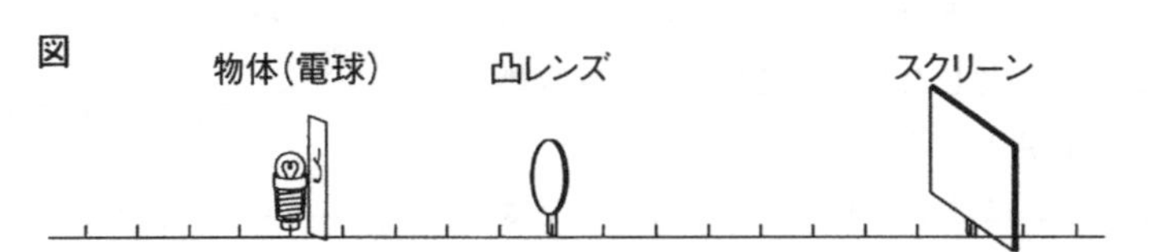

1　物体を動かしていくと，ある地点でスクリーンに像が映らなくなった。物体は凸レンズから何cmの位置にあるか，求めなさい。

2　物体を動かしていくと，スクリーン上に物体と同じ大きさの像が映った。物体は凸レンズから何cmの位置にあるか，求めなさい。

3　2のとき，**と**の文字はスクリーンにどのように映るか，解答用紙にかきなさい。

4　物体を動かしていくと，スクリーン上に**と**の文字が映らなくなったが，物体とは反対側からレンズをのぞきこむと**と**の文字が見えた。もとの大きさの**と**の文字と比べて，大きさはどのように見えたか，書きなさい。

5　スクリーンに物体と同じ大きさの像が映っている状態から，物体とスクリーンを動かして映る像を少し大きくして観測したい。物体とスクリーンはどちらに動かす必要があるか，次の**ア**～**エ**から一つ選び，記号で答えなさい。

ア　物体　左　　スクリーン　左　　**イ**　物体　左　　スクリーン　右

ウ　物体　右　　スクリーン　左　　**エ**　物体　右　　スクリーン　右

8 愛菜さんは，図のように，質量1.0kg の物体を斜面上にのせ，定滑車と動滑車を使って引き上げた。ただし，滑車や糸の重さ，および摩擦力は考えないものとする。あとの問いに答えなさい。ただし，質量100g の物体にはたらく重力の大きさを１Ｎとする。

図

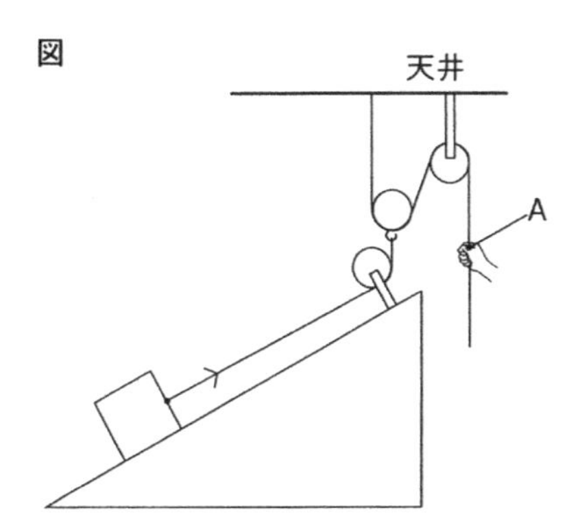

1　物体にはたらく重力を解答用紙の図に矢印でかきなさい。

2　物体が斜面に沿って2.0m引き上げるときに必要とする仕事の量は，斜面と滑車を使わずに地面に対して垂直に物体を1.0m引き上げるときの仕事の量に比べて何倍になるか，求めなさい。

3　物体が斜面を滑り落ちていかないように糸のＡ点を引っ張り，物体が動かないようにした。糸のＡ点を引いた力の大きさは何Ｎか，求めなさい。

4　物体を斜面に沿って4.0m引き上げるのに必要な仕事は何Ｊか，求めなさい。

5　糸をＡ点から2.0m引き下げたとき，物体は斜面に沿って何ｍ進むか，求めなさい。

2022年度

東海大学山形高等学校
入学試験問題
(一 般 入 試)

英　語

(13:45 ～ 14:35)

注　意

1 「開始」の合図があるまで，開いてはいけません。

2 最初に，放送によるテストがあります。

3 問題用紙は，10ページまであります。

4 解答用紙は，問題用紙の中にはさんであります。

5 「開始」の合図があったら，まず，解答用紙を取り出し，受験番号を書きなさい。次に，問題用紙のページ数を確認し，不備があればすぐに手を挙げなさい。

6 答えは，すべて解答用紙に書きなさい。

7 「終了」の合図で，すぐに鉛筆（シャープペンシルを含む）をおき，解答用紙を開いて裏返しにしなさい。

1　これはリスニング・テストです。放送の指示に従って答えなさい。

※音声は収録しておりません

1

No. 1

ア　イ　ウ　エ

No. 2

2　放送の指示に従って答えなさい。

〈こうじさんのメモ〉

・集合場所：(　　ア　　)

・集合時間：午前 (　　イ　　) 時

・持 ち 物：(　　ウ　　) を忘れずに

3

No. 1　ア　How to turn.

　　　イ　How to stop.

　　　ウ　How to put on boots.

　　　エ　How to take a lift

No. 2　ア　Cloudy.

　　　イ　Snowy.

　　　ウ　Fine.

　　　エ　Rainy.

4　放送の指示に従って答えなさい。答えは，解答用紙に書きなさい。

（メモ用）

（　　　）のところの英語を聞き取り，書きなさい。
Woman : Hi, I've just arrived in my father's car. How did you come here?
Man : I came here by bike（　　　　　　　　　　　　　　　　）here.

2 次の問いに答えなさい。

1　次の対話文の（　　　）の中に最も適する英語を，それぞれ１語ずつ書きなさい。

(1) *Janet :* What kind of (　　　) do you like?
Shigeru : I love white. So, I often wear a white T-shirt.

(2) *Shigeru :* The word (　　　) means something different in different cases.
Janet : Yes. It means 1/60 of a minute in a case and shows No. 2 in another case.

(3) *Janet :* Japanese young athletes are successful overseas these days.
Shigeru : Yes. I want to be an international person (　　　) as *Rui Hachimura* or *Shohei Ohtani.*

2　次の対話文の（　　　）の中に最も適するものを，あとの**ア**～**エ**からそれぞれ一つずつ選び，記号で答えなさい。

(1) *Janet :* I hear it's the 4th year of *Reiwa* era in Japan now.
Shigeru : Yes. It started on May 1, 2019.
Janet : Today is January 31, 2022. Then, you've been living in the new era ...
Shigeru : (　　　　　　　　　　　　　　　　　　　　　)

ア　Yes, *Heisei* era was as long as 30 years.
イ　Yes, *Heisei* era came soon after *Meiji* era.
ウ　Oh, we've been living in *Reiwa* era for less than 3 years.
エ　Oh, we've been living in *Reiwa* era for more than 4 years.

(2) *Janet :* There wasn't *Yamagata Hanagasa Festival* last summer, right?
Shigeru : Actually, we had that event in a different place.
Janet : Oh, really. But you didn't have that Festival two years ago, right?
Shigeru : Right. (　　　　　　　　　　　　　　　　　　　　　)

ア　I hope we won't have the Festival next year.
イ　I wish we could have the Festival in the original place this summer.
ウ　*Yamagata Hanagasa Festival* is one of *Tohoku* 4 Famous Festivals.
エ　*Yamagata Hanagasa Festival* is held for three days every year.

3　次の対話に関し，**ア**～**カ**の語句を全て用い，下線部の英文を完成させなさい。なお，解答用紙には，（　X　），（　Y　），（　Z　）にあてはまる語を，それぞれ記号で答えなさい。

(1) *Nathan* : How can I spend a good day in Japan?

Keiko : Come on! <u>Feel (　　) (　X　) (　　) (　Y　) (　　) (　Z　) have any troubles</u>.

ア you　**イ** me　**ウ** if　**エ** to　**オ** ask　**カ** free

(2) *Nathan* : <u>*Keiko*, (　　) (　X　) (　　) (　Y　) (　　) (　Z　) held?</u>

Keiko : Of course. It was in 2021, in *Tokyo*.

ア was　**イ** do　**ウ** when　**エ** know

オ 2020 Summer Olympics　**カ** you

3 新型コロナウイルスの感染拡大（the spread of Coronavirus Infection）を抑えようと様々な取り組みが行われてきています。

中学生の茂（Shigeru）君と留学生のメグ（Meg）さんは，新型コロナウイルス感染症に関係するポスターやグラフを見ながら話をしています。ポスターやグラフ，および対話について，あとの問いに答えなさい。

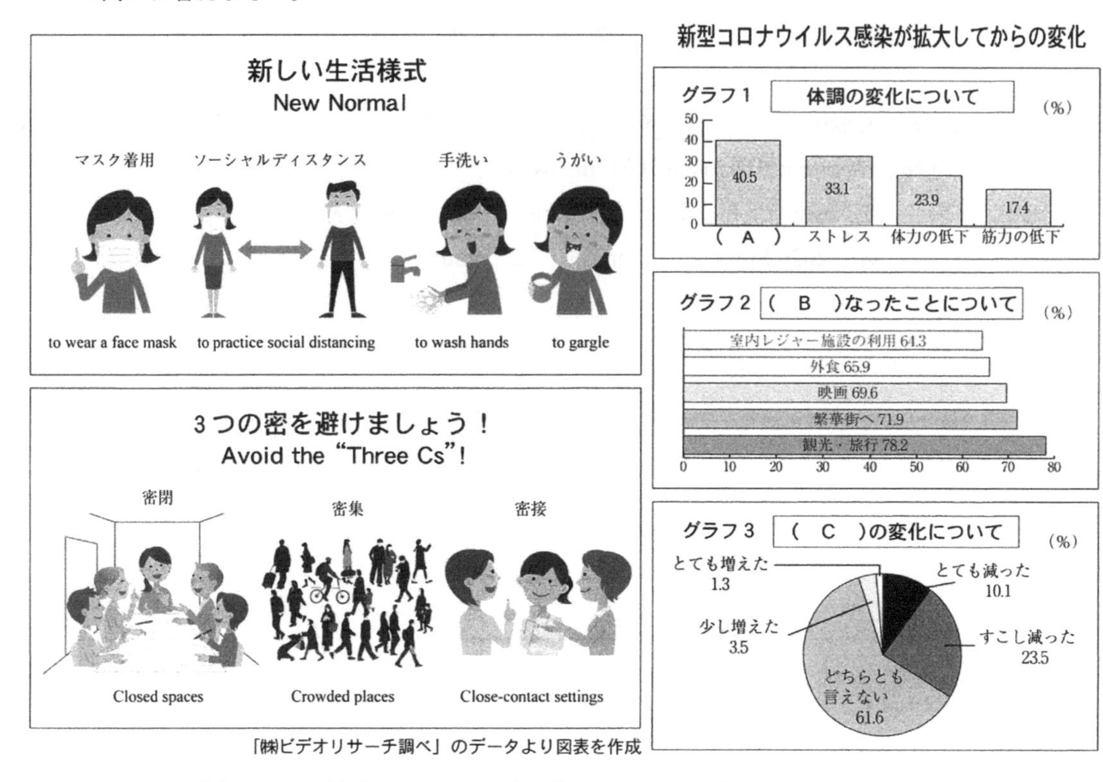

「㈱ビデオリサーチ調べ」のデータより図表を作成

Shigeru: So, I think "To avoid the Three Cs" is effective to stop the spread of Coronavirus Infection. We should follow the "New Normal" in our daily life. In fact, we wear face masks, practice social distancing, wash our hands and gargle at school.

Meg : That's the way to go! But, isn't it tough to follow all these things all day?

Shigeru: Yes, sometimes. But there's nothing we can do against Coronavirus. Anyway, there are many people who are having troubles by the Coronavirus Infection. Take a look at Graph1. More than 40% of the people's answers are that they have gotten fat. We are asked to stay at home as much as possible. We can't go outside and enjoy sports.

Meg : That's right. I'm also getting fat these days!

Shigeru: Look at Graph2, Meg. This shows the things that they especially don't do after the Coronavirus problem. Take a look at Graph3. This shows almost one-third of them made less money than before because of the Coronavirus problem. How can (ア)those people get money who are working related to these five things?

Meg : I don't think they can. This is a really serious problem. I wish Coronavirus Infection would end soon.

Janet : Koji, What time shall we meet at the station for skiing?

Koji : Eight o'clock in the morning. Have you finished preparing yet?

Janet : Yes. I've got all of them ready. I'm excited to go skiing!

Koji : Oh, please remember to bring something to eat for lunch.　　(間10秒)

くりかえします。(間３秒)

これで，２の問題を終わり，３の問題に移ります。問題用紙２ページの３を見て下さい。(間２秒)

ALTのジャネットさんが，スキーに行った時の話を生徒たちに伝えています。そのあと，クエスチョンズと言って二つの質問をします。それぞれの質問の答えとして最も適切なものを，**ア**，**イ**，**ウ**，**エ**の中から一つずつ選び，記号で答えなさい。英文は２回読みます。(間２秒)

では，始めます。(間２秒)

Hello, everyone. Today, I'm going to tell you about my skiing experience last week. This is the first time for me to ski. First of all, I learned how to wear boots and ski. Then, I walked around on snow. After that I took a ski lift to the top of the mountain. It was very exciting for me to learn how to turn around and stop in practice. The weather was nice and the snow on the ground was really good on that day. I am looking forward to skiing again.

Questions : No. 1　What did she learn at the beginning?　　(間８秒)

No. 2　How was the weather on that day?　　(間８秒)

くりかえします。(間３秒)

これで，３の問題を終わり，４の問題に移ります。問題用紙２ページの４を見て下さい。(間２秒)

これから英語による対話文を２回読みます。(　　) のところの英語を聞き取り，書きなさい。(間２秒)

では，始めます。(間２秒)

Woman : Hi, I've just arrived in my father's car. How did you come here?

Man : I came here by bike because it takes a long time to walk here.　　(間15秒)

くりかえします。(間２秒)

これで，リスニングテストを終わります。次の問題に移ってください。

Jose: Well, What time shall we meet at the station for skiing?

Aoi: Eight o'clock in the morning. Have you started preparing yet?

Jose: Yes. I've gotten [illegible] ready. I'm excited to go skiing!

Aoi: Oh, please remember to bring something to eat for lunch. [illegible]

[illegible]

[illegible]

Hello, everyone. Today, I'm going to tell you about my skiing experience last week. This was the first time for me to ski. First of all, I learned how to wear boots and skis. Then, I walked around on snow. After that, I [illegible] to the top of the mountain. It was very exciting [illegible] to turn around and stop [illegible]. The [illegible] was [illegible] and the snow on the ground was really [illegible] that day. I [illegible] skiing [illegible] again.

Question No. 1 What did the [illegible] at the beginning? [illegible]

[illegible]

[illegible]

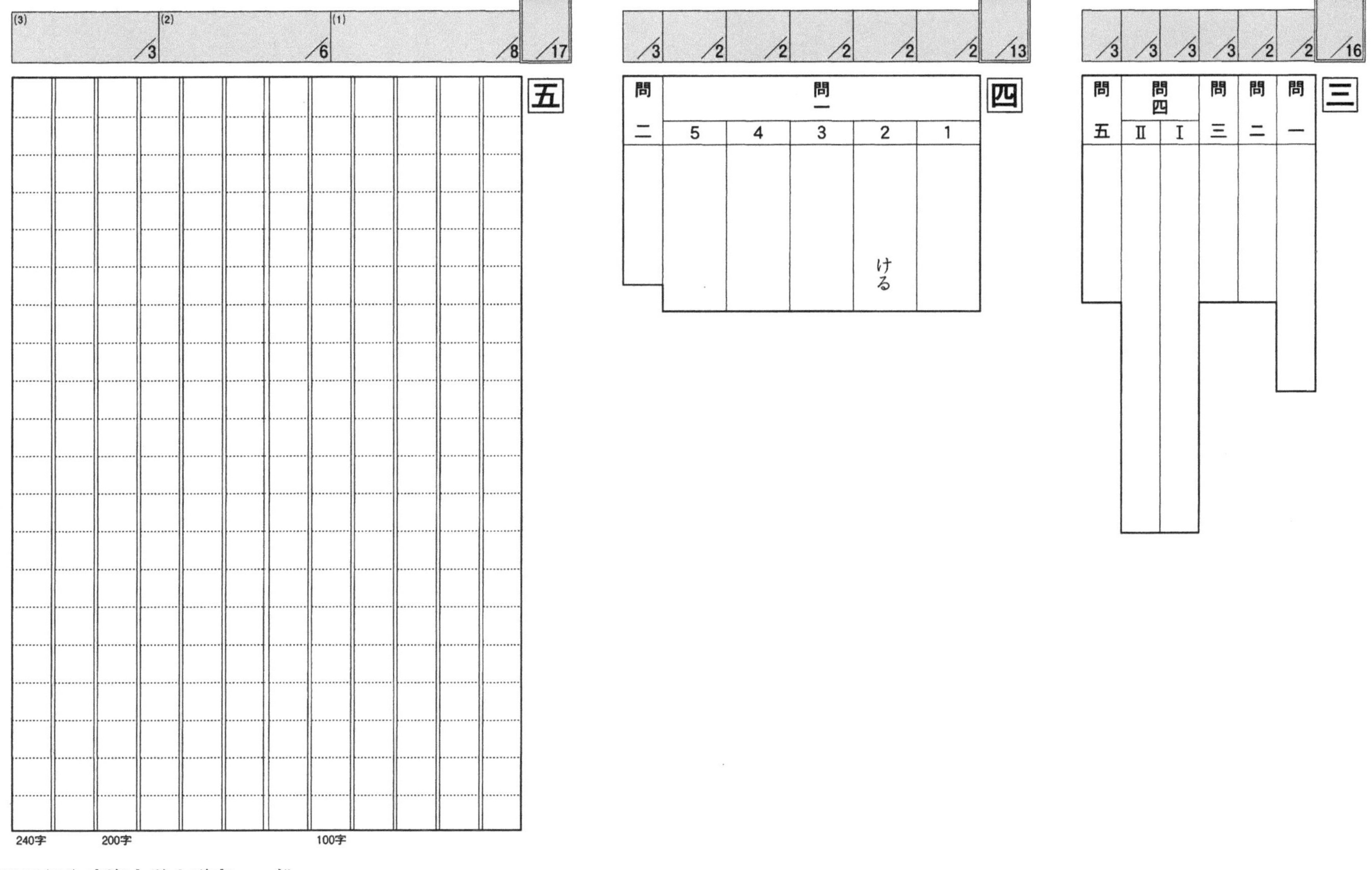

三
問一
問二
問三
問四 Ⅰ Ⅱ
問五
/2 /2 /3 /3 /3 /3 /16
四
問一 1 2 3 4 5
ける
問二
/2 /2 /2 /2 /2 /3 /13
五
(1) /8
(2) /6
(3) /3
/17
100字
200字
240字

/3	1		$y =$
/3	2	ア	
/3		イ	
/3		ウ	
/4			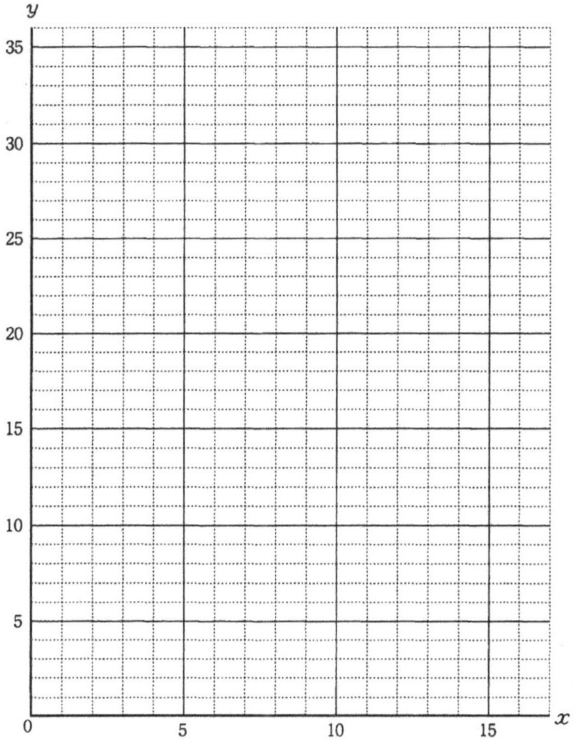
/4	3		$x =$

1	:	/4
2	:	/4
3	cm	/4
4	: :	/4

配点	番号	解答
/2	1	
/3	2	
/2	3	
/2	4	
/2	5	
/2	6	
/2	7	
/2	8	

番号	小問	解答	配点
1	(1)		/2
	(2)		/2
2	(1)		/2
	(2)		/2
3	(1)		/2
	(2)		/2
	(3)		/3

5 /15

5

配点	番号		解答
/1	1		
/2	2		
/2	3		
/2	4		
/2	5		
/2	6	X	
/2		Y	
/2	7		

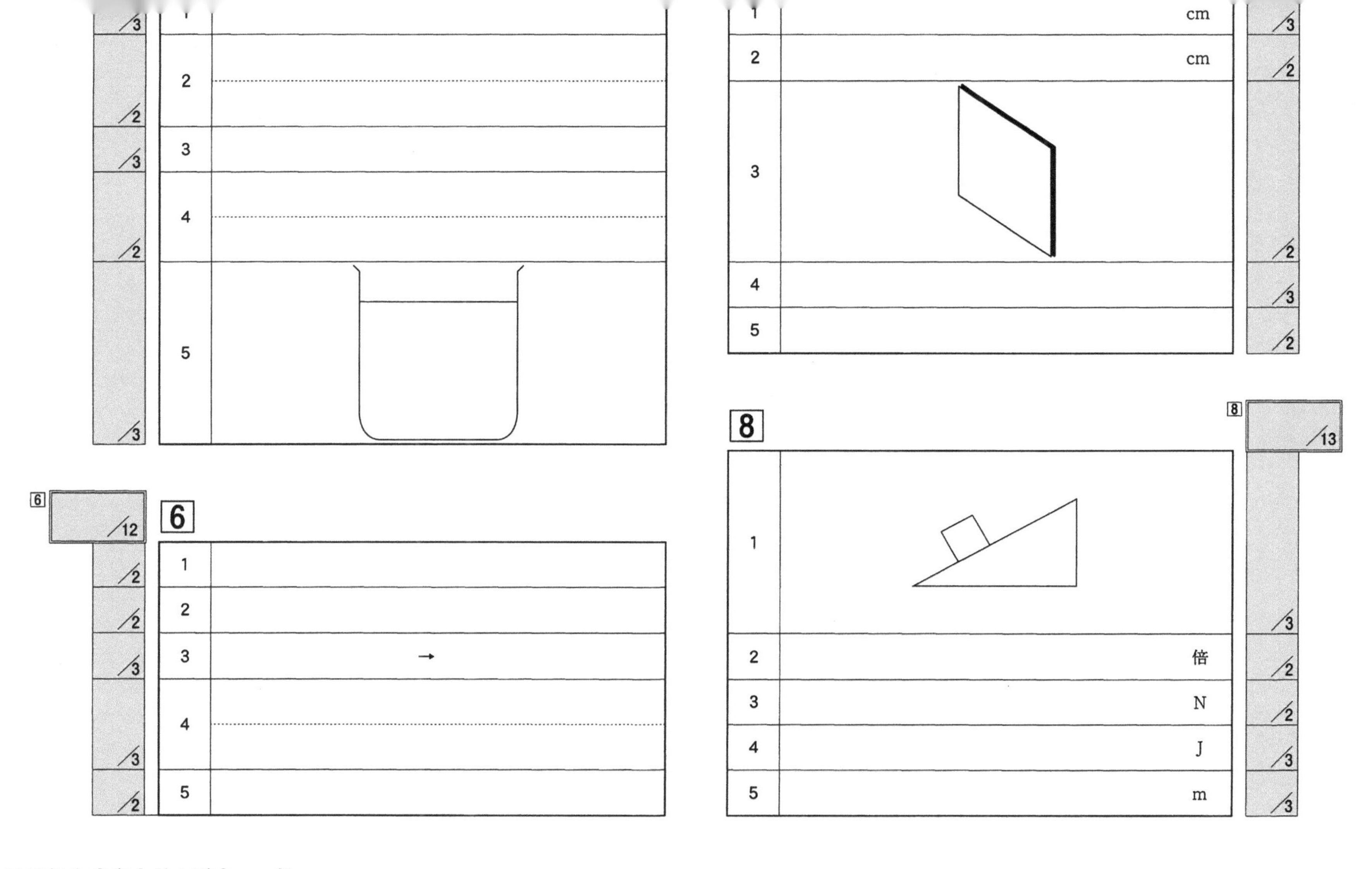

問	解答欄	配点
1		/3
2		/2
3		/3
4		/2
5		/3

6 /12

6

問	解答欄	配点
1		/2
2		/2
3	→	/3
4		/3
5		/2

問	解答欄	配点
1	cm	/3
2	cm	/2
3		/2
4		/3
5		/2

8 /13

8

問	解答欄	配点
1		/3
2	倍	/2
3	N	/2
4	J	/3
5	m	/3

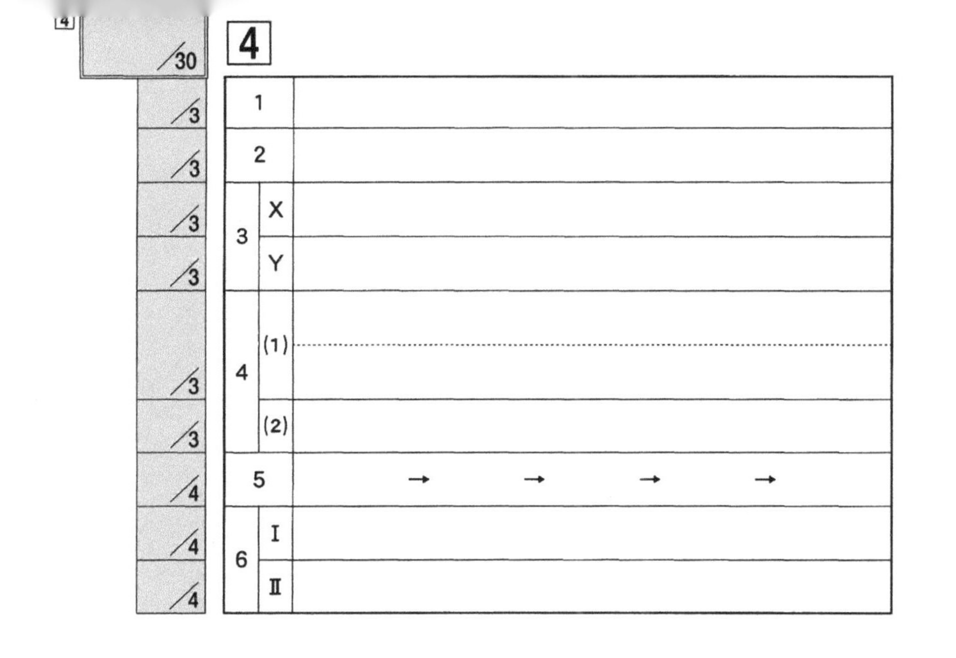
4

4 ／30

			配点
1			／3
2			／3
3	X		／3
	Y		／3
4	(1)		／3
	(2)		／3
5		→ → → →	／4
6	I		／4
	II		／4

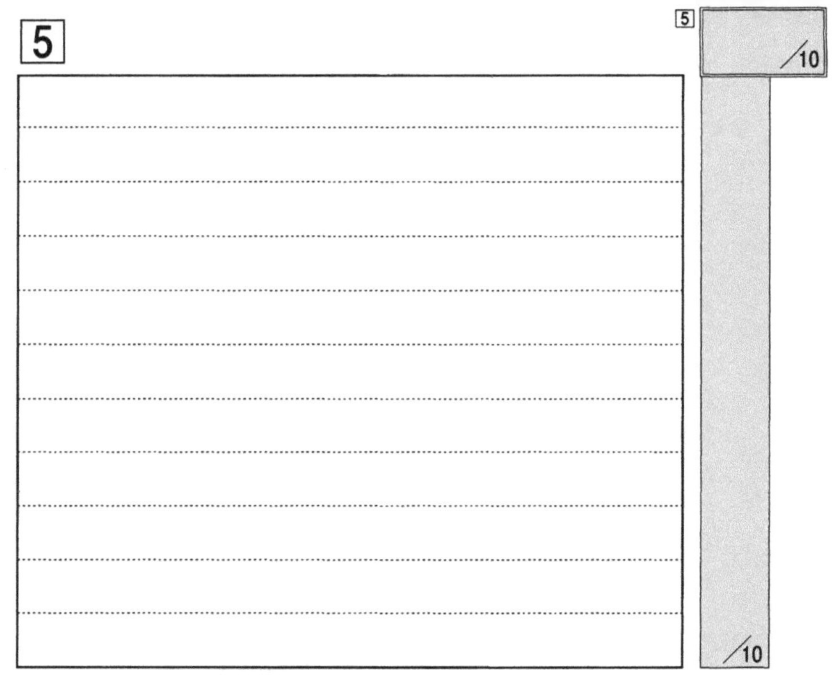
5

5 ／10

／10

※100点満点

2022年度　英語解答用紙（一般入試）

受験番号	

総得点	

の欄には何も記入しないこと。

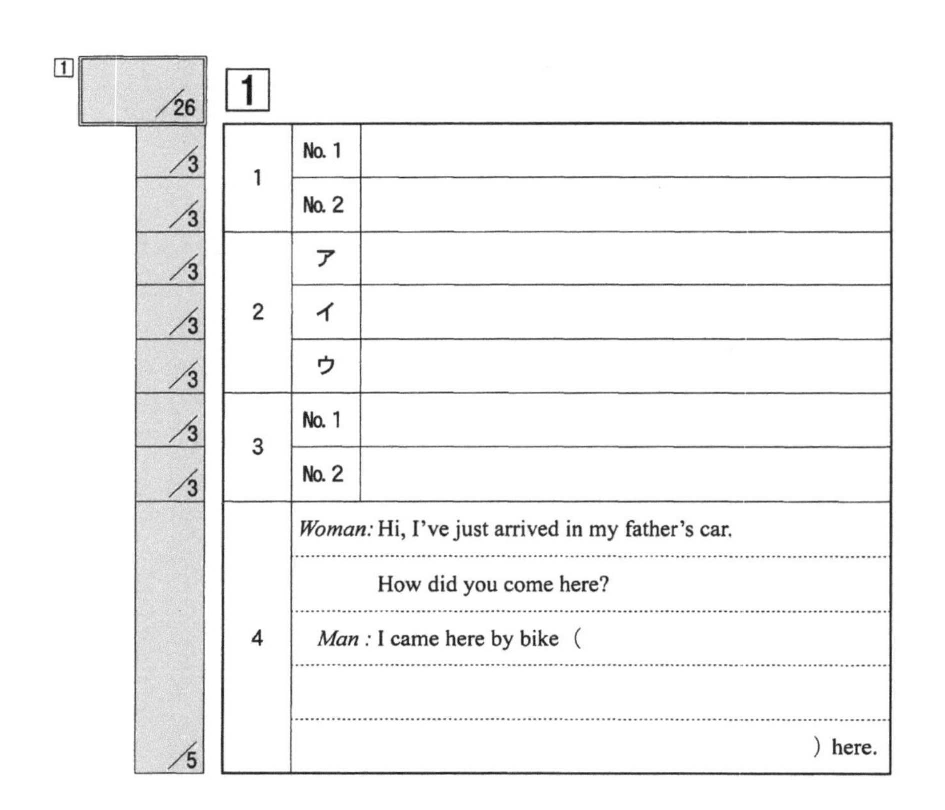

1　/26

1	No. 1		/3
	No. 2		/3
2	ア		/3
	イ		/3
	ウ		/3
3	No. 1		/3
	No. 2		/3
4	*Woman:* Hi, I've just arrived in my father's car. How did you come here? *Man :* I came here by bike ( ) here.		/5

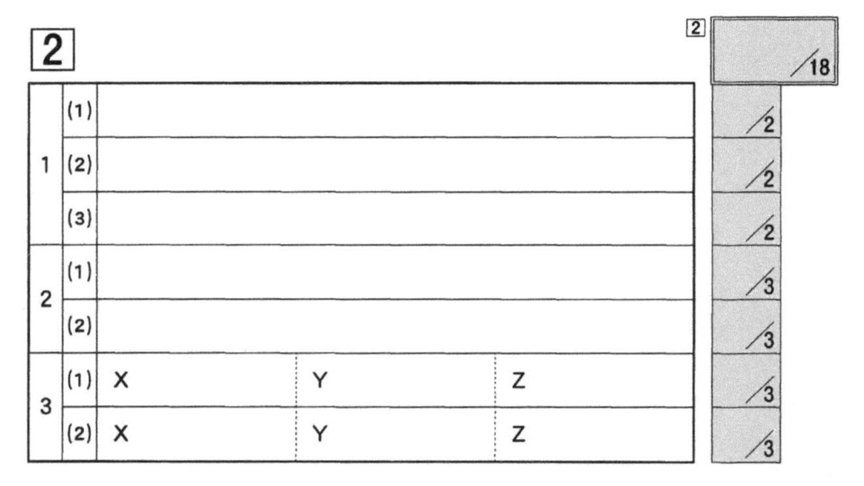

2　/18

1	(1)				/2
	(2)				/2
	(3)				/2
2	(1)				/3
	(2)				/3
3	(1)	X	Y	Z	/3
	(2)	X	Y	Z	/3

3　/16

1	A		/2
	B		/2
	C		/2
2			/4
			/3

【解答

※100点満点

2022年度　理科解答用紙（一般入試）

受験番号	

総得点	

の欄には何も記入しないこと。

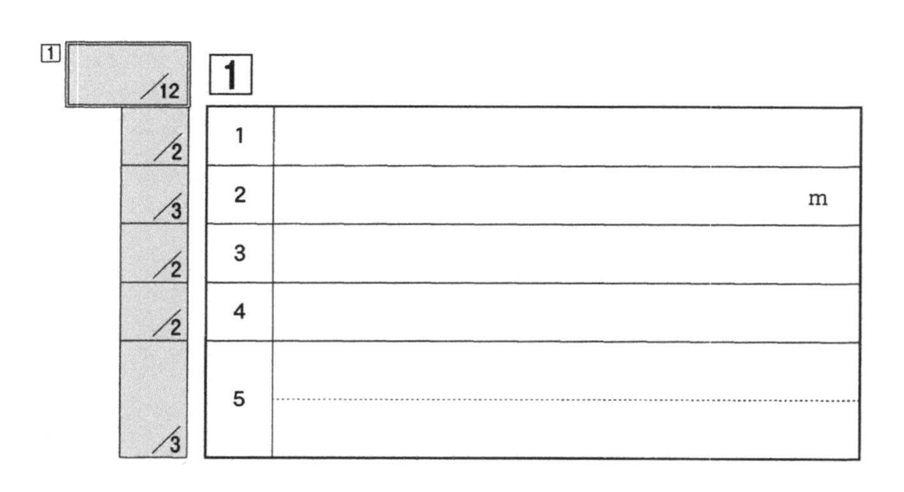

1　／12

1		／2
2	m	／3
3		／2
4		／2
5		／3

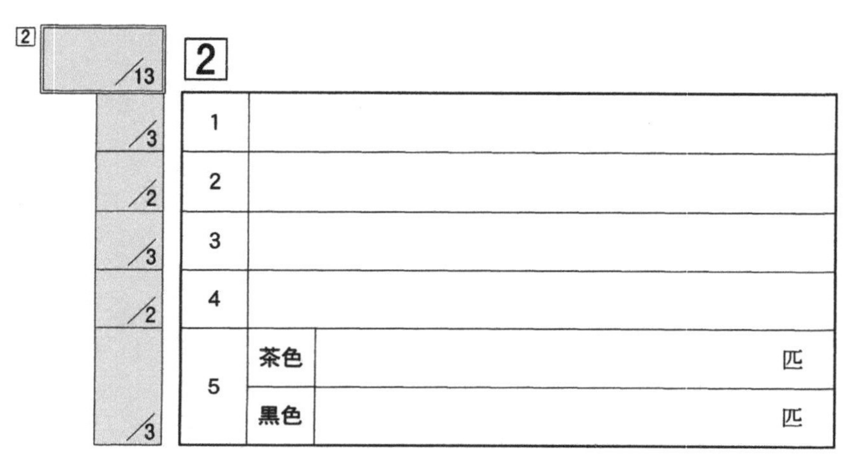

2　／13

1			／3
2			／2
3			／3
4			／2
5	茶色	匹	／3
	黒色	匹	

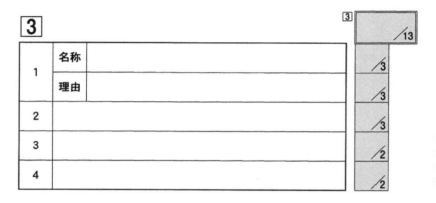

3　／13

1	名称		／3
	理由		／3
2			／3
3			／2
4			／2

4　／12

1		／2
2		／3
3		／3
4		／2
5		／2

※100点満点

2022年度　社会解答用紙（一般入試）

受験番号	

総得点	

の欄には何も記入しないこと。

1 ／18

1

		配点
1		／2
2		／3
3		／2
4		／3
5		／3
6		／3
7		／2

2 ／17

2

			配点
1			／2
2			／2
3	(1)		／2
	(2)		／2
4			／2
5			／3
6			／2
7			／2

3 ／18

3

			配点
1	(1)		／2
	(2)		／2
2	(1)		／2
	(2)		／3
3	(1)		／3
	(2)		／2
4	(1)		／2
	(2)		／2

【解答

※100点満点

受験番号		総得点	

[gray box] の欄には何も記入しないこと。

2022年度　数学解答用紙（一般入試）

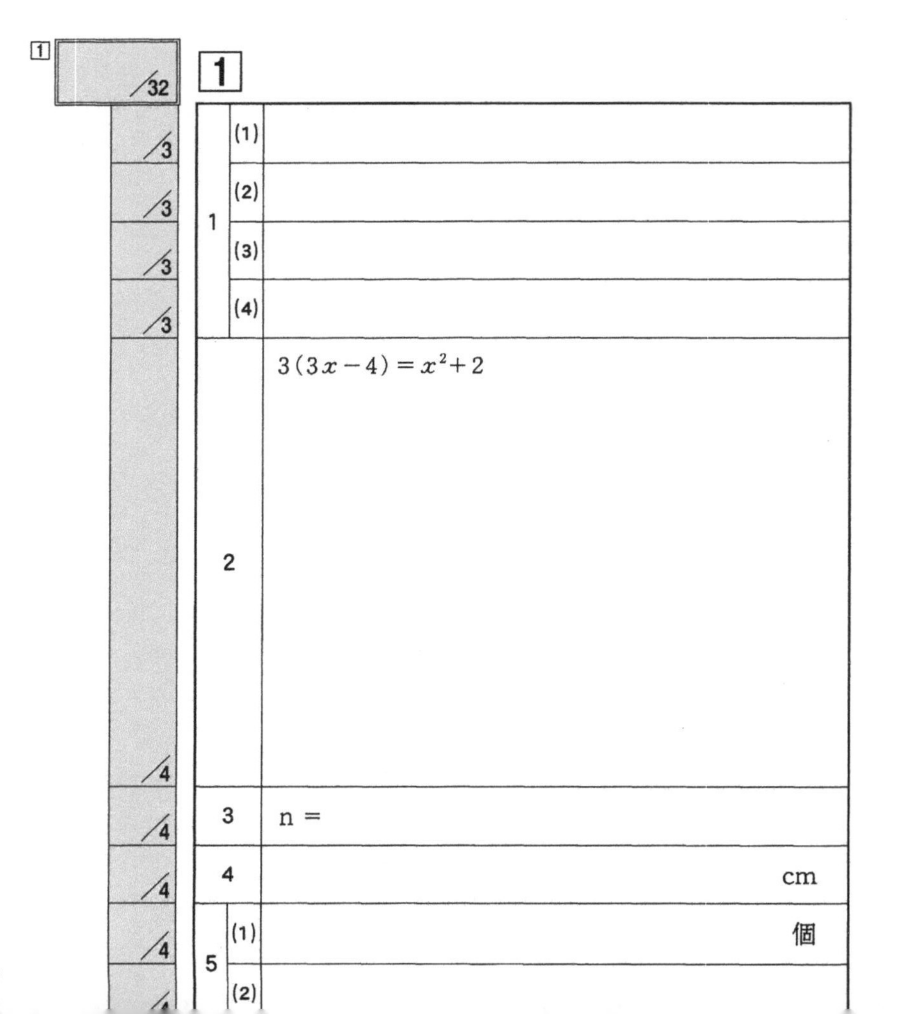

1

			配点
1	(1)		/3
	(2)		/3
	(3)		/3
	(4)		/3
2		$3(3x-4)=x^2+2$	/4
3		n =	/4
4		cm	/4
5	(1)	個	/4
	(2)		/4

1 /32

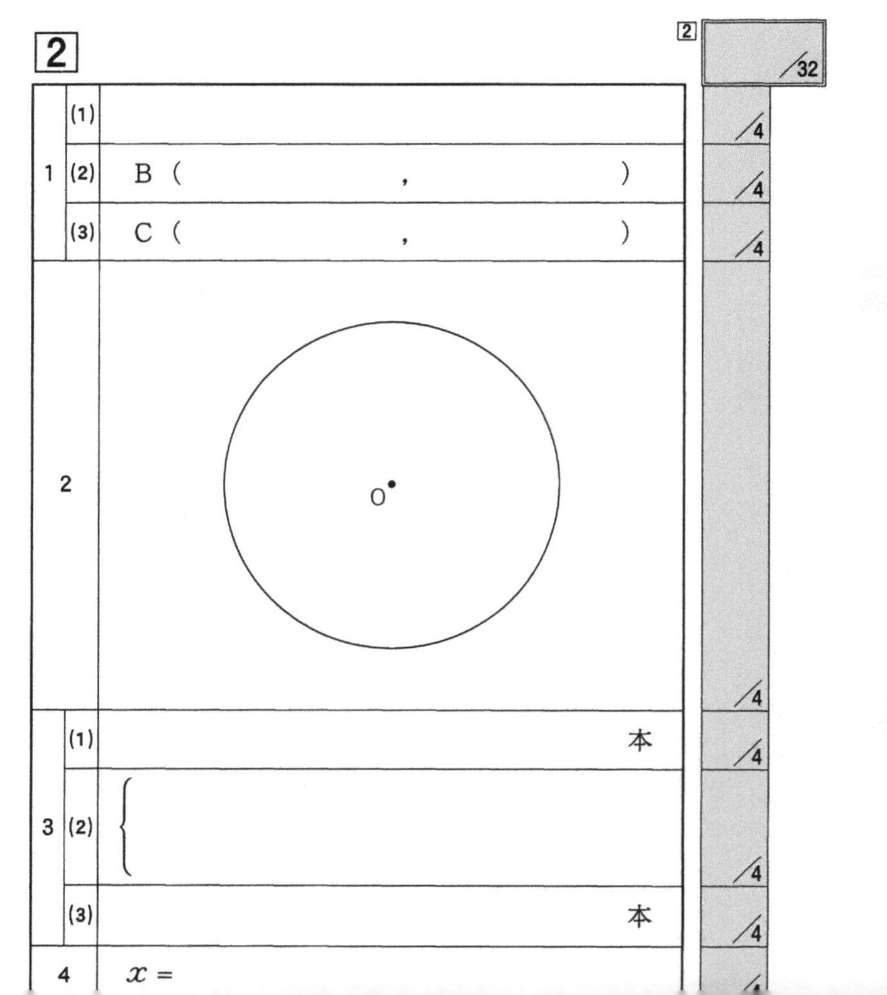

2

			配点
1	(1)		/4
	(2)	B（　　，　　）	/4
	(3)	C（　　，　　）	/4
2			/4
3	(1)	本	/4
	(2)	{	/4
	(3)	本	/4
4		$x=$	/4

2 /32

【解答

※100点満点

2022年度　国語解答用紙（一般入試）

受験番号

総得点

の欄には何も記入しないこと。

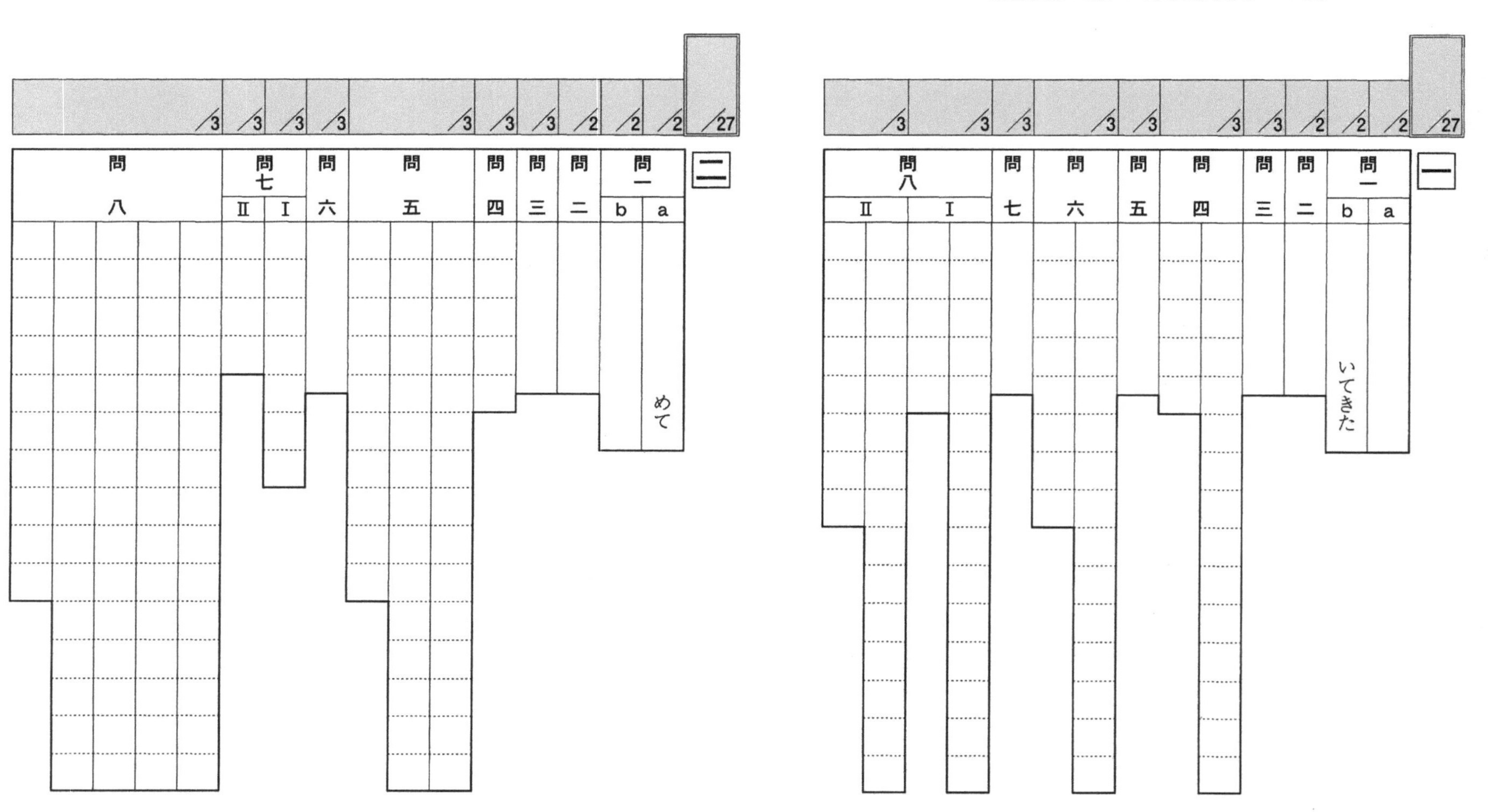

【解答

英語リスニングテスト台本

ただいまから，リスニングテストを行います。問題は１，２，３，４の四つです。聞いている間にメモをとってもかまいません。（間３秒）

それでは１の問題から始めます。問題用紙１ページの**１**を見てください。（間５秒）

これから，No.１とNo.２，それぞれの場面の英語の対話文を読みます。それぞれの場面の対話文を読んだあと，クエスチョンと言って質問します。その質問の答えとして最も適切なものを**ア**，**イ**，**ウ**，**エ**の中から一つずつ選び，記号で答えなさい。英文は２回読みます。（間２秒）

では，始めます。（間２秒）

No.１

Man : I'd like to have a cheeseburger and a small coke.

Woman : How about small fries, you can get them cheaper.

Man : Oh, OK. I'll take that, too.

Woman : Sure. It'll be ready in a moment.　（間２秒）

Question : What was ordered?　（間３秒）

くりかえします。（間２秒）

No.２

Woman : I like this picture. Which one is your brother?

Man : He is tall. He wears glasses.

Woman : Does he have long hair?

Man : No, he doesn't. He has a glove. He plays baseball.　（間２秒）

Question : Which one is the man's brother?　（間３秒）

くりかえします。（間２秒）

これで，**１**の問題を終わり，**２**の問題に移ります。問題用紙１ページの**２**を見て下さい。（間２秒）

まず，そこにある「こうじさんのメモ」をよく見て下さい。（間５秒）

こうじさんは今度の週末にスキーに行く予定です。こうじさんは，一緒に行くアメリカ人のジャネット（Janet）さんと予定の確認をしています。これを聞いて，「こうじさんのメモ」の，**ア**，**イ**，**ウ**にそれぞれ当てはまる日本語や数字を書きなさい。英文は２回読みます。（間２秒）

では，始めます。（間２秒）

1　資料中の（　A　），（　B　），（　C　）にあてはまる適切な言葉を，対話の内容に即して日本語で答えなさい。

2　下線部(ア)の人々とはどのような人々ですか。対話の内容に即して日本語で答えなさい。

3　資料および対話の内容に合うものを，次のア～オから二つ選び，記号で答えなさい。

ア　One of the posters shows staying in a crowded place is a good way to stop the spread of Coronavirus Infection.

イ　Shigeru doesn't wear a face mask or wash his hands at school.

ウ　Meg always goes out to enjoy sports when she wants to do so.

エ　Meg thinks almost 30% of the people are having trouble to get money after the Coronavirus problem.

オ　Meg thinks it's not so easy for Coronavirus problem to end soon.

4 次の英文は，トム（Tom）さんから母親にプレゼントされた贈り物を通して，母親の子供に対する思いを描いたものです。これを読んで，あとの問いに答えなさい。

Tom was an *8-year-old boy who loved his mother. He liked to be in the kitchen, because his mother cooked and read books there. One day, he found that there was something on the table. It was a birthday present to his mother from his older sister. He also wanted to give his mother a present. He thought about what to give her. He remembered she liked flowers, but he had no money to buy some flowers. Then an idea came to him. He wrote something on a piece of paper, and he passed it to his mother. She read his message: "*Mom, happy birthday! Thank you for always helping me. Please use this paper when you want me to help you. Please write something that you want to ask me here.*" She was very glad to get it. A few days passed, but ①she didn't use it. He wanted her to use it *as soon as possible. He said to her, "When are you going to use the paper? I can help you when you clean the rooms or wash the dishes. I can do anything for you." She said with a smile, "I don't need your help now. I'll use the paper when I really need it." （ A ）

Several years later, Tom became a junior high school student and joined the basketball club. He was not very tall, and he was not very good at basketball, either. He wanted to play in a game, so he practiced very hard after school. Before going to school every morning, he practiced *alone in the park near his house. （ B ） He was finally chosen as a player for his *final junior high school game, but he had many troubles in his junior high school days. He *suffered from many injuries, and sometimes he had to go into hospital. He thought of *leaving the basketball club, but his mother always supported him. When he was in hospital, his mother came to see him after work every evening. She listened to him with a smile, and she was with him until he went to bed. Sometimes she made his favorite cake and brought it to him. （ C ）

The day of the game came. When he was just going to leave home, his mother passed something to him. He *wondered what it was, but he only said, "Thanks," and left home. He took it out of his pocket on the bus to the stadium and looked at it. There was a piece of paper in it. At first, he didn't know what the paper meant, but he remembered it was the paper that he *had given his mother as a birthday present before. He read her *wish on the paper: "*I want you to continue playing in the game without being injured.*" （ D ） He said to himself, "Mom, you were very worried about me when I couldn't play basketball. You were always kind to me. *Thanks to you, I could continue basketball. I want to show you a good game today."

There was a large audience in the gym. He was nervous, but he was also excited by playing in the game under his mother's eyes. His mother watched the game with a worried look. His team lost the game, but he was very happy to do his best.

When the game ended, his mother came to him and said, "I'm glad that you could continue playing in the game without being injured. Thanks to the paper you had given me before, I think my wish *came true." Her smiling face made him happier.

（注）8-year-old　８歳の　　as soon as possible　できるだけ早く　　alone　一人で　　final　最後の
suffer from ～　～に苦しむ　　leave　辞める　　wonder　～だろうかと思う
had given　あげた（くれた）　　wish　願い事　　Thanks to ～　～のおかげで
come true　実現する

1　下線部①に関して，母親の気持ちに最も近いものはどれですか。次の**ア**～**エ**から一つ選び，記号で答えなさい。

ア　息子に何の願い事をすればいいのか見つからず，困っている。

イ　家事が忙しく，息子からプレゼントをもらったことを忘れて，すまない気持ちになっている。

ウ　息子からのプレゼントがうれしくて，簡単には使えないと思っている。

エ　息子があまりにも幼いので，家事の手伝いは難しいと思っている。

2　次の英文を，本文の流れに合うように入れるとすれば，どこに入れるのが最も適切ですか。（　A　）～（　D　）から一つ選び，記号で答えなさい。

He made an effort more than anyone else.

3　トム（Tom）さんのお母さんの願い事は何でしたか。その答えを，次のようにまとめました。適切なまとめになるように，空欄（　X　），（　Y　）に入る日本語を，本文に即して書きなさい。

（　　　　X　　　　）することなく，（　　　　Y　　　　）続けること。

4　本文に即して，次の問いに英語で答えなさい。

(1)　What did Tom find on the table one day?

(2)　Did Tom understand what something he received from his mother was?

5　次の英文**ア**～**オ**は，それぞれ本文の内容の一部です。**ア**～**オ**を，本文の流れに会うように並べかえ，記号で答えなさい。

ア　Tom joined the basketball club and practiced very hard.

イ　Tom could finish the game without being injured, so both his mother and he were very happy.

ウ　Tom gave his mother a piece of paper because he wanted to help her.

エ　Tom found there was something on the table, and he also wanted to give his mother a present.

オ　Tom's mother always supported him when he couldn't play basketball.

6　次の英文は，トム（Tom）さんが試合後に，お母さん宛に書いた手紙の一部です。文脈に合うように，対話の［　Ⅰ　］，［　Ⅱ　］に入る最も適切な英語を，あとの**ア**～**エ**からそれぞれ一つずつ選び，記号で答えなさい。

> Thank you for coming to see the game today. I'm glad that I could continue playing in the game without being injured. This morning, I was surprised ［　Ⅰ　］ that I had given to you before, but I felt happy to read your wish on it. You always helped me when ［　Ⅱ　］. Thank you very much. I'm also happy that your wish came true.

［　Ⅰ　］
ア　to get my favorite cake
イ　to get some flowers
ウ　to get the ball
エ　to get the paper

［　Ⅱ　］
ア　I played in a game
イ　I cleaned the rooms
ウ　I had many injuries
エ　I practiced in the park

5 英語の授業の課題として，ＡＬＴのマイク（Mike）先生からあなたに次のような電子メールが届きました。マイク先生に電子メールで返事を書くとしたら,どのようなことを書きますか。［　　　　　　］に入る英文を，まとまりのある内容になるように，**４文以上**で書きなさい。

英語の授業の課題

Hi, everyone.
I'm Mike.
　A girl student will soon come to our school from Canada to study in Japan, and she will become a member of your class. I hope that you will be good friends with her, so I want you to do something. What will you do for her? And why? I am waiting for your answers.

（Your answer）

Hello, Mr. Mike!　　　　　　　　　　　　　　　　Name ○○○

［　　　　　　　　　　　　　　　　　　　　　　　　　］

（注）プリントの中の,○○○のところにはあなたの名前が入る。

2022年度
東海大学山形高等学校
入学試験問題
（学業奨学生入試）
国　語

（　9：00　～　9：50　）

注　意

1　「開始」の合図があるまで，開いてはいけません。

2　問題用紙は，６ページまであります。

3　解答用紙は，問題用紙の中にはさんであります。

4　「開始」の合図があったら，まず，解答用紙を取り出し，受験番号を書きなさい。
次に，問題用紙のページ数を確認し，不備があればすぐに手を挙げなさい。

5　答えは，すべて解答用紙に書きなさい。

6　「終了」の合図で，すぐに鉛筆（シャープペンシルを含む）をおき，解答用紙を開いて裏返しにしなさい。

一　次の文章を読んで、あとの問いに答えなさい。

高校生の「美緒（みお）」は、母親との口論が原因で家を飛び出し、岩手県盛岡市に住む父方の祖父のもとに滞在している。祖父はホームスパン（手織りの毛織物）を制作する染織工房を営んでおり、そこで美緒が織物制作を学んでいた。来週には父親と母親が岩手にやってくる予定である。次は、ショール（装飾や防寒のための布）づくりの練習をしている美緒が、祖父の「コレクションルーム」で自分のお気に入りの色を探す場面である。

さらにページをめくると、赤い毛布を頭からかぶった子どもが一人、ａ雪原を行く姿が描かれていた。

「この子がかぶっているの、私のショールみたい」

そうだろう？　と答え、祖父は慈しむように文章を指でなぞった。

「ここに『赤い毛布（けっと）』と書かれているが、私はこの子は赤いホームスパンをかぶっていたのだと思う。雪童子（ゆきわらす）の心をとらえ、子どもの命を守り抜いた赤い布は、田舎者の代名詞の赤毛布（あかゲット）より、この子の母親が家で紡いで作った毛織物だと思ったほうがロマンがあるじゃないか。話のついでだ。私の自慢もしていいだろうか」

「うん、聞かせて！」

祖父の手がのび、軽く頭に触れた。すぐに手は離れ、祖父はさらに奥の本棚へと歩いていった。一瞬だが、頭をなでられたことに気付き、きまりが悪いような、嬉（うれ）しいような思いで、祖父の背中を追う。

「ねぇ、おじいちゃん。あの棚の本、あとで私の部屋に持っていっていい？」

「一声かけてくれれば、なんでも持っていっていいぞ」

一番奥の棚の前で祖父が足を止めた。そこにはｂ分厚く横にふくらんだノートが詰まっている。

祖父が一冊を手に取った。左のページには折り畳まれた絵が一枚貼ってある。さきほど見た絵本「水仙月の四日」の一ページだ。

右のページにはその絵に使われている色と、まったく同じ色に染められた糸の見本が貼ってあった。次のページには、たくさんの化学記号と数値が書き込まれている。

「この糸で布を織ったら、絵が再現できるね」

「織りで絵を表現するのは難しいが、刺繍（ししゅう）という手もあるな」

「この糸で何つくったの？　見せて！」

「何もつくっていない。狙った色がきちんと染められるかデータを取っていた

問一　══部ａ、ｂ漢字の読み方を、ひらがなで書きなさい。

問二　〰〰部における「慈しむように」の意味として最も適切なものを、次の**ア**〜**エ**から一つ選び、記号で答えなさい。

ア　情けない言動を謝罪するように　**イ**　過去の出来事を後悔するように
ウ　愛情を持って大切にするように　**エ**　複雑な関係を簡単にするように

問三　──部1は、「美緒」のどのような様子を表していますか。最も適切なものを、次の**ア**〜**エ**から一つ選び、記号で答えなさい。

ア　大事な家業を継がなかった場合に生じる大きな損害や負担におびえながら、「曾祖父」や「祖父」の染色への思いに驚く様子。
イ　「曾祖父」や「祖父」の研究の歴史的な重みや自分の名前に込められた思いに触れ、ノートを元に糸を染めたいと望む様子。
ウ　時代に抵抗して家業を頑固に守る「祖父」の姿勢に落胆しつつも、自分にしか家業を継げないのだと諦める様子。
エ　記録された偉大な役割を担うことにためらい、現在の自分が何もできない存在であることに圧倒的な無力感を覚える様子。

問四　──部2について、「祖父」がノートを棚に戻した理由を、次のような形で説明したとき、［Ⅰ］に入る適切な言葉を、本文に即して十五字以内で書き、［Ⅱ］に入る適切な言葉を、本文に即して二十字程度で書きなさい。

> 絵本の美しさや楽しさに気付いた「美緒」は次第に織物制作への親近感を抱き、［Ⅰ］と望んでいるが、「祖父」は、今の「美緒」には、［Ⅱ］が足りないため、本人にそれを悟ってもらいたいと考えているから。

問五　──部3は、「美緒」のどのような気持ちを表していますか。最も適切なものを、次の**ア**〜**エ**から一つ選び、記号で答えなさい。

ア　期待　**イ**　憂い　**ウ**　満足　**エ**　戸惑い

んだ。ここにあるノートは私の父の代からの染めの記録だ。数値通りにすれば、完璧に染められるというわけでもないが、道しるべみたいなものだな」

祖父が、曾祖父がつけていたノートに目を落とした。

「美という漢字は、羊と大きいという字を合わせて作られた文字だ。緒とは糸、そして命という意味がある。美緒とはすなわち美しい糸、美しい命という意味だ」

美しい糸、と祖父がつぶやいた。

「美緒という名前のなかには、大きな羊と糸。私たちの仕事が入っている。家業は続かなくとも、美しい命の糸は続いていくんだ」

1 目の前にある大量のノートを美緒は見つめる。

曾祖父と祖父が集めてきたデータの蓄積。このノートを使いこなせれば、自分が思った色に羊毛や糸を染めることができる。

その技を持っているのは、さっき頭に触れた祖父の手だけだ。

「おじいちゃん……私、染めも自分でやってみたい」

2 祖父がノートを棚に戻した。

「染めは大人の仕事だ。熱いし、危ない。力仕事だから腰も痛める。染めの工程はこの間のコチニール染めでわかっただろう？　それで十分だ」

「熱いの大丈夫だよ。危ないことも気を付ける」

「気を付けているときには事故はおきない。それがふっと途切れたときに間違いがおきるんだ。そのとき即座に対応できる決断力がほしい。私は年寄りだから、その力が鈍っているよ。美緒も決して得意なほうではないだろう」

「でも……」

「ショールの色は決まったか？　自分の好きな色、これからを託す色は見つけられたか？」

「まだ、です。探してるけど」

ショールの色だけではなく、部屋のカーテンの色もまだ決められない。

口調は穏やかだが、決断力に欠けていることを指摘され、顔が下を向いた。

「色はゆっくり考えればいい。だが、そろそろ買い物に行ってくれるか。来週なんてすぐだぞ。お父さんたちをもてなす準備を始めようじゃないか」

3 はい、と小声で答え、美緒はメモを受け取る。

ショールの色だけではない。東京へひとまず帰るか、この夏ずっと祖父の家で過ごすか。

それを父に言う決断も付けられずにいる。

〈伊吹有喜『雲を紡ぐ』文藝春秋刊による。一部省略がある。〉

問六　本文の表現の工夫とその効果を説明したものとして最も適切なものを、次の**ア**～**エ**から一つ選び、記号で答えなさい。

ア　「祖父」が昔を回想しながら次第に「美緒」へと家業が伝えられていく過程が、それぞれの気持ちを織り交ぜつつ印象的に描かれている。

イ　「祖父」の秘められた過去を順番に解き明かす過程で、「美緒」が家族に対して抱く反抗心の由来となった背景が結論的に描かれている。

ウ　「祖父」の過去の仕事における芸術的価値について専門用語を用いて検証し、「美緒」が家族の絆を取り戻す姿が暗示的に描かれている。

エ　「祖父」が日常生活の実用性に根ざす織物制作のために奮闘した過去を知り、「美緒」が家族を許していく過程が感動的に描かれている。

問七　「祖父」から織物制作を学ぶ中での「美緒」の心情の変化について、国語の授業で次のような話し合いが行われました。［Ⅰ］に入る適切な言葉を、二十五字以内で書き、［Ⅱ］に入る適切な言葉を、本文中から十四字で抜き出して書きなさい。

Aさん　「美緒」は、絵本の魅力に気付かせてくれた「祖父」に親しみを持ち、「祖父」の話を聞く中で、あらためて織物制作に興味や関心を抱き始めているのがわかるね。

Bさん　確かに。「美緒」が「祖父」から「頭をなでられたことに気付き、きまりが悪いような、嬉しいような思い」になったとあるね。これはどういうことかな。

Cさん　「美緒」自身が思う「祖父」の手に関わる表現としては、「その技を持っているのは、さっき頭に触れた祖父の手だけだ」とあるから、大好きな「祖父」が自分のことを単なる家族の一人としてではなく、［Ⅰ］ということを、「美緒」は実感しているんだと思うよ。

Bさん　なるほど、そういうことか。だからこそ、この後の「祖父」の「美緒」に対する態度が、より慎重で厳格なものに変化していくんだね。

Aさん　他にも「祖父」の「［Ⅱ］」という言葉には、もしも「美緒」が家業を継がなかったとしても、その重圧を感じさせないように配慮する優しさが表れているね。

二 次の文章を読んで、あとの問いに答えなさい。

言葉そのものは、実に地味な存在。言葉によってつむぎ出された文学や思想は、人の注目を引きやすく、拍手喝采（かっさい）を浴びることもあります。それに比べて、文学や思想を生み出した言葉そのものが派手派手しく脚光を浴びたりすることはありません。言葉は、1織物を作り出すための糸に過ぎません。

ところが、最近とくに、素材である日本語が注目を浴びています。なぜでしょうか？　素材である言葉が激しく変化している時期だからです。古い言葉や表現が急速に忘れられつつあります。日本の伝統的な言葉や表現が次々に失われているのです。それが、日本の年配者の危機感を煽（あお）っています。日本語をもっとしっかり教えなくては、という思いが、ナショナリズム的な昨今の風潮に後押しされて、前面に出てきている時期なのです。

2テレビを見ても、日本語のクイズばやりです。つい最近も、スキー場で楽しむ若者たちにこんな穴埋めことばのクイズが出されていました。

「濡れ手で□」。若者は、「濡れ手で洗濯」などと答えている。濡れた手で洗濯するなという意味ではないかと言う。「濡れ手で食うな」と答えた若者もいる。手を洗っても、濡れたままで食べてはいけないという意味ではないかと当人は答える。「濡れ手で粟」と正解を教えてもらっても、「粟（あわ）」を「くり」と読んで腑（ふ）に落ちない顔をしている。

まさに、日本語の危機。そう思えます。こうして、日本語は注目され、今ブームになっているのです。

ところで、日本語の歴史を知ることには、どういう意味があるのでしょうか？　日本語の将来は、日本語を話す人々すべての問題です。日本語を生かすも殺すも、日本語を話す人々の考え方にかかっています。敬語をどうするのか？「言葉の乱れ」をどう考えるべきなのか？　これからの日本語をどういう方向に変えていくべきなのか？　日本語を使っている人々一人一人が、考えてみるべき問題です。これらの問題を正しく考えるためには、日本語のa盛衰の歴史を知っていることが必要です。

あなたは、今話している日本語がなくなったらどうなるかという問題を考えてみたことがあるでしょうか？　たとえば、3英語だけで用をたさなくてはいけない状態になったとしたら？　むろん、権力で強要されれば、長い時間をかけて、英語だけを話すようになるでしょう。でも、英語という糸で織り成される文化は、日本語という糸でつむぎ出されていた織物とは全く異なっているの

〔注〕
＊ 一元化＝いくつかに分かれている問題や機構・組織などを統一すること。

問一 ══部a、bの漢字の読み方を、ひらがなで書きなさい。

問二 〰〰部「まさに」の品詞として最も適切なものを、次のア～エから一つ選び、記号で答えなさい。

ア 名詞　**イ** 連体詞　**ウ** 副詞　**エ** 接続詞

問三 ――部1の表現は、何の、どのような特徴をたとえたものですか。本文中の言葉を使って、三十五字以内で書きなさい。

問四 ――部2について、筆者が「日本語のクイズ」を取り上げた意図として最も適切なものを、次のア～エから一つ選び、記号で答えなさい。

ア 日本語への関心が高まっている風潮が、すべての日本人に当てはまることを認識させる意図。
イ 日本語に注目が集まっていることを伝え、日本語のあり方について注目させようとする意図。
ウ 「濡れ手で粟」について、正しく理解することが大切だということを伝えようとする意図。
エ 誤った答えを知ることで、正しい意味で日本語を使えるようにする必要性を認識させる意図。

問五 ――部3「英語だけで用をたさなくてはいけない状態」について、次のような形で説明したとき、［Ⅰ］、［Ⅱ］に入る言葉の組み合わせとして最も適切なものを、あとのア～エから一つ選び、記号で答えなさい。

です。たとえば、日本語には擬音語・擬態語が豊かに存在します。けれども、英語にはあまりありません。すると、こんなことが起こります。

　鳩子さんは、そんな三好さんをジロリと流し見た。（源氏鶏太『御苦労さん』）

　これは、日本語の文です。**4**<u>これを英語で言おうとすると、「ジロリ」という擬態語がうまく表現できないのです</u>。藤田孝・秋保慎一編『和英擬音語・擬態語翻訳辞典』（金星堂）では、この箇所をこう翻訳しています。

　Hatoko cast a sharp side-long glance at him.

　「鳩子は彼に鋭い横目を向けた」といった意味の英語になっています。これでは「ジロリ」の持っている、眼球を左から右へあるいは右から左へ移動する動きが、失われてしまいます。「ジロリ」は、単に「鋭い横目」という抽象的な言葉では表せないような、具体的で感覚的な意味を持つ言葉です。つまり、日本語で織り成されていた織物のもっていた独特の風合いがなくなってしまったのです。母国語を失うということは、物の考え方、感じ方を失うということ。大げさに言えば、具体的で感覚的な日本文化が消えているのです。もちろんそれでもいいとおっしゃる方もいらっしゃるかもしれません。

　そういう方は、是非（ぜひ）とも次の問題も考えてみてください。世界中の言葉がすべて英語だけに統一されてしまったとします。すると、どの地域からも英語という糸で織り成される織物しか出来てきません。それぞれの地域のもっていた独特の風合いが失われ、どの地域に行っても、どこに住んでも、同じ織物しかないのです。ということは、異なる織物同士の間で競争したり、刺激しあったりすることがないということです。人は、努力をしなくなります。人類の文化そのものが痩（や）せて廃れていきます。*一元化の恐ろしいところです。

　人類の文化が発展するのは、さまざまな素材があり、その素材によって織り成される文化が違うからこそなのです。違う文化同士が接触し、互いに刺激しあい、総体として人間の文化が発展する。

　日本語という素材を大切にし、いつくしむ心が、結局は人類を**b**<u>豊かにする</u>わけです。国家主義ではありません。それぞれが自らの創意工夫を凝らしてつくりだした文化を大切にしあうことこそ、人類を救うと私は信じているのです。そして、この認識を持っていれば、他民族に自国の言語を強要したりするようなおろかな真似をしないと信じているのです。

　日本語の歴史を知るということは、日本語の将来を考え、日本語によってつむぎ出された文化そのものを大事にし、後世に伝えていく精神を培っていくのに役立ちます。私たち人間は、よって立つところの母国語がなければ、文化をつむぎ出せないのです。

〈山口仲美『日本語の歴史』岩波新書による。〉

　母国語とともに、［　Ⅰ　］物の考え方、感じ方を失い、［　Ⅱ　］が廃れていくことになる。

ア　Ⅰ　それぞれの地域が持っている　　Ⅱ　人類の文化そのもの
イ　Ⅰ　すべての地域で共通の　　Ⅱ　日本語の知識
ウ　Ⅰ　それぞれの地域が持っている　　Ⅱ　日本語の知識
エ　Ⅰ　すべての地域で共通の　　Ⅱ　人類の文化そのもの

問六　――部**4**について、次の(1)、(2)の問いに答えなさい。

(1)　その理由を次のような形で説明したとき、［　Ⅰ　］、［　Ⅱ　］に入る適切な言葉を、［　Ⅰ　］は十字で、［　Ⅱ　］は六字で、それぞれ本文中から抜き出して書きなさい。

　「ジロリ」のような擬音語、擬態語には［　Ⅰ　］が含まれているが、英語では、その［　Ⅱ　］を失ってしまうため。

(2)　本文中にある「ジロリ」と同じ種類の擬音語・擬態語を、次の**ア**～**エ**から一つ選び、記号で答えなさい。

ア　フワフワ　　**イ**　ザアザア　　**ウ**　ワンワン　　**エ**　ゴロゴロ

問七　筆者は、「母国語」をどのようなものだと考えていますか。次の三つの言葉を使って、八十字以内で書きなさい。なお、三つの言葉はどのような順序で使ってもかまいません。

精神　　**歴史**　　**文化**

三　次の文章を読んで、あとの問いに答えなさい。

ある在家人、山寺の僧を信じて、世間・出世深く憑みて、病む事もあれば薬までも問ひけり。この僧、医骨も無かりければ、万の病に、「藤のこぶを煎じて召せ」とぞ教へける。これを信じて用ゐるに、万の病癒えざる無し。
ある時、馬を失ひて、「いかが仕るべき」と云へば、例の「藤のこぶを煎じて召せ」と云ふ。心得がたけれども、やうぞあるらんと信じて、あまりに取り尽くして近々には無かりければ、山の麓を尋ねける程に、谷のほとりにて、失せたる馬を見付けてけり。これも信の致す所なり。

〈『沙石集』による〉

〔注〕
＊　在家人＝　僧にならず一般の生活を営みながら、仏教を信仰している人。
＊　世間・出世＝　日常生活に関わること・仏教に関わること。

（深く憑みて＝深く信頼して　医骨＝医学の心得）

問一　～～～部「用ゐる」を現代かなづかいに直し、すべてひらがなで書きなさい。

問二　═══部A～Dの中から、主語が異なるものを一つ選び、記号で答えなさい。

問三　───部1「これ」の指し示す内容を、三十字以内で書きなさい。

問四　───部2「心得がたけれども」とあるが、「在家人」がこのように思った理由を次のような形で説明したとき、［Ⅰ］、［Ⅱ］に入る適切な言葉をそれぞれ書きなさい。

馬を見つけるために相談したものの、山寺の僧の指示は［Ⅰ］時と同じで、［Ⅱ］と思えなかったから。

問五　この話の主題として最も適切なものを、次のア～エから一つ選び、記号で答えなさい。
ア　多くの知識を集めて解決策を模索すれば、どのような無理難題も解決できるということ。
イ　人民の幸福のために地道な努力を継続すれば、知識や知恵など不要だということ。
ウ　心より僧を信頼してひたすら仏を信じて教えに従えば、報われるということ。
エ　私利私欲を捨てて周りの人を思いやる心を持てば、幸福になれるということ。

四　次の問いに答えなさい。

問一　次の１～５の ═ 部のカタカナの部分を、漢字で書きなさい。なお、楷書で丁寧に書くこと。

１　ヒタイに汗する。
２　お客様からの注文をウケタマワる。
３　整理セイトンをする。
４　文章のテイサイを整える。
５　エンジュクした演技を観る。

問二　次は、国語の授業で、ＡチームとＢチームが、「読書をするなら、紙の本がよいか、電子書籍がよいか」というテーマでミニ討論会を行っている場面です。

　この討論会において、Ａチームが相手に意見をよりよく伝えるためには、どのような点に注意して述べるとよいですか。注意点として適切でないものを、あとの**ア**～**エ**から一つ選び、記号で答えなさい。

> 司会　まず、Ａチームから、主張を述べて下さい。
> Ａ　私たちは、読書をするなら電子書籍がよいと思います。根拠は二つあります。一つ目は、紙の本よりも値段が安く、軽いので気軽に持ち運べて便利だからです。二つ目は、電子書籍は紙そのものやインクを使わないので、環境に優しいからです。
> 司会　では、Ａチームの主張に対して、Ｂチームから反論して下さい。
> Ｂ　まず、価格についてですが、端末代や電気代も必要なので一概に安いとは言えません。環境に対する負荷も同様で、端末の製造・廃棄や発電の過程まで含めて考えなければ、正確に比較することはできないと思います。

ア　相手の主張と対比しながら、自分の主張のよさを示すとよい。
イ　最初に自分の立場を明確にし、最後にもう一度繰り返すとよい。
ウ　明確に根拠を述べ、論理の展開をたどりやすいようにするとよい。
エ　テーマや進行手順を確認し、論点を整理しやすいようにするとよい。

五　次の資料Ａ、Ｂは、いずれも廃棄物に関する課題の解決のために作成されたものです。

　これらの資料をもとに、まとまりのある二段落構成の文章を書きなさい。第一段落には、**二つの資料について**、どのようなことを訴えているかを書きなさい。それをふまえ、第二段落には、あなたがこれからの生活で心がけたいことを、自身の体験や見聞きしたことを含めて書きなさい。

　ただし、あとの**《注意》**に従うこと。

資料Ａ

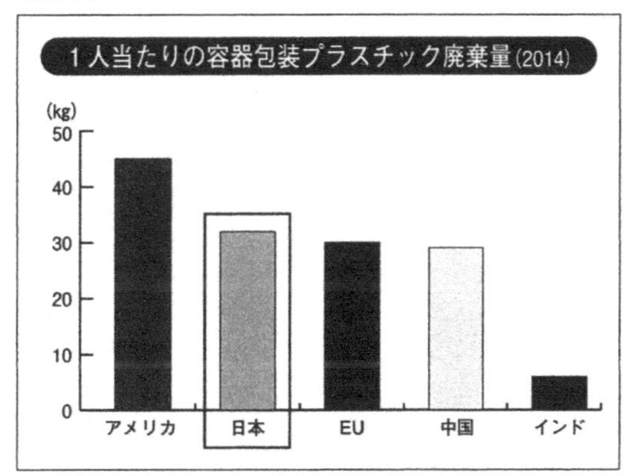

（環境省ホームページから作成）

資料Ｂ

日本人１人当たりのプラスチックごみ廃棄量は世界第２位

現在、日本が廃棄しているプラスチックごみの量は国民１人当たりで換算すると世界第２位、32kg／年に相当します。あなたはこのことをご存じですか？

知っていた	知らなかった
20.2	79.8

0　20　40　60　80　100

■ 知っていた　□ 知らなかった

（『オレンジページくらし予報』（2019）から作成）

《注意》

◇　「題名」は書かないこと。
◇　二段落構成とすること。
◇　二〇〇字以上、二四〇字以内で書くこと。
◇　文字は、正しく、整えて書くこと。

2022年度

東海大学山形高等学校
入学試験問題
(学業奨学生入試)

数　学

(10:05 ～ 10:55)

注　意

1 「開始」の合図があるまで，開いてはいけません。

2 問題用紙は，6ページまであります。

3 解答用紙は，問題用紙の中にはさんであります。

4 「開始」の合図があったら，まず，解答用紙を取り出し，受験番号を書きなさい。次に，問題用紙のページ数を確認し，不備があればすぐに手を挙げなさい。

5 答えは，すべて解答用紙に書きなさい。

6 「終了」の合図で，すぐに鉛筆（シャープペンシルを含む）をおき，解答用紙を開いて裏返しにしなさい。

1 次の問いに答えなさい。

1　次の式を計算しなさい。

(1)　$-4-(-2)+6$

(2)　$\left(\dfrac{1}{2}+\dfrac{5}{6}\right)\div\dfrac{4}{3}$

(3)　$(-2ab)^2\div(3ab)^2\times(-3a^2b^3)$

(4)　$(\sqrt{3}+5)(\sqrt{3}-1)+\sqrt{12}$

2　2次方程式 $x^2-x=2(5-x)$ を解きなさい。解き方も書くこと。

3　Aの箱の中に3, 5, 6, 7，Bの箱の中に2, 4, 5, 8の数が書かれているカードが各々1枚ずつ入っている。A，Bそれぞれの箱から1枚ずつカードを取り出すとき，あとの問いに答えなさい。
　ただし，どのカードが取り出されることも同様に確からしいものとする。

A

3　5
6　7

B

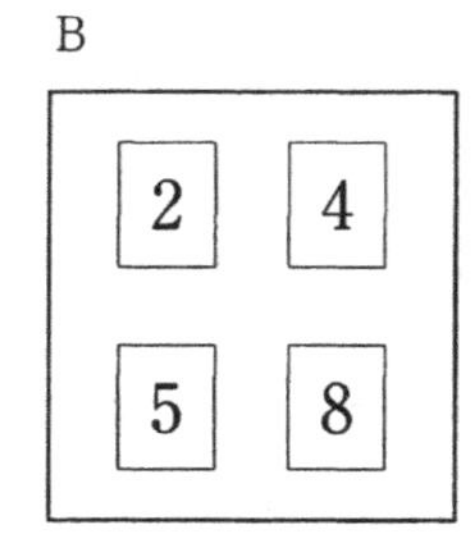

(1)　取り出した2枚のカードに書かれている数の和が偶数となる確率を求めなさい。

(2)　取り出した2つのカードに書かれている数の積が4の倍数となる確率を求めなさい。

4　右の図は，底面が半径4cmの円で高さが12cmの円すいを，底面から6cmのところで底面に平行な平面で切ったときに出来る2つの立体のうち，下側の立体である。この立体の体積を求めなさい。

ただし，円周率はπとする。

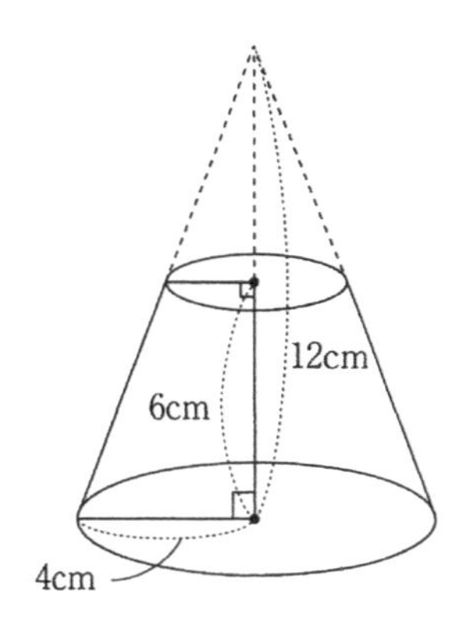

5　太郎くんが通う中学校3年生30人のある日の通学時間を調べたら，平均値が21分であった。また，その調べたものを度数分布表にまとめたら，右の表のようになった。

通学時間が20分の太郎くんは，この表を見て次のように考えた。

階級（分）	度数（人）
以上 0 ～ 10 未満	8
10 ～ 20	10
20 ～ 30	3
30 ～ 40	4
40 ～ 50	5
計	30

《太郎くんの考え》

私の通学時間は，平均値より短いので，3年生30人の中で私より通学時間が短い生徒は，30人の半数である15人より少ない。

この考え方が正しくない理由を，度数分布表をもとに説明しなさい。

2 次の問いに答えなさい。

1　右の図において，①は関数 $y=ax^2\ (x>0)$ のグラフであり，②は関数 $y=\dfrac{2}{x}\ (x>0)$ のグラフである。

いま，①，②上に点Pの x 座標が2となるようにとる。このとき，次の問いに答えなさい。

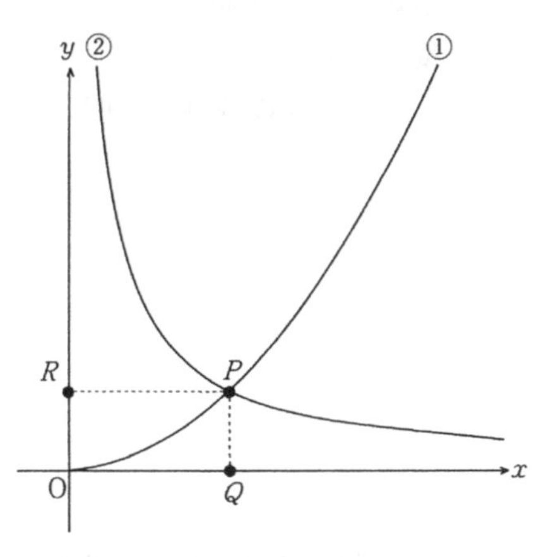

(1)　a の値を求めなさい。

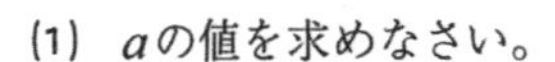

(2)　②上を点Pが動き，点Pの x 座標と等しい点Q，点Pの y 座標と等しい点Rを x 軸上，y 軸上にそれぞれとり，その時できた四角形ＯＲＰＱが正方形になるときの一辺の長さを求めなさい。

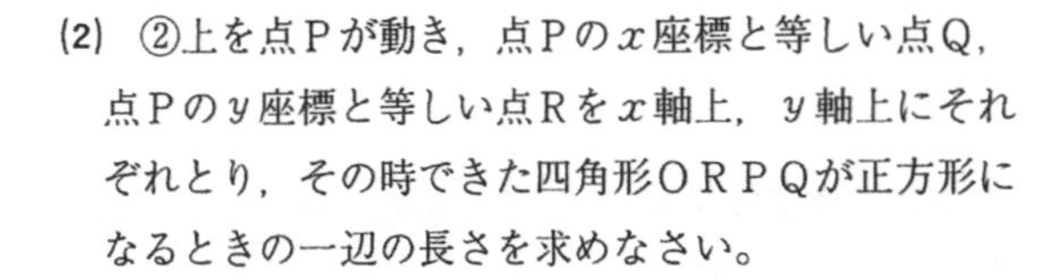

2　右図はある月のカレンダーである。このカレンダーを図のように4つの数を正方形で囲む。このとき，下の例のように，右上と左下の積から左上と右下の積を引くと，ある自然数となる。この説明を以下のように解答したとき，あとの問いに答えなさい。

日	月	火	水	木	金	土
			1	2	3	4
5	6	7	8	9	10	11
12	13	14	15	16	17	18
19	20	21	22	23	24	25
26	27	28	29	30	31	

例）

a	b
c	d

ｂｃ－ａｄ

《解答》

囲んだ正方形の左上の数をｎとすると，右上の数は［　①　］，左下の数は［　②　］，右下の数は［　③　］と表せる。

これを利用して計算すると

(［　①　］)(［　②　］)－ｎ(［　③　］)

＝［　④　］

したがって

右上と左下の積から左上と右下の積を引くと［　④　］となる

(1)　［　①　］，［　②　］，［　③　］にあてはまる式をｎを用いた式で答えなさい。

(2)　［　④　］にあてはまる数を答えなさい。

3　次の問題について，あとの問いに答えなさい。

［問題］
　ある学校で今年度運動部に所属している1学年の生徒の人数を調べたところ，男女あわせて125人だった。昨年度のデータと比較したところ，今年度の男子の人数は昨年度より10％多く，女子は36％減っていた。また，昨年度運動部に所属していた男女の合計は今年度より16％多かった。このとき，今年度運動部に所属している男子の人数と女子の人数を求めなさい。

(1)　この問題を解くのに，方程式を利用することが考えられる。文字で表す数量を，単位をつけて示し，問題にふくまれる数量の関係から，1次方程式または連立方程式のいずれかをつくりなさい。

(2)　今年度運動部に所属している男子の人数と女子の人数を求めなさい。

4　円Oの円周上に∠ＯＡＰが90°となるような点Aを作図しなさい。
　ただし，点Aは点線より上にあるものとする。

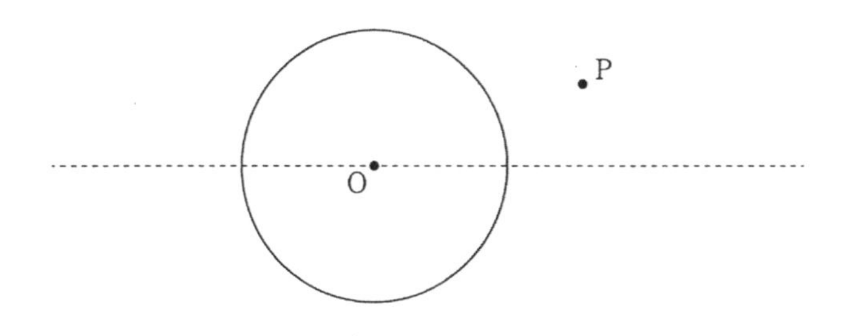

3

右図のような台形ＡＢＣＤにおいて，ＡＢ＝6cm，ＢＣ＝4cmである。点Ｐは点Ｂを出発し，毎秒1cmの速さで辺ＢＣ上をＣまで動き，次に同じ速さで辺ＣＤ上をＤまで動いたところ点Ｄに到着するまで7秒かかった。その後速さを変えて，ある一定の速さでＤＡ上をＡまで動いたところ，今度は，点Ｄから点Ａまで12秒かかった。点Ｐが点Ｂを出発してx秒後の△ＡＢＰの面積をy cm^{2}とするとき，次の問いに答えなさい。

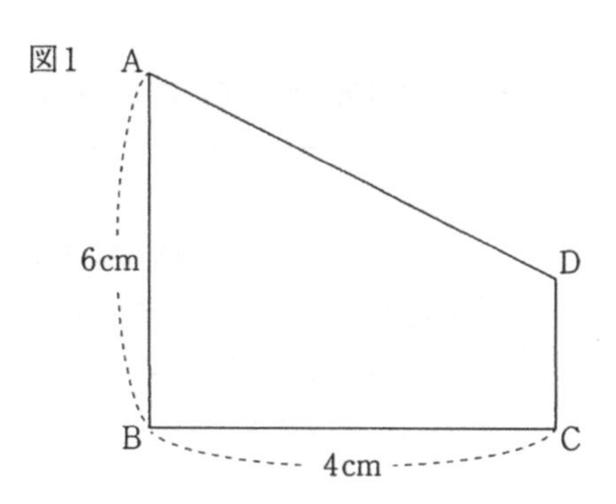

1　辺ＣＤの長さを求めなさい。

2　表1は，点Ｐが点Ｂを出発してからx秒後のxとyの関係を式に表したものである。
［ア］～［ウ］に当てはまる数または式を，それぞれかきなさい。また，このときのxとyの関係を表すグラフを図2にかきなさい。

表1

xの変域	式
$0 \leqq x \leqq 4$	$y=$［ア］
$4 \leqq x \leqq 7$	$y=12$
$7 \leqq x \leqq$［イ］	$y=$［ウ］

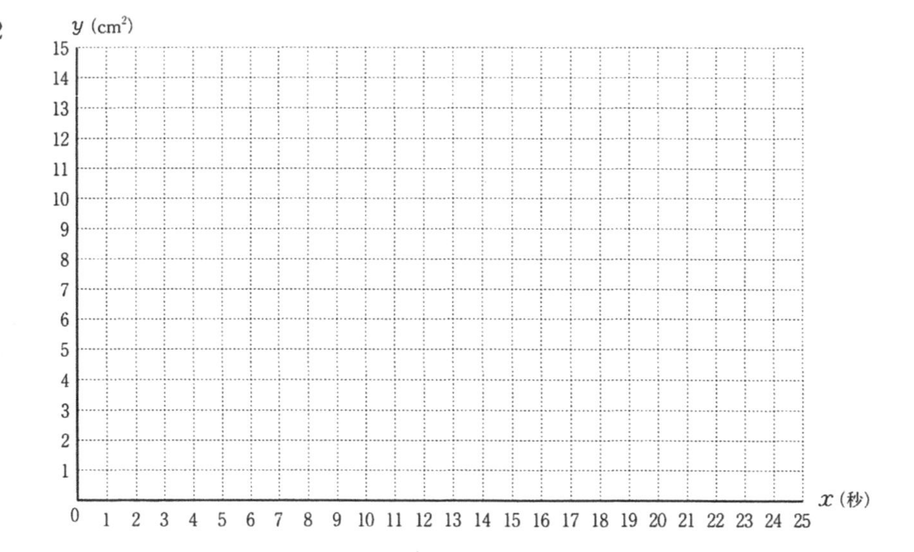

3　点Ｑは最初点Ｄの位置にあり，点Ｐが点Ｂを出発すると同時に点Ｄを出発する。点Ｑは毎秒1cmの速さで辺ＤＣ上をＣまで動き，次に毎秒$\frac{2}{3}$cmの速さで辺ＣＢ上を点Ｂまで動き，点Ｂで停止する。このとき，△ＡＢＰと△ＡＢＱの面積比が3：1になるのは，点Ｐが点Ｂを出発してから何秒後かを求めなさい。

4 下図のように△ＡＢＣと，辺ＡＢを直径とする円がある。この円と辺ＡＣ，ＢＣとの交点をそれぞれＤ，Ｅとし，線分ＡＥとＢＤの交点をＦとする。また，点Ａを通り線分ＤＢに平行な線分と円との交点をＧとする。次の問いに答えなさい。

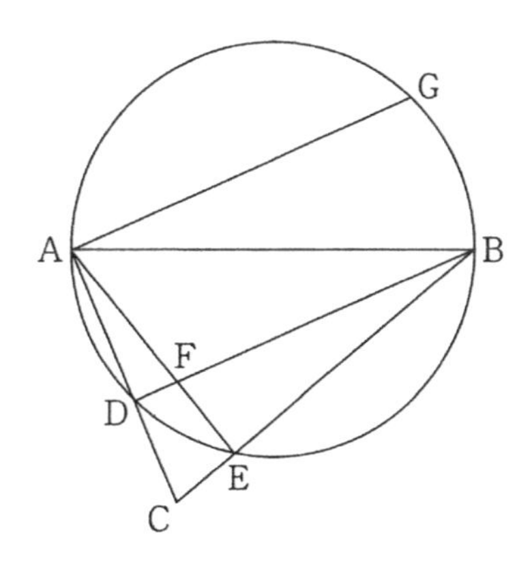

1　∠ＤＧＡ＝28°のとき，∠ＡＤＧを求めなさい。

2　線分ＥＡと線分ＥＢの長さが等しいとき，△ＡＣＥ≡△ＢＦＥを証明しなさい。

2022年度
東海大学山形高等学校
入学試験問題
(学業奨学生入試)
社　会

(11:10 ～ 12:00)

注　意

1 「開始」の合図があるまで，開いてはいけません。

2 問題用紙は，7ページまであります。

3 解答用紙は，問題用紙の中にはさんであります。

4 「開始」の合図があったら，まず，解答用紙を取り出し，受験番号を書きなさい。次に，問題用紙のページ数を確認し，不備があればすぐに手を挙げなさい。

5 答えは，すべて解答用紙に書きなさい。

6 「終了」の合図で，すぐに鉛筆（シャープペンシルを含む）をおき，解答用紙を開いて裏返しにしなさい。

1 大輝さんは，世界の国々を調べる授業で，略地図Ⅰ中の**A**国～**D**国と日本について，地図や資料を使って調べました。あとの問いに答えなさい。

【略地図Ⅰ】

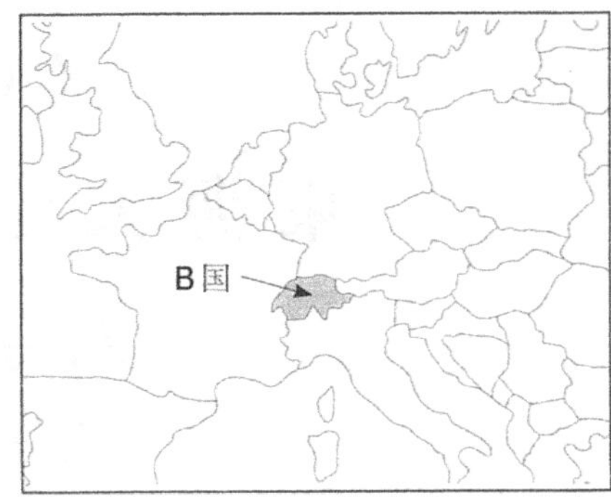

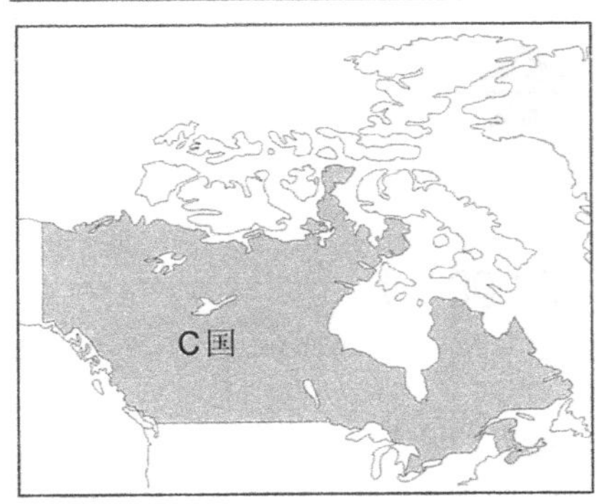

1　図Ⅰは北極点を中心とした地図です。この地図に**描かれていない国**を，略地図中の**A**国～**D**国のうちから一つ選び，国の記号**A**～**D**で答えなさい。

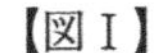
【図Ⅰ】

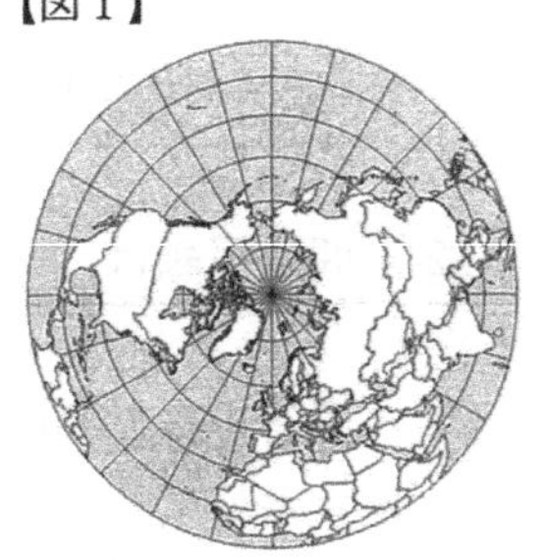

2　略地図中の**A**国は，世界でも有数の産油国で，多くの国に原油を輸出しています。**A**国が加盟している，原油価格の決定や生産量を決める1960年に結成された組織を何というか，その略称を**アルファベット4文字**で書きなさい。

3　略地図中の**B**国には，資料Ⅰのような高く険しい山々が連なる山脈が走っています。この山脈を何というか，書きなさい。

【資料Ⅰ】

【資料Ⅱ】

4　略地図中の**C**国には，資料Ⅱのような高床住居がみられる地域があります。高床住居がみられる理由を，**永久凍土**という語を用いて書きなさい。

5　大輝さんが，略地図中の**D**国のことを調べてまとめたことについて，次の問いに答えなさい。

(1)　次は，大輝さんが**D**国の特徴についてまとめたものの一部です。［　**X**　］にあてはまる言葉を書きなさい。

首都の周辺は，温帯で日本の気候と似ている。［　**X**　］とよばれる草原が広がり，小麦の栽培や，牛の放牧が行われている。

2022(R4) 東海大学山形高　学業奨学生
K 教英出版

(2) 資料Ⅲは，A国～D国の宗教と公用語，日本への輸出品についてまとめたものです。D国にあたるものを，**ア**～**エ**から一つ選び，記号で答えなさい。

【資料Ⅲ】

	主な宗教	公用語	主な輸出品
ア	キリスト教	ドイツ語　フランス語　イタリア語　他	医薬品，金，機械類，時計など
イ	キリスト教	スペイン語	大豆油かす，とうもろこしなど
ウ	イスラム教	ペルシャ語	原油，石油製品，プラスチックなど
エ	キリスト教	英語 フランス語	原油，自動車，機械類など

(二宮書店『データブック・オブ・ザ・ワールド　2021年版』などから作成)

6　資料Ⅳは，略地図中のA国～D国と日本について，面積や人口などについてまとめたものです。資料Ⅳから読み取れることとして**適切でないもの**を，あとの**ア**～**エ**から一つ選び，記号で答えなさい。

【資料Ⅳ】

	面積 (千km²)	人口 (千人)	産業別人口構成（%）			国土面積に占める森林面積の割合(%)
			第一次産業	第二次産業	第三次産業	
A国	1,629	83,933	17.6	31.4	50.9	6.6
B国	41	8,655	3.0	20.5	76.5	31.7
C国	9,985	37,742	1.5	19.6	78.9	38.7
D国	2,796	45,196	0.1	21.9	78.0	9.9
日本	378	124,271	3.5	24.4	72.1	68.5

(二宮書店『データブック・オブ・ザ・ワールド　2021年版』などから作成)

ア　A国は，日本より第一次産業人口は多い。　　**イ**　B国は，日本より人口密度は低い。

ウ　C国は，日本より森林面積が少ない。　　**エ**　D国は，日本より第三次産業人口は少ない。

2

都道府県を調べる授業で，さくらさんは日本の各地について，調べました。略地図を見て，あとの問いに答えなさい。

【略地図】

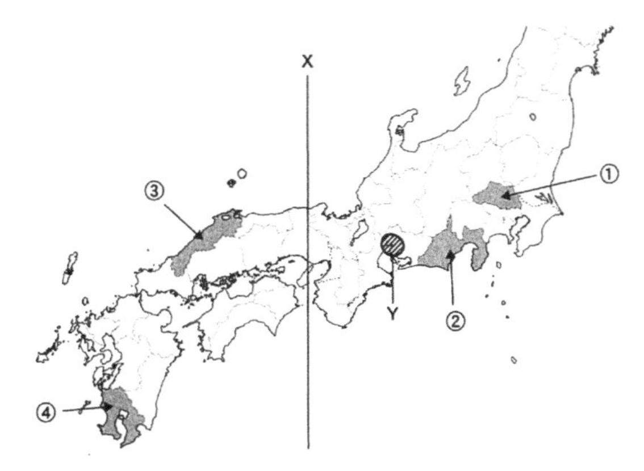

1　略地図中の**X**は，日本の標準時となる経線を示しています。この経線の経度を書きなさい。

2　略地図の**Y**の平野の名前を書きなさい。またその平野の特徴を表す説明文として適切なものを，次の**ア**～**エ**から一つ選び，記号で答えなさい。

ア　この平野は，日本一長い川が流れ，水田地帯が広がり有数の米作地帯となっている。

イ　この平野では，温暖な気候を生かして，ビニールハウスでキュウリやナスの促成栽培が行われている。

ウ　この平野は，日本で最も広く，火山灰による赤土におおわれた台地と多くの川沿いにできた低地からなる。

エ　この平野は，3本の大きな川が集まり，以前からはんらんになやまされた地域だったが，現在ではこの地方で最も人口が集中した地域となっている。

3　資料Ⅰは，略地図中①にみられる，ある災害に対する防災設備です。この防災設備の説明として適切なものを，次の**ア**～**エ**から一つ選び，記号で答えなさい。

【資料Ⅰ】

ア　火山の噴火の際に，住民が火山灰などの被害から避難するための施設である。

イ　都市部において，大雨が降った時に，浸水被害を発生させないために，一時的に雨水をためておくことができる施設である。

ウ　雨が少なく，水が不足した時に備えて大量の水を確保するための施設である。

エ　津波が発生した時に，住民が避難するための施設である。

4　略地図中②では，楽器やオートバイなどの機械工業や製紙工業が発達し，多くの工場が集まっています。この工業地域を何というか，書きなさい。

5　資料Ⅱは，略地図中③の1955年と2015年の性別年齢別人口構成（人口ピラミッド）で表したものです。資料Ⅱから読み取れる変化について，**年少人口**と**老年人口**という二つの語を用いて，書きなさい。

【資料Ⅱ】

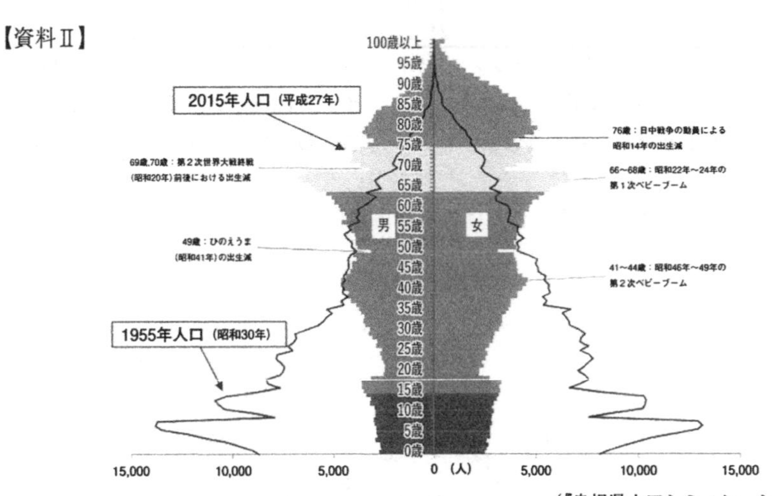

（『島根県人口シミュレーション2020』から作成）

6　略地図中④では，畑作がさかんです。その理由を**シラス台地**と**水持ち**という二つの語を用いて，書きなさい。

7　資料Ⅲは，略地図中①～④と山形県について，さまざまな事柄についてまとめたものです。④にあたるものを**ア**～**エ**から一つ選び，記号で答えなさい。

【資料Ⅲ】

	昼夜間人口比率(%)	農業産出額の割合（%）				製造品出荷額等（十億円）
		米	野菜	果実	畜産	
ア	100.1	33.3	16.2	6.0	39.5	1,172
イ	99.9	4.3	11.4	2.2	65.2	2,068
ウ	99.8	9.2	30.3	14.1	21.9	16,787
エ	88.9	21.0	47.4	3.5	14.8	13,507
山形県	99.7	33.7	19.0	28.6	14.6	2,899

（『データでみる県勢　2021年版』などから作成）

3 さとる君は，日本の世界遺産について調べました。次の表は，そのとき調べたことをまとめたものの一部です。表を見て，あとの問いに答えなさい。

カードA	カードB	カードC	カードD
令和３年に登録された縄文遺跡群の一つ。［ X ］県にある三内丸山遺跡である。	平成５年に登録された仏教建造物の１つで，聖徳太子（厩戸王）が建てたと伝えられる寺院である。	平成19年に登録された島根県にある石見銀山であり，日本で最大の銀の産地であった。	平成11年に登録された日光の社寺の一つ。徳川家康が祀られている日光東照宮である。

1 カードAに関連して，次の問いに答えなさい。

(1) ［ X ］にあてはまる県名は何か，適切なものを次の**ア**～**エ**から一つ選び，記号で答えなさい。

ア 佐賀　　**イ** 静岡　　**ウ** 群馬　　**エ** 青森

(2) 縄文時代の人々の集落にはごみ捨て場があり，そこには貝殻だけではなく，石器や土器などが捨てられていました。このごみ捨て場を何というか，書きなさい。

2 カードBについて，聖徳太子（厩戸王）は，隋の進んだ政治のしくみや文化を取り入れるため，正式な国交樹立を目指して遣隋使を派遣しました。そのとき最初の遣隋使として派遣された人物は誰か，書きなさい。

3 カードCについて，石見銀山で産出された銀は，戦国時代から始まったヨーロッパとの貿易において交易品として用いられました。当時のポルトガル人やスペイン人との貿易を何というか，書きなさい。

4 カードDについて，次の問いに答えなさい。

(1) 資料は，下線部の徳川家康が大名を統制するためにつくらせた法令です。この法令を何というか，書きなさい。

【資料】

一、文武弓馬の道、専ら相嗜むべき事。……

一、諸国の居城、修補をなすと雖も、必ず言上すべし。況んや新儀の構営堅く停止せしむる事。……

(2) 次は，徳川家康の治世を手本にした８代将軍徳川吉宗の享保の改革についてまとめたものです。［ Y ］にあてはまる言葉を，**参勤交代**と**米**という二つの語を用いて，書きなさい。

> この改革では，収入の中心である年貢米を増やすために新田開発を進め，豊作や不作に関係なく一定の年貢を取り立てるようにした。また，大名からも［ Y ］という「上げ米の制」を実施することで，幕府の収入を増やすことに成功した。

5 さとる君は，他の日本の世界遺産についても調べ，カードEを加えることにしました。カードA～Eの事柄を左から年代の古い順に並べるとき，カードEをどこに並べるとよいか，次の**ア**～**オ**から一つ選び，記号で答えなさい。

ア Aの左　　**イ** AとBの間
ウ BとCの間　　**エ** CとDの間
オ Dの右

カードE

平成８年に登録された広島県にある厳島神社である。平清盛の援助で整備された。

4 次の略年表を見て，あとの問いに答えなさい。

【略年表】

年	できごと	
1877	西南戦争がおこる	①
1918	米騒動が全国の都市に広がる	②
1922	X が結成される	③
1929	世界恐慌がおこる	④
1931	満州事変がおこる	⑤
1945	広島と長崎に原子爆弾が投下される	⑥
1960	日米安全保障条約が改定される	⑦

1　略年表中①について，板垣退助らは武力ではなく，言論によって政府を批判しました。そのような運動を自由民権運動と呼びましたが，次第にその運動は激しくなり，武器を用いた騒動までおきました。埼玉県でおきた困民党などの農民による大規模な騒動を何というか，書きなさい。

2　略年表中②について，米騒動によって政府への批判が高まり，翌年に「平民宰相」と呼ばれた人物が首相になり，日本で初めての本格的な政党内閣を組織しました。この「平民宰相」と呼ばれた人物は誰か，書きなさい。

3　略年表中③について，X には，部落差別問題の解決を目指した組織が入ります。あてはまるものを，次の**ア**～**エ**から一つ選び，記号で答えなさい。

ア　青鞜社　　**イ**　大政翼賛会　　**ウ**　全国水平社　　**エ**　自由党

4　略年表中④について，このときアメリカのローズベルト大統領が行った経済の回復を目指す政策を何というか，書きなさい。

5　略年表中⑤と⑥の間におきたできごととして**適切でないもの**を，次の**ア**～**エ**から一つ選び，記号で答えなさい。

ア　日ソ中立条約を結び，北方の安全を確保した。
イ　治安維持法が制定され，国の体制を変えようとするような動きなどが禁止された。
ウ　国家総動員法を制定して，国民や物資を優先して戦争にまわすようにした。
エ　勤労動員が実施され，中学生や女学生も工場で働くようになった。

6　略年表中⑦に対して，資料Ⅰのように国会議事堂に民衆が押し寄せるなど激しい反対運動が行われました。反対運動をおこした人々は，どのようなことを批判したのか，書きなさい。

【資料Ⅰ】

5 次の文は，りりかさん達が，授業中に「日本国憲法とわが国の政治制度」について調べたことをまとめて発表したものです。その文を読み，あとの問いに答えなさい。

りりか：日本国憲法の三つの基本原理は，ⓐ国民主権，基本的人権の尊重，ⓑ平和主義です。
ももか：国民主権の考え方には，国民の選挙で構成される国会があり，衆議院と参議院の二院制を採っています。
まお：この両議院にはさまざまな相違点があり，ⓒ選挙制度もその一つです。衆議院は解散がありますが，参議院には解散がなく，ⓓ選挙は定期的に行われています。
りくと：選挙の方法も異なっていて，衆議院は小選挙区比例代表並立制が導入されました。参議院の場合は，選挙区選出と比例代表制によって議員が選出されています。
まお：衆議院には，ⓔ内閣の行政が信頼できなければ，ⓕ内閣不信任決議を行うことができます。
ももか：その他に，ⓖ司法や地方自治などについても日本国憲法では定められています。

1 下線部ⓐについて，国民主権の原理を，**政治の決定権**と**国民の意思**という二つの語を用いて，書きなさい。

2 下線部ⓑについて，自衛隊の主な活動として**適切でないもの**を，次の**ア**～**エ**から一つ選び，記号で答えなさい。

ア 災害派遣　**イ** 国際平和協力活動　**ウ** 消火活動　**エ** 国の防衛

3 下線部ⓒについて，近年は選挙での棄権が増加しており，投票率を上げることが課題となっています。その対策の一つである，投票日以前に投票ができる制度を何というか，書きなさい。

4 下線部ⓓについて，参議院の選挙制度の説明として適切なものを，次の**ア**～**エ**から一つ選び，記号で答えなさい。

ア 任期は６年で，選挙は６年に１度行われる。
イ 任期は６年で，３年ごとに半数が改選される。
ウ 任期は４年で，選挙は４年に１度行われる。
エ 任期は４年で，２年ごとに半数が改選される。

5 下線部ⓔについて，行政の仕事をしている公務員は，一部の人のためでなく，公共の利益の増進に尽くさなければなりません。公職の在り方を示す言葉を何というか，書きなさい。

6 下線部ⓕについて，衆議院で内閣不信任案が可決され，10日以内に衆議院が解散されたとき，その後に行われることの順序として適切なものを，次の**ア**～**エ**から一つ選び，記号で答えなさい。

ア 衆議院議員の総選挙 → 内閣総理大臣の指名 → 内閣の総辞職 → 特別国会の召集
イ 衆議院議員の総選挙 → 特別国会の召集 → 内閣の総辞職 → 内閣総理大臣の指名
ウ 特別国会の召集 → 内閣総理大臣の指名 → 内閣の総辞職 → 衆議院議員の総選挙
エ 特別国会の召集 → 衆議院議員の総選挙 → 内閣の総辞職 → 内閣総理大臣の指名

7 下線部ⓖについて，次の文章は検察官の仕事をまとめたものです。適切なまとめになるように，［X］と［Y］にあてはまる言葉を書きなさい。

刑事裁判で，被疑者を被告人として裁判所に［X］し，法廷では証拠に基づいて有罪を主張し，刑罰を求めます。また，［Y］と協力して捜査活動を行います。

6 はる子さんは，「わたしたちのくらしと経済」について学習をしたとき，興味をもったことについて調べました。表の**A**～**C**は，そのときにまとめたものです。表を見て，あとの問いに答えなさい。

【表】

	A	B	C
	消費者の権利について	労働環境の変化について	財政と租税について
調べてまとめたこと	消費者問題が深刻化するなかで，消費者としての権利をもつことをはじめて明確にしたのはアメリカのケネディ大統領で，1962年にかかげた消費者の四つの権利は，諸外国の消費者行政に大きな影響を与えました。	以前は，終身雇用が一般的で，年功序列賃金が広く見られました。しかし，グローバル化が進み，国際競争が激しくなったことを背景に，能力主義や成果主義を導入する企業が増え，労働の在り方は大きく変化しています。	政府が収入を得て，支出する活動を財政といい，収入は主に税金（租税）によってまかなわれ，社会資本・医療や教育などの公共サービスの提供，社会保障のため支出をし，国民生活をよりよくしていくのが，政府の役割です。

1　表の**A**について，次の問いに答えなさい。

(1)　ケネディ大統領がかかげた消費者の四つの権利について，**適切でないもの**を，**ア**～**オ**から一つ選び，記号で答えなさい。

ア　安全を求める権利　　　**イ**　知らされる権利
ウ　選択する権利　　　**エ**　消費者被害の救済の権利
オ　意見を反映させる権利

(2)　消費者保護の対策として，製品の欠陥によって消費者が被害を受けたとき，企業に賠償を求めることができる法律を何というか，書きなさい。

2　表の**B**について，次の問いに答えなさい。

(1)　日本の法人企業の中で，最も多いのが株式会社で，株式を発行することで得られた資金でつくられる企業です。株式を取引する施設を何というか，書きなさい。

(2)　労働者が持つ生存権の保障を目的として，労働契約や賃金，労働時間，休日および年次有給休暇などの最低基準を定めた法律を何というか，書きなさい。

3　表の**C**について，次の問いに答えなさい。

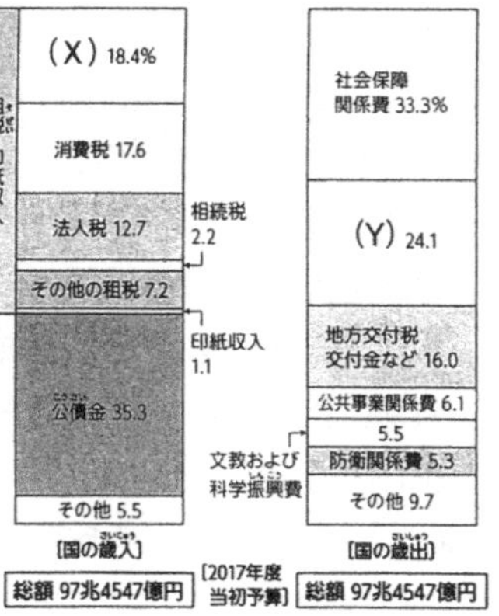

(1)　右の資料を見て，空欄（**X**）・（**Y**）にあてはまる言葉の組み合わせとして適切なものを，**ア**～**エ**から一つ選び，記号で答えなさい。

ア　**X**：贈与税　　**Y**：経済協力費
イ　**X**：所得税　　**Y**：国債費
ウ　**X**：贈与税　　**Y**：国債費
エ　**X**：所得税　　**Y**：経済協力費

【資料】

（財務省資料）

(2)　政府は景気の調節をする役割も担っています。不景気のときに政府が行う財政政策を，**公共投資**と**税金**の二つの語を用いて，書きなさい。

2022年度

東海大学山形高等学校
入学試験問題
(学業奨学生入試)

理　　科

(12:40 ～ 13:30)

注　　意

1 「開始」の合図があるまで，開いてはいけません。

2 問題用紙は，9ページまであります。

3 解答用紙は，問題用紙の中にはさんであります。

4 「開始」の合図があったら，まず，解答用紙を取り出し，受験番号を書きなさい。次に，問題用紙のページ数を確認し，不備があればすぐに手を挙げなさい。

5 答えは，すべて解答用紙に書きなさい。

6 「終了」の合図で，すぐに鉛筆（シャープペンシルを含む）をおき，解答用紙を開いて裏返しにしなさい。

1 肉眼で見ることができない小さな生物を見るためには顕微鏡を用いる。図１は，現在の一般的な顕微鏡を模式的に示したものである。顕微鏡のレンズには種類があり，接眼レンズは５倍，10倍，15倍，対物レンズは，10倍，20倍，40倍である。あとの問いに答えなさい。

図１

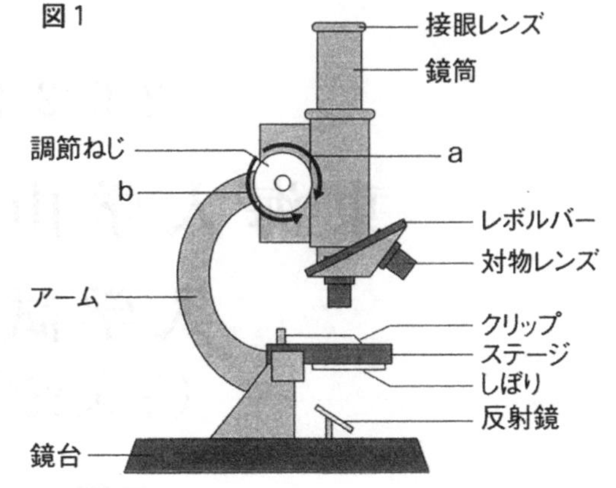

1　ある生徒が鏡筒をきき手で持ち，もう一方の手でアームを持って運んでいたので，先生から「その持ち方は間違っている」と指摘を受けた。顕微鏡を正しく持ち運ぶためにはどのようにしたらよいか，**きき手**と**もう一方の手**という言葉を用いて，簡潔に書きなさい。

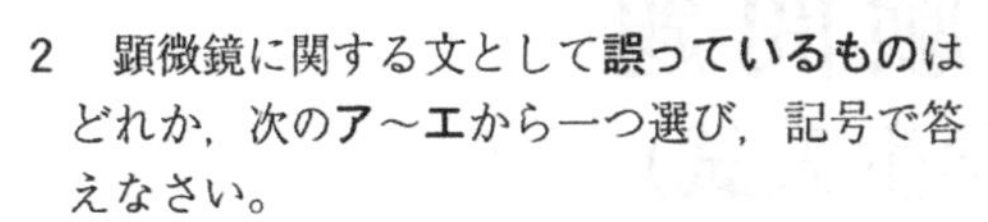

2　顕微鏡に関する文として**誤っているもの**はどれか，次の**ア**～**エ**から一つ選び，記号で答えなさい。

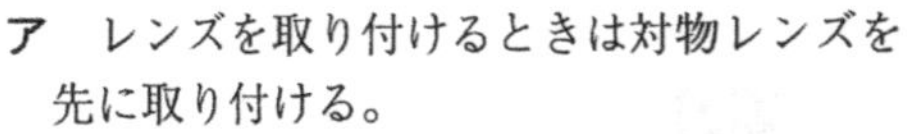

ア　レンズを取り付けるときは対物レンズを先に取り付ける。
イ　視野の左上側に見える生物を中心に移動させるにはプレパラートを左上側に移動させる。
ウ　倍率を２倍にすると視野は４倍となる。
エ　倍率を高くすると，視野の明るさは暗くなる。

3　ステージにプレパラートを設置し，観察するときの手順として正しいものはどれか，次の**ア**～**エ**から一つ選び，記号で答えなさい。ただし，図１の調節ねじの方向を参考にすること。
ア　調節ねじをａ方向に回し，対物レンズをプレパラートに近づけ，調節ねじをｂ方向に回しながらピントを合わせる。
イ　調節ねじをｂ方向に回し，対物レンズをプレパラートに近づけ，調節ねじをａ方向に回しながらピントを合わせる。
ウ　調節ねじをａ方向に回し，対物レンズをプレパラートから遠ざけ，調節ねじをｂ方向に回しながらピントを合わせる。
エ　調節ねじをｂ方向に回し，対物レンズをプレパラートから遠ざけ，調節ねじをａ方向に回しながらピントを合わせる。

4　接眼レンズと対物レンズを組み合わせたときの倍率が150倍であった。組み合わせた接眼レンズと対物レンズの種類はそれぞれ何倍のものか，書きなさい。

5　図２は，４のときの倍率150倍でゾウリムシを観察し，模式的に示したものである。ゾウリムシの長さはXであった。図３は接眼レンズまたは対物レンズのいずれかの倍率を変えて観察したものを模式的に示したものである。図３は接眼レンズまたは対物レンズを何倍のレンズに変えたと考えられるか，書きなさい。

図２

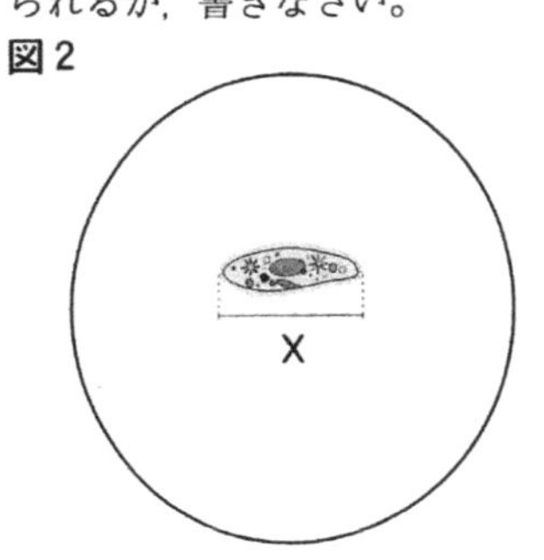

図３

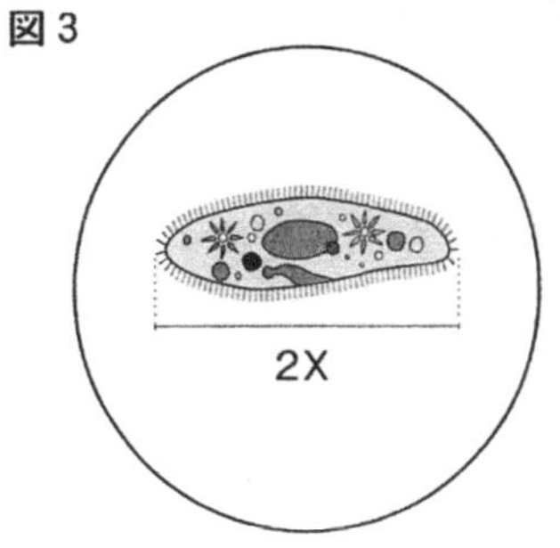

2 彩花さんは，北海道の親戚から大量のジャガイモが送られてきたので，担任の先生へプレゼントすることにした。次は彩花さんと担任の先生の会話である。あとの問いに答えなさい。

彩花：先生，親戚からおいしいジャガイモが届きましたので食べませんか。
先生：そんなにおいしいジャガイモなら食べてみたいな。食べる分と栽培する分を少しいただきます。
彩花：え，栽培するといってもジャガイモしかありませんよ。
先生：ジャガイモはイモそのものを土の中に植えると育ちます。
彩花：植物は種をまいて育てるものではないのですか。
先生：ジャガイモは，無性生殖で増え，体の一部から芽や根を出す［ a ］生殖とよばれる方法で個体を増やすことができます。
彩花：［ a ］生殖で個体を増やすことに何かメリットはあるのですか。
先生：［ a ］生殖を行うと，親とまったくおなじ遺伝子をもったジャガイモができるので，親のジャガイモがおいしいものなら収穫したジャガイモはすべておいしいものになります。
彩花：すごいですね。もっとおいしいジャガイモをつくるためにはどうしたらいいですか。
先生：おいしくなるかはわかりませんが，このジャガイモを植えて成長したら，めしべに違う品種の花粉を受粉させると新しい品種のジャガイモができます。このように受粉によって新しい個体をつくることを有性生殖といいます。
彩花：先生，ありがとうございます。私も自宅の畑でジャガイモを栽培し，［ a ］生殖と有性生殖を観察しながら詳しい生殖方法を勉強してみます。

1 会話文の［ a ］は無性生殖の一部を示している。［ a ］に適する語を書きなさい。

2 ゾウリムシも無性生殖で個体を増やすことができる。ゾウリムシの増え方として正しいものを，次の**ア**～**エ**から一つ選び，記号で答えなさい。
ア 体の一部から芽を出し，個体が増える。 **イ** 体の一部から卵を放出し，個体が増える。
ウ 体の真ん中から分裂し，個体が増える。 **エ** 受精卵によって，個体が増える。

3 無性生殖における親と子のように，起源が同じで，同一の遺伝を持つ個体の集団を何というか。書きなさい。

4 有性生殖で新種の個体をつくる場合，染色体の組み合わせはどうなるか考えてみた。
図１は体細胞にある染色体が２本の植物をイメージし，どのような組み合わせができるか調べてみたものである。あとの問いに答えなさい。

図１

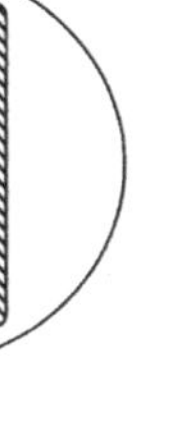
品種X

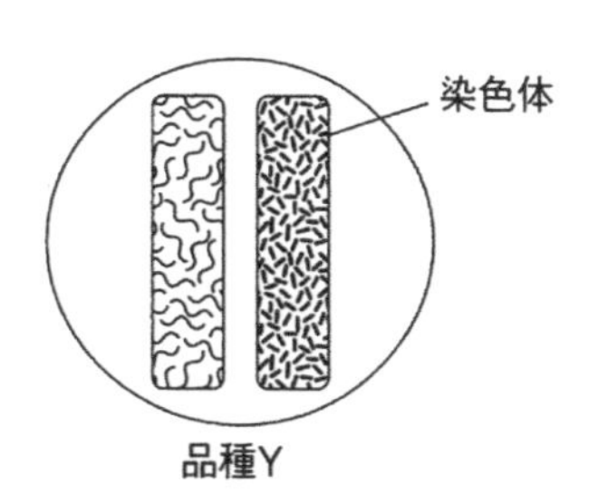

品種Y

(1) 品種Xのめしべに品種Yの花粉を受粉させた場合，遺伝子が異なる個体が何種類できるか。書きなさい。
(2) 今回のジャガイモのように新しい品種をつくるときに有性生殖を利用するのはなぜか。簡潔に書きなさい。

3 奏太さんは自然災害のニュースを見て，自然災害の多さに驚いた。次は，奏太さんと担任の先生の会話である。図１は，蔵王山が噴火したときの降灰予測を示したハザードマップである。あとの問いに答えなさい。

奏太：最近，自然災害が増えていますね。

先生：そうですね。いつどこで災害が起きてもおかしくない状況ですね。

奏太：最近，日本の火山が噴火したというニュースを見ました。それを受けて私の家では災害に備えて，防災リュックを買ったり，水を備蓄したりしました。

先生：それはとても大切なことですね。近くの蔵王山は活火山なので，万が一噴火した場合に備える必要があります。そのために各市町村で，災害の発生が想定される区域を示した，ハザードマップというものが作られています。山形市のホームページにあるので見てみてください。火山灰の降灰予測を見ると，広い範囲まで及んでいるのがわかりますね。

奏太：火山から遠く離れた場所に住んでいる人も注意が必要なのですね。

図１

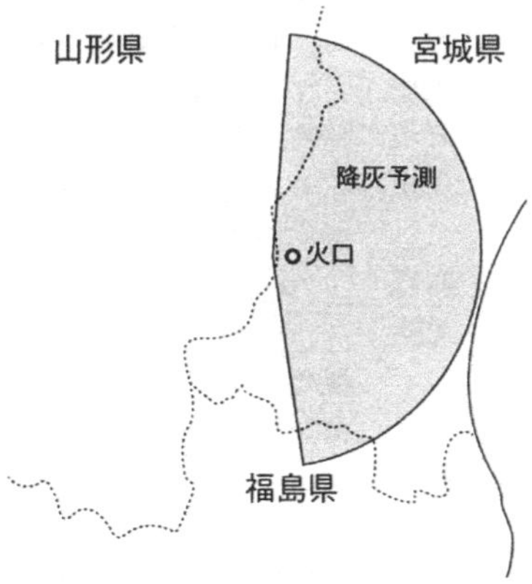

山形県
宮城県
降灰予測
火口
福島県

1　自然災害にはどのようなものがあるか，火山の噴火以外で書きなさい。

2　火山の噴火でふき出されたものをまとめて何というか，書きなさい。

3　火山の形は何によって異なるか，最も適切なものを，次の**ア**～**エ**から一つ選び，記号で答えなさい。

ア　噴火のときに出る火山灰の量　　**イ**　噴火のときの周りの気温

ウ　噴火のときに流れ出た溶岩の粘り気　　**エ**　噴火のときの降水量

4　ある火成岩をルーペで観察したところ，図２のようになっていた。このような岩石のつくりを何というか，書きなさい。

図２

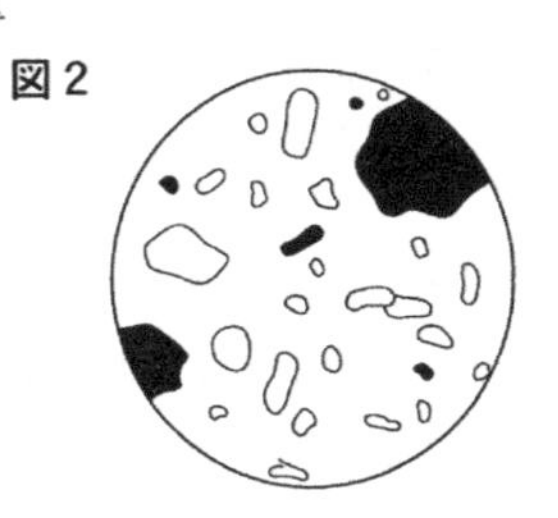

5　火山灰の降灰予測が広い範囲まで及んでいる理由は何か，簡潔に書きなさい。

4 由香さんは，夏の暑い日に，祖母が家の庭に打ち水をしている姿を見て，祖母に話しかけた。次は，由香さんと祖母の会話である。あとの問いに答えなさい。

1　次は，由香さんと祖母の会話である。あとの問いに答えなさい。

由香：なんで庭に水をまいているの？
祖母：これは「打ち水」といって，水をまくことで，水が蒸発した時に周りの気温が下がることを利用しているんだよ。
由香：水は100℃で蒸発するんじゃないの？
祖母：水の沸点は100℃だけど，100℃に達していなくても少しずつ蒸発しているんだよ。
由香：そうなんだね。だから部屋に干した洗濯物が乾くんだね。
祖母：そうだね。洗濯物を早く乾かすためには周りの湿度が大事なんだよ。

(1)　「打ち水」で起こった状態変化は次のどれか，最も適切なものを，次の**ア**～**エ**から一つ選び，記号で答えなさい。

ア　液体→固体　　**イ**　固体→気体　　**ウ**　固体→液体　　**エ**　液体→気体

(2)　洗濯物が乾きやすい条件を，温度と湿度の関係に着目し，簡潔に書きなさい。

2　図は乾湿計を模式的に示したものである。表は湿度表である。あとの問いに答えなさい。

図

表

乾球の示度〔℃〕	乾球と湿球の示度の差〔℃〕								
	0	1	2	3	4	5	6	7	8
20	100	91	81	72	64	56	48	40	32
21	100	91	82	73	65	57	49	41	34
22	100	91	82	74	66	58	50	43	36
23	100	91	83	75	67	59	52	45	38
24	100	91	83	75	68	60	53	46	39
25	100	92	84	76	68	61	54	47	41
26	100	92	84	76	69	62	55	48	42
27	100	92	84	77	70	63	56	50	43
28	100	92	85	77	70	64	57	51	45

(1)　湿球はA，Bのどちらか，書きなさい。また，そのように判断した理由は何か，簡潔に書きなさい。

(2)　(1)の場合，この日の湿度は何％か，求めなさい。

5 友一さんは，食塩をつくるために海水を蒸発させていたことを知り，水にとけている物質に興味をもち，次の実験を行った。あとの問いに答えなさい。

【実験】

① 海水100cm^{3}をろ過した。

② ろ過した海水を加熱し，海水が10分の１程度になるまで蒸発させた。

③ 蒸発させて残った海水を，再びろ過した。

④ ③のろ液を加熱し，完全に水分がなくなる前に火を止めた。

⑤ ④でとり出した結晶をろ紙の上におき，水分を除いた。

図

1 図は，友一さんが組んでいた装置である。装置の組み方が誤っている点を指摘し，正しい装置で実験を行うためにはどのように直すとよいか，簡潔に書きなさい。

2 次は友一さんが，海水の成分を調べ，まとめた表である。あとの問いに答えなさい。ただし，海水は１cm^{3}あたり１ｇの質量になるものとする。

表

成分		割合
水		96.6%
塩	塩化ナトリウム	2.6%
	塩化マグネシウム	0.3%
	その他の成分	0.5%

実験の①でろ過をした理由は，海水にまざったごみをとり除くためである。また，実験の③でろ過をした理由は，［ a ］であり，これにより，純度の高い食塩をとり出すことができる。

海水100cm^{3}に含まれている塩の割合は［ b ］%であることから，塩の質量は約［ b ］ｇになることが言える。そのうち，食塩の質量は約［ c ］ｇである。

(1) ［ a ］にあてはまる理由は何か，簡潔に書きなさい。

(2) ［ b ］・［ c ］にあてはまる数値の組み合わせとして適切なものはどれか，次のア～エから一つ選び，記号で答えなさい。ただし，同じ記号には同じ数値が入るものとする。

ア b 3.4 c 2.6　　イ b 3.4 c 0.3

ウ b 3.4 c 0.5　　エ b 2.9 c 2.6

3　友一さんは，海水から食塩をとり出しながら，物質が水にとけるとき，どのような状態になっているのか調べ，モデルに表した。海水の様子を表したものとして最も適切なものを，次の**ア**～**エ**から一つ選び，記号で答えなさい。ただし，塩の粒子を・で表しているものとする。

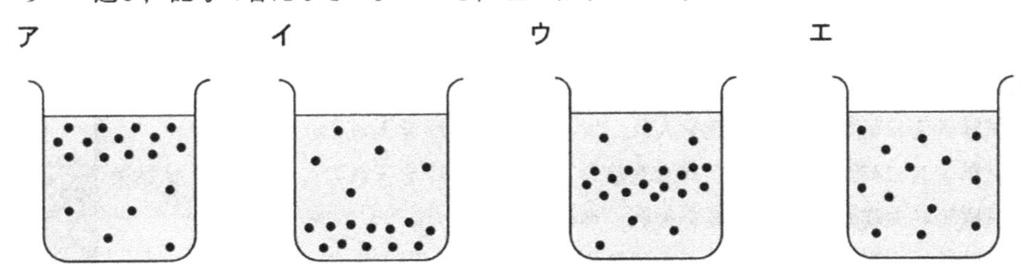

4　ある物質を100 g の水にとかして飽和水溶液にしたとき，とけた物質の質量を何というか，書きなさい。

6 愛子さんは，電池の仕組みを学んだとき，金属の種類によってイオンへのなりやすさに差があることがわかった。愛子さんは，どの金属がイオンになりやすいか調べるために次の実験を行った。図は，実験の操作を模式的に示したものである。あとの問いに答えなさい。

【実験】

① 試験管Aに硫酸亜鉛水溶液を入れ，マグネシウム片を入れた。
② 試験管Bに硫酸マグネシウム水溶液を入れ，亜鉛片を入れた。
③ 試験管Cに硫酸亜鉛水溶液を入れ，亜鉛片を入れた。
④ 試験管Dに硫酸マグネシウム水溶液を入れ，マグネシウム片を入れた。

図

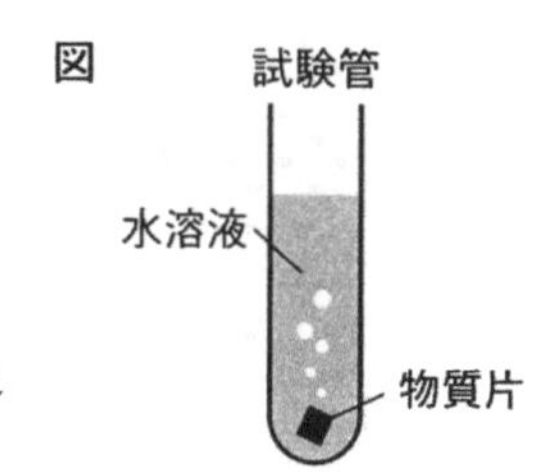

1 次は，実験の結果をまとめたものである。あとの問いに答えなさい。

> 実験で反応がおこった試験管は，[a]であった。それ以外の試験管では，変化がおこらなかった。
> [a]でおこった反応は，金属片は[b]なり，[c]物質が金属片に付着した。金属片におこった反応を化学反応式で表すと，[d]となる。

(1) [a]にあてはまる試験管はどれか，次の**ア**～**エ**から一つ選び，記号で答えなさい。

ア 試験管A　**イ** 試験管B　**ウ** 試験管C　**エ** 試験管D

(2) [b]・[c]にあてはまる言葉の組み合わせとして適切なものを，次の**ア**～**エ**から一つ選び，記号で答えなさい。

ア b 厚く c 赤い　**イ** b 厚く c 黒い
ウ b 薄く c 赤い　**エ** b 薄く c 黒い

(3) [d]にあてはまる化学反応式を書きなさい。

2 実験の結果からわかるイオンへなりやすい金属は何か，化学式で書きなさい。

3 愛子さんは，新しい試験管を用意し，硫酸銅水溶液に亜鉛片を入れた。この実験の結果から，イオンや金属片はどのように変化するか，電子のうごきに着目し，簡潔に書きなさい。

7 一郎さんは，花火が見えてから音が聞こえるまでに，少し時間がかかることがわかった。音の速さと花火までの距離に着目し，花火が見えてから，音が聞こえるまでの時間をストップウォッチではかった。あとの問いに答えなさい。

1　花火が見えた後に音が聞こえたのはなぜか，**速さ**という語を用いて簡潔に書きなさい。

2　花火が見えてから，６秒後に音が聞こえた。また，花火を打ち上げた場所と観測地点との距離は2040mであった。音の伝わる速さは１秒間に何mか，求めなさい。

3　花火が見えてから，17秒後に音が聞こえた場合，花火を打ち上げた場所と観測地点との距離は何mか，求めなさい。ただし，音の伝わる速さは２で求めたものを用いることとする。

4　花火の音は大きく，そして低かった。この性質を持つ音は，オシロスコープではどのように観測されるか，次の**ア**～**エ**から一つ選び，記号で答えなさい。

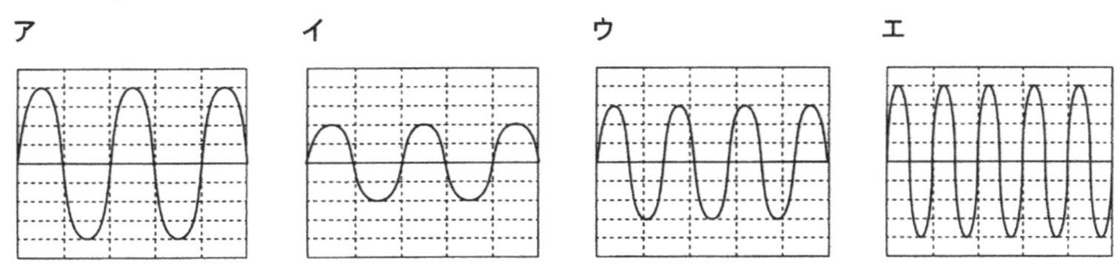

5　４の**ア**を**エ**に近づけるためには，音をどのように変化させればよいか，簡潔に書きなさい。

8 舞さんは，理科の授業で，図１のような振り子の運動の実験を行った。ふれはばを10cm，20cmにしたときのおもりが，10往復する時間を３回ずつはかった。表は，その結果をまとめたものである。あとの問いに答えなさい。

図１

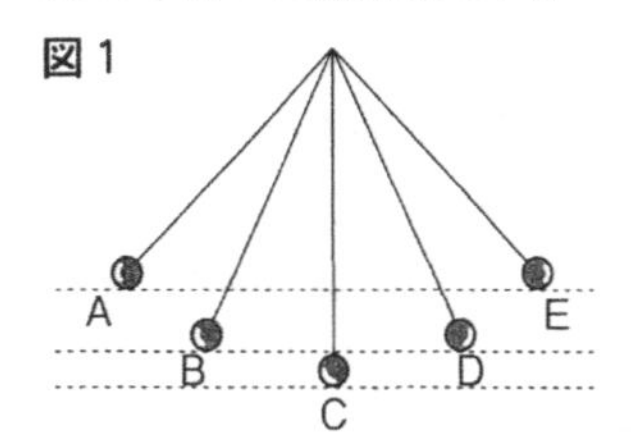

表

ふれはば	１回	２回	３回
10cm	10.5秒	10.7秒	10.6秒
20cm	10.6秒	10.7秒	10.9秒

1　位置エネルギーが最大になっているのは，おもりがどの点にあるときか，図中のA～Eからすべて選び，記号で答えなさい。

2　ふれはばが 20cm のときのおもりが１往復する平均の時間は何秒か，小数第３位を四捨五入して小数第２位まで求めなさい。

3　おもりが１往復する時間を求めるために，おもりが10往復する時間を３回ずつはかってから求めるのはなぜか，簡潔に書きなさい。

4　図２は，図１による振り子の運動エネルギーを示したものである。このときの位置エネルギーを示すグラフを図２にかきなさい。

図２

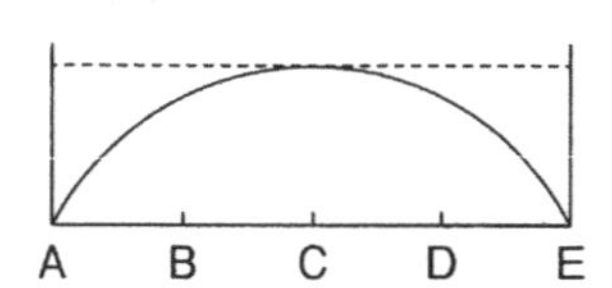

5　４でかいたグラフは，実際にはそのようにならない。それは，力学的エネルギーは保存されないからである。その理由を簡潔に書きなさい。

2022(R4) 東海大学山形高　学業奨学生
K 教英出版

2022年度
東海大学山形高等学校
入学試験問題
(学業奨学生入試)
英　　語

(13:45 ～ 14:35)

注　　意

1 「開始」の合図があるまで，開いてはいけません。

2 最初に，放送によるテストがあります。

3 問題用紙は，10ページまであります。

4 解答用紙は，問題用紙の中にはさんであります。

5 「開始」の合図があったら，まず，解答用紙を取り出し，受験番号を書きなさい。次に，問題用紙のページ数を確認し，不備があればすぐに手を挙げなさい。

6 答えは，すべて解答用紙に書きなさい。

7 「終了」の合図で，すぐに鉛筆（シャープペンシルを含む）をおき，解答用紙を開いて裏返しにしなさい。

1 これはリスニングテストです。放送の指示に従って答えなさい。

※音声は収録しておりません

1

No. 1

ア 

イ 

ウ 

エ 

No. 2

ア 

イ 

ウ 

エ 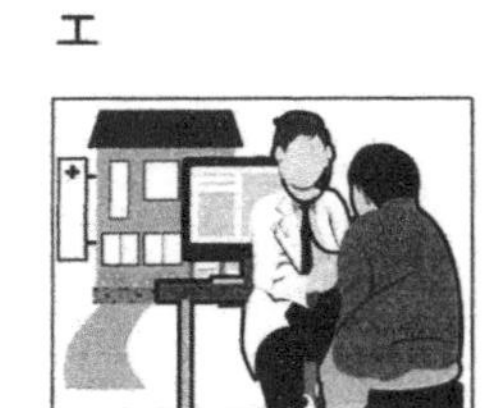

2

Ken's Ramen

（ 1 ） by Kennedy

I like *Shoyu-ramen* best here. Very cheap. It's 8 dollars.

★★★ by Ricard

This shop is the perfect choice when you want to eat a lot, but you have to wait for a little.

Open（ 2 ）a.m. ～ 9:30 p.m.

★★ by Saki

I ate *Miso-ramen*. The ramen I ate in Japan was more（ 3 ）.

Very expensive. It's 10 dollars.

(1)

ア ★★★★★　イ ★★★★　ウ ★★　エ ★

(2)

ア 10：10　イ 10：50　ウ 11：00　エ 11：10

(3)

ア delicious　イ beautiful　ウ important　エ bad

3　放送の指示に従って答えなさい。

No. 1　ア　John should study harder.

イ　John should drink coffee in the morning.

ウ　Drinking too much coffee is one of the health problems.

エ　Going outside alone is dangerous.

No. 2　ア　To get a good grade on the math test.

イ　To go outside with Maki.

ウ　Because drinking coffee is healthy.

エ　Because he learns about coffee.

4　放送の指示に従って答えなさい。答えは，解答用紙に書きなさい。

（メモ用）

（　　　）のところの英語を聞き取り，書きなさい。 *John* : I'm going to join the meeting at the Ikebukuro office. How should I go there? *Maki* : I like to go there by train (　　　　　　　　　　　　　　　　　).

2 次の問いに答えなさい。

1　次の対話文（　　　）の中に入る最も適する英語を，それぞれ1語ずつ書きなさい。

(1) *Lisa* : Thank you for the present. I'm so happy. Well, when is your (　　　) ?
Meg : It's January 1st. I was born on New Year's Day.

(2) *Steve* : What are you looking (　　　) ?
Saki : I can't find my smartphone. Have you seen a red one?

(3) *Woman* : Excuse me. (　　　) (　　　) do the trains come?
Man : They come every ten minutes.

2　次の対話文の（　　　）の中に入る最も適切なものを，下のア～エからそれぞれ1つずつ選び，記号で答えなさい。

(1) *Woman* : Excuse me. Does this bus go to the museum?
Man : Yes, but (　　　　　　　　　　)
Woman : How long does it take by this bus?
Man : About 20 minutes. If you take that bus, it takes 10 minutes.

ア　this bus is much slower.
イ　this bus run faster than that one.
ウ　that bus is much faster.
エ　that bus is so expensive.

(2) *Lisa* : Can you come to dance practice today?
Miki : Sorry, I can't. I have to go to my grandmother's house this afternoon.
Lisa : (　　　　　　　　　　　　　　)
Miki : Don't worry. I can practice tomorrow.

ア　I can invite your grandmother to the school festival next month.
イ　I'm happy to hear that you can come.
ウ　We can practice a difficult part of dancing with me today.
エ　We have to practice for the school festival by next week.

3　次の対話文の下線部について，あとのア～カの語を並べかえて正しい英文を完成させ，（　X　），（　Y　），（　Z　）にあてはまる語（句）を，それぞれ記号で答えなさい。ただし，文頭にくる語も小文字で始めています。

(1)　*Kate :* Why are you interested in airplanes?

Steve : (　　) (　X　) (　　) (　Y　) (　　) (　Z　) airplanes when I was a child. It was exciting for me.

ア　gave　　イ　parents　　ウ　about　　エ　my　　オ　me　　カ　the book

(2)　*Miki :* You look so tired. Were you busy yesterday?

Sally : Yes. I helped my brother do his homework, so (　　) (　X　) (　　) (　Y　) (　　) (　Z　) my own homework.

ア　no　　イ　I　　ウ　do　　エ　had　　オ　to　　カ　time

3 中学生の広樹（Hiroki）さんは，食品ロスについて調べ，図（chart）とグラフ（graph）にまとめました。次は，図とグラフを見ている広樹さんと留学生のメグ（Meg）さんの対話です。図とグラフおよび対話について，あとの問いに答えなさい。

【図】

「食品ロス」の状況（平成30年度推計値）

食品ロスとは，本来食べられるのに捨てられてしまう食品。	
日本の食品ロス量 ↓ 日本１人当たり１年で約47kg， 毎日（　X　）を捨てているのと同じ量。	
スーパーマーケットやレストランなどの店からの食品ロス量	家庭からの食品ロス量
324万トン	（　Y　）万トン

農林水産省資料などから作成
総務省人口推計（平成30年10月１日）
平成30年度食料需給表（確定値）から作成

【グラフ】

平成30年度　家庭系食品ロスの内訳

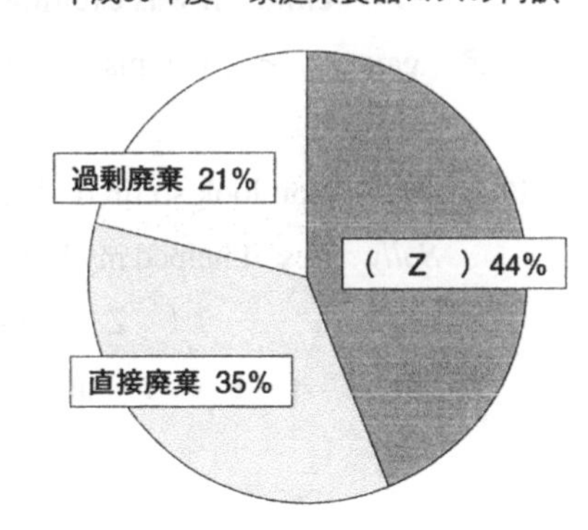

*１過剰廃棄　野菜や果物の皮を厚くむきすぎたり，取り除きすぎること。
*２直接廃棄　消費期限切れ・手が付けられずに廃棄されること。

環境省資料から作成

Hiroki : Do you know the word “food waste”? Look at this chart. This shows how much food we waste in a year in Japan.

Meg : I know the word, but I don’t know much about it.

Hiroki : According to this chart, the amount of food wasted in Japan is about six million tons a year. It happens at people’s home and shops as supermarkets and restaurants. About 46% of it is done at home. I couldn’t imagine the amount at home at first, but I found that it’s the same as one person throwing away one rice ball in the garbage every day.

Meg : Every day? That’s a lot. I wonder why we waste food.

Hiroki : Let’s think what we do at home. Look at the graph. There are three main facts. The highest percentage of the facts is that we can’t eat everything that we cook. We cook too just much food or buy too much. That means we often buy food we don’t need because it looks delicious. We sometimes buy the same things twice because we don’t check the food left at home. So, we leave too much food at breakfast, lunch and dinner.

Meg : Last night I threw away some vegetables after dinner because I was full. I often do such a thing at home.

Hiroki : We have some ways to solve these problems. When we prepare too much food, we can keep it in a *freezer to eat it later. We should check how much food we have at home before we go shopping at a supermarket. ① <u>Those actions</u> lead us to protect the

Emma : What kind of ramen do you want to eat?

Riku : *Miso-ramen.*

Emma : I think you shouldn't eat *Miso-ramen*. Saki wrote in the comment, "*Miso-ramen* in Japan tastes very good," but she only gives it 2 stars.

Riku : How about *Shoyu-ramen*?

Emma : In Kennedy's opinion it looks very good, and it isn't expensive. He gives it 4 stars.

Riku : Let's go to *Ken's ramen* and eat *Shoyu-ramen.*

Emma : This shop is so popular that we should go there by 10:50, 10 minutes before the opening time.

（間10秒）

繰り返します。（間３秒）

これで，**2**の問題を終わり，**3**の問題に移ります。問題用紙２ページの**3**を見てください。（間２秒）

これから，真紀（Maki）とジョン（John）の対話文を読みます。そのあと，二つの質問をします。それぞれの質問の答えとして最もふさわしいものを，**ア**，**イ**，**ウ**，**エ**の中から一つずつ選び，記号で答えなさい。英文は２回読みます。（間２秒）

では，始めます。（間２秒）

Maki : Are you drinking coffee again, John?

John : You know why, Maki. We are going to have the math test next week, so I'm going to study until the next morning.

Maki : I know, but drinking too much coffee is not good for your health.

John : You're right, but the last math test was very bad.

Maki : I know that, but you have already drunk five cups of coffee.

John : Then, what should I do?

Maki : Let's go outside for a minute. I'm sure you'll feel good.　（間３秒）

Questions：**No. 1**　What is Maki's main opinion?　（間８秒）

No. 2　Why is John drinking coffee?　（間８秒）

繰り返します。（間３秒）

これで，**3**の問題を終わり，**4**の問題に移ります。問題用紙２ページの**4**を見てください。（間２秒）

これから，英語による対話文を２回読みます。（　　　）のところの英文を聞き取り，書きなさい。（間２秒）

では，始めます。（間２秒）

John : I'm going to join the meeting at the Ikebukuro office. How should I go there?

Maki : I like to go there by train <u>because trains usually arrive on time</u>.　（間15秒）

繰り返します。（間２秒）

これでリスニングテストを終わります。次の問題に移ってください。

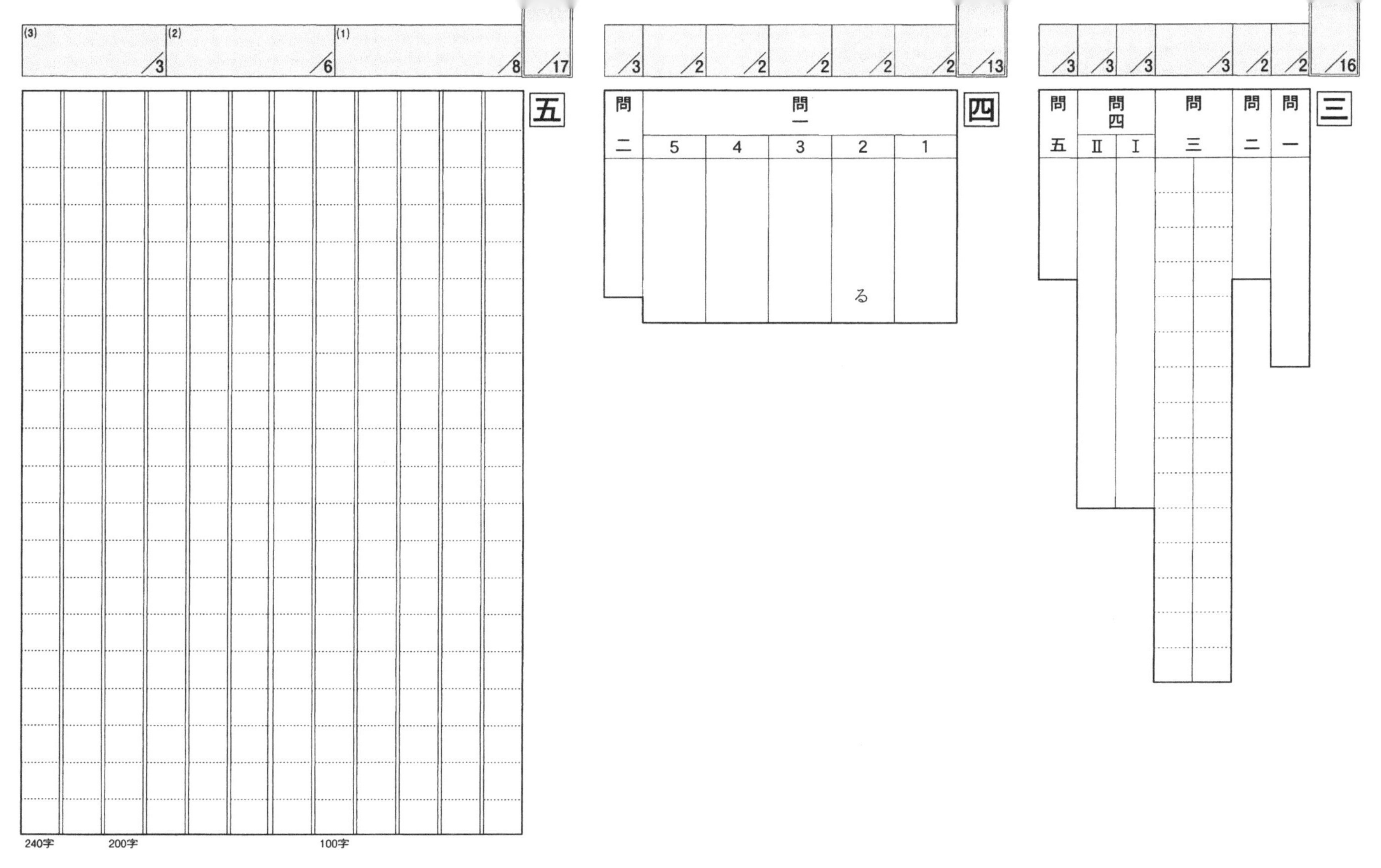
(3) /3
(2) /6
(1) /8
/17
五
240字
200字
100字
/3 /2 /2 /2 /2 /2 /13
四
問一
問二
1 2 3 4 5
る
/3 /3 /3 /3 /2 /2 /16
三
問一
問二
問三
問四 Ⅰ Ⅱ
問五

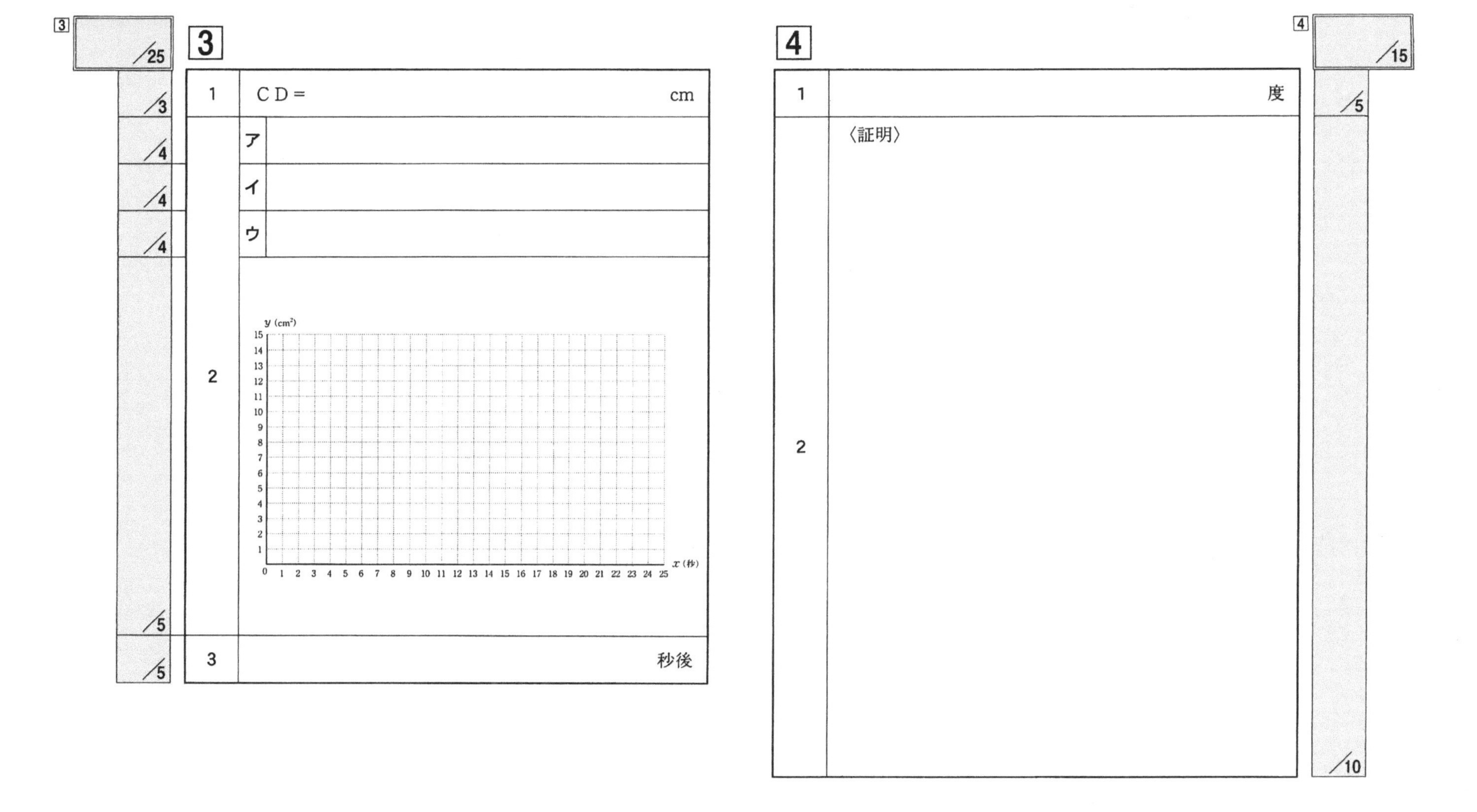
3
/25
3
1
CD＝
cm
/3
2
ア
/4
イ
/4
ウ
/4
y (cm²)
x (秒)
/5
3
秒後
/5
4
/15
4
1
度
/5
2
〈証明〉
/10

配点	番号	解答
/3	1	
/3	2	
/3	3	
/2	4	
/3	5	
/3	6	

5 /15

5

配点	番号		解答
/2	1		
/1	2		
/2	3		
/2	4		
/2	5		
/2	6		
/2	7	X	
/2		Y	

番号		解答	配点
1	(1)		/2
	(2)		/3
2	(1)		/3
	(2)		/2
3	(1)		/2
	(2)		/3

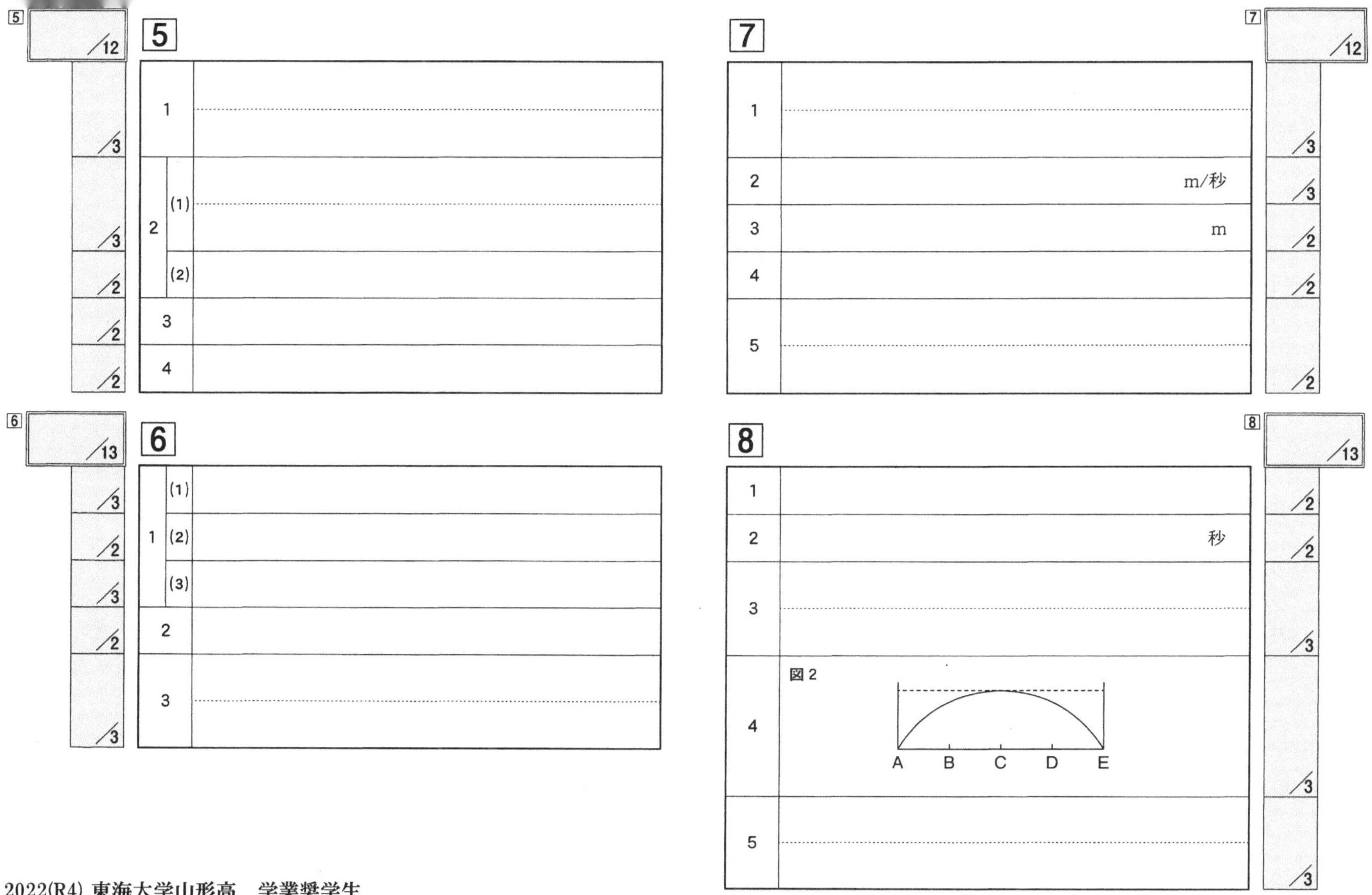
5
/12
/3
/3
/2
/2
/2
1
2
(1)
(2)
3
4
7
/12
/3
/3
/2
/2
/2
m/秒
m
5
6
/13
/3
/2
/3
/2
/3
(3)
8
/13
/2
/2
/3
/3
/3
秒
図 2
A
B
C
D
E

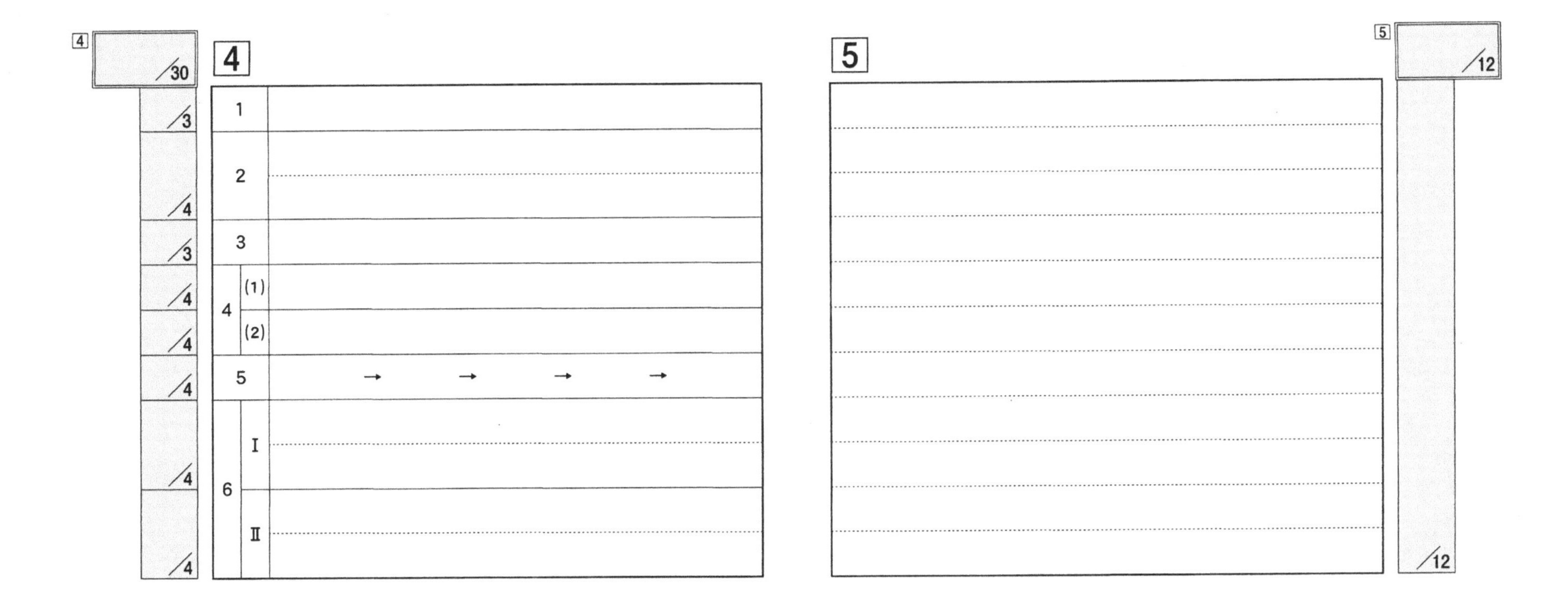
4
/30
4
1
/3
2
/4
3
/3
4
(1)
/4
(2)
/4
5
→ → → →
/4
6
Ⅰ
/4
Ⅱ
/4
5
/12
5
/12

※100点満点

2022年度　英語解答用紙（学業奨学生入試）

受験番号	

総得点	

の欄には何も記入しないこと。

1

1 /18

1	No. 1		/2
	No. 2		/2
2	(1)		/2
	(2)		/2
	(3)		/2
3	No. 1		/2
	No. 2		/2
4	*John :* I'm going to join the meeting at the Ikebukuro office. How should I go there? *Maki :* I like to go there by train (　　).		/4

2

2 /21

1	(1)				/3
	(2)				/3
	(3)				/3
2	(1)				/3
	(2)				/3
3	(1)	X	Y	Z	/3
	(2)	X	Y	Z	/3

3

3 /19

1	X		/3
	Y		/3
	Z		/3
2			/4

※100点満点

2022年度　理科解答用紙（学業奨学生入試）

受験番号	

総得点	

□の欄には何も記入しないこと。

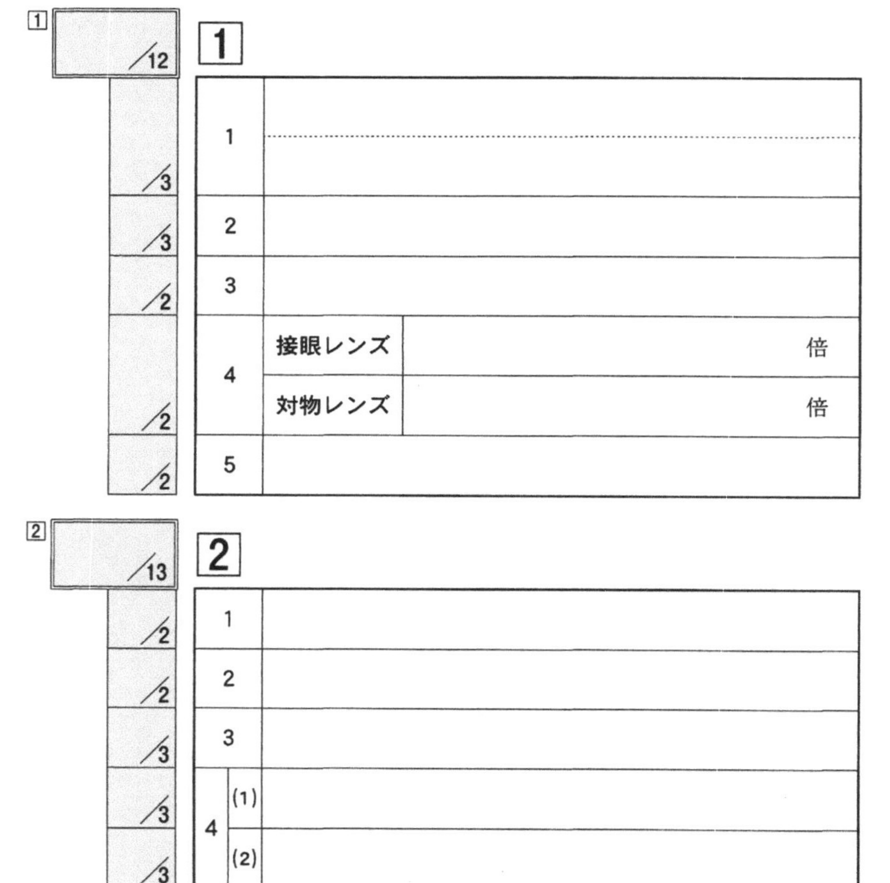

1　／12

			配点
1			／3
2			／3
3			／2
4	接眼レンズ	倍	／2
	対物レンズ	倍	
5			／2

2　／13

			配点
1			／2
2			／2
3			／3
4	(1)		／3
	(2)		／3

3　／12

		配点
1		／2
2		／2
3		／2
4		／3
5		／3

4　／13

				配点
1	(1)			／2
	(2)			／3
2	(1)	記号		／2
		理由		／3
	(2)		%	／3

【解答

※100点満点

受験番号		総得点	

の欄には何も記入しないこと。

2022年度　社会解答用紙（学業奨学生入試）

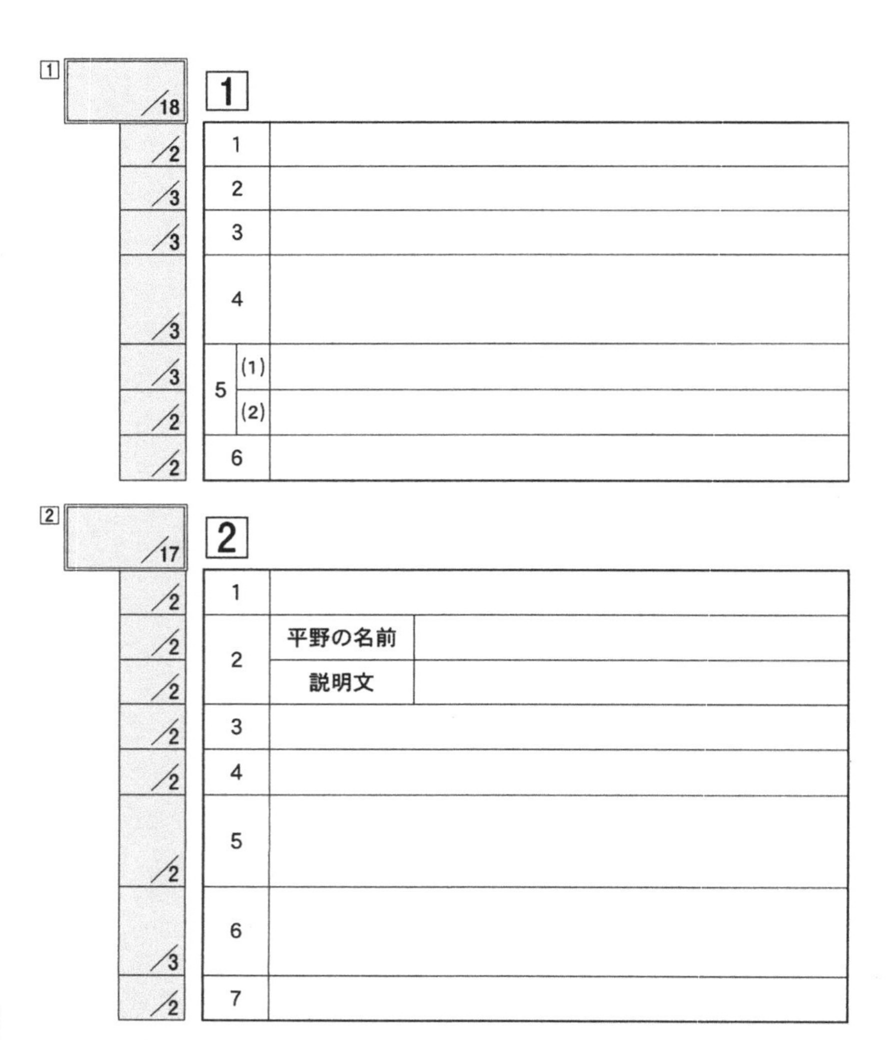

1　（/18）

番号		解答	配点
1			/2
2			/3
3			/3
4			/3
5	(1)		/3
	(2)		/2
6			/2

2　（/17）

番号		解答	配点
1			/2
2	平野の名前		/2
	説明文		/2
3			/2
4			/2
5			/2
6			/3
7			/2

3　（/18）

番号		解答	配点
1	(1)		/3
	(2)		/2
2			/2
3			/3
4	(1)		/2
	(2)		/3
5			/3

【解答

※100点満点

2022年度　数学解答用紙（学業奨学生入試）

受験番号	

総得点	

の欄には何も記入しないこと。

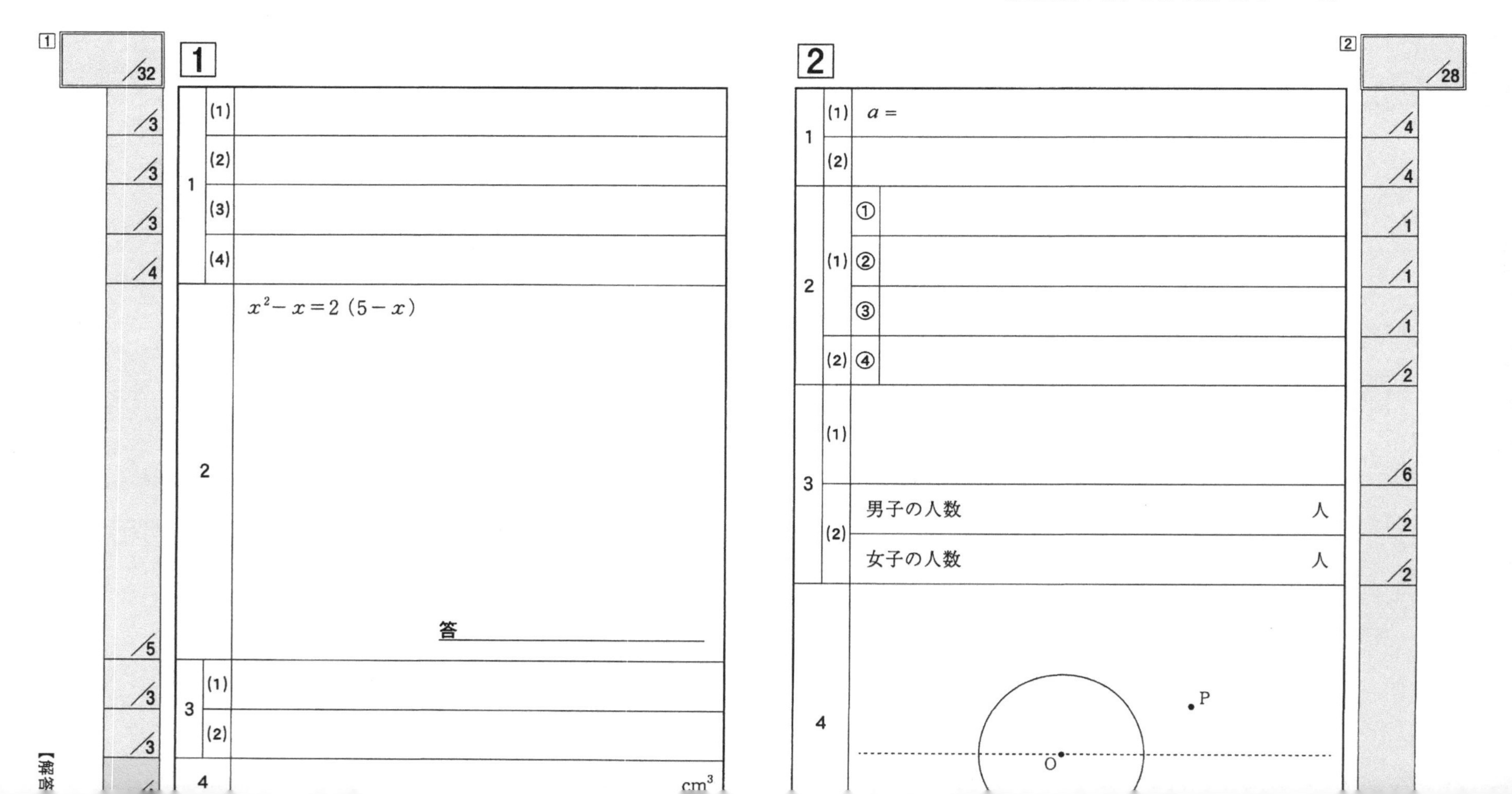

1 /32

1

1	(1)		/3
	(2)		/3
	(3)		/3
	(4)		/4
2		$x^2 - x = 2(5 - x)$ 答	/5
3	(1)		/3
	(2)		/3
4		cm^3	

2 /28

2

1	(1)		$a =$	/4
	(2)			/4
2	(1)	①		/1
		②		/1
		③		/1
	(2)	④		/2
3	(1)			/6
	(2)		男子の人数　　人	/2
			女子の人数　　人	/2
4			P, O	

【解答

※100点満点

2022年度　国語解答用紙（学業奨学生入試）

受験番号		総得点	

の欄には何も記入しないこと。

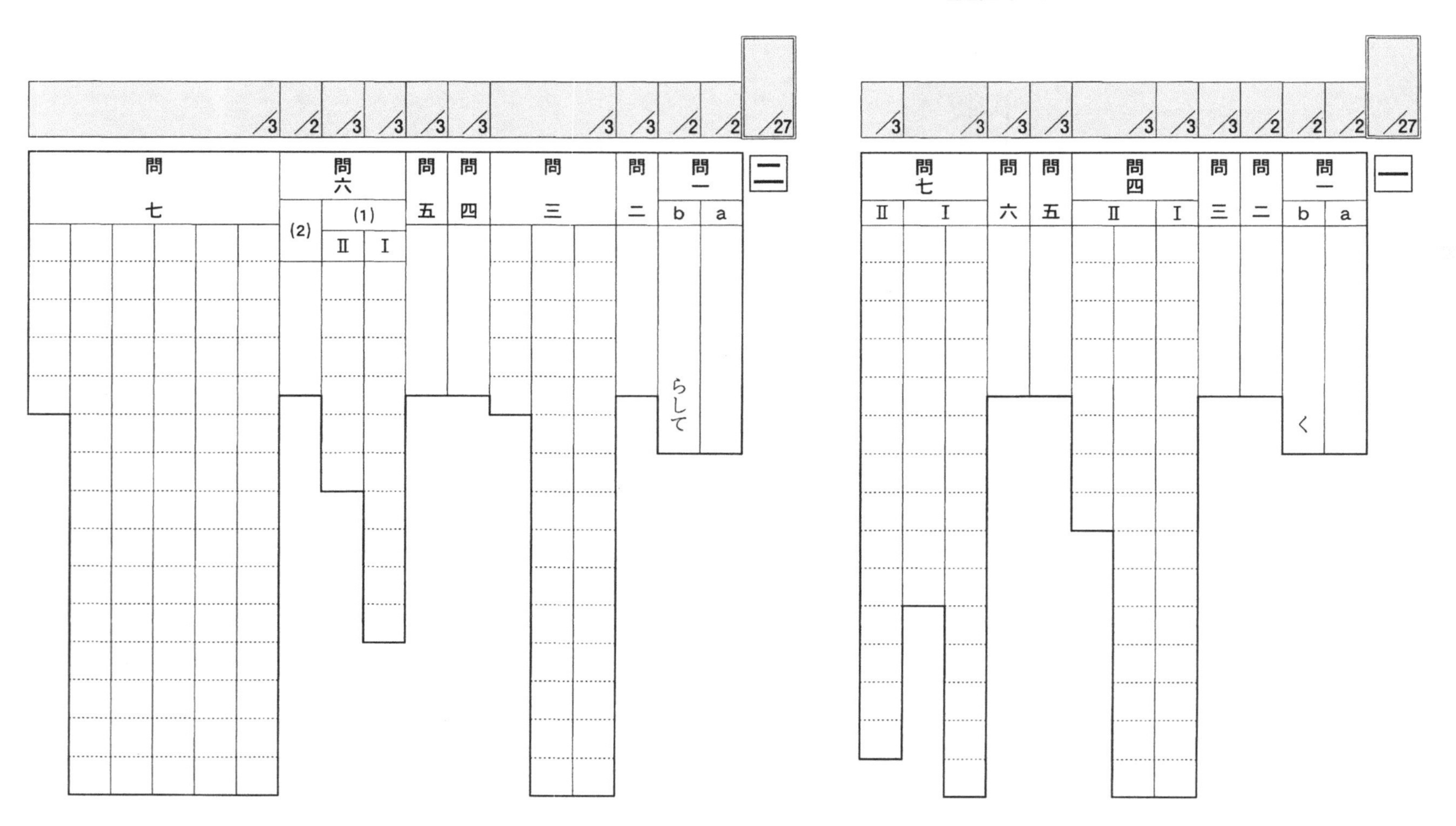

【解答

英語リスニングテスト台本

ただいまから，リスニングテストを行います。問題は１，２，３，４の四つです。聞いている間にメモをとってもかまいません。(間３秒)

それでは１の問題から始めます。問題用紙１ページの１を見てください。(間５秒)

これからNo. 1とNo. 2それぞれ英文を読みます。そのあと，英語で質問します。その質問の答えとして最もふさわしいものを，ア，イ，ウ，エの中から一つずつ選び，記号で答えなさい。英文は２回読みます。(間２秒)

では，始めます。(間２秒)

No. 1

When she got on the train, she was surprised that she didn't have her bag. She left it on the bench.

(間２秒)

Question : Which picture is true about the situation?　(間３秒)

繰り返します。(間２秒)

No. 2

Doctor : What's the problem?

Emma : I have a terrible pain in my stomach.

Doctor : Where does it hurt?

Emma : It's in the lower part.

Doctor : When did the pain start?

Emma : Three days ago.

Doctor : Then, please wait for a while.　(間２秒)

Question : Where are they talking?　(間３秒)

繰り返します。(間２秒)

これで，１の問題を終わり，２の問題に移ります。問題用紙１ページの２を見てください。(間２秒)

最初に，アメリカにある「けんラーメン」(*Ken's Ramen*) のウェブサイトをよく見てください。(間５秒)

これから，陸 (Riku) とエマ (Emma) の対話文を読みます。これを聞いて，グルメサイトの１，２，３に，それぞれあてはまるものを，ア，イ，ウ，エの中から一つずつ選び，記号で答えなさい。英文は２回読みます。(間２秒)

では，始めます。(間２秒)

Riku : I want to eat ramen for lunch.

Emma : There is a popular ramen shop near here. Look at the reviews of the website on the Internet.

Riku : We can see the opinions about *Ken's Ramen* by the number of 5 stars it has.

environment.　We must remember we need energy and resources when food is transported to different areas. That *causes global warming.

（注） freezer　冷凍庫　　cause(s)　引き起こす

1　図，グラフ中の（　X　），（　Y　），（　Z　）のそれぞれにあてはまる適切な日本語や数字を，対話の内容に即して日本語で答えなさい。

2　下線部①は，具体的にどのようなことを表していますか。対話の内容に即して日本語で答えなさい。

3　図，グラフおよび対話の内容の内容に合うものを，次の**ア**～**オ**から二つ選び、記号で答えなさい。

ア　Meg knew the details about “food wasted in Japan” before Hiroki explained them.

イ　The chart shows that the amount of wasted food from shops is more than that of home.

ウ　Meg never wastes vegetables after dinner because she feels full.

エ　One of the facts of food wasted in Japan is that they remove too much from vegetables or fruits.

オ　Hiroki doesn’t think that food wasted leads to global warming.

4 山形県に住む中学２年生の健司（Kenji）さんは，英語の授業で出された「家族や親せきに関する話を英語で発表する」という課題に取り組んでいます。次の英文は，その発表用原稿です。これを読んで，あとの問いに答えなさい。

My grandfather and grandmother grow many kinds of fruits. For example, they grow apples, cherries, and *grapes. In my family, we can enjoy watching and eating the fruits. My grandmother often makes a cake with these fruits. After we eat, we always say "Very delicious!" When I talk with my grandfather about fruits, he often smiles and tells me a lot of things. I feel very happy to see his smile. Sometimes I help them in the farm. I put a lot of fruits in the baskets and carry them to our house carefully. We check the number of them together. I have helped their work many times since I was an elementary school student.

When I was in my sixth grade, I believed that I knew about fruits as much as my grandfather and grandmother. That was ①a big mistake. At that time, I thought that I could grow delicious fruits without their help. I often said to my classmates, "I know everything about fruits! Please ask me!"

One day in June of last year, my grandmother fell down on the ground. She *lost her balance when she was on the *stepladder. Her injury was not serious. However, she had to stay in bed for a few weeks until she got well again. She said to me, "Kenji, I can't walk to the farm with *grandpa. We need to take care of cherry trees. We have many things to do. [X]" I answered, "Yes, of course! I am sure that I can do a perfect work." I looked at my grandfather. He looked a little worried and said, "Kenji, you have to listen to my advice. Don't forget it." I saw his serious face for the first time.

From the next day, my grandfather and I began working together in the farm. After school, I soon went back to my house and ran to the farm. My grandfather shouted, "*Hurry up, Kenji! We have to finish our work in a short time." (A) He climbed the stepladder. (B) I supported the stepladder on the ground and sometimes passed him many kinds of tools. (C) I had to run around the farm many times to check the color. (D) I suddenly found that I became very busy. I really understood that growing fruits is not easy. Every day I felt really tired.

One evening my grandfather and grandmother told me to come to their room. "Kenji, I feel better now. I can go to the farm and work with grandpa. Thank you for your help," my grandmother said. I felt happy to hear of her good news, and I thought I had to tell them my feeling. "I'm sorry, grandpa and *grandma. I could not help you well. I didn't know anything about your work. I thought that I already knew everything about fruits, and I said it in my school. That was wrong. Now I understand how important your work is. You are so great." They listened to me quietly. After a while, my grandfather said, "Kenji, we knew what you said to your classmates. But you worked very hard and you changed your idea. I think you learned a very important thing, and we are proud of you. We want you to experience and learn many things." Then he smiled. That was the smile I often see.

Now I have a plan in the future. I want to go to university and study *agriculture. Like my *grandparents, I want to grow delicious fruits.

（注）grape(s)　ぶどう　　lose ~'s balance　バランスを崩す　　stepladder　脚立
　　hurry up　急ぐ　　grandpa　おじいちゃん　　grandma　おばあちゃん
　　agriculture　農業　　grandparent(s)　祖父母

1　本文中の［　X　］に最も適する英文を，次のア～エから一つ選び，記号で答えなさい。

ア　Do you want to drink a glass of grape juice?

イ　Can you help grandpa instead of me?

ウ　Are you going to take me to the hospital?

エ　Have you ever climbed cherry trees?

2　下線部①とは，健司さんが何をしたことですか。本文に即して日本語で書きなさい。

3　次の英文を，本文の流れに合うように入れるとすれば，どこに入れるのが最も適切ですか。（ A ）～（ D ）から１つ選び，記号で答えなさい。

He told me to check the color of cherries.

4　本文に即して，次の問いに英語で答えなさい。

(1)　What does Kenji's grandmother often cook with fruits?

(2)　Does Kenji want to go to university?

5　次の英文ア～オは，それぞれ本文の内容の一部です。ア～オを本文の流れに合うように並べかえ，記号で答えなさい。

ア　Kenji decided to study agriculture.

イ　Kenji started carrying fruits.

ウ　Kenji's grandmother got well.

エ　Kenji supported the stepladder for his grandfather

オ　Kenji's grandmother fell down on the ground.

6　次は，健司さんの発表を聞いた後に，ALTのスミス先生（Mr. Smith）が健司さんと交わした対話の一部です。［　Ⅰ　］，［　Ⅱ　］に入る適切な英語を，文脈に合うように，それぞれ4語以上で書きなさい。

Mr. Smith : Your speech was great. ［　Ⅰ　］ helped your family?
Kenji : For about five years. I have experienced a lot of work.
Mr. Smith : Yeah, you learned many things about fruits from your grandparents. They are teachers for you.
Kenji : Yes, I received a very important message from them.
Mr. Smith : What is it?
Kenji : They said, "Kenji, we want you ［　Ⅱ　］ many things." I will never forget this message.

5 　アメリカからの交換留学生として，以前あなたの中学校に滞在していたパット（Pat）さんから以下のようなメールが届きました。あなたがパットさんに返信するとしたら，どのようなことを書きますか。「返信メール」の［　　　　］に入る英文を，まとまりのある内容になるように，**4文以上**で書きなさい。

パットさんからのメール

Hi, ○○○○.　How are you?
In our school, we are going to study about Japanese culture.
Especially, we are interested in Japanese foods.
I want to ask a question.　What kind of Japanese food do you like?　And why?
Please give me your answer.

返信メール

Hi, Pat.　Thank you for your e-mail.
I will answer your question.

［　　　　　　　　　　　　　　　　　　　　］

I hope my answer will help you.
See you.

（注）○○○○のところにはあなたの名前が入る。

2022(R4) 東海大学山形高　学業奨学生
K 教英出版